佐藤　信編

律令制と古代国家

吉川弘文館　刊行

序

佐藤信先生は、この三月に満六五歳をもって、めでたく定年退職を迎えられる。本書は、これを記念し、慶祝の意と学恩への感謝をあらわすために編んだ、論文集である。

先生は、一九五二年一一月に東京都千代田区でお生まれになった。私立武蔵高等学校を卒業後一九七一年に東京大学教養学部文科三類に入学、一九七六年に同大学文学部国史学専修課程を卒業されると、同大学院人文科学研究科修士課程に進まれ、一九七八年一二月に同博士課程を中退された。一九七九年一月より奈良国立文化財研究所研究員に採用され、平城宮跡発掘調査部で発掘調査に従事されたが、一九八五年四月に文化庁文化財保護部記念物課にうつられ、一九八七年には文化財調査官となった。一九八九年四月に聖心女子大学文学部助教授として迎えられ、教育職にうつり、一九九二年四月に東京大学文学部助教授として着任、一九九六年七月には東京大学大学院人文社会系研究科教授に昇任され、今日まで研究教育および日本史学研究室の運営にあたってこられた。この間学外でも、放送大学客員教授や國學院大學大学院・法政大学大学院などでも教育にあたられた。

先生の主要な研究領域は、主著『日本古代の宮都と木簡』（吉川弘文館）に示されているように、平城京をはじめとする古代宮都の構造、米の輸貢制などの律令財政、それらの分析で用いた木簡自体の資料学的分析であり、木簡を用いての地方社会の解明におよぶ。さらに、出土文字史料をはじめ遺跡・遺物などから豊かな古代史像の構築をめざした『出土史料の古代史』（東京大学出版会）や、地方での発掘や木簡の出土によって進展した国府・郡家研究の現段階をまとめて古代在地社会にせまる『古代の地方官衙と社会』（山川出版社）も著し、古代史料の共同注解でも『藤氏家伝』『風土記』『朝野群載』などの多くの成果をあげてこられた。また文化庁に勤務されたこともあり、全国の遺跡保存・活用などの文化財行政に熱意を注がれ、文化審議会委員をつとめられるほか、多賀城跡・大宰府史跡をはじめとする各地の史跡関係の委員を多数つとめられていることは特筆される。

先生が、東京大学・大学院での教育に多年にわたりご尽力され、多くの古代史研究者が育ったことはいうまでもない。このたび先生が定年を迎えられるにあたり、感謝の微意をあらわすため論文集を編もうとの議がおこり、日本史学研究室の助手経験者である坂上康俊・佐々木恵介・鐘江宏之・有富純也と同僚である大津透とで編集委員会を組織し、卒業生に執筆を呼びかけたところ、さいわいにも四一編もの論考が寄せられた。先生を編者として『史料・史跡と古代社会』『律令制と古代国家』の二冊を刊行する運びとなった。

本書の刊行を快く引き受け、数々のご配慮をいただいた吉川弘文館社長吉川道郎氏と同社編集部に厚くお礼申し上げる。また校正には、東京大学大学院の西本哲也・神戸航介・武内美佳・林奈緒子・古田一史・櫻聡太郎・杉田建斗の諸氏のご協力を得た。

献呈にあたり、先生のますますのご健康と、ご研究のご発展を、心からお祈りする。

二〇一八年一月

佐藤信先生退職記念論文集編集委員会

大　津　　透

目次

編者
佐藤信

編集委員
坂上康俊
佐々木恵介
大津透
鐘江宏之
有富純也

Ⅰ　律令制の成立

日唐の供御米について

三谷芳幸

はじめに

律令制下には、諸国からさまざまな名目の米が京進され、中央政府の種々の用途に充てられていた。その代表的なものが、年料舂米と庸米である。佐藤信氏の基本的な業績[1]によれば、租稲穀の一部を脱穀して貢進される年料舂米は、宮内省被管の大炊寮に収納・保管され、官人の食料米（月料）として諸司の厨房に出給された。令制では租を充てる規定であったが、実際には早くから正税の一部を充てるようになっている。一方、庸として貢進される庸米は、民部省に収納・保管され、諸司に勤める衛士・仕丁・采女などの食料（大粮）、あるいは雇役民の食料として出給された。中央諸司の運営や造営等の事業遂行にとって、諸国から貢進される米は不可欠の資源となっていたのである。

こうした中央における米の需要のひとつに、天皇の食料としての供御米がある。周知のように供御米は、畿内諸国に設置された官田（令制官田）から調達される[2]。官田は宮内省の管理のもとに、国司の徴発する雑徭労働力によって耕営される田地で、その穫稲が供御稲として大炊寮に収納される。大炊寮は供御稲を精白して日々内膳司に送り、内膳司はその供御米を調理して天皇の食膳に供する。宮内省に属する田地と官司によって、供御米の調達から調理までが一貫して担われていたわけである。ここで注意されるのは、供御稲米の収納・出給機関としての大炊寮の役割である。先述のように大炊寮は、諸司官人の食料に充てられる年料舂米を収納・出給していた。大炊寮というひとつの官司に、官人の食料米と天皇の食料稲米が同居していたわけであるが、そこで後者の供御稲米はどのような扱いを受けていたのだろうか。

この点に注目するのは、大炊寮における供御稲米のあり方が、唐制とは異なる日本独自のものであった可能性があるからである。唐代皇帝の供御米は、後述するように、司農寺被管の太倉署によって保管され、導官署による選別を経たあと、殿中省の尚食局に送られ調理されたとみられる。大炊寮の役割は、太倉署・導官署双方の役割を含むものであるが(3)、大炊寮と太倉署・導官署とでは供御米に対する関与の仕方が異なり、また供御米と官人食料米との関係も相違していたと思われるのである。本稿の目的は、そのような供御米をめぐる日唐の違いを明らかにし、君主としての皇帝と天皇の性格の異同を論じるための一助とすることにある。近年、天皇の食事への関心が高まっていることもあり(4)、御膳に供される稲米の問題を考えることも無意味ではなかろう。以下、第一節で唐の制度、第二節で日本の制度を検討し、第三節で両者の違いの意義について考察したい。

一　唐における供御米

改めていうまでもなく、唐では租として収取された穀物が原則的に京に進上される(5)。粟(アワ)で収取するのが基本であるが、粟作地帯でない地方では稲や麦で収取することが認められており、稲作地帯である東南部の諸州からは米穀が京進された。各地で収取された租物は、水運・陸運によって輸送され、長安の太倉あるいは洛陽の含嘉倉に収納される。[6]江淮諸州の租米はまず含嘉倉に輸納されるが、通常その多くは、さらに太原倉（陝州）・永豊倉（華州）を経由して太倉に転納された。こうして京倉に収納・保管された稲作地帯の租米が、中央政府における米穀消費の主要な財源となる（以下、長安の京倉である太倉を中心に論じる）。

では、京進された租米は、具体的にどのような用途に充てられたのだろうか。この点に関する基本的な史料は、次に掲げる『通典』巻六・食貨六・賦税下の記事である。

> 其度支歳計、粟則二千五百余万石。三百万、折㆓充絹布㆒、添㆓入両京庫㆒。三百万、廻㆓充米豆㆒、供㆓尚食及諸官廚等料㆒。並入㆓京倉㆒。四百万、江淮廻造米。転㆓入京㆒、充㆓官禄及諸司糧料㆒。五百万、留㆓当州官禄及逓糧㆒。一千万、諸道節度軍糧及貯㆓備当州倉㆒。

天宝年間（七四二―七五五）の国家財政収支の概算を示した部分で、粟の歳出として二五〇〇余万石が計上されており、その内訳のひとつに「三百万、廻㆓充米豆㆒、供㆓尚食及諸官廚等料㆒。並入㆓京倉㆒」とある。三〇〇万石分の租粟を米・豆で代替し、尚食局と諸司の厨房に供給したことがわかる。「廻㆓充米豆㆒」が具体的にどのような措置を指すのか、難解な部分もあるが、渡辺信一郎氏は、粟の代わりに米・豆で収取することと解釈している。[7]これに従えば、主に稲作地帯で租として収取され、「京倉」＝太倉に輸納された米穀が、食料用として尚食局や諸司厨房に出給されたと理解してよいことになろう（官禄などに充てられる「江淮廻造米」は、注（5）濱口論文が論証するように、租米ではなく、義倉米であろう）。

ここで重要なのは、尚食局に対する食料米の出給である。殿中省に属する尚食局は、『唐六典』巻十一・尚食局条に「供㆓天子之常膳㆒」とあるように、皇帝の食事の提供を主要な任務としていた。とすれば、尚食局に出給された食料米に、皇帝の供御米が含まれていたことはほぼ間違いない。『通典』の記事は、諸州から京進され、太倉に収納・

保管された租米が、皇帝の供御米の主たる供給源であったことを示しているのであろう(8)。諸司厨房に出給される米は、官人の食事用にほかならないから、結局、皇帝の供御米と官人の食料米は、太倉に収納された租米を共通の資源としていたことになる。

この租米のほかに供御米に充てられた可能性があるのは、司農寺に属する一部の屯田の収穫米であろう。『唐六典』巻十九・諸屯監条には、「隋置二屯監一。畿内者隷二司農一、自外者隷二諸州一。皇朝因レ之」とあり、畿内に所在する屯田は、基本的に司農寺に所属していたと思われる。『元和郡県図志』巻三・関内道三・邠州・永寿県条に、「醴泉苑、在二県東北十里一、幷レ宮。並周所レ立、後廃。貞観四年置二醴泉監一。兼置二屯五所一、隷二司農寺一」とあるように、そこには宮苑と一体のものが含まれていた。『唐会要』巻五十九・尚書省諸司下・長春宮使条には、「(開元)二十九年十一月十七日勅、新豊・朝邑屯田、令二長春宮使検校一」とあるが、長春宮が関内道同州朝邑県にあったことからすれば、この朝邑屯田もおそらく同様のものであろう。このような宮苑にかかわる畿内屯田には、皇室の収入源としての機能があり、その収穫米の一部は供御用に充てられたと推測される(9)。

天聖田令付載の唐田令41条は、屯田の収穫物について、「諸屯毎年所レ収雑子、雑用之外、皆即随レ便貯納。去レ京近者、送二納司農一。三百里外者、納二随近州県一。若行二水路一之処、亦納二司農一。其送輸斛斗及倉司領納之数、並依レ限各申二所司一」と規定している。京師に近い屯田で収穫された「雑子」は司農寺に送納するとある。「雑子」とは、正色である粟以外の穀物のことで、稲をその代表とする(10)。また、司農寺に送納するとは、具体的には司農寺に属する「倉司」＝太倉署所管の倉、すなわち太倉に収納することをいうのであろう。この規定により、長安近在（三〇〇里内）の屯田の収穫米は、原則として太倉に収納されることになったと考えられる。とすれば、宮苑にかかわる畿内屯田の収穫米も、基本的には太倉に収納されたと考えて大過ないであろう。租米のほかに屯田収穫米も含め、供御米のほとんどすべては太倉の収納分から出給されたとみられる。

　太倉に収納された穀物は、倉部—司農寺—太倉署という命令系統によって出給された(11)。尚書都省や諸司からの符・牒に基づいて、出給命令の文書と勘合のための木契が下され、厳重な管理のもとに倉窖から現物が搬出された。『唐六典』巻十九・司農寺条に、「凡朝会・祭祀米物薪芻、皆応レ時而給。若応二供御進一レ内、則拠二本司移牒一而供レ之。(後略)」とあり、供御米も同様の手続きによって太倉から出給されたとみてよかろう。ただし、供御米として尚食局に提供されるまでには、さらにもう一段階の手続きを踏む必要があった。それは導官署による米の選別という手続きである。

　導官署は、太倉署と同じく司農寺被管の官司で、『唐六典』巻十九・導官署条によれば、その職掌は「供御導二択米麦一之事」であった。「導択」とは選り分けることで、太倉保管の米の中から供御にふさわしい米を選別するのが、導官署の重要な任務ということになろう。その具体的な作業を知るのに参考となるのが、次に掲げる『入唐求法巡礼行記』開成四年(八三九)正月十八日条の記事である。

(前略)又大官・軍中并寺裏僧、並以二今日一、咸皆揀レ米。不レ限二日数一。従レ州運レ米、分二付諸寺一。随二衆多少一、斛数不レ定。十斛廿斛耳。寺庫領受、更与二衆僧一。或一斗或一斗五升。衆僧得レ之、揀二択好悪一。破者為レ悪、不レ破為レ好。設得二一斗之米一者、分為二二分一、其好纔得二六升一。而好悪異レ袋、還二納官裏一。諸寺亦同二此式一、或各揀二択好悪一、皆返二納官裏一。得二一色来〔米カ〕一、好者進二奉天子一、以宛二御飯一。悪者留着、納二於官裏一。但分二付〔官〕人軍中并僧一、不レ致二百姓一。抑州揀二粟米一更難レ択。揚州択米、米色極黒。択二却稲粒并破損粒一、唯取二健好一。自余諸州不レ如レ此也。(後略)(12)

　円仁が揚州の開元寺に寄宿していたときの記事で、「揀米」(米をえらぶ)作業の様子が描かれている。「破」か「不破」かによって米の「好悪」を「揀択」し、好米・悪米をそれぞれ別の袋に収めていることがわかる。一斗の米からわずか六升の好米しか得られないという。「好者進二奉天子一、以宛二御飯一」とあるように、ここでは好米を皇帝の供御料として「進奉」するとしている。「進奉」とは、安史の乱以後に盛んになった贈与行為で、主に節度使・観察使などの地方官が皇帝に対して個人的に財物を貢献することをいう。(13) 唐代後半には、そのような「進奉」のかたちで供御米が献上される場合があったのであろう。供御のための米の選別作業を伝えている点で、以上の内容はきわめて示唆的である。異なる場面ではあるが、導官署による供御米の選別作業も、おそらく同様のものであったのだろう。

なお、『通典』巻二十六・職官八・導官署条には「掌下舂二碾米麺油燭一之事上」とあり、精白作業によって稲穀を舂米に変えることも、導官署の重要な任務であったと思われる。稲穀の状態にあるものを供御米に充てようとする場合、導官署はまず精白作業を行い、そのあとに選別作業を行うことになるのだろう。こうして導官署によって精選された好米のみが、供御米として尚食局に送られ、皇帝の食膳に供されたと考えられる。

以上をまとめると、まず供御米の主要な供給源になったと考えられるのは、稲作地帯の諸州から京進され、太倉に収納・保管されていた租米である。この租米は官人の食料米の供給源でもあるから、皇帝と官人との間で、食料米の出所に区別はなかったことになる。供御米の一部には、宮苑関係の屯田の収穫米が充てられたとみられるが、この収穫米もやはり太倉に収納・保管され、この時点では他の皇室用途の財源と区別されていなかったと思われる。米穀が太倉に保管されている段階では、供御用のものが特に峻別されていない点が重要であろう。こうした状態の米穀の中から供御米を選別する役割を担ったのが導官署である。この官司によって、租米等に含まれる悪米が排除され、供御米として尚食局に送られる好米が精選された。この段階でようやく、大量の官米の中から供御米が峻別されることになるのである。唐の供御米の大きな特徴は、調理直前の段階で初めて、京倉に保管される官米一般から分離される点にあるといえよう。

二　日本における供御米

日本の天皇の供御米は、畿内諸国に設置された官田からの収穫稲を資源としている。この点がまず、地方からの租米を主要な資源としている唐皇帝の供御米と大きく異なる。供御米を調達するための専用の「供御稲田」（職員令39宮内省条義解）が設けられているわけであり、それ以外の稲米が供御に充てられることは原則的になかったとみなければならない。そこで以下、官田の収穫稲が供御米として調理に供されるまでの過程をみることにしたい。

官田の収穫稲＝供御稲については、『延喜式』に詳細な規定がみられる。この段階の官田は、宮内省経営の「省営田」と畿内諸国経営の「国営田」に分割されており、供御稲田としての機能は、前者の「省営田」に継承されている。まず、『延喜式』巻三十一・宮内省に、

凡省営田収納帳、自レ官下レ省。即令下大炊寮支二度年中供御稲糯粟等数一申上省。省即申レ官、官下二符民部省一奉充。
中宮・東宮亦同。

という条文があり、また『同』巻二十二・民部上141供御料条には、

凡供御及中宮・東宮季料稲粟糯等、並用二省営田所一レ穫。待二官符到一、仰二畿内一令レ進。但粟山城国進之。

という規定がある。これらから復元される供御稲の進納過程は、次のようなものである。①省営田の稲が収穫されると、現地で「収納帳」が作成され、太政官に提出されたあと、宮内省に下される。②大炊寮が年間に要する供御稲の量を計算し、宮内省に上申する。③宮内省から上申を受けた太政官は、民部省に官符を下す。④官符を受けた民部省は、省営田の置かれた畿内諸国に省符を下し、収穫された稲の進納を命ずる。こうして毎年、省営田で収穫された供

御稲が京進されるわけである。

畿内諸国から輸送されてきた供御稲は、大炊寮に収納される。(14) この大炊寮への輸送に関連して、『延喜式』巻三十一・宮内省には次のような条文がある。

凡供奉雑物送二大膳・大炊・造酒等司一者、皆駄担上竪二小緋幡一、以為二標幟一。其幡一給之後、随レ破請替。以二内侍印一印之。

大炊寮などに「供奉雑物」を輸送する際には、積荷の上に「小緋幡」を立てて標識とするという規定である。『続日本紀』天平十三年（七四一）十一月庚午条には、「始以二赤幡一、班二給大蔵・内蔵・大膳・大炊・造酒・主醤等司一。供御物前建以為レ標」という記事があり、この規定の淵源が天平年間にさかのぼること、またこれが「供御物」を他の物資と区別するための措置であることが確かめられる。ここで標識に用いられる「赤幡」＝「小緋幡」について、宮内省式はそれに内侍印を押捺すると述べているが、さらに『西宮記』臨時・侍中事には「今案、内侍縫二造件幡一。於二御前一、以レ墨捺二彼所印一」とあり、その捺印を天皇の御前で行うとしている。天皇の権威を付与した特別な標識によって、供御物を一般の官物から区別するということであろう。この赤幡は当然、供御稲の輸送時にも使用され、供御稲は他の稲米と明確に区別された状態で、大炊寮に進納されたと考えられる。

では、大炊寮に輸納されたあとの供御稲は、どのような状態で保管されたのであろうか。これに関して注意されるのは、「供御院」と呼ばれる特別な施設が大炊寮のなかに存在したことである。結論を先にいえば、大炊寮に運ばれた供御稲は、この「供御院」に収納され、他の稲米と混合することなく保管されたと考えられる。

諸国からの年料舂米を収納する大炊寮には、当然のことながら、いくつもの倉廩が存在した。『類聚国史』巻百七十三・災異部七・火所載の大同四年（八〇九）五月壬申条に「大炊寮廩災」とある通りである。『類聚符宣抄』第八・

解由所収の寛平六年（八九四）八月四日官符には、

左大臣奏状偁、日者大炊稟院、数申レ無レ庫。尋二其由緒一、誠縁二未進一。凡年料白米者、以二大税利稲一、諸国春進。一年応レ納二万八千石一。而或年見納六七千石、或年纔八九千石。然則既欠二三分之一一、何支二百僚之用一。（後略）

とあり、「大炊稟院」に収納されるべき「年料白米」の不足が指摘されている。この「年料白米」は、諸国が「大税利稲」から「春進」し、「百僚之用」に支出されるものであるから、年料春米にほかならない。年料春米のうち、黒米は民部省と内蔵寮に収納されるが、白米は大炊寮に収納されるので、ここでの「大炊稟院」は、大炊寮と民部省稟院の意ではなく、「大炊寮の稟院」と解さざるをえないだろう。年料春米を収納する大炊寮の施設は、「稟院」と呼ばれていたと考えられる。

「供御院」は、この「稟院」と明確に区別された施設であると思われる。実際、いわゆる「宮城図」のいくつかの本では、大炊寮の敷地のなかに供御院とみられる特殊な区画が描かれている[15]。たとえば、九条家本『延喜式』（東京国立博物館所蔵）に収められた「宮城図」では、大炊寮の敷地の西北隅に、南北に長い小区画が描かれている。また、尊経閣文庫所蔵『拾芥抄』の「宮城指図」では、大炊寮の敷地の四分の一ほどの正方区画が西北隅に描かれ、その区画の南面中央に出入口がみえる。大きさや形状は異なるが、これらの西北隅に描かれた区画が供御院にあたるとみられる。

この供御院に供御稲が収納されたことは、『西宮記』臨時・諸院に、「供御院。在二大炊寮中一。納二畿内御稲一。供御・中宮・東宮御飯。以二史生一為レ預。」とあることから明白である。官人の食料米と天皇の食料稲は、同じ大炊寮に収納されながら、「稟院」と「供御院」という別々の施設に保管され、明瞭に区別して扱われていたのである。『西宮記』が述べるように、供御院には「預」が置かれ、稟院とは異なる独自の管理体制が敷かれていた。『朝野群載』や『類聚符宣抄』には、供御院預を務めた人物として、物部光保・磯部広信・磯部満利・磯部満輔などの名前がみえている(16)。

こうして供御院に収納・保管された供御稲が、精白されて舂米となり、供御米として毎日内膳司に送られる。『延喜式』巻三十五・大炊寮に「凡供御稲米・粟米舂備、日別送二内膳司一。」と規定される通りである。大炊寮式の別の条文によれば、同寮には、供御稲の精白作業の担い手として、女丁三人が配置されており、一束二把の稲から五升の舂米を得るという。同じく大炊寮式には、「収二供御米粟一舎天井料、調布四端。随レ損請換」という規定があり、精白された供御米は「舎」に置かれ、布製の天井を掛けられていたらしい。『日本紀略』寛仁四年（一〇二〇）七月二十二日辛未条に「大炊舎一宇幷倉一宇」とあるように、「舎」は「倉」とは別の建物であり、供御米を内膳司に発送する前に、一時的に留置する場所として利用しているのであろう。

内膳司に供御米が出給される際の手続きについては、『類聚三代格』巻六・要劇月料事所収の斉衡三年（八五六）十月七日官符に、

右、得二宮内省解一偁、検二案内一、太政官去弘仁十一年八月十六日符偁、承前之例、供御幷春宮坊御料、及親王已下月料、諸司毎月申二於弁官一。々即下レ符、依レ例令レ充。大納言正三位兼行右近衛大将陸奥出羽按察使藤原朝臣冬嗣宣、其政貴二簡要一、事帰レ易レ行。宜乙自今而後、令下彼省毎月収二所司解移一勘中会此符上、然後充行甲。若事有二増減一、即請二官裁一者。（後略）

とあるのが参考になる。これによれば、弘仁十一年（八二〇）以前は、諸司から弁官に毎月申請をさせ、官符を下して供御料などを充てていたが、同年以後は、宮内省が毎月所司からの解・移を勘会するだけで、それらを充てるようになった。供御米に関しても、内膳司がこの手続きに従って、弁官あるいは宮内省に出給の申請をしたはずである。

以上のような過程を経て、供御米は大炊寮から内膳司に送付され、御飯に調理されて天皇に供される(17)。この間、供

御稲米は、特殊な赤幡を標識として付けられて、他の稲米と混合しないように輸送され、また供御院という特別な施設に収納されて、同じ大炊寮の中にありながら、官人の食料米である年料舂米とは明確に区別して保管されていた。輸納段階から調理段階にいたるまで、一貫して他の官稲・官米から分離されているというのが、天皇の供御稲米の大きな特徴であろう。では、さらにさかのぼって、供御稲の収穫段階ではどうであろうか。この点に関しては、『類聚三代格』巻十・供御事に収める貞観二年（八六〇）四月十九日官符が重要である。

　太政官符

　　応三長官身自検二察御稲一事

右式云、凡供御幷中宮・東宮季料稲粟糯等、並用二省営田一。又云、官田者、国別長官主二当其事一者。然則既定二其田一、専委二長官一。何致二未進一更有二追責一。今検二案内一、件御稲定二年料数一、期内可レ進之状、天安二年十月廿五日下レ符已了。然猶多置二未進一、常闕二供御一。仍頻召二長官一、勘二責闕怠一。而今或聞、長官帰レ国、即勘二当郡司一、決二罰百姓一、責二取私稲一、動致二愁吟一。推二之物情一、已渉二汚黷一。夫御膳之物、尤欲二清潔一。如レ此供進、豈言二人臣一。右大臣宣、闕二誤供御一、法禁不レ軽。将レ考二実其事一、恐陥レ罪者多。仍暫従二寛宥一、欲レ視二来効一。今須下随二御稲数一択二取其田一、始レ自二耕種一、至二于収獲一、長官自親勤加中検察上。其所レ獲稲者、収二於別庫一、期内弁進。専令二潔清一、莫レ触二汚穢一。運進之夫、亦宜二慎択一。

　　　貞観二年四月十九日

供御稲の扱いについて興味深い記述があり、後に再び取りあげたいが、ここでは国司長官の当為として、「其所レ獲稲者、収二於別庫一、期内弁進」とあることを確認すればよい。官田から収穫された供御稲は、国司によって「別庫」に収納されたあと、期限をみて大炊寮に輸送されたのである。これは収穫段階の供御稲が、正税等の一般官稲から離されて別置されたことを端的に示している。要するに、天皇の供御稲米は、官田での収穫段階から内膳司での調理段階まで、他の官稲・官米と一度も混合することなく、完全に隔離して扱われていたのである。なお、官田の収穫稲は、その年次にすべて供御稲として京進されるわけではなく、畿内諸国に留め置かれたままの残稲が発生するが、そのように越年した古稲もまた、正税と混合しないように別置された。『延喜式』巻三十一・宮内省に、「凡省営田稲踰レ年之後、不レ任二供御一、皆悉為レ糙、収二納別倉一。莫レ混二正税一」とあるように、玄米にして「別倉」に収納されたのである。天平二年度の大倭国正税帳にみえる「屯田稲穀」は、そのようにして国に留置された官田の古稲とみられている(18)。

以上、天皇の供御稲米が、すべての過程を一貫して、他の官稲・官米から隔離して扱われることをみてきたが、それは主に平安期の史料に導かれた論証であった。この論証結果を、八世紀の令制当初に遡らせることが可能であろうか。たとえば、大炊寮の供御院について、橋本義彦氏は、「令制では、供御米は宮内省所管の官田から大炊寮供御院に収納された稲穀をもって備進」すると述べている(19)が、令制当初から大炊寮に供御院が存在したかどうかは、現存の文献史料によって確かめられない。平城宮の出土史料による大炊寮の研究によっても、供御院の存在は証明されていないようである(20)。

だが、大炊寮の成立過程を推測すると、令制当初から供御院に相当する施設が存在した可能性は必ずしも否定できないと思われる。『日本書紀』天智天皇十年（六七一）是歳条には、「又大炊省有二八鼎一鳴。或一鼎鳴。或二或三倶鳴。或八倶鳴」とあり、大炊寮の前身官司が天智朝には存在していたことが知られる。東野治之氏は、この前身官司について、供御稲米の調製を主要な職掌とし、さらに官人制の展開にともなって、諸司常食を整える職務も加えられていったと推測している(21)。これに従えば、供御稲米をあつかう本来の職務に、官人食料米＝年料舂米をあつかう職務が新たに追加されることで、令制官司としての大炊寮は成立したことになる。この成立過程において、二つの職務の棲み分けが図られ、同一官司の内部で、供御稲米だけを分離して収納・保管する体制が整えられた可能性は十分にあるだろう。それとは逆に、令制当初に二つの稲米を敢えて混合させ、平安期になってから両者を分離するという展開は、特段の事情がない限り、想定しにくいのではなかろうか。こうした点から、供御院に相当する施設は令制当初から存在したとみて差し支えないと思う。供御稲米を他の官稲・官米から隔離するという原則は、八世紀以来、変わっていないと考えておきたい。

赤幡を標識として供御物を区別する制度は、先述のように天平十三年に始まっているが、これは、それ以前に供御稲米が隔離されていなかったことを直接意味しない。律令制の進展とともに、大量の国用物が輸送されるようになり、供御物との混合が危惧される状況になったために、両者の峻別を徹底しようとしたのが、天平十三年の措置であろう。供御稲米を隔離する体制が、天平年間以降さらに整備された可能性はあるが、隔離の原則自体は、それ以前にさかのぼると考えられる。本節にみた天皇の供御稲米の扱いは、基本的に令制当初から継続するものとみてよいと思う。

三　供御米と天皇

唐皇帝の供御米は、官人食料米と同じく、地方から京進される租米を主要な資源としており、租米が太倉に収納・保管されている段階では、まだ供御米として峻別されていなかったとみられる。供御米がその他の官米から分離・抽出されるのは、調理担当の尚食局に送られる直前の段階であり、その抽出作業を担ったのが導官署であった。一方、天皇の供御米は、供御専用の田地である官田の収穫稲を資源としており、収獲段階から調理段階にいたるまで、一貫して他の官稲・官米から隔離した状態で扱われていた。収穫されると供御稲として別倉に納められ、輸送時には赤幡を付けて区別され、大炊寮では供御院という特別な施設に保管され、そこで供御米に精白されて内膳司に送られたのである。唐皇帝の供御米が、一般的な稲米の調達体制のなかに包摂されているのに対し、天皇の供御稲米は、一般の稲米と異なる特殊な扱いを受けている点が大きな特徴であろう。

天皇の供御稲米がこのような特徴を持つのはなぜだろうか。大炊寮での保管体制についていえば、年料舂米が白米であるのに対し、供御稲は穎稲であるというイネの状態の違いが、両者を別置する一因として当然考えられよう。しかし、その場合も倉廩を分ければよいのであって、そうではなく、供御院という特別な区画を設けて分離していることからすれば、すべての要因をイネの状態に帰するのは適切でないだろう。そこで以下、天皇の供御稲米が特殊な扱いを受ける理由について、若干の考察をめぐらしてみたい。

要点になるのは、やはり天皇の食するモノの清浄性ということであろう。『令集解』考課令19宮内之最条の令釈には、「宮内所レ管、多是供御飲膳之司也。供御之物、清潔為レ先」とあり、宮内省被管官司があつかう供御物は「清潔」を肝要とすると指摘されている。宮内省管理の官田から収穫され、大炊寮に収納・保管され、内膳司で調理される供御稲米は、当然のことながら「清潔」であることを求められる。この点は、先に引用した貞観二年四月十九日官符からも確かめられる。同官符には、

而今或聞、長官帰レ国、即勘二当郡司一、決二罰百姓一、責二取私稲一、動致二愁吟一。推二之物情一、已渉二汚黷一。夫御膳之物、尤欲二清潔一。如レ此供進、豈言二入臣一。

とあり、また、

其所レ獲稲者、収二於別庫一、期内弁進。専令二潔清一、莫レ触二汚穢一。運進之夫、亦宜二慎択一。

とあって、官田から収穫された供御稲の「清潔」「潔清」の確保が指示されているのである。国司による百姓の決罰

などが非難されているから、ここでの「汚黷」「汚穢」が単なる衛生上の問題ではなく、宗教的なケガレに関わることはいうまでもないであろう。

供御稲米とケガレに関しては、時代が下るものの、以下のような諸事例が参照される。まず、『日本紀略』承平元年（九三一）二月六日甲午条に、「大炊寮申、今夜犬咋二死童於供御院一。仍仰二宮内省一、以二寮外御稲一、令レ備二供御一」という記事があり、大炊寮の供御院で犬が児童の死体を喰らったため、宮内省に命じて、寮外の御稲で供御米を調備したという一件が知られる。『貞信公記抄』承平元年二月六日条には、これに関連する記事がみえ、「大炊寮有二死児一、腰以上相連者、舂二御稲一事、於二宮内省一行之」とあるので、宮内省で御稲の精白作業を行ったことがわかる。供御院に保管していた供御稲が、死穢によって汚されてしまったので、畿内諸国に留置されていた供御稲を取り寄せて、急きょ供御米に充てたということであろう。

一方、『小右記』万寿二年（一〇二五）七月二十七日条には、次のような記事がある。

大外記頼隆真人云、一夜大炊寮庁舎焼亡。既供御所、可レ有二大祓一歟。先年兵庫戎具倉・左兵衛尉〔府カ〕家舎等焼亡時、皆有二大祓一。此由令レ漏二申関白一、即有下可レ勘二申前例一之仰上。仍勘進了。令レ勘二吉日一可二申行一者。（後略）

七月二十二日に大炊寮の庁舎が焼亡したのを受けて、大祓を行うかどうかが議論されている。注意されるのは、「供御所」の焼亡であることが、大祓を行うべき理由として挙げられている点である。大炊寮が供御稲米にかかわる官司であるために、失火のケガレが特に強く意識されたのであろう。結局、大祓は八月三十日に八省東廊で行われている（『左経記』同日条）。

さらに時代は下るが、『扶桑略記』延久元年（一〇六九）四月十三日己酉条には、

同日、大炊寮触穢間、供御及諸宮所々之熟食、於二主水司一令二供進一。件穢、往還下人以二死人頭一投二入寮中一云々。

という記事がみえる。往還の下人が死人の頭を大炊寮のなかに投げ入れ、触穢の状態になったため、供御以下の熟食を主水司から供進することにしたという。まさに供御稲米の「清潔」が損なわれたからであろう。この場合は、天皇の食事だけでなく、「諸宮所々」の食事も含まれるので、やや広く宮廷における食米の「清潔」が問題になっているといえようが、その清浄性の中心が天皇にあることは動かないだろう。

以上、十・十一世紀の史料も視野に入れて、天皇の供御稲米の清浄性をみてきたが、その特質をどのように意義づけることができるだろうか。手がかりになると思われるのは、同じく天皇の食膳に供される贄に関する史料である。『類聚三代格』巻十九・禁制事には、内膳司に贄を納める贄人の実態を述べた、元慶七年（八八三）十月二十六日官符が載せられているが、それは次のようなものである。

太政官符

応レ禁二止内膳司・進物所幷諸院・諸宮恣放二贄人腰文幡一事

右、得二近江国解一偁、此国所レ在御厨、勢多・和邇・筑摩及田上御網代等、所レ役徭人百六十四人。又皇太后宮職御網代所レ役徭人卌人。或日次或年料、一向潔斎勤二供御事一。自レ此以外、何有二贄人一。而今件司所院宮等、不レ択二土浪人一、恣放二腰文幡一、遍満二国中一、其数不レ少。如レ此之輩、心挟二遁役一、寄二事供御一、動凌二弱民一。害レ政之甚、莫レ過レ斯焉。望請官裁、上件御厨網代贄人之外、悉従二停止一者。右大臣宣、事之无レ拠、深背二朝章一。自レ今以後、一切禁断。諸国准レ此。

元慶七年十月廿六日

近江国の御厨等に属する贄人の活動が述べられているが、注目されるのは「或日次或年料、一向潔斎勤二供御事一」という記述である。贄人が「潔斎」して供御の事を勤めているとあり、供御の食材を扱うには、神事と同様の斎戒が必要であったことがうかがえる。これは、天皇の食料が神饌の材料に等しいものと認識されていたことを、端的に物語っているであろう。天皇に対する食料の奉仕は、神に対する御饌料の奉仕に通ずるものであったとみられる。このように考えれば、本稿でみてきた供御稲米の特殊な位置づけも理解しやすいであろう。すなわち、天皇の供御稲米には、神への捧げ物としての性格があるために、慎重な隔離とそれによる「清潔」の維持を必要としたのである。とすれば、供御稲を産出する官田には、一種の神田としての性格があるともいえるだろう。

以上の結論は、君主としての天皇の特質を考えるための、ひとつの材料になり得ると思われる。唐の皇帝は、地方から京進される租米を自らの食料としていた。これは、租税を負担する人民のうえに君臨する国家の最高権力者にふさわしい特徴であろう。それに対して天皇は、畿内諸国の官田から収穫され、神饌料に通ずる扱いを受けた、「清潔」でケガレのない稲米を食料としていた。これは、畿内の地域に深く根ざした現神としての天皇の特質を示すものに他ならないであろう。また、唐の皇帝は、食料米の資源という点で、同じく租米を資源とする官人一般と変わりがなかった。ここには、国家の支配層として、貴族・官人と共通の地盤のうえにある皇帝の姿が見出せるように思われる。一方の天皇は、供御専用の稲米を食料とする点で、年料舂米を食料とする官人一般とまったく異なっていた。天皇と貴族・官人には、国家権力の担い手として、根本的に異質な側面があるのだろう。古代の天皇の特質を考えるうえで、供御稲米の問題はきわめて示唆的であると思う。

おわりに

以上、供御稲米に関する日唐の違いを観察し、それをもとに皇帝と天皇の君主としての性格の違いに論及した。その違いの背景には、粟作地帯に首都を置き、遠隔の稲作地帯から稲米を調達しなければならなかった、唐特有の事情ももちろんあるだろう。しかし、日本でも、地方から京進された年料舂米を、官人の食料米だけでなく、天皇の供御米に充てることは十分可能だったはずで、敢えてそうしなかった意味を考えることが重要であろう。

李錦繡氏は、唐代前半の中央財政について、「供御」と「供国」とが分離しておらず、前者は後者の一部分であったという特徴を指摘している。(22) 本稿でみた皇帝の供御米の特徴は、この財政構造の問題とも密接にかかわってくるように思われる。また、皇帝と天皇の特質に関しては、「姓」の有無や衣服令における服装規定の有無などに、礼の秩序に包摂された皇帝と、礼の秩序から超越した天皇との違いが見出され、さらに天皇には畿内豪族に共立された司祭者的首長としての原始性が濃厚であったと指摘されている。(23) 供御稲米と官人食料米との関係にみられる日唐の違いは、こうした指摘とどのようにかかわり得るであろうか。残された問題は大きいが、本稿の拙い考察が、今後の検討のための足がかりとなれば幸いである。

注

(1) 佐藤信「米の輸貢制にみる律令財政の特質」(『日本古代の宮都と木簡』吉川弘文館、一九九七年、初発表一九八三年)。

(2) 官田については、拙稿「令制官田の構造と展開」(『律令国家と土地支配』吉川弘文館、二〇一三年、初発表一九九八年)で考察したことがある。

(3) 『二中歴』官名歴、『拾芥抄』官位唐名部は、大炊頭の唐名として、導官令・太倉令の両方を挙げている。

(4) 佐藤全敏「古代天皇の食事と贄」(『平安時代の天皇と官僚制』東京大学出版会、二〇〇八年、初発表二〇〇四年)、芳之内圭「平安時代における内裏の食事」(『日本古代の内裏運営機構』塙書房、二〇一三年)。

(5) 租のほかに、本来備荒用に蓄積すべき地税(義倉穀)が京進される場合もあった。濱口重國「唐の玄宗朝に於ける江淮上供米と地税との関係」(『秦漢隋唐史の研究　下巻』東京大学出版会、一九六六年、初発表一九三四年)参照。

（6）太倉・含嘉倉の構造と機能については、清木場東『唐代財政史研究（運輸編）』（九州大学出版会、一九九六年）、宇都宮美生「隋唐洛陽城の含嘉倉の設置と役割に関する一考察」（『東洋学報』九八―一、二〇一六年）参照。また、太倉の位置については、礪波護「隋唐時代の太倉と含嘉倉」（『隋唐都城財政史論考』法藏館、二〇一六年、初発表一九八〇年）参照。

（7）渡辺信一郎「唐代前期律令制下の財政的物流と帝国編成」（『中国古代の財政と国家』汲古書院、二〇一〇年、初発表二〇〇九年）四四一頁。

（8）佐藤注（1）論文二一四頁が示唆するように、『通典』が述べる「廻充」は、粟で収取・京進された租を、京師で流通米と交易することを意味した可能性もある。だが、この場合も、租物を財源としていることに変わりはなく、大きな意味で供御米が租から調達されたと捉えることはできるであろう。

（9）以上の屯田の機能については、注（2）拙稿一八七～一八八頁でも触れたことがある。

（10）渡辺信一郎「北宋天聖令による唐開元二十五年令田令の復原並びに訳注」（『京都府立大学学術報告（人文・社会）』五八、二〇〇六年）九九頁参照。

（11）穀物の出給体制については、清木場東『帝賜の構造　唐代財政史研究（支出編）』（中国書店、一九九七年）が詳しい。

（12）小野勝年『入唐求法巡礼行記の研究　第一巻』（法藏館、一九八九年復刊）による。

（13）古松崇志「唐代後半の進奉と財政」（『古代文化』五一―四、一九九九年）参照。

（14）民部省に進納されてから大炊寮に転納されるのではなく、畿内諸国から直接大炊寮に進納されることは、佐藤注（1）論文二二三頁、虎尾俊哉編『訳注日本史料　延喜式　中』（集英社、二〇〇七年）補注一三六八頁参照。

（15）宮城図については、村井康彦・瀧浪貞子『宮城図　解説』（思文閣出版、一九九六年）参照。

（16）『朝野群載』巻八・別奏の長保四年（一〇〇二）五月一日宣旨、『類聚符宣抄』第七・定所々別当勾当預事の寛弘七年（一〇一〇）正月二十七日宣旨。

（17）同様に、官田から収穫され、大炊寮に進納された糯（モチイネ）が、糯米に精製されて内膳司に送られ、供御の餅として御膳に供された。この点は、先に引用した民部省式に「凡供御及中宮・東宮季料稲粟糯等、並用二省営田所一レ穫」、宮内省式に「即令下大炊寮支二度年中供御稲糯粟等数一申上省」とあり、また『政事要略』巻二十五・年中行事十月・亥日餅事に「大炊寮出二渡糯米一、内膳司備二調供御一。雖レ不レ載二式文一、寮司供来尚矣」とあることなどから確かめられる。

(18)鎌田元一「公田賃租制の成立」(『律令公民制の研究』塙書房、二〇〇一年、初発表一九七三年)五六七頁。
(19)『国史大辞典　第二巻』(吉川弘文館、一九八〇年)五〇七頁の「大炊寮領」の項目。
(20)立木修「平城宮の大膳職・大炊寮・内膳司」(奈良国立文化財研究所創立三〇周年記念論文集刊行会編『文化財論叢』同朋舎出版、一九八三年)参照。
(21)東野治之「内廷と外廷」(『長屋王家木簡の研究』塙書房、一九九六年、初発表一九八〇年)三四一~三四二頁。
(22)李錦繡『唐代財政史稿　上巻』(北京大学出版社、一九九五年)第一分冊一六九頁。
(23)吉田孝「「律令国家」と「公地公民」」(『律令国家と古代の社会』岩波書店、一九八三年、初発表一九七九年)三五頁。天皇と礼との関係については、大津透「天皇の服と律令・礼の継受」(『古代の天皇制』岩波書店、一九九九年、初発表一九九七年)、大隅清陽「律令と礼制の受容」(大津透編『律令制研究入門』名著刊行会、二〇一一年)なども参照。

日唐律令制における官物管理

——監臨官の不正と官物補塡をめぐって——

武井紀子

はじめに

民衆から徴収した租税をいかに確実に保管管理し、有効に運用するかは、国家を運営する上での要諦であった。そのため、古代国家は財政制度を構築するにあたり、租税の徴収方法とともに、官物の厳重な管理を徹底し、その業務に預かる官人が官物を着服したり私的に不正利用したりすることのないような仕組みを作り上げた。

律令のなかで、官物とそれを収納した倉庫の管理について規定した篇目は、倉庫令である。官物管理に関する条文群は倉庫令の中心をなし、このことは唐令、唐令をもとに撰定された宋令、そして唐令を継受した日本令で共通していたと考えられる(1)。特に日本では、交替式をはじめとする諸史料のなかで、倉庫令の官物管理規定が主に国郡地方財政における官人交替業務に関連づけて参看されており、それゆえにこれまでの先行研究でも、公廨稲制度や解由制、税帳勘会制度などの観点から議論されてきた(2)。

一方、官物管理の過程で欠が生じる原因となったのは、倉庫管理に携わる官人の業務上の過失と、犯罪不正行為である。この場合は律による刑罰の対象となるが、(3)律の適用と倉庫令の官物管理規定との関係については、これまであまり注意が向けられてこなかったように思う。(4)

唐では律と令が併存し、両者が相関関係を持ちながら運用されていた。古代日本では唐から律令法を継受したが、周知のように、律・令ともに日本のあり方に合わせて改変を加えている。このことをふまえるならば、日本律令において、倉庫令の官物管理規定と律の官人の犯罪不正行為に対する規定は、いかなる対応関係にあり、そして、どのような法的構造をなしていたのだろうか。本稿では、官物に欠が生じたときの対処を手がかりとして、まず唐律令における官物管理規定の性格について明らかにし、その上でこれを継受した日本での官物に対する官人の不正行為と欠補塡との関係について考察していきたい。

一　唐律令における官物の管理規定

1　唐倉庫令と律の関係

唐律令において、倉庫に納められた官物の監督責任をもつ官人は、「監臨主守」「監主官」と呼ばれた。名例律によれば、以下のように定義される。

史料1　『唐律疏議』名例律54統摂案験為監臨条(5)

諸称二監臨一者、統摂案験為二監臨一。謂州県・鎮戍・折衝府等判官以上、各於二所部之内一、総為二監臨一。自余唯拠下臨統本司、及有レ所二案験一者上。即臨二統其身一、而不レ管二家口一者、姦及取財、亦同二監臨之例一。（中略）称二主守一者、躬親保典為二主守一、雖三職非二統典一、臨時監主亦是。

同条の疏文には、「統摂者、謂下内外諸司長官、統二摂所部一者上。案験、謂諸司判官、判二断其事一者是也」「主守、謂下行案典吏、専主二掌其事一、及守中当倉庫獄囚雑物之類上。其職非二統典一者、謂レ非二管摂之司一。臨時被レ遣監主者亦是」とあり、「監臨」は人または物に対して一般的に自己の行政的裁量権を及ぼし得る立場にあること、「主守」は官物や囚人など官権下にある有体的客体を直接保管・看守する職責にあることを指す(6)。すなわち、監臨官は帳簿等を通じて倉庫の出納諸業務の全体を把握している官人を指し、主守官は日々の出納業務に従事している官人であり、州県でいえば、監臨官は刺史や県令以下の州県官人、主守官は実務部署である倉曹にあたる(7)。彼ら監臨主守の官（以下、監臨官と一括する）による官物管理の具体的な方法は倉庫令に規定された。

史料2　天聖倉庫令　官物の管理に関する条文(8)

（宋15）諸倉庫給用、皆承二三司文牒一。其供給所レ須及在外軍事要須速給者、先用後申。即年常支料及諸州依レ条合二給用一者、不レ須レ承レ牒。其器物之属、以レ新易レ故者、若新物到、故物並送二還所司一。年終、両司各以二新故物一計会、非理欠損者、理二所由人一。

（宋16）諸倉庫受納・出給・見在雑物帳、年終各申二所属一。所属類二其名帳一、遞二送三司一。

（宋17）諸倉庫及文案孔目、専当官人交代之日、並相分付、然後放還。諸倉在二窖雑種一、数多不レ可二移動一者、拠レ帳分付。

（宋18）諸倉庫貯積雑物応二出給一者、先尽二遠年一。其有下不レ任二久貯一及故弊上者、申請回易。

（宋19）諸倉庫受納、於レ後出給、若有レ欠者、皆理二専当人以下一。已経二分付一、理二後人一。理獲訖、随レ便輸納、有レ賸付レ帳申。

（宋20）諸欠二失官物一、並句獲合レ理者、並依二本物一理塡。其物不レ可レ備及郷土無者、聴下準二価直一理送上。即身死及配流、資産並竭者、勿レ理。

（唐12）諸両京在蔵庫及倉、差二中郎将一人一専押。在外凡有二倉庫一之処、覆囚使及御史出日、即令二案行一。其貯掌蓋覆不レ如レ法者、還日聞奏。

以上は穀物クラ（倉）と器仗雑物クラ（庫）の双方に共通する管理方規定だが、穀物クラ（倉）の出納管理に関わる条文として、次の二条も同様に挙げられる。

（宋5）諸倉屋及窖出給者、毎レ出二一屋一窖一尽、然後更用以レ次者。有レ賸附レ帳、有レ欠随レ事理罰。府庫亦準レ此。

（宋12）諸欠二負官倉一応レ納者、若分付欠損之徒未レ離レ任者、納二本倉一。已去レ任者、聴下於二後任所及本貫一便納上。其隠蔵及貸用者、亦聴下於二所在処一理納上。

これらの倉庫令規定では、官物を遺漏なく管理するために、出給方法や監臨官の引継方法を規定し（宋5・15・16・17・18）、それでも欠が生じた場合には、責任の所在を明確にし（宋5・15・19）、どこに何を徴納するのか（宋12・20）が定められている。

一方で、監臨官の倉庫管理業務上での過失や不正に対する罰則を規定しているのが律であり、その中心となるのが厩庫律である。厩庫律の前半は官私雑畜についての規定（1〜14条）で、後半が倉庫の官物管理についての規定（15〜28条）となっており、後半部分をまとめたのが表1である。これらの規定には、監臨官が倉庫管理を行っていく上で欠が生じた場合に対する科罪が定められており、大きく分けると、管理過失に対する罰則規定と、不正・違反行為に対する罰則規定からなる。例えば、前者は適切な管理・監督・保管方法を取らずに官物に欠をきたした場合（15庫蔵主司捜検条・19損敗倉庫積聚物条など）、後者は官物の貸借や出納手続に違反があった場合（17監主貸官物条・18監主以官物借

表１　唐廐庫律　倉庫関連条文

番号	条　文　名	内　　　　容
廐15	庫蔵主司捜検条	庫蔵の防衛警備の不備に対する罰則
廐16	仮借官物不還条	官物を借り，期限内に返却しなかった場合・欠失した場合の罰則
廐17	監主貸官物条	監臨主守が官物を貸りたり又貸しした場合の罰則
廐18	監主以官物借人条	監臨主守が官物を借りた，もしくは人に借した場合の罰則
廐19	損敗倉庫積聚物条	倉庫の積聚を適切に行わず損失を出した場合の罰則
廐20	財物応入官私条	財物の納入先を違えた場合の罰則
廐21	放散官物条	官物を出売した場合の罰則
廐22	応輸課税条	課税入官の物を官に入れずに欠を生じさせた場合の罰則
廐23	監臨官僦運租税条	監臨主守が税物輸納に僦運した場合の罰則
廐24	輸給給受留難条	出納時に受納官が故無く受納をしなかった場合の罰則
廐25	官物有印封条	官物に付された印封を無断で開封した場合の罰則
廐26	輸課物齎財市糴条	課税するべきものを市にて購入して充てた場合の罰則
廐27	出納官物有違条	出納が行われる際に給受を違えた場合の罰則
廐28	官物応入私条	官物の定義（私に入れる物でも，官にあれば官物とする）

人条・24輸給給受留難条など）などが挙げられる。

廐庫律以外でも、監臨官の過失により官物に欠が生じた場合（雑律52官物亡失簿書条）や、盗みや詐欺といった一般の犯罪行為の犯人が監臨官自身の場合（賊盗律36監臨主守自盗条、詐偽律12詐欺官私取物条）などの規定があった。このうち、盗みなどを監臨官が犯した場合、職務上の過失や不正行為とは異なるから、一般の犯罪行為の規定が援用された。但し、この時には監主加罪として凡犯よりも重い罪が科せられた。これは、監臨主守という立場にあることと、その監守内の物に対する犯罪ということが刑の加重要件となったためであると考えられる(9)。

このように、唐律では様々な理由で官物に欠が生じる場合の罰則が規定されており、監臨官によって生み出された官物欠に対する処罰も、考えうる限りすべての場合が網羅されていたといえる。

では、倉庫令と律規定はどのような関係になっていたのだろうか。律と令の条文を見ていくと、「依レ律」あるいは「依レ令」など、両者の関連を示す具体的な文言はみえないものの、律文の中に令の規定を指す文言が、また逆に、令文の中に律の適用を示す文言が組み込まれていることを指摘できる。

例えば、唐厩庫律19損敗倉庫積聚物条は「諸倉庫及積聚財物、安置不レ如レ法、若曝涼不レ以レ時、致レ有二損敗一者、計レ所二損敗一、坐贓論」と、倉庫内の財物を法定通りに保管管理せずに欠を生じさせた場合の罰則を定めている。ここでいう「安置不レ如レ法」とは、「倉は高燥の処に設置せよ」と定める倉庫令文（天聖倉庫令宋1条）のことを指すと考えられる。

また、倉庫からの出給方法を定めた天聖倉庫令宋5条には「有レ欠随レ事理罰」（「理」は避諱であり、本条と対応する唐令・日本令では「徴」）とある。本条は『唐六典』巻一九諸倉監の記載に対応しているが、[10]これによれば処罰のより具体的な内容をうかがうことができる。

史料3　『唐六典』巻一九諸倉監

凡粟出給者、毎二一屋一窖一尽。賸者附レ計、欠者随レ事科徴。非理欠損者、坐二其所由一、令二徴陪一之。

史料3の「科徴。非理欠損者、坐二其所由一、令二徴陪一之」部分が、令文の「随レ事理（徴）罰」を受けていることは明らかである。「非理欠損」は、器仗雑物クラを含めた倉庫全般の規定である宋15条にも見える表現である。これは経年劣化や耗などの法的に認められた一定量の減損以外に欠があった場合を指し、[11]それぞれの事情に応じて（「坐二其所由一」）、律を適用した処罰が科されたと考えられる。このときの罰則として最も基本的なのは坐贓論（唐厩庫律19損敗倉庫積聚物条・27出納官物有違条など）であったと思われるが、史料3では「令二徴陪一之」とあり、盗罪適用による倍贓徴収となっている。これは『唐六典』の記載が一般の倉を対象としたものではなく、特に太原・永豊・龍門など要所に置かれた諸倉監を対象としたものだったからであろう。

このように、倉庫令と廐庫律をはじめとする唐律との間には明確な対応関係がうかがえ、官物管理に関する倉庫令条文は、監臨官の過失や犯罪不正行為に対する律の適用を前提として規定されていたといえる。唐において律と令が相互関連性をもって運用されていたことは今更指摘するまでもないことだが、天聖令によって唐宋倉庫令が明らかになった今、令の各条文と律との間に以上のような関係があることを、改めて確認しておきたい。

2　官物の欠失と贓の徴収

倉庫令の官物管理規定に対する違反に律が適用されたとすると、それにより徴収されるものは贓である。前項では宋5条の例を挙げたが、官物欠失分の徴収について定めた天聖倉庫令宋20条の「即身死及配流、資産並竭者、勿レ理」の部分も、名例律33以贓入罪条の「已費用者、死及配流勿レ徴。（別犯レ流及身死者亦同）」と対応する表現と考えられる。また、倉庫令ではないが、贓贖物の納入について定めた復旧唐獄官令三六条（『唐令拾遺補』）にも「若応レ徴二官物一者、准レ直五十疋以上一百日（中略）若負レ欠官物、応レ徴二正贓及贖物一、無レ財二以備一、官役折庸、其物雖レ多、止レ限二三年一、一人一日、折二絹四尺一」とある。このことからも、唐律令において官物欠に対して徴収されたのは、律の適用により科された贓（正贓）であったたみてよいだろう。

そもそも、贓とは犯罪や不正行為によって奪取もしくは授受された財物を指し、盗犯などに遭って盗まれた側にとっては損失分を意味する。贓が生じるのは、盗（強盗・竊盗）、収賄（枉法・不枉法）、官物横領（受所監臨）、不当利得（坐贓）の六つの場合であり（六贓）、その量に応じて刑が決定された。そして、これら六贓、あるいはそれに準じた罪として刑が科される場合、正刑とは別に、贓分を正贓（盗の場合は倍贓も）として元の所有者に返還せしめたのである。名例律の規定によれば（名例律32・33）、正贓は本主（官物の場合は官）に返還されることを原則とし、盗の場合（強盗・

竊盗）には正贓・倍贓ともに本主に返還された。また、「彼此倶罪之贓」のうち、授受両者が罰せられる時の贓は官が没収、取得した者のみ罰せられる場合には贓は本主に返還することになっていた。つまり、唐律令の規定では、贓が原則として本主（官）へ返納されることにより、犯罪や不正行為により損なわれた欠失分が補償・回復される仕組みになっていたといえる。

しかし、必ずしも実質的な損失分がそのまま徴収されたのではなかった。例えば贓罪が複数併合された場合は、徴収する贓の計算操作が行われることがあるなど（名例律45二罪従重条）、正贓・倍贓の徴収額はあくまでも刑に付随して定められるものであった。(12) 唐における贓徴収のあり方を示す事例として、監臨官による犯罪ではないものの、次の吐魯番文書を挙げることができる。

史料4　吐魯番文書　唐盗物計贓科罪牒（『吐魯番出土文書』第八冊、72TAM194:27（a））

（前缺）

財

一疋杖六十、一疋加一等。王慶
計□不満壹疋、合杖六
十。□案諮決訖、放。其
銭徴到、分付来賓取
領□陪贓牒送諮。仁
賛白。
十一日

盗物獲贓、然可科罪。

（中缺）

□欵□　□匪實

（後缺）

竊盗の罪であろうか(13)、盗罪による損害分（不満壹疋）を量的基準として正刑（杖六十）が決定され、刑罰執行の後に犯人は放たれ、その後に正贓とみられる銭が徴収されている。さらに倍贓の徴収について議論され、「盗物獲贓、然可科罪」と、盗罪に付随して贓の徴収が決定されている。唐律では、贓の徴収は「備償」「備」「償」「陪償」「徴償」と表現され(14)、「犯人の手に存する現物を単純に取上げるか、犯人の一般財産のなかから評価額を追徴するか」によって行われる(15)。史料4は倍贓についての議論ではあるが、唐における贓に対する意識は、あくまでも正刑に付随する財産刑として科されるものであり、「「損害賠償」であるが、被害者の財産的損失を補塡するものと言うよりは、むしろ民事的制裁である」と位置づけられるのである(16)。

以上のような唐律における贓徴収のあり方をふまえ、倉庫令と贓との関係を改めて考えると、官物に欠を生じた場合は正贓の納入先は官となり、欠失した物と同じ物を納め（宋20条）、穀物の場合には欠を生じさせた倉と同じ倉に納入するのを原則としているから（宋12条）、正贓には欠失分を補塡し回復する側面があったといえる。しかし、それでもなお、贓は価直による代納が認められ、死・流罪の場合に追徴しない（宋20条）、責任者が任地を離れている場合には後任地か本貫地で納入する（宋12条）、また倉庫令でないが、正贓を払う財力が無い場合には官役折庸される（復旧唐獄官令三六条）、などの例外的なあり方も同時に令の中に規定されていた点は見逃せないだろう。さらに、徴収後の贓物については、同じく倉庫令に規定があったが（不行唐19条）、失われた官物とは別枠扱いされており、財政帳簿上も官物と混同されなかった[17]。こうした点からも、やはり贓の徴収は一義的に罪に対するペナルティとしての意味合いが強く、欠の回復そのものに主眼があったのではないと考えられるのである。

このように、唐倉庫令による官物管理は、監臨官が欠を生じさせないような管理の仕組みを規定するものだったが、欠が発覚した場合には律の規定に委ねられ贓物が徴収された。そして、贓物の徴納に際しての責任所在や塡納場所などについては、倉庫令に規定されていた。しかし、律による贓物の徴収はあくまでも罪に対する財産刑であり、官物の欠を補塡する財源としての意味合いは薄かったと考えられるのである。その点で、唐律令の中には、官物の欠を補塡するという観点から積極的に規定された条文は存在しなかったといえる。

以上に見てきたような唐律令における官物欠に対する対処をふまえ、次に日本律令の中でのあり方について節を改めて考察したい。

二　日本における監臨官の不正と官物補塡

1　養老倉庫令欠負官倉条について

古代日本でも、唐の律令を継受して官物の管理規定を定めた。養老倉庫令逸文には、前掲史料2の天聖倉庫令のうち宋16条を除いてすべての条文に対応する規定の存在が確認でき、厩庫律も一部の条文を除いて日本律の逸文が知られる[18]。一方で、実際の官物管理体制は令制施行後に格式によって整備されていった面が大きく、日本律令でも唐と全く同じように両者が運用されていたかどうかは、いまだ明らかではない。そこで本節では、倉庫令欠負官倉条の検討を通じて、両者の関係について考えてみたい。

史料5　復原養老倉庫令(13)欠負官倉条

凡欠二負官倉一応レ徴者、(a)若分付欠損之徒未レ離レ任者、納二本倉一。已去レ任者、聴下於二後任及本貫一便納上。(b)其隠截及貸用、不レ限二在任去任一、皆納二於京一。

本条は、官倉に欠が生じた場合の、徴納物の納入場所について規定している。そもそも官物に欠が生じるような事態には、耗などの経年減損や腐敗遺漏などによる自然欠と、犯罪不正など故意による人為的欠が考えられる。早川庄八氏によれば、前者は「損」で、特に交替欠の場合には「欠損」という。一方、後者は「受レ貸不レ償曰レ負也」(『令集解』職員令30刑部省条義解・令釈)とあるように「負」「欠負」である。[19] また、「欠負」は欠と負の双方を含む表現としても用いられ、[20] 本条に見える「欠負」も、欠と負の双方の意味を含み込む用法だったと考えられる。さらに本条は大きく二つの部分に分けられ、(a)は「分付欠損」すなわち交替により発覚した官物欠に対する徴納を定めた部分、(b)が人為欠たる欠負の場合(とくに隠截・貸用の場合)を定めている部分ということになろう。

このうち、(a)部分は、対応する天聖倉庫令宋12条でもほぼ同じ文言である。唐では監臨官の業務上過失にも律が適用され、欠損に対する徴納もみな贓物(正贓・倍贓)だった。しかし、日本では(a)部分により徴納されたものが、直ちに律規定に準じた贓であったとは言いきれないのである。このことは、(a)部分の復原根拠となっている次の史料からうかがえる。

史料6　『類聚国史』巻八四　政理六　塡納官物　弘仁一〇年(八一九)五月己卯条[21]

公卿奏議曰、倉庫令云、凡欠二負官倉一応レ徴者、若分付欠損之徒未レ離レ任者、納二本倉一。已去レ任者、聴下於二後任及本貫一便納上。今畿内国司、偏拠二此令一、欠損之物、咸塡二外国一。夫畿内者、接二近京華一、公用繁広。加以論二稲貴

賤一、内外懸隔而失レ近塡レ遠。為レ弊良深。伏望、自今以後、畿内欠損、停レ塡二外国一。許レ之。

これによれば、倉庫令を根拠にして、次の赴任地や本貫地で補塡責任を果たすことが可能とされていた。さらに、畿内と畿外では稲の価格も異なっていて、畿外で現物補塡をした方が得であるため、畿内国司はみな任終後に畿外での補塡を行った結果、前任国の欠は補われずに畿内の官物が減少していることが問題となっている。

ここで注目されるのは、交替欠に対する徴納を論じた公卿奏議において、律規定への言及がなく、倉庫令文のみが引用されている点である。さらに、畿内では令規定を逆手に取り、故意に本倉へ塡納しないことが常習化していた様子もうかがわれる。これらのことを考慮すると、交替欠が発覚した場合、監臨官に対しては職責上の補塡義務こそ生じているものの、律によって刑罰と贓の徴収が科せられていたとは考えにくいだろう。加えて、令に定める他国での補塡はあくまでも例外的な位置づけであった点に注意したい。ここでは、むしろ欠の生じた場所での補塡が重視され、失われた官物の回復・維持が目指されていることが読み取れる。この場合に徴納された物は、唐律における財産刑としての贓の性格とは明らかに異なっているといえよう。

このような背景には、古代日本の財政構造が多分に影響しているように思う。日本における官物管理は、不動倉の設置（『延暦交替式』和銅元年〔七〇八〕閏八月一〇日太政官符）や正倉の規格化（『続日本紀』和銅七年四月壬午条）、倉ごとの欠の通計を禁止する法令（『延暦交替式』倉庫令倉出給条今案）など、収納物を倉ごとに把握する即物的な管理が行われていた。それゆえに、日本では唐令以上に、欠失分はもとの倉庫に徴納するという規定を厳守することが強く求められたのではないかと考えられる。これは、欠を生じさせた事に対する業務上過失を罪に問うのではなく、官物管理を預かる監臨官としての職責に由来するものといえ、刑罰よりも償塡が優先されたのであり、このことが日本倉庫令の特徴の一つであったといえる。史料6は九世紀のものだが、倉庫を単位とする即物的管理方法は令制を遡って古来から行われていたから、おそらく、こうした倉庫令の官物管理方法は令制の当初から企図されたものであったと考えられる。

これに対して（b）部分では、天聖倉庫令宋12条と比較すると、日本令で「其隠截及貸用、不レ限二在任去任一、皆納二於京一」とある部分が、宋令では「其隠蔵及貸用者、亦聴下於二所在処一理納上」とあり、想定される納入先が異なっている。唐倉庫令を復原した李錦繡氏は、唐における官人犯罪の厳格さを理由に、日本令に基づいて「其隠蔵及貸用者、不レ限二在任去任一、納レ京」と復原しているが(22)、日本令で納入先として想定しているのは、唐に対応官司のない刑部省被管の贓贖司であった(23)。

史料7 『令集解』職員令31贓贖司条 穴記・跡記

穴云、贓贖、謂凡六贓皆入二此司一。仮令、盗二大蔵司物一、後得二盗贓一者、入二此司一之類。私案、贓謂彼此倶罪等没官、及倍色是也。自余正贓、各入二有司一。為二律云レ還二官主一故也。今説、盗官物正贓・倍贓、並還二入被レ盗之官一。其贖銅者、在京断訖、牒二本属一、徴取者送二断罪之司一。但讞二刑部一断者、入二国府一耳。問、倉庫令云、隠截貸用、不レ限二在任去任一、納レ京者、亦納二此司一哉。答、同二大蔵之出一、入二此司一耳。今説、依レ状納二大蔵穀蔵院一耳。

跡云、贓謂二六贓一。正贓并倍贓、合レ入二没官一者、皆此司勘収。但隠截貸用等有レ立二別条一耳。

日本では五世紀以来の固有法的な賠償制の流れがあり(24)、特に盗犯重視の傾向の中で(25)、贓贖物はツミに対するアガナヒモノとしての側面を強く持つものと位置づけられてきた。このような独自の犯罪に対する観念から、日本では贓の徴収は、中国の影響を受けて早くから律の適用を受けつつも、その受け入れ先として、唐に対応官司のないアガモノノツカサが成立していったと考えられる(26)。このことをふまえると、欠負官倉条の後半部分（b）は、ツミ（犯罪や不正）とそれに対するアガナヒという日本特有の犯罪観念とを結びつけて規定された可能性が高いといえる。つまり、日本の欠負官倉条では、（b）部分に挙げる隠截と貸用により欠を生じさせた場合だけを監臨官の犯罪行為として扱い、財産刑としての贓物を徴納すると規定しているのである。そこで次に、本条で監臨官の職権に絡む明確な罪として挙げられた隠截と貸用の具体的な内容について考えてみたい。

2　監臨官による官物の犯用――隠截と貸用――

表2は、正史などに見える官人の犯罪のうち、官物に対する犯罪不正行為に関わる事例を一覧にしたものである。(27)これによれば、中央の官人では内蔵寮官人や典鑰・監物など、地方官人では国司がほとんどであり、やはり官物に対する犯罪不正行為は、直接の管理業務を担っていた監臨官によるものが多かったといえる。そして、これらの行為には除名や免官などの刑罰が科されているから、何らかの律の適用をうけたとみられ、犯罪行為として認識されていたことを改めて確認できる。表2では罪状として隠截・犯用官物等が挙げられているが、ここでは前項で検討した倉庫令欠負官倉条との関連から、隠截と貸用（広く犯用官物の中に含まれると考えられる）についてみていく。

①　隠截

日本思想大系『律令』の注釈によれば、隠截とは「収納財物の一部を官人が私に出挙して、その利を着服すること」とある。(28)欠負官倉条に対応する唐令・宋令（天聖倉庫令宋12条）のこの部分は「隠蔵」とあるが、『唐律疏議』詐偽律12詐欺官私取物条の疏文によれば「若監主詐取、謂監臨主守詐取下所二監臨主守一之物上、自従二盗法一、加二凡盗二等一、有レ官者除名」、また「知而為レ蔵、謂知二詐欺一而得。故為二隠蔵一」とあることから、唐では詐欺行為と知ったうえで官物を得て蔵匿した場合を隠蔵といったことが知られる。

日本でも、隠截の罪には詐偽律が適用された。

史料8　『政事要略』巻五九　交替雑事　禁断犯用官物　延暦一七年（七九八）一〇月一九日太政官符　私記部分

私記云、私案、倉庫令、割二取交易物直一者、同二隠截罪一、剰二徴田租一、過二収地子一等罪、准二非法一、贓斂入レ官坐贓論、入レ私者准二犯法一可レ論レ之。抑可二復案一。

問。計レ贓科レ罪、一同二隠截出挙之坐一、解二却見任一者、未レ知二隠截之坐指二何条一可レ坐レ之。私答、詐偽律、詐二欺官私一以取二財物一者、准盗論。注云、詐欺百端、皆是。若監主詐取、自依二盗法一者、依二此律一可レ科。（以下略）

これによれば、隠截には唐詐偽律12詐欺官私取物条に対応する日本律が適用され、地子の過収や物直粮賃の折減などにも、隠截になぞらえてこの律が適用されたことがうかがえる。諸史料で「犯用官物」と出てくるのは、こうした行為をすべて含めた官物の不正行為のことをいうのだろう。

さらに、ここで「一同二隠截出挙之坐一」とあり、出挙に結びつけている点が注意される。前掲の唐詐偽律疏文による限り、唐の隠蔵は出挙に限定されるものではないが、日本では隠截が違法出挙と結びつけて考えられているのである。次の史料9も同様である。

史料9　『続日本紀』宝亀一〇年（七七九）一一月乙未条

勅曰、出二挙官稲一毎レ国有レ数。如致二違犯一、乃寘二刑憲一。比年在外国司、尚乖二朝委一、苟規二利潤一、広挙二隠截一。無知百姓、争咸貸食、属二其徴収一、無二物可一レ償。遂乃売レ家売レ田、浮二逃他郷一。民之受レ弊無レ甚二於此一。自レ今以後、隠二截官稲一者、宜下随二其多少一科断、永帰二里巷一以懲中贓汚上。

ここでは、国司が自己分としてさしとどめた稲を百姓に出挙することが問題になっており、隠截官物が科断の対象となっている。

すなわち、隠截の罪は、単に官物詐欺によって財物を蔵匿することを指すのではなく、それが次の不正行為、具体的には蔵匿された財物を元手に公出挙の枠外で出挙されることにつなげて問題視されていたことがわかる。日本令で

表2　官物に対する官人の犯罪行為

	年月日	罪人（含連座人）	罪状	刑罰	推定適用法令	出典
1	持統七・四・辛巳	内蔵寮允・典鑰・監物	盗	坐贓／解官	雑1・厩庫15	『日本書紀』
2	養老四・六・己酉	漆部司令史・直丁	盗司漆	配流	賊盗35（36）	『続日本紀』
3	養老六・四・庚寅	周防前国守	監臨犯盗	除名（恩赦）	賊盗35（36）・名例33	『続日本紀』
4	天平神護元・六・癸未	下野国司等	正税未納并雑官物中有犯	禁、断罪	（断獄14・17・19）	『続日本紀』
5	延暦一二・三	正親大令史	監主取官物	除名	賊盗35・厩庫28	『類聚国史』
6	延暦一四・閏七・丁未	武蔵介	隠截官物	免官	名例19・厩庫20	『類聚国史』
7	延暦二一・正・戊寅	常陸国前司	隠截官物	免	厩庫20	『類聚国史』
8	弘仁六・二・辛亥	越中介・掾・少目（守・大目は死亡免）	以盗官物	免官	賊盗35	『類聚国史』
9	天安二・閏二	前越後守	犯用官物	下獄	厩庫17など	『三代実録』
10	貞観三・二・二	陸奥守介掾・前陸奥守	解由不与過程限 程限之内不分付官物	没公廨 科公事稽留罪	格処分 職制42	『三代実録』
11	貞観一〇・一〇・二八	前志摩守	犯用官物	遠流	厩庫17など	『三代実録』
12	貞観一三・一〇・二三	越前国守（死亡免）	出挙利息増	死亡免	厩庫17	『三代実録』
13	元慶四・四	大膳史生・監物・民部・中務官人	収文詐欺	下獄／左遷	厩庫15・27	『三代実録』

※表中の罪状・刑罰・適用法令については、梅村恵子氏注（3）論文によった。

「隠截」（さしとどめる、截留する）という語を用いているのは、詐取によって生み出された隠截財物が、さらなる違法出挙を生み出す資本になっていたことと関連すると思われる。(29) ゆえに、岩波『律令』の注釈のような説明が付されたのである。こののち延喜式段階では、税帳以外に租税を隠截していた場合には国司が断罪され、年終に太政官へ申告されることとなった（延喜判事式3隠截租税条）。

②　貸　用

貸用とは官物を貸り受ける行為である。唐律では使用貸借である借と異なり、消費貸借のことを指す。(30) 日本では、監臨官による官物の貸用行為となると、天平六年（七三四）正月に制度として創始された国司借貸との関連が想起される。(31) 史料10は、『延暦交替式』において欠負官倉条のあとに掲げられたものであり、国司借貸と律との関係が述べられている点で興味深い。

史料10　『延暦交替式』所収　天平八年（七三六）一一月一一日太政官符

太政官符、国司借二貸大税一事。得二正三位行民部卿藤原朝臣房前等解一偁、案二律令一、无下国司負二官稲一身死亡放免之文上。由レ此准量、不レ合二放免一。謹請二官裁一者。官議、律云、監臨主守以二官物一私自貸、若貸レ人、所レ貸之人不レ能二備償一者、徴二判署之官一者。不レ論二存亡一、直云レ徴二判署之官一。請貸人雖レ死猶徴二判署一。仍録奏聞、伏聴二　勅裁一。謹以申聞者。奉　レ勅、依レ奏者。省宜二承知、准レ状施行一。自今以後、永為二恒例一。

本史料では、国司が大税を借貸したまま死亡したときに負稲は免除されるという法的根拠がないとする民部卿藤原房前の解を受けて、太政官は、厩庫律の規定を根拠に、借貸時の「判署之官」から負稲を返済するべきであると定めている。

史料11　『唐律疏議』厩庫律17監主貸官物条（疏文省略）

諸監臨主守、以二官物一私自貸、若貸レ人、及貸レ之者、無二文記一、以盗論。有二文記一、準盗論。文記、謂取抄署之類。立二判案一減二一等一。即充二公廨一、及用二公廨物一、若出付市易而私用者、各減二一等一坐レ之。雖レ貸亦同。余条公廨準レ此。即主守私貸、無二文記一者、依二盗法一。即主所レ貸之人、不レ能二備償一者、徴二判署之官一。下条私借亦準レ此。

唐厩庫律17監主貸官物条は、監臨官が官物の貸を行う（自分で借りる、あるいは監臨官として人に貸す、もしくは貸し出されたものを借りる）場合の規定で、文記がない場合には盗論、ある場合には準盗論が適用された。さらに、貸の負債を備償できない場合には、「判署之官」から徴収することとなっていた。唐厩庫律の規定によれば、そもそも官物の貸用は原則として禁止事項であるが、それでもあえて貸用する場合には判案が立てられたのであり、貸用に関わる当該の監臨官とは別に、貸用書類に判官の署名を必要とした[32]。そしてこれが償填の保証となったため、判案がある場合には減刑対象とされたのである。

日本では、この規定が、国司借貸により負稲が生じた場合の補填責任の根拠とされたのである。官符中の「判署之官」「請貸人」について解釈が分かれるが、唐厩庫律の規定からすれば、前者は判案に署名した官（判官。日本では貸与を保証した同僚の国司）、後者は貸を請うた人、つまり律文中の「所レ貸之人」と同義であり、借りた監臨官本人、もしくはその職権に基づいて監臨官が誰かに官物を貸した場合の、その借り受けた人を指すと考えられる。すなわち、厩庫律の規定では、官物を借り受けた人が誰であれ、その人が負債を弁償できない場合には、貸用行為を保証した官人側に負債返済の責任が転嫁されることになっていた。

ところで、古代日本では、官物の借貸行為は民への賑恤政策などとして広く行われており、唐のように貸用行為自体が監臨官の違反とされていたわけではなかったようである[33]。天平九年度和泉監正税帳大島郡部記載には、天平五年以前の国司への借貸や郡司主政への借貸がみえる。唐厩庫律17監主貸官物条に対応する養老厩庫律は、唐律とほぼ同内容だが、「凡監臨主守、以二官物一私自貸、若貸レ人、及貸レ之者、無二文記一、以盗論。有二文記一、准盗論、減二一等一。立二判案一者勿レ論」とあり[34]、日本では判案があれば補塡責任のみで、官物の借貸行為自体は罪とはならなかったのである[35]。これが日本律で監主加罪の文を省いたことに由来するのか[36]、官物の借貸が広範に行われていたという日本の実態を反映したものなのか分からないが[37]、いずれにせよ、公的な保証がある場合には官物借貸は合法的に許可されるものであったとみられる。国司借貸の制度も、判案にあたる「借貸正符」を作成することで一定量を上限とする官稲の無利息貸用を国司に合法的に認める政策であったと指摘されるが[38]、このことは以上のような日本厩庫律の規定からも裏付けることができるだろう。なお、国司借貸は天平一〇年に一旦停止されるが、その後も、新任国司や国書生への経済的な優遇支援政策として、借貸を認める官符が出されている[39]。

では、欠負官倉条で「貸用」と挙げられている監臨官の不正行為として、日本ではどのようなことが想定されていたのであろうか。これには以下の二つの場合が考えられる。

一つは、判案がない場合である。日本では、国司は四等官共知を原則とし勾検官が置かれなかったために唐の場合とはやや異なるものの、判案がない場合の貸用は「借貸犯用」とされ、解官となった[40]。

もう一つは、貸用した官物を用いて監臨官が不正を行った場合である。

史料12『続日本紀』和銅五年（七一二）五月辛巳条

詔曰、諸国大税、三年賑貸者、本為レ恤二済百姓窮乏一。今国郡司及里長等、縁二此恩借一、妄生二方便一。害レ政蠧レ民、莫二斯為一レ甚。如顧レ潤レ身、枉収レ利者、以レ重論之。罪在レ不レ赦。

ここでは、三年間の賑貸期間中に国郡司や里長らが「縁二此恩借一、妄生二方便一」、民を苦しめているとある。この行為は「枉収レ利」とあることから、国郡司や里長らが無利息の官稲を独占して農民に有利子で貸し付けて差額を着服したことを指すと考えられる[41]。

先に指摘したように、古代日本では官物の借貸行為が広く行われ、国司借貸の制度自体も決して違法な行為ではなかった。しかも、この制度は官物の借貸を受けた国司がそれをどのように使用するかまで問題にしていなかった点が注意される[42]。国司借貸の事例ではないが、国書生の貧窮を救うための官物借貸について「毎年借貸、令二自勧勉一」とあり、借貸した官物を自ら運用するところまで想定されていることに鑑みれば[43]、国司借貸の制度も、国司による借貸物の二次的な出挙利用を含めて容認する制度だったとみて良いだろう。官物の借貸を受けた国司はそれを元手にした私出挙を行い、その際に、史料12のような利息の差額を利用した不正がしばしば行われていたのではないだろうか[44]。これが監臨官による貸用の罪の内実だったと考えられる。

このように、唐では隠蔵・貸用の行為そのものが罪とされたのに対し、日本の隠截・貸用は、さらに違法な出挙と結びつく行為として問題視された。私出挙や違法出挙の横行により百姓は疲弊し、公出挙の妨げとなって、新たな官物の未納とそれによる減少を生み出すことに直結すると捉えられていたのである。

3　官物の欠に対する律適用の変遷

以上のように、倉庫令欠負官倉条は、日唐（宋）令ともほぼ同文の規定でありながら、律の適用如何という点からみれば、その内容は大きく異なっていた。唐では倉庫令規定の前提に律の規定があったため、令文の中に律文に対応するような文言がなくても、令文に違反して官物に欠をきたした場合には、律に基づき罰せられて贓の徴収が科された。これに対して日本では、監臨官が職責上欠を補塡をすることは当然のこととされたものの、監臨官の明らかな犯罪不正行為以外は、欠が発生したこと自体について、律によって罰せられることはなかったのである。これが唐律令における官物欠への対処とは大きく異なる点であったといえる。

欠負官倉条では、欠の生じた理由に基づいて（a）（b）二つの場合に分け、欠損の場合の補塡について規定していた。このうち、人為欠である欠負に対する補塡については、天平一七年（七四五）に官物補塡財源として公廨稲が設置され、天平勝宝七年（七五五）に補塡責任の所在が改めて定められるに至り[45]、動用不動・欠損欠負・出挙未納の別なく、欠が生じたすべての場合に対する補償が網羅されるようになった[46]。官物欠の原因が欠損・欠負のいずれによるものなのかはこの後も厳密に区別されたが[47]、官物欠に対する償塡方法は、不正行為に対する断罪とそれに付随して贓を徴収するという律の論理とは、別個に整えられていったのである。

それでは、官物の管理とその過程で生じた欠に関して、刑罰法典である律はどのように適用されたのだろうか。令制施行後の八世紀において、監臨官の官物管理とそれに関する律適用事例の変遷を見ると、大きく三つの時期に分けられる。

①　大宝～天平初年頃

国司を通した地方財政状況の把握が始まり、不動倉の設置や正倉の規格統一など、倉ごとの即物的管理の礎がこの時期に整えられた。また、帳簿により地方行政を把握する体制が整えられ、勘出された官物欠は正税帳によって中央に報告され、倉庫令の交替論理の中で、欠の補塡責任の所在が問題となった。一方、養老年間以降には、官人犯罪に対する厳罰化の傾向が見られ、「監臨自盗」が赦の適用から外れるなど[48]、実際に起こりうる官物犯用を律によって抑制する動きが見られた[49]。しかし、天平期の正税帳には欠が補塡されることなく累積されているように、それがどのくらいの効力を発揮したのかについては不明である[50]。

②　天平末～宝亀年間

官物欠負未納の補塡財源として公廨稲が設置された。そののち、官物の償塡方法、公廨を官物欠負未納の補塡・国儲之物・国司得分それぞれに充てるための処分式、国司相互の間での公廨稲の配分法が定められるなど、公廨稲による官物欠の補塡を重視する政策が立て続けに出された[51]。しかし、この公廨稲制度も必ずしも官物の補塡財源としてうまく機能したわけではなかった。こうした状況の中で、公廨稲により官物欠を補塡することが交替政の前提とされ、国司遷替に程限を設け、それに対する違反に律が適用され、刑罰が科されるようになった[52]。

③　宝亀〜延暦年間以降

この時期には、神火事件にみられるように、補塡責任の対象範囲が郡司・税長へと拡大する一方、正税出挙の未納や国司による官物犯用が頻発した。そうした財政的課題を背景に、地方官の不正に対する厳しい刑罰による統制が取られた[53]。具体的には、②の時期に打ち出された公廨稲配分法と交替程限の制定を基軸に、国司交替制に対する監察が強化されていったのである[54]。延暦一六年（七九七）頃には勘解由使が設置され、遷替程限への違反罰則が厳しくなるなど[55]、官物欠への罰則は国司交替制の中で整えられていった。

①〜③の変遷の中で注目されるのは、②の天平宝字年間以降に、新たに国司交替の程限に対して罰則が規定されていることである。すなわち、日本令で監臨官の不正犯罪行為に対象を限って適用されていた律が、官物欠の引き継ぎの問題を中心に、監臨官の管理職務責任に対しても適用されるようになったととらえることができるからである。ただし、ここで律適用の事由となったのは「公事稽留之罪」「故入人罪論」（延暦一七年四月七日太政官符）など、官物に欠をきたしたことに対する罪ではなく、交替期限の違反という官人の政務運営に対するより一般的な罪となっている点は重要である。八世紀半ば以降、律は、官物欠が補塡されていないという状況への対策として、国司交替制の枠組の中で参看され、今度は格との関連において適用されていったととらえることができるだろう。

むすび

以上、本稿では、倉庫令の官物管理規定と律との法的関連性について、官物に欠が生じた場合における対処を手掛かりとして検討を加えてきた。最後に本稿で述べてきたところをまとめ、むすびとしたい。

唐倉庫令の官物管理規定は、律との相関関係をもって規定されており、監臨官の業務上過失もしくは犯罪不正に対する贓の徴収というかたちで欠に対する賠償がなされた。しかし、これはあくまでも罪に対する付加刑としての財産刑の意味合いが強く、官物補塡を念頭に規定されたものではなかった。

これに対し、日本倉庫令の官物管理規定は、官物欠の補塡と回復に重点が置かれた純粋な償塡法として位置づけられた。この補塡を優先させる日本律令のあり方は、律令制以前から続いていた、倉を単位とした即物的な官物管理体制によるところが大きい。日本倉庫令の官物管理関連の規定には、令の読み替えという方式が取られ(56)、官物欠に対しては、監臨官の職責上の義務として、それが生じた事由にかかわらず補塡が求められたのである。

唐令を継受した日本倉庫令の官物管理規定のうち、欠負官倉条には、違法出挙に結びつく監臨官の明確な犯罪行為である隠截・貸用に対する規定があり、これは犯用官物であるとして律適用の対象とされた。すなわち、唐のような令と律の相関関係は、官人の犯罪不正に対する刑罰という、限られた面にのみ残ったのである。そして大宝律令の成立以降、官物の監督管理に関する律の適用は、国司交替業務の怠慢や不履行といったケースにおいてなされていったのである。

このような官物管理の変遷を経て集大成されたのが『延暦交替式』であり、そこで倉庫令は改めて官物の倉庫管理運営の基点として位置づけられた。一方の律についてはどうだったのだろうか。日本では、令だけではなく律についても、唐永徽律疏をもとに改変が加えられたことが指摘されているが、[57]継受の時点では、唐律令のもつ両法典の相関関係を加味しての変更は徹底されなかったと考えられる。ゆえに官物の管理に対する律令規定のあり方は、唐律令の倉庫管理規定の中で想定されていた両者の対応関係とは異なる日本独自のかたちで、八世紀半ば以降、格式との関係において、律の新たな適用論理が構築されることになったのである。このことは、古代日本における律と令の運用上の相互関係を探る一事例となりうるだろう。

本稿では、倉庫令規定を考察の出発点としたため、官物管理の責任が、業務の末端を担う郡司や税長のレベルにまでどのように及んでいたのかについて言及することができなかった。これらは今後の課題として擱筆したい。

注

（1） 拙稿a「日本古代倉庫制度の構造とその特質」（『史学雑誌』一一八―一〇、二〇〇九年）、b「日本倉庫令復原研究の現在」（『弘前大学國史研究』一三八、二〇一五年）。

（2） 代表的なものとして、植木直一郎「交替式と倉庫令」（『國學院雑誌』一三―一、一九〇七年）、福井俊彦『交替式の研究』（吉川弘文館、一九七八年）、早川庄八a「公廨稲制度の成立」（『日本古代の財政制度』名著刊行会、二〇〇〇年、初出一九六〇年）、同b「延暦交替式・貞観交替式・延喜交替式」（『日本古代の文書と典籍』吉川弘文館、一九九七年、初出一九七一年）、梅村喬a「公廨稲制と塡償法の展開―専当人補塡から共塡へ―」（『日本古代財政組織の研究』吉川弘文館、一九八九年、初出一九七四年）、同b「勘会制の変質と解由制の展開」（同前書）、吉岡眞之a「不与解由状と勘解由使」、同b「延暦交替式二題」（ともに『古代文献の基礎的研究』吉川弘文館、一九九四年、初出一九七八年）、山里純一『律令地方財政史の研究』（吉川弘文館、一九九一年）などが挙げられる。

（3） 官人の犯罪については、山田英雄「奈良時代における律の適用」（『日本古代史攷』岩波書店、一九八七年、初出一九六三年）、梅村恵子「六国史にみえたる官人の犯罪」(『お茶の水史学』二〇、一九七六年)、吉田一彦「官当の研究」(『ヒストリア』一一七、一九八七年)、同「日本律の運用と効力(その一〜四)」(『名古屋市立女子短期大学研究紀要』四五・四八・五〇、および『名古屋市立大学人文社会学部研究紀要』三、一九九〇・九二・九三・九七年)が挙げられる。また、赦との関係から古代における官人犯罪観について論究したものに、佐竹昭「恩赦の運用と犯罪観の推移―奈良時代を中心に―」(『古代王権と恩赦』雄山閣、一九九八年、初出一九八〇年)、渡辺晃宏「赦の適用よりみた正税管理の変遷」(『続日本紀研究』二八四、一九九三年)がある。

(4)　官人犯罪と官物管理との関係からの研究として渡辺氏前注(3)論文、日唐律における官物管理官の盗犯についての研究として、利光三津夫「わが律に削除せられた唐律」(『律令及び令制の研究』明治書院、一九五九年)が挙げられる。

(5)　以下、唐律本文および条文番号は、律令研究会編『訳註日本律令』二・三　律本文篇(東京堂出版、一九七五年)による。なお、史料2の倉庫令文はほとんどが宋令だが、復原養老倉庫令との対応関係から、唐令にもほぼ同内容の規定が存在していたと考えられる。

(6)　『訳註日本律令』五(東京堂出版、一九七九年)の名例律54統摂案験為監臨条の解説(滋賀秀三氏執筆)、三二四〜三二六頁。

(7)　拙稿前注(1)a論文参照。一一〜一五頁。

(8)　北宋天聖令の本文は、天一閣博物館・中国社会科学院歴史研究所天聖令整理課題組『天一閣蔵明鈔本天聖令校証』(中華書局、二〇〇六年)による。

(9)　『訳註日本律令』七(東京堂出版、一九八七年)の賊盗律36監臨主守自盗条の解説(中村茂夫氏執筆)、二〇〇頁。

(10)　仁井田陞編・池田温編集代表『唐令拾遺補』(東京大学出版会、一九九七年)では、史料3の『唐六典』をもとに、補二〔開元七〕として復原している。

(11)　器仗については、新旧物の授受交換によって経年劣化に対処し(宋15条)、穀についても、年数に応じて減耗量が認められていた(不行唐1条)。

(12)　築山治三郎「唐代官僚の犯贓と刑罰」(『社会文化史学』一四、一九七七年)。

(13)　文書中の「一疋杖六十、一疋加一等」の量刑は、賊盗律35竊盗条の規定に相当する。ただし、竊盗条では「一尺杖六十、一疋加一等」であり、釈文の誤りであろうか。なお、『吐魯番出土文書〔肆〕』に載せる本文書の写真(五二頁)では、該当部分が不鮮明であり確認できなかった。

(14)『訳註日本律令』六（東京堂出版、一九八四年）の廐庫律22応輸課税条疏文中の「陪塡」の註釈（中村裕一氏執筆）、三七一頁。
(15)前注(6)書の名例律33以贓入罪条の解説（滋賀秀三氏執筆）、一九六頁。
(16)『訳註日本律令』八（東京堂出版、一九九六年）、雑律1坐贓条疏文中の「備償」の註釈（川村康氏執筆）九四頁。
(17)拙稿「古代日本における贓贖物の特徴」（『東方学』第一二五輯、二〇一三年）、五〜九頁。
(18)廐庫律における倉庫の官物管理に関する条文のうち、15・18・20条を除いて、日本の諸史料の中から逸文の存在がうかがえる（前注(5)書、および國學院大學日本文化研究所編『日本律復原の研究』〈国書刊行会、一九八四年〉の巻末「日本律復原論考一覧並びに条文索引」参照）。しかし、七世紀末の段階で永徽律疏はまとまって日本に入っていたと考えられるから、逸文が知られない三条についても、日本独自の特殊な事情が無い限り日本律で規定が存在していた可能性が高いと思う。なお、逸文が知られない15庫蔵主司捜検条については拙稿(1)b論文を参照されたい。
(19)早川氏前注(2)a論文、二四〜二五頁。
(20)本条冒頭部分の「欠負」については、「今案、令、欠負者、欠レ之与レ負二也」とある（『延暦交替式』所収、天平勝宝七年〈七五五〉七月九日諸国朝集使起請の今案）。
(21)本史料は『類聚三代格』巻一四塡納事に、弘仁一〇年四月一五日太政官謹奏として収められている。なお引用される倉庫令文は、国史大系本『類聚国史』では底本を尊重して「凡欠損官倉」とするが、『類聚三代格』および『延暦交替式』『貞観交替式』所引の本条により、「凡欠負官倉」と改めた。
(22)李錦繡「唐倉庫令復原研究」（前注(8)書所収）。
(23)以下の贓贖司の性格については、拙稿前注(17)論文を参照。
(24)井上光貞「隋書倭国伝と古代刑罰」（『井上光貞著作集』第二巻、岩波書店、一九八六年、初出一九七六年）。
(25)笠松宏至「盗み」（網野善彦・石井進・笠松宏至・勝俣鎮夫『中世の罪と罰』東京大学出版会、一九八三年）。盗犯が早くから特別視されていたことについては、『日本書紀』持統五年（六九一）六月己未条に「但盗賊不レ在二赦例一」と盗罪が赦の対象外になっていることからもうかがえる。
(26)なお、史料7の穴記私案では、大蔵省の物を盗んだ時の事例が挙げられているが、律の文意として、没官と倍贓は此司つまり贓贖司へ納入し、正贓は有司すなわち大蔵省に入れると述べている（名例律33）。しかし、今説では、すべての贓は盗まれた官に返還するとされ、隠截貸用の場合も大蔵穀蔵院に納めるとされるように、この段階の贓贖物の納入先は、令成立時のあり方とは大きく異なっていたと考えられる。

(27) 梅村氏前注(3)論文をもとに作成。

(28) 日本思想大系『律令』（岩波書店、一九七六年）、倉庫令（13）欠負官倉条の注釈（関晃氏執筆）。

(29) なお、延暦一七年太政官符は、官物交易について時価の貴賤によって国司が不正行為を働いていることに対しても規定しているのだが、その中でも「遂事二割截一、枉規二利潤一」あるいは私記問答の中で「但依レ過レ時奸二截利潤一、依レ式解二却見任一」とある。

(30) 前注(14)書、厩庫律17監主貸官物条の注釈（中村裕一氏執筆）、三六五頁。

(31) 『続日本紀』天平六年正月丁丑条。国司借貸の代表的先行研究として、水野柳太郎「出挙の起源とその変遷」（『日本古代の食封と出挙』吉川弘文館、二〇〇二年、初出一九五九年）、薗田香融「出挙―天平から延喜まで―」（『日本古代財政史の研究』塙書房、一九八一年、初出一九六〇年）、早川氏前注(2)a論文、宮原武夫「公廨稲出挙制の成立」（『日本古代の国家と農民』法政大学出版局、一九七三年、初出一九六二年）、山里純一「公廨稲の設置とその機能」（前注(2)書）などが挙げられる。また近年では、山本祥隆「借貸考―律令国家地方支配の一側面―」（『続日本紀研究』三八五、二〇一〇年）、本庄総子「律令国家と「天平期の転換」―出挙制の展開を中心に―」（『日本史研究』六五五、二〇一七年）などがある。

(32) 前注（30）に同じ。三六六頁。

(33) 郡司主政への借貸の事例や、出雲国計会帳で「国司等」とあることからすれば、国司に限らず広く国郡官人に対して官稲借貸が行われていた可能性もあり、国司借貸の正符を他の借貸関係の文書と一緒にまとめて整理していたとも考えられる。なお、宮城県多賀城市市川橋遺跡からは、延暦一九年（八〇〇）の年紀を持つ「収納借貸正税」の題籤軸が出土している（千葉孝弥・鈴木孝行「宮城・市川橋遺跡」『木簡研究』二四、二〇〇二年）。

(34) 『政事要略』巻五九所引天長二年（八二五）五月二七日太政官符に付された私記問答には、「問、厩庫律云…（本文引用に同じ）…而今此文余官同坐、然則依レ式雖レ立二判案一、貸用尚解官哉。答、此式、不レ立二判案一、而為レ貸立レ制。有二判案一者、依レ律断耳」とあり、やはり判案の有無により対処が異なっていたことがうかがえる。

(35) 川北靖之「律逸補葺」（前注(18)書『日本律復原の研究』）、五九一頁。

(36) 日本律には監主加罪の条文が見えず、全体として唐律に比べて官人に対して寛容な規定であったとされる。賊盗律36監臨主守自盗条が日本律で存在しなかったことについては、利光三津夫氏が指摘している（前注(4)論文）。また、本文中で掲げた詐偽律12詐欺官私取物条も、監主加罪を示す疏文部分の「加凡盗二等」がなかったことが指摘されている。小林宏「律条拾穂」（前注（18）書『日本律復原の研究』）、三二一～三二三頁。

(37) 推測の範囲を超えないが、このことについては、日本では出挙が八世紀以前に「貸稲」「貸税」と呼ばれ、行われていたこととも関連するように思う。日本の公出挙制の基となったと考えられる百済の制度では、韓国の扶余双北里遺跡出土「佐官貸食記」木簡によれば、官人に対して五割出挙とともに「与」すなわち無利子の借貸が行われている（早稲田大学朝鮮文化研究所・大韓民国国立加耶文化財研究所編『アジア研究機構叢書人文学篇3日韓共同研究資料集 咸安城山山城木簡』雄山閣、二〇〇九年）。利息の有無という別はあるものの、稲の貸与行為という面で借貸と出挙の淵源が同一であったことを十分推測できる。

(38) 「借貸正符」は『貞観交替式』天平一〇年三月九日太政官符にみえる。また、天平六年度出雲国計会帳には「国司等貸状」とみえる。薗田氏前注(31)論文、六五～六六頁、および山本氏前注(31)論文、六～七頁。

(39) 『貞観交替式』延暦二五年（八〇六）三月二四日太政官符、および大同二年（八〇七）四月一五日太政官符。

(40) 前注(34)天長二年五月二七日太政官符。

(41) 薗田氏前注(31)論文、六五～六六頁。

(42) 貸用行為自体を問題とし、貸用者が貸用物をどのように用いたかにまで言及しない点は厩庫律も同じである。但し、公廨物については「出付市易而私用」と言及している。唐律令では、公廨は官物とは別個に区別されるから（拙稿「律令と古代財政史研究」大津透編『律令制研究入門』名著刊行会、二〇一一年）、ここでの「出付市易而私用」は日本の国司借貸のような官物貸用とは区別して考えられる。

(43) 『貞観交替式』大同二年四月一五日太政官符。

(44) なお国司借貸の実施例としては、新潟県長岡市下ノ西遺跡出土第一号木簡が挙げられる（田中靖「新潟・下ノ西遺跡」『木簡研究』二〇、一九九八年）。

「殿門上税四百五十九束先上
三百五十束後上一百九束　十四
又後六十六束

掾大夫借貸卅五束　八十束　　　二二五×（八〇）×一〇　〇八一

下ノ西遺跡は越後国古志郡家に関連する八幡林官衙遺跡の近くに位置する。本木簡は曲物の底板を利用した記録簡で、左行がさらに続く可能性がある。前三行の記載は、公出挙に関するものと考えられ、国司借貸が郡家レベルで公出挙と一括して実施運営されていたことがうかがえる。三上喜孝「古代地方社会における出挙運営と帳簿―出挙関係木簡を手がかりに―」（『日本古代の文字と地方社会』吉川弘文館、二〇一三年、初出一九九九年）、一五六～一六一頁。

(45)『延暦交替式』天平勝宝七年七月五日太政官宣。早川氏前注(2)a論文。

(46)官物欠負による塡納物は、贓と呼ばれた。養老獄令52贖死刑条には「若欠二負官物一、応レ徴二正贓及贖物一」とある。この場合の贓の徴収は、例えば『貞観交替式』延暦四年（七八五）七月二四日太政官符では、国司の官物犯用に四等官連座を適用するが、贓については「贓物令二共塡納一」とあり、一人一人の罪に対して贓が科せられているわけではなく、償塡という観点から共塡することが定められている。

(47)『貞観交替式』天長二年（八二五）五月二七日太政官符には、国司交替の際に引き継がれる官物欠のうち、監主の犯がうやむやにされることを防ぎ、すべての欠を交替欠とせずに、欠損と犯用（借貸犯用）の色目を具体的に分けて報告することが定められている。さらにここでは、「若有二借貸犯用之徒一者、録二下刑官一、令レ断二其罪一」とあり、監臨官の「借貸犯用」行為が律による断罪の対象とされていることが改めてうかがえる。

(48)渡辺氏前注(3)論文、佐竹氏前注(3)論文。

(49)渡辺氏前注(3)論文。

(50)早川庄八氏は、当該期には、官物の欠穀がそれほど大きな問題にならなかったのではないかと推測している（前注(2)a論文、一三頁）。

(51)『延暦交替式』天平勝宝七年七月五日太政官宣、『続日本紀』天平宝字元年（七五七）一〇月乙卯条。

(52)『続日本紀』天平宝字二年（七五八）九月丁丑条。ここでは、復原養老倉庫令（11）倉蔵文案孔目条に言及したうえで、「令条雖レ立二分付之文一、律内無レ科二淹滞之罪一」と、倉庫令に定める分付作業に淹滞があった場合に対応する律規定がないとしている。

(53)佐竹氏前注(3)論文、二八二～二八四頁。

(54)吉岡氏前注(2)a論文、二八四～二九三頁。

（55）『延暦交替式』延暦一七年四月七日太政官符および『同』延暦一九年九月一二日太政官符など。

（56）同様の事例として、復原養老倉庫令（11）倉蔵文案孔目条が挙げられる。拙稿前注（1）a論文。

（57）高塩博「日本律編纂考序説」（『日本律の基礎的研究』汲古書院、一九八七年、初出一九八一年）。

〔付記〕本論文は、平成二六年度東方学会秋季学術大会における口頭報告「律令制下の倉庫管理―監臨官の不正と官物補塡―」をもとに成稿したものである。

八世紀の布帛生産と律令国家

古尾谷知浩

はじめに

本稿は、律令国家が絹絁布などの織物生産にどのように関わっていたのかという問題を明らかにすることを目的とする。絹絁布は調庸の主要品目であり、規格・品質の統一・維持が必要であった。律令国家は、これらの生産に一定の関心を払っていたのは確かであるが、それでは、国家は生産の現場にどこまで関与したのであろうか。本稿では、検討の方法として織機の管理に注目する。織物の規格・品質のうち、長さは原料の経糸の長さに、幅は織機の幅に規制される。また、経糸の密度は織機の綜絖に、緯糸の密度は緯糸の打ち方（織工の技量）に規制される。従って、織機幅の規制や綜絖の管理が主たる論点となる。

さて、織物のうち、錦羅綾などの高級織物の生産においては、原材料の調達、織機（綜絖）の管理、技術の伝習、技術労働力の掌握、労働への対価の支給、生産組織の管理を、律令国家が担っていたことが知られており、研究の蓄積も膨大である。(1) これに対し、一般の絹絁布の生産ではそのような状況はみられない。「官営工房」による生産は認められないのである。それでは、どこが生産を担ったのであろうか。

この問題については、郡司クラスの豪族層による調庸の請負生産がなされていたという説と、戸レベルの個別生産が行われていたという説が対立している。研究史整理は、既に森明彦が時系列的に行っているが、(2)その後の研究も含め、論点ごとに整理し直すこととする。

一　研究史

1　豪族層による請負説

(1) 織り幅の問題

織り幅の問題から豪族層が生産の主体であったことを論じたのが、角山幸洋である。(3)その根拠として、a調布・庸布の幅が、前後の時代と隔絶して広いということ、bこの幅は、庶民が従来持っていた織機では織成できない幅であるということ、を挙げ、故に自給自足的生産とは異なり、豪族層が広幅の織機を管理して、調庸規格に適合する布を請負って生産していたと論じた。この説は、狩野久・石上英一・服藤早苗に継承され、大きな影響力を持っている。(4)

この説に対して、森明彦は、bについて技術史的検討から民間でも織成可能であるとして批判している。しかしながら、森は角山が論じたaについては触れていない。従来の民間にない広幅の規格を、調庸で強制したという点については批判できていないのである。調庸規格成立の問題はあらためて検討を要する。

一方、樋口知志は、大化調制から律令調制を検討する中で、民戸単位の貢納が不可能であることを前提として、政府が里単位に織機を設置し、在地首長と一般農民の支配隷属関係に基づいて農民を徴発したと考えている。(5) 有力豪族の私経営による生産請負による調庸代納はあり得るが、一般的ではないとみて、在地首長の私工房における生産の場合でも、国郡官人や里長の監督の下で制度的枠組みに基づく運用がなされていたと論じている。つまり、布帛生産における官の関与を強く評価しているのである。しかし、これは演繹的議論であり、官の関与について論拠は示されていない。

（2）合成単位の問題

石上英一は、調の合成に際し、唐令では戸単位が原則であったのに対し、日本令ではその原則を削除していることに注目し、『令集解』諸説を参考に郡単位で合成がなされていたと想定する。つまり、布帛生産は郡が主体であったと考えている。(6) これは在地首長論とも整合し、受け入れられやすかったと思われる。

合成単位については明石一紀による批判があり、明石は日本令も戸別合成が原則であったとする。(7) もっとも、明石も述べるとおり、合成単位と生産単位は別問題であり、生産単位については、明石も狩野を引用して郡レベルであったとしている。

ただし、石上も「和銅～養老期の調庸制改革により、調生産を標準戸の小生産により実現しようとする政策理念が推進される」と述べていることは注意される。また服藤も郡単位ではなく、郷単位の生産を重視している。(8)

（3）屋代遺跡群出土木簡の問題

信濃国埴科郡家関連遺跡である屋代遺跡群から出土した第一〇号木簡は、「人名＋布手」を列記した記録木簡である。(9) 平川南はこれに着目して、埴科郡家近くの大規模な工房で多くの男性労働力を動員して布を生産していたと考えた。(10) これに対し、中村太一は批判を加え、木簡に記載された人名は「布手」ではないと理解するが、郡家付属工房

において生産が行われていたこと自体は承認している。(11)

(4) 出土織機の問題

東村純子は、古代の紡織具の出土事例を整理し、検討を加えた。特に整経工程で用いる枠・綛かけ、糸枠に着目し、伊場遺跡群(遠江国敷智郡家推定地。製糸を伴わず、綛を周辺集落から運んで製織する類型)、屋代遺跡群(製糸から製織までを一連のものとして行う類型)を典型とする郡家遺跡およびその周辺で出土したことを重視し、郡家周辺で布帛生産が行われていたことを論ずる。(12)このこと自体は従うべき見解であり、そこで郡司に相当する豪族が織機、あるいは生産全体を管理していたことは想定して良い。しかし、東村はこれを「郡衙工房」とするが、生産経費を官としての郡が負担していたことを示す根拠はない。生産主体となっている人物が郡司を帯していたとしても、官としてそれを行っているのでなければ、豪族としての私経営と評価すべきである。また、東村の著書にある第九表「七～一〇世紀の枠・綛かけ、糸枠出土遺跡一覧」の備考欄(出土遺跡の性格についての記述)をみると、郡家以外に「拠点集落」「集落」からの出土も少なからず存在している。試みに、七世紀中葉以降に限り集計すると、「宮・京」四、「官衙」二九、「寺社」五、「豪族居館」一、「拠点集落」六、「集落」四、「荘園」六となる。このうち、「拠点集落」なるものは定義が不明であるが、「官」でないという点においては「集落」と区別する必要はない。この数字からすると、官衙が多いのは了解できるとしても、集落における生産を捨象するのは問題である。少なくとも民間でも織物を織成することは可能であり、郡家周辺以外における生産も確実に存在したとみなければならない。

2 個別生産説

以上のような見解に対し、森明彦は、延暦期の鹿の子C遺跡出土第一七四号漆紙文書を分析して批判する。当該文書について、中西康裕の解釈を承認した上で、出挙の貸付・返納を記録した帳簿であると理解し、返納に際し、稲の代りに段単位の布（庸布または商布）が記録されている例があることに着目している。つまり、稲の貸付を受けるような個別経営の中で段布を生産していたことを示すとみて、庶民レベルでの段布生産がなされていたと推定する。[13]

文書の理解は従うべきであり、全体の結論も賛同できる。しかし、八世紀末だからではないのか、調庸の規格が成立して間もない八世紀初めは異なるのではないか、という反論はあり得る。前項（1）でも述べたように、調庸規格の成立の問題は改めて検討を要する。この点について、節を改めて論ずることとする。

二　絹絁布の規格

1　規定の整理

調庸絹絁布の規格については、喜田新六・澤田吾一・長山泰孝・吉川真司・早川庄八による基礎的研究があり、[14]事実関係は周知のことに属するが、特に幅に着目し、改めて表1～3に整理した。

これをみると、庸布については一貫して幅の記載がないことがわかる。養老元年（七一七）一二月格で、調庸を合成した端布の幅は二尺四寸であるため、同時期の段布の庸布も幅二尺四寸と推定され、また正倉院所蔵品の庸布の実例も幅は二尺四寸である。従って、恐らく和銅六年（七一三）二月格の段布も二尺四寸であったと思われる。

次いで、常布については、寸法の規定はない。常布の幅について、二尺四寸よりも狭いとする説もあるが、[15]吉川真司は二尺四寸説を採る。[16]吉川は、a令制における調布と常布の価値表示機能の整合性（長さで四対一）から、幅は同一であった。b庸布・常布の幅を規定しないのは、賦役令で布が初出する調布と同じだったため省略し、調布の規定で代表させたためである、と論ずる。このうちaは説得的であり、従うべき見解である。しかしbは疑問である。例えば絁は、賦役令1調絹絁条で、美濃絁については「同調絁」とことさらに記しているのであり、庸布（常布）についても同様の配慮があっても良いはずである。むしろ、常布の幅は令の条文では規定していないことに注意すべきである。

さらにいえば、常布は長さも規定されていないのである。確かに、庸の正丁一人あたりの長さは規定しているが、これは常布の長さではない。常布の長さが一丈三尺であるということは、賦役令4歳役条、営繕令1計功程条などから算出された数字なのである。

このことからすると、実態として統一されていなかったから令で規定できなかった可能性、令で規定しなくても実態として統一されていた可能性、などが想定されるが、どのように理解すべきであろうか。

常布は和銅七年（七一四）二月制で廃止され、商布に切り替えられたが(17)、その史料を確認しよう。『続日本紀』和銅七年二月庚寅条には、

制以二商布二丈六尺一為レ段、不レ得レ用レ常。如有下蓄二常布一、自擬中産業上者、今年十二月以前、悉売用畢。或貯積稍多、出売不レ尽者、便納二官司一、与二和価一。或限外売買、没為二官物一。有レ人糺告、皆賞二告者一。其帯レ関国司、商旅過日、審加二勘捜一、附レ使言上。

とある。つまり、民間で常布が蓄積され、交易に用いられていたことがうかがえ(18)、国家が収取する以外の場面でも流通し得るものであったことがわかる。つまり、庸向け、国家的交易向け以外でも常布が生産されていたことは想定しなければならない。このことから、国家側の要求のみならず、民間でも常布の規格は揃っていることが論理的には要

合成長	幅	典拠	備考
5丈1尺	2尺2寸	賦役令1	
5丈2尺	同絹絁	賦役令1	
4丈	1尺8寸	営繕令5	
		続日本紀養老1・5・辛丑	
		続日本紀養老1・11・戊午	
6丈	1尺9寸	続日本紀養老3・5・辛亥	正倉院蔵調絁の規格
		続日本紀天平1・3・癸丑	
4丈	2尺	類聚国史80大同2・12・乙丑	
6丈	1尺9寸	主計上	
6丈	1尺9寸		
4丈5尺6寸	2尺5寸		
7丈5尺	1尺9寸		
6丈	1尺9寸		
4丈5寸	1尺9寸		
6丈	1尺9寸	正倉院宝物銘文集成	調絁銘で長（広）年紀の揃うものは，天平11（739）～天平勝宝8（756）
1783 cm 墨書銘6丈	56 cm	正倉院宝物9 正倉院宝物銘文集成3-88	天平15（743）・10 首尾両端完存 首尾に銘あり

表1　絹等の規格

規定・実例	品　　　目	長／1丁	合成基準	合成単位
養老（大宝）令制	調絹絁	8尺5寸	6丁	匹
	調美濃絁	6尺5寸	8丁	匹
	錦羅綾等			匹
養老1年（717）・5制	諸国綾		6丁	匹
養老1年（717）・11詔	（「安穏条例」策定指示）			
養老3年（719）・5制	調短絁・狭絁・麁狭絁・美濃狭絁			
天平1年（729）・3官奏	（4丈広絁停止，6丈狭絁とする）			
大同2年（807）・12詔	調絹絁	1丈	4丁	匹
延喜式制	調錦羅綾	（省略）	（省略）	匹
	調絹絁		4丁	匹
	調広絹		4丁	匹
	調長絹		5丁	匹
	長幡部絁		5丁	匹
	綿紬		3丁	匹
正倉院所蔵品	調絁墨書銘の規格			匹
	調黄絁の実寸（南倉148，36号）（遠江国敷智郡調黄絁）			

（備考）
「正倉院宝物9」：宮内庁正倉院事務所編『正倉院宝物9』南倉3，毎日新聞社，1997年
「正倉院宝物銘文集成3-○」：松嶋順正編『正倉院宝物銘文集成』第3編，吉川弘文館，1978年，第3編の資料番号

合成長	幅	典　　　拠	備　　　考
5丈2尺	2尺4寸	賦役令1	
5丈2尺	2尺8寸	賦役令1	
		賦役令4	
(1丈3尺)		賦役令4，営繕令1などから算出	
		令集解賦役令4慶雲3・2・16格	庸負担額半減
		続日本紀和銅5・12・辛丑	
2丈6尺		令集解賦役令4和銅6・2・19格	
2丈6尺		続日本紀和銅7・2・庚寅	
6丈	2尺2寸		
		続日本紀養老1・11・戊午 類聚三代格8養老1・11・22勅	
4丈2尺	2尺4寸		正倉院蔵調布の規格
		令集解賦役令1古記養老1・12・2格	
2丈8尺	(2尺4寸)		正倉院蔵庸布の規格
3丈9尺	1尺8寸	続日本紀養老6・閏4・乙丑	
4丈2尺	1尺9寸	続日本紀天平8・5・辛卯	実施された形跡無し
		類聚三代格8大同5・2・23官符	

表２　布等の規格

規定・実例	品　目	長／1丁	合成基準	合成単位
養老（大宝）令制	調布	2丈6尺	2丁	端
	調望陀布		4丁	端
	庸布	2丈6尺	（非合成，常布2単位）	
	常布			
慶雲3年（706）・2格	庸布	1丈3尺		
和銅5年（712）・12制	常布	（銭5文に准ずるものとする）		
和銅6年（713）・2格	庸布	1丈3尺	2丁	段
和銅7年（714）・2制	常布	（使用禁止）		
	商布			段
	調上総細布	2丈	3丁	端
養老1年（717）・11詔	（「安穏条例」策定指示）			
養老1年（717）・12格	調布 庸布	2丈8尺 1丈4尺	1丁	端
	常陸曝布		3丁	2端
	上総細布	2丈1尺	2丁	端
	望多布	1丈4尺	3丁	端
	輸絁郷・上総・常陸庸布	1丈4尺	2丁	段
養老6年（722）・閏4官奏	陸奥税布	1丈3尺	3丁	端
天平8年（736）・5制	調布 庸布	2丈8尺 1丈4尺	1丁	端
	常陸曝布・上総望陀貲布・安房細布・出絁郷庸布は旧による			
大同5年（810）・2官符	（陸奥国浮浪人調庸布を土人に准じて広布から狭布に変更）			

4丈	2尺	主計上	
8丈	1尺8寸		
6丈5尺	1尺9寸		
8丈	2尺		
8丈	1尺9寸		
4丈2尺	2尺8寸		
4丈2尺	2尺4寸		
4丈2尺	2尺4寸		
4丈2尺	2尺4寸		
4丈2尺	2尺4寸		
3丈7尺	1尺8寸		
2丈8尺 4丈2尺			
4丈2尺	2尺4寸	正倉院宝物銘文集成	調布銘で長（広）年紀の揃うものは，天平9（737）～天応1（781）
2丈8尺	2尺4寸	正倉院宝物銘文集成	庸布銘で長（広）年紀の揃うものは，天平感宝1（749）～天長5（828）
2丈6尺	2尺□	正倉院宝物銘文集成	年紀無し
1255 cm 墨書銘4丈2尺	67 cm	正倉院宝物9 正倉院宝物銘文集成 3-41	天平勝宝2（750）・10 専当国司少掾上国嶋 首尾両端完存とは限らない
1250 cm	63.5 cm	正倉院宝物9 正倉院宝物銘文集成 3-42	天平勝宝2（750）・10 専当国司少掾上国嶋 首尾両端完存とは限らない
1180 cm	66 cm	正倉院宝物9	首尾両端完存とは限らない
1156 cm	63.5 cm	正倉院宝物9	首尾両端完存とは限らない
1246 cm	64 cm	正倉院宝物9	首尾両端完存とは限らない
1300 cm 墨書銘4丈2尺	63 cm	正倉院宝物9 正倉院宝物銘文集成 3-36	天平勝宝8（756）

延喜式制	調貲布		4丁	端
	調望陀貲布		4丁	端
	調細貲布		3丁	端
	調小堅貲布		3丁	端
	調薄貲布		3丁	端
	調望陀布		3丁	端
	調広布		3丁	端
	調細布		2丁	端
	調倭文		3丁	端
	調布		3丁	端
	狭布		2丁	端
	庸布	1丈4尺	2丁 3丁	段 端
正倉院所蔵品	調布・調并庸布墨書銘の規格			端
	庸布墨書銘の規格			段
	商布墨書銘の規格			段
	紅赤布の実寸（南倉148，47号其1） （上総国周准郡調貲布カ）			
	紅赤布の実寸（南倉148，47号其2） （上総国周准郡調カ）			端
	紅赤布の実寸（南倉148，47号其3）			
	紅赤布の実寸（南倉148，47号其4）			
	紅赤布の実寸（南倉148，47号其5）			
	浅縹布の実寸（南倉148，48号其1） （上総国長狭郡調細布）			

表3　大化調制における布帛の規格

税目	品目	賦課基準	合成基準	合成単位	合成長	幅	典拠	備考
田之調	絹	1丈／1町	4町	匹	4丈	2尺5寸	日本書紀大化二・一・一	常布は規定されていない。孝徳朝、少なくとも常布が初出する天武朝以前のある段階での規定とみなす。
	絁	2丈／1町	2町	匹	4丈	2尺5寸		
	布	4丈／1町	1町	端	4丈	2尺5寸		
戸別之調	布	1丈2尺／1戸						
仕丁・采女の庸	布	1丈2尺／1戸						

請される。

　ここで改めて令制規格を検討すると、庸は常布二単位分で、調端布は常布の四倍の長さとなっている。既に規格の定まっている常布が存在していることを前提に、その整数倍として規定されているのである。つまり、常布が長一丈三尺×幅二尺四寸であることは令規定の前提であって、故に令自体には規定がなかったと推定できる。

以上、常布の規格は令では規定されず、令の外側で統一されていたという見通しを提示し、背景として民間での常布の流通を想定した。しかし、これは机上での理屈に過ぎず、唐制との比較や、日本での実際の運用の中で整合的に理解できるかどうか、別途検証が必要である。

2　唐制との比較

唐令における織物の幅の規定については、仁井田陞が『通典』六食貨賦税下に「准」令、布帛皆闊尺八寸、長四丈為レ疋。布五丈為レ端。」とあるのを見いだし、『唐令拾遺』で賦役令文として復旧した(19)。これに対し、大津透は、賦役令文としては矛盾しており、養老営繕令に対応することから、営繕令として復旧した(20)。果たして、宋天聖令では該当条文は営繕令に存在していることが判明した。牛来穎に従い、宋令と復元唐令を掲げる(21)。

宋10　諸造二錦羅紗縠紬絹絁布之類一、皆闊二尺、長四丈為レ匹。布長五丈為レ端。其土俗有レ異、官司別定二長闊一者、不レ用二此令一。糸綿以レ両、麻以レ斤。

復原唐令10　諸錦羅紗縠綾紬絹絁布之類、皆闊尺八寸、長四丈為レ匹。布五丈為レ端。綿六両為レ屯、糸五両為レ絇、麻三斤為レ綟。

この史料などからわかる中国の規格について、日野開三郎の研究(22)も踏まえて整理したものが、表4である。

さて、宋令では、土俗が異なる場合について例外規定を定めるが、その場合も官司が規格を決定するとしている。唐令は当該例外規定は復原できないが、民間の規格も含め全て官司が規定する建前であることには変わりがない(23)。

これに対し、日本の『養老令』営繕令5錦羅条は、

凡錦羅紗縠綾紬紵之類、皆闊一尺八寸、長四丈為レ匹。

となっている。中国の対応条文が布帛一般の規格であったのに対し、日本令は高級織物にほぼ限定している(24)。つまり、これは官営工房で生産するものが対象であった。調庸として一般的な絹・絁・布は除外されており、賦役令に規定がなされているのである。

ここであらためて布帛の長広規格について整理しておこう。唐では、織物全てにつき、官・民における生産も含め、一般的規格として営繕令に規定している。賦役令では正丁一人あたりの負担する長さのみを規定し、幅は営繕令により自明であるから規定していない。日本では、営繕令では官営工房において生産する高級織物の長広のみを定め、賦

表4　唐〜宋制における布帛の規格

規定	品目	長／1丁	合成基準	合成単位	合成長	幅	典拠
唐武徳令・開元三・七年令	調綾絹絁	2丈					賦役令復原1
	調布	2丈に5分之1を加える					賦役令復原1
唐開元二五年令	調絹絁	2丈	(2丁)	(匹)			賦役令復原1
	調布	2丈5尺	(2丁)	(端)			
	布帛一般			匹	4丈	1尺8寸	営繕令復原10　通典6食貨賦税下
	布			端	5丈	1尺8寸	
後周顕徳三年以前	布帛一般				4丈2尺	2尺	五代会要25租税雑録
後周顕徳三年一〇月勅	布帛一般				4丈2尺	2尺5分	
宋天聖令	布帛一般			匹	4丈	2尺	営繕令10
	布			端	5丈	2尺	

役令で、調絹絁布の長広を規定する。これとは別に、庸は常布二単位分とされている。その他、美濃絁・望陀布は別規格を設けており、「土俗」を令で認定していることになる。常布は長広規定すらない。

つまり、日本令が想定する生産のあり方は、錦羅綾については官営工房で規格を統制して生産し、調絹絁布はこれと別扱いとして官が規制をかけるが直接生産は行わず、民間で生産されたものを収取し、常布は官の規制の外で生産されているが規格は揃っていた、ということになる。(25)

さて、このような基準で設けられた日本令の規格は、その後、改定されてゆく。このことについて、項を改めて論ずることとする。

3　日本における規格の変遷

大宝令制定後、調庸制を運用していく中で規格が改定される。その画期となったのが、養老元年（七一七）一一月二二日格である。『続日本紀』養老元年一一月戊午条には、

> 詔曰。国輸二絹絁一、貴賤有レ差、長短不レ等。或輸二絹一丈九尺一、或輸二絁一丈一尺一。長者直貴、短者直賤。事須二安穏一、理応二均輸一。糸有二精麁一、賦無二貴賤一。不レ可下以二一概一強中貴賤之理上。布雖レ有レ端、稍有二不便一。宜下随二便用一、更定中端限上。所司宜下量二一丁輸物一、作中安穏条例上（以下、中男作物の件につき中略）。於レ是、太政官議二奏精麁絹絁長短広闊之法一。語在二格中一。

とある。つまり、貢納する繊維製品のうち、規格に不都合があるものについて「安穏条例」の制定を指示しているのである。これを受けて、絹絁については養老三年五月格で、布については養老元年一二月格で規格が改定される。正倉院所蔵の絹絁布の墨書名に見える寸法はこれらの規格に合致しており、さらに延喜式制にも継承されてゆく[26]。

ところが、養老元年一一月格を子細にみると、品目により対応が異なっていることがわかる。まず、絹絁については、実態として作られている一丈九尺の絹、一丈一尺の絁を例示して、規格が整っていないことを問題視している。後述のように、恐らく幅も不統一であったと思われる。つまり、令規定が存在するにもかかわらず、統一できていないということになる。このことは、律令国家は織機の幅、原材料の経糸の長さを管理できていないということを示している。実際、結論としての規格の統一は、養老三年まで遅れている。統一には難航したと推測される。

その養老三年格では、幅が一尺九寸に落ち着いている。律令国家はこの幅のものを欲したわけではなく、令制の二

尺二寸幅の織機を強制できず、不統一だったため、実用に耐える範囲で一番幅の狭い織機に合わせたのであろう。長さが短いだけなら生産者側のサボタージュの可能性もあるが、狭い幅に統一せざるを得ないということは、統一的織機を強制できていないことになる。少なくとも、「国家が調絹絁の規格を統一するために郡司層に織機を管理させて織成させていた（させることができていた）」ということはできない。

なお、養老三年格で長さが六丈とされていることについて付言する。先行研究の多くが指摘するように、令制の絹絁一疋の面積（一一二二〇平方寸）と養老三年格制の一疋の面積（一一四〇〇平方寸）がほぼ等しいことから、養老三年の措置は、面積を変えずに幅を狭くした分長さを長くしたものと推定できる。また、絁袍一領の標準的な絁使用量が六丈（一疋）であり、[27]六丈という長さは衣料として使用する長さとも対応している。

次いで、糸については、精麁があることを認めた上で、統一的品質を強制していない。糸の品質は、桑の質や温湿度など、蚕の生育環境に依存しており、権力的統制はそもそもできないということであろう。

これに対し、布は端布規格（五丈二尺×二尺四寸）が存在することを述べた上で、実用上不便であることを理由に規格の改定を指示している。端布の規格から外れた製品が問題視されているわけではない。規格が守られているにも関わらず、使用にあたり不都合であるとして改定を命じているのである。

これを受けた養老元年一二月格の措置は以下のようなものである。一丁の調布二丈八尺と、庸一丈四尺を合成し、調庸布一端四丈二尺とする。幅は二尺四寸。常陸曝布・上総細布・望多布は別規格とする。絁を輸す郷・上総・常陸については、庸二丁分で一段（長二丈八尺）と規定する。

つまり、養老元年制時点で、律令国家は旧常布の四倍長の大宝令制端布を使用に不便であるとして欲してはいないのである（幅については広幅の織機がなければ広幅の織物を欲したとしても生産させることはできないのに対し、長については経糸を長くさせれば良いので同じ織機で生産させることが可能である。にもかかわらず、長さを四丈二尺と短くしたということは、五丈二尺の規格を欲していなかったことになる)。それまでは既定値の常布規格に規制されて、その整数倍の規格をとらざるを得なかったものが、和銅七年（七一四）の常布の廃止により、規格の束縛がなくなったのである。その結果、養老初年では端布規格を自由に決定することが可能になったものと思われる。

それでは、大宝から養老に至る間で、律令国家が求める規格はなぜ変化したのであろうか。この問題については、布の使用のあり方について検討しなければならない。

大宝令制から養老格制に至るまでの衣料の用布量と布の規格の関係については、角山幸洋の研究がある。(28)角山は、衣料の作成に必要な布の長さが、単袍は一丈九尺、単袴は七尺であるとした上で、大宝令制の庸布一段（二丈六尺）は単袍一領単袴一腰に、調布一端（五丈二尺）は単袍二領単袴二腰または袷袍一領袷袴一腰に相当しており、合理的消費を意図していたものが、養老格制の調庸合成布一端（四丈二尺）、庸布一段（二丈八尺）は用布料と誤差を生じていると評価した。しかし、大宝令制の庸布は二丈六尺で一段になるのではなく一丈三尺の常布二単位であり、そもそも単袍に用いるには不適当である。長二丈六尺の布の成立は、和銅年間に常布が廃止され、段単位の庸布・商布が規定されるのを待たなければならない。つまり、庸の布については、令の規定は衣料への使用に適していない。また、端布については、先述の通り、養老元年時点で律令国家は使用に不便であると指摘している。大宝令規定が合理的消費を意図していたのに対し、養老の改正以降は用布料と誤差が生じ、不合理となったとする角山の理解は、当時の律令国家の認識とは異なる。

角山自身が論文中の「第一―一表」にて示すように、布袷袍の標準的な用布量が三丈六尺であるところ四丈二尺（一端）の事例が、布袷袍＋袴の用布量として四丈二尺（一端）の事例が、布単袍＋袴の標準的な用布量が二丈五尺であるところ二丈八尺（一段）の事例があるところからみて、養老元年格制の端布や段布は、衣料作成に最低限必要な量よりも余裕を持った規格であると評価できよう。[29] また、角山は「第三表」にて、山本らくの研究[30]に基づいて正倉院に所蔵されている衣料の用布量を示しているが、その中に布単袍の最大値として二丈七尺のものがある。これは和銅格制庸布一段（二丈六尺）では不足し、養老元年格制庸布一段（二丈八尺）ならばまかなうことができる。

これらのことを勘案すると、養老元年格制の端布・庸布規格は、標準的な衣料の用布量に対して余裕を持たせ、標準よりも多い布を必要とする衣料など、様々な用途に対応可能なように配慮したものであると評価できよう。和銅格制庸布では単袍ですら不足する場合があり、令制端布では、単袍単袴二組または袷袍袷袴一組を作ると余裕がなく、単袍単袴一組または袷袍のみならば対応可能であるが、五丈二尺では過大であり、ハギレが多すぎるということで不便とされたのであろう。

以上のように、衣料の作成に際しては、養老格制では令制・和銅格制よりも長い用布が想定されていると思われるが、長さだけでみれば、絹絁の場合でも同様である。この背景には、衣服に用いる布の増大化傾向があったと推定できる。後の史料であるが、『続日本紀』宝亀元年（七七〇）九月壬戌条には、「先者、袍衣以レ疋為レ限。天下服用不レ聞二狭窄一。比来、任レ意競好二寛大一、至二于裁レ袍更加二半疋一。袍襖亦斉、不レ弁二表裏一、習而成レ俗。為レ費良深。自レ今以後、不レ得二更然一。」とある。ここでは、絹絁一疋半を要する袍を例示して、そのような寛大な袍を禁止し、一疋を限度とすることを再確認している。寛大な衣料を好む傾向が布の場合でも同様で、かつ八世紀初頭から続いているとすれば、令制から養老格制への変化は整合的に理解できる。同時に養老格制は寛大化傾向の歯止めともされたのであろう。

さて、議論を本稿の主たる課題である布幅の規格の問題に移そう。布の規格は、養老元年一一月格の直後に改訂され、調庸の合成が円滑に行われていることがわかる。ということは、絹絁の場合とは異なり、二尺四寸幅が調端布・庸段布とも一般化していたものと推定される。養老元年以前でも、幅二尺四寸の端布規格が守られていたのならば、同じ幅の庸布や、かつての常布も同様に生産できたであろう。

二尺四寸幅の端布（およびおそらくは段布・旧常布も）の規格が実質的にも統一されていたことは、一見すると律令国家の統制が強力であったことを示すかに思われる。しかし、そうであれば、絹絁の規格も統制できたはずである。絹絁は統制できていないのであるから、やはり布の規格が統一されていた背景は律令国家以外に求めるべきであろう。ここでも、令制の調端布・庸の基準となっていた常布規格が令条に規定されていないことを想起したい。

養老元年一二月格についてもう一点指摘すべきことは、「輸絁郷」の庸布を段布で出させていることである。調庸の品目を統一する単位として郷が想定されているのである。当然、合成は郷を単位としていたはずである。布のみならず絁についても同じことがいえる。つまり、養老元年時点で律令国家が収取、ひいては生産の単位として想定していたのは、郷（以下）であって、郡ではない。

ここで本項の結論を整理しておこう。絹絁については、律令国家は令制の疋規格を統一できず、民間の実態に引きずられる形で養老三年格で規格を決定した。絹絁は民間の交易における価値表示基準とはならなかったため、民間での規格も揃わなかったと推測できる。民間で実現可能な狭い幅の規格を採用した結果、養老三年以後は正倉院所蔵品にみられるように実際の製品の寸法も揃うに至ったのであろう(31)。

一方、布については、律令国家以外の力、恐らく民間での広範な交易を背景として常布の規格が統一されており、これを踏まえて端布や段布の規格が統一されていたのである。

そして、布も絁も律令国家としては生産の単位を郷レベルで把握していた。

このことを織機に即して言い換えれば、律令国家は織機の規格を管理できていたわけではないということになる。布については、民間主導で広幅の織機を用いていたと考える方が妥当であり、生産を担ったのは郡ではなく、郷以下であったということになる。

以上、律令国家が定めた規定から、国家が想定する調庸の絹絁布生産のあり方を検討したが、その実態は見えているわけではない。これについては、出土文字資料などを用いて、別な角度から検討する必要がある。

三　布生産の実態

第一節1（3）（4）で述べたように、屋代遺跡群（信濃国埴科郡家関連遺跡）からは、七世紀末〜八世紀初頭の「布手」を列記した木簡（第一〇号木簡）や、織機の部材が出土している。このことから、郡家周辺で（おそらく郡司レベルの豪族が主体となって）大規模な布生産が行われていたこと自体は認められる。しかし、前節までの結論からすると、果たしてそれが一般的であったかどうかは再検討を要する。

ここで、森明彦も取り上げた、鹿の子C遺跡出土第一七四号漆紙文書(32)について検討したい。再説するが、この文書から、八世紀末、稲の出挙貸付を受けたことに対し、段布で返納していることがわかり、段布生産は個別の農民レベルでも行われていたことが推測できる。事実として、民間でも二尺四寸幅の段布生産ができていたのである(33)。

しかし、先述のように、屋代遺跡群出土木簡と鹿の子C遺跡出土漆紙文書とは、時期を異にする。豪族レベルの生産と個別生産が併行して行われていたのか、前者から後者へ時期的に変化したのかは、検討を要する。

このことを考えるために、同じ屋代遺跡群から出土した第一一四号木簡(34)について検討したい。これは、郷里制下において、埴科郡司が管轄下の屋代郷長里正に対し、敷席・鱒・芹と並んで匠丁粮代の布五段を進上することを命じた符である。ここで、段布は食料に交換できることが期待されている。つまり、民間でも交換価値を持つものである。そして、他の品目と同様に、段布生産の主体は郡ではなく郷以下である。「布手」のみえる一〇号木簡よりやや後の時期ではあるが、八世紀前半の段階で、豪族レベルの大規模な生産と並んで、郷以下での生産も行われていたことが確認できる。

この木簡の時期は、霊亀〜天平期、まさに養老元年の調庸布規格改定の前後にあたる。養老年間前後に、郷レベルで布生産が既に行われていたということを前提条件として、調庸の規格改定がなされたということになる。

次いで、静岡県鳥居松遺跡出土木簡(35)について検討する。この遺跡は、伊場遺跡群に含まれ、遠江国敷智郡家に関連する遺跡である。まずは釈文を掲げる。

・「□〔耳カ〕糸一斤貸受人赤坂郷嶋里忍海マ石□／□□□□

・「　　　　　　　　神亀元□〔年カ〕□　　　(407)×63×7　019

これは、神亀元年(七二四)に、耳糸を(恐らく敷智郡が)貸与したことを示す木簡である。「貸受人」は郷里単位に把握されている。郡が織物生産に大きく関わっていたことは間違いないが、あくまで布生産者に原材料の一部を「貸与」したのであって、郡自らが直接生産しているわけではない。生産主体は郷以下にある「貸受人」またはそれより下のレベルである。

郷が生産の単位だったとした場合、そのことのみを取り上げれば、樋口の論ずる如く、律令国家が郷単位で品目を割り当て、織機を設置して生産を行わせていたという見解が成り立つかも知れない。しかし、織機の管理を国家が行った形跡はない(36)。屋代遺跡群一一四号木簡では、段布は敷席・鱒・芹と同時に徴発されており、これらが国家の管理の下で生産されていたとはとてもいえない。これらと同列に扱われている段布も同様であったとみるべきである。

もちろん、純粋に個別人身的に布生産が行われていたとは考えられない。郷内の五〇戸が均質なものとも思えない。階層差は存在し、全ての戸が段布（ひいては端布）生産に対応する二尺四寸幅の織機を所有して個別に生産していたとは考えているわけではない。しかし、郷（里）は行政機構ではなく、支配の対象となる単位であって、郷内の有力豪族が統一された織機を所有して生産を請け負うという像よりは、個別に織機を所有しているいくつかの戸がそれぞれ生産を担っていたと理解する方が妥当である。

おわりに

最後に、絹絁布生産に対する律令国家や郡司層の豪族の関与について整理する。律令国家は、規格を決定し、その規格に対して価値の付与を行い、規格に適合する製品を調庸として収取することで規格の維持を担保する、という形で生産を規制していたことは事実である。しかし、布規格の基準であった常布の長広は規定していない。民間での流通が背景となって、規格が統一されていたのである。律令国家は、これに準拠して端布・段布の規格を決定した。一方、絹絁については令規格の実効性はなく、民間の実態に合わせる形でようやく規格の統一を実現した。いずれの場合も、織機の管理は、国家としてできていたわけではなく、「官営」による布帛生産は認められない。

これに対し、郡司層の豪族による大規模生産はあったに違いないが、それが大勢であったかどうかは疑問である[37]。八世紀前半から郷以下の単位でも段布生産は行われており、恐らく戸レベルの個別生産であったと思われる。遅くとも八世紀末には戸レベルの生産が行われているのである（もちろん、生産の単位と、徴税・貢納の実質的主体とは別問題である。後者を郡司層が担うことは当然あり得る)。

ここまで、八世紀前半まで遡って民間でも広幅の織物を生産できていたことを示した。しかし、角山幸洋の指摘のもう一点、広幅の布が以前は作られていなかったのに対し、令制下では織られるようになったという点には言及していない。その意味ではやはり大化調制で二尺五寸幅の織物が規定されたことの意味は重く考えなければならない(表3参照)。しかし、ひとたび広幅の布が一定の価値を持つものとして民間で流通するようになれば(38)、律令国家が強制しなくても広幅の布は生産されたであろう。

しかし、同じ広幅の布といっても、大化調制では幅二尺五寸、常布は二尺四寸である。大化調制の規定がその後も貫徹されたわけではない。恐らく養老期の絹絁の場合と同様に、二尺五寸に統一しようとしても実際にはできず、民間で結果として落ち着いた二尺四寸という幅に引きずられて二尺四寸の常布規格が成立したとみるのが妥当であろう。絹絁も布も、国家が当初求めた幅よりも狭い民間の実態を追認することになったのである。『延喜式』に至っても多様な規格を規定しており、地域的差異、つまり「土俗」を追認していた。

そうであるとすれば、七世紀半ば段階で国家が広幅の織機を強制したとは考えがたい。広幅布の導入に当たって国家の意向があったことは認めるとしても、生産の現場への関与は限定的であるとすべきである。

以上、古代の布帛生産に関して、高級品は別として(39)、一般の絹絁布においては、民間での生産活動の重要性を評価し、「官」、あるいは郡司層の豪族の主体性について、否定的、あるいは限定的に評価すべきであるとの結論を導き出した。このことは、他の手工業製品の動向とも整合する(40)。「官営工房」の存在は限定的に考えるべきである(41)。

さて、ここまで文献史料を中心に布帛の規格を議論してきたが、本稿の最後に、正倉院所蔵品の実例から規格の問題を検討したい。

正倉院宝物として残る天平期以降の布帛製品をみると、実は、絹絁も布も品質の統一ができているわけではないことがわかる。

表2に布の長広の実寸を載せてあるが、上総国の例をみてみよう。幅は約二尺二寸前後の値を示し、和銅七年（七一四）二月格制の上総細布の規格とほぼ一致している。しかし、資料により広狭の差がある。実長で三・五センチ、一寸以上、率で五％以上の差を示している。特に、幅の最大値と最小値を示す南倉一四八、四七号其一と其二の資料は、同年同国（恐らく同郡）の調で専当国司も同一であるにもかかわらず、これだけの差があるということは、不統一という評価は免れない。もちろん、測定箇所の違いによる誤差、経年変化による収縮などを考慮する必要はあるが、一寸以上の差は無視できない。収縮率に違いがあった結果、差が出たのだとしても、それはそれで品質に差があったとせざるを得ない。

次いで、布の経糸密度について検討する。これについては、布目順郎の調査に依拠する。(42) これによれば、調布は八〜一五、調庸布は九〜一三、庸布は九〜一〇、交易布は　七〜八、商布は七、調細布は一五、調貲布は一五（単位は本／センチ）という値をとる。庸布・商布より調布・調庸布の方が平均で上質であることは確かで、先行研究ではその点のみが取り上げられるが、調布・調庸布自体に着目すると、その品質が揃っているとはとてもいえない。

次に、絁について検討する。完存する絁として、天平一五年（七四三）遠江国調黄絁があり、実寸は幅五六センチ、長一七メートル八三センチであるが、比較すべき資料に恵まれず、長広の統一の問題については保留する。

絁の経糸密度については、尾形充彦の調査がある。(43) これによれば、調絁のうち調銘・国印のあるものについてみると、経糸密度三三〜六六（本／センチ）とばらつきがある。

また、讃岐国の同郡三郷の調絁については、品質が異なると指摘されている。尾形はこの調査成果につき、狩野久・樋口知志の所説[44]、つまり品質の統一について、郷ごとに国郡による規制があったとの考えと矛盾しないとするが、国単位・郡単位で統一が取れていなかったことを示すので、国郡の規制は貫徹していなかったとみるべきである。なお、各郷一点ずつなので、郷単位で統一が取れていたかどうかすら不明である。

このように、格の上で規格が落ち着いた時期（養老年間以降）であっても、実際の製品は統一が取れていなかったことがわかる。経糸密度が異なるということは、織機の綜絖が不統一であったということである。律令国家の力とは、織物生産の現場を管理して品質を統一させる力ではなく、現場を管理できず、品質にばらつきがあったとしても、製品に墨書名と押印を施して、端布、段布、または疋絹と認定することにより、その価値を持つものとして流通させることのできる力であった[45]。

註

（1） 石母田正「古代・中世社会と物質文化―織物の生産を中心として」（『古代末期政治史序説』未来社、一九六四年）、櫛木謙周「都市手工業者形成論ノート―高級織物の需要と生産を中心に」（大山喬平教授退官記念会編『日本社会の史的構造古代・中世』思文閣出版、一九九七年）、堀部猛「律令制下における税物生産と労働力編成」（虎尾俊哉編『律令国家の地方支配』吉川弘文館、一九九五年）、古尾谷知浩「古代尾張国・参河国の手工業」（赤塚次郎編『尾張・三河の古墳と古代社会』同成社、二〇一二年）など。

（2） 森明彦「調庸布織成に関する二・三の問題」（『大阪経大論集』四二―六、一九九二年）。以下、森の説はこれによる。

（3） 角山幸洋「古代紡織具の構造と調庸絁布」（『愛泉女子短期大学紀要』二、一九六七年）、同「写経事業従事者の衣料について」（『南都仏教』一五、一九六四年）、同「八世紀の織物生産」（『続日本紀研究』一二八、一九六五年）。ただし、角山幸洋『改訂増補版日本染織発達史』（田畑書店、一九六八年）では、郷戸単位に生産されていたと述べられており、一定していない。

（4） 狩野久「律令制収奪と人民」（『日本古代の国家と都城』東京大学出版会、一九九〇年、初発表一九六七年）、石上英一「日本古代における調庸制の特質」（『歴史学研究一九七三年大会報告別冊』一九七三年）、服藤早苗「古代の女性労働」（女性史総合研究会編『日本女性史』一、東京大学出版会、一九八二年）

（5）樋口知志「律令的調制成立の前提」（『歴史学研究』五九八、一九八九年）

（6）石上英一「日本古代における調庸制の特質」（前掲註（4））

（7）明石一紀「調庸の人身別輸納と合成輸納」（竹内理三編『伊場木簡の研究』東京堂出版、一九八一年）。なお、同「浄御原令の庸布について」（『日本歴史』四二四、一九八三年）も参照。

（8）服藤早苗「古代の女性労働」（前掲註（4））

（9）（財）長野県埋蔵文化財センター『長野県屋代遺跡群出土木簡』（一九九六年）。なお、長野県埋蔵文化財センター「屋代遺跡群出土木簡補遺」（『更埴条里遺跡・屋代遺跡群―総論編』二〇〇三年）も参照。

（10）平川南「古代木簡からみた地方豪族」（『古代地方木簡の研究』吉川弘文館、二〇〇三年、初発表一九九九年）。なお、傳田伊史「七世紀の屋代木簡」（『木簡研究』二〇、一九九八年）も参照。

（11）中村太一「古代日本における墨書押印貢進物」（『栃木史学』一四、二〇〇〇年）

（12）東村純子『考古学からみた古代日本の紡織』（六一書房、二〇一一年）

（13）中西康裕「二枚の交易布」（『続日本紀研究』二六〇、一九八八年）

（14）喜田新六「調の絹絁布について」（『歴史地理』六五―二、一九三五年）、同「調庸雑考」（『斎藤先生古稀祝賀記念論文集』刀江書院、一九三七年）、澤田吾一『奈良朝時代民政経済の数的研究』（復刻版柏書房、一九七二年、初発表一九二七年）、長山泰孝「八世紀における調庸制の変遷」（『続日本紀研究』一九九、一九七八年）、吉川真司「常布と調庸制」（『史林』六七―四、一九八四年）、早川庄八「古代美濃の手工業」（『日本古代の財政制度』名著刊行会、二〇〇〇年、初発表一九七一年）、同「律令「租税」制に関する二、三の問題」（同書所収、初発表同年）。なお、このほか、関根真隆「奈良時代の布の一考察」（『天平美術への招待』吉川弘文館、一九八九年、初発表一九六八年）、原島礼二「八世紀における絁布生産の技術史的考察」（『続日本紀研究』一二五、一九六五年）、寺崎保広「八世紀前半の調庸制改正と復除」（『続日本紀研究』二〇二、一九七九年）も参照。

（15）服藤早苗「古代の女性労働」（前掲註（4））

（16）吉川真司「常布と調庸制」（前掲註（14））

(17) 商布の幅について付言する。正倉院所蔵品の実例にみえる墨書銘によれば二尺以上（以下欠損）であることがわかる。長さは違うが同じ段単位の庸布との整合性から、二尺四寸と推定されている。なお、商布については、弓野瑞子「古代の商布について」（『史観』九八、一九七八年）を参照。
(18) 三上喜孝「律令国家と現物貨幣」（『日本古代の貨幣と社会』吉川弘文館、二〇〇五年、初発表一九九七年）
(19) 仁井田陞『唐令拾遺』（東方文化学院東京研究所、一九三三年）
(20) 大津透「律令収取制度の特質」（『律令国家支配構造の研究』岩波書店、一九九三年、初発表一九八九年）
(21) 牛来穎「天聖営繕令復元唐令研究」（『天一閣蔵明鈔本天聖令考證』中華書局、二〇〇六年）
(22) 日野開三郎『唐代租調庸の研究一色額篇』（久留米大学商学部東洋経済史研究室、一九七四年）
(23) ただし、実態としては唐代でも規格外の織物が生産されている。日野開三郎『唐代租調庸の研究一色額篇』（前掲註(22)）を参照。
(24) 紵も高級織物と位置づけられる。増井敦子「紵と手作布について」（『風俗史学』三三、二〇〇六年）を参照。
(25) なお、規格外の製品を製造販売した場合の罰則について触れておく。これは『故唐律疏義』雑律30器用絹布行濫条に規定されているが、対応する日本律逸文は『法曹至要抄』中、行濫短狭物事に引用されている。ところが、唐律疏にある疋端の規格は日本律逸文にはない。瀧川政次郎は『法曹至要抄』案文に基づいて相当する規定の存在を推測するが（瀧川政次郎『律令の研究』〈刀江書院、一九三一年〉）、規定があるならそれを引用すれば良いのであって、案文を付す必要はなかったと思われる。すなわち、規格の規定は日本律にはなく、唐律疏に合わせて養老令規格に基づいて案文を作文したものと推定できる。ただし、日本律が何らかの意図を持ってこれを削除したのか、単に文言を短縮するために省略したのかは確定できない。
(26) 天平八年（七三六）五月格は実効性がなかったと考えられている。正倉院所蔵品の規格を参照。
(27) 『続日本紀』宝亀元年（七七〇）九月壬戌条では、袍衣に使用する絹の限度を一疋としており、また、天平宝字四年（七六〇）正月一五日東寺写経所解（『大日本古文書（編年文書）』第一四巻二九五頁）によれば、袍一領あたり絁一疋となっている。角山幸洋「写経事業従事者の衣料について」（前掲註(3)）参照。
(28) 角山幸洋「写経事業従事者の衣料について」（前掲註(3)）
(29) この点については、澤田吾一が『奈良朝時代民政経済の数的研究』（前掲註(14)）で「庸布一段を二丈八尺と定むる制度は一段を以て一袍一袴を作りて尚ほ多少余裕あることを標準と為せるものならん」としたことは妥当であると考える。

(30) 山本らく「日本上代被服構成技法の観察」「続日本上代被服構成技法の観察」（『共立女子大学紀要』一・四、一九五五・一九五九年）

(31) 『延喜式』には多種多様な規格がみえている。律令国家は各地の特産品としてそのような規格の製品を欲したわけではなく、地域の現状を追認したものかと思われる。宋天聖令の土俗例外規定を参照。

(32) （財）茨城県教育財団『常磐自動車道関係埋蔵文化財発掘調査報告書五　鹿の子C遺跡漆紙文書』（茨城県教育財団文化財調査報告書二〇、一九八三年）

(33) 鹿の子C遺跡出土第一七四号漆紙文書の評価について付言する。中西康裕は、交易布とされるものの中に、正税出挙の代納物が含まれていた可能性を指摘する（中西康裕「二枚の交易布」〈前掲註(13)〉）。また、森明彦は、凶作などにより稲で返済できない者が、織成した段布で代納したとする。

交易布の調達方法としては、春夏に稲を貸付け、秋に回収、その後利稲を支出して商布を購入、と考えるのが一般的であろう。恐らく、正税帳では帳簿上そのように処理されたはずである。しかし、物品が二往復するのは合理的ではなく、実態としては春夏に稲を貸付け、秋に利稲分のうちの一部を最初から商布で回収していたのではないだろうか。つまり、当該文書にみえる布の収取は、イレギュラーな「代納」ではなく、通常の商布調達方式そのものではないだろうか。

さて、公出挙の貸付を受けて布生産を行うことについて、「単なる交易ではなく、生産費用を正税で負担して生産した」という評価があり得るかも知れない。確かに、国郡が全く布の再生産に関与していなかったとはいえない。しかし、公出挙を受けて行う農業生産を「官営農業」とはいわないのと同様に、官の関与は限定的とすべきであろう。

(34) （財）長野県埋蔵文化財センター『長野県屋代遺跡群出土木簡』、長野県埋蔵文化財センター「屋代遺跡群出土木簡補遺」（いずれも前掲註(9)）

(35) 『木簡研究』三一、二〇〇九年

(36) 天平一〇年度「駿河国正税帳」（正倉院古文書正集一七、『大日本古文書』第二巻―一一五頁）には、「検校調庸布国司目一口従一口、七郡別二度各二日食為単伍拾陸日目廿八口従廿八口」とあり、国司が調庸布の検校に関して各郡を回っていることがわかる。年に二度回っているから、単に調庸収納のためとも考えられないが、一回あたり一郡二日間では生産工程まで監督するには限界がある。おそらく製品の検査などのみかと推定される。

(37) 荒田目条里遺跡出土第二号木簡からうかがえるように、郡符で労働力を動員して田植えを行っている如く、郡司層が直接農業経営を行っている事例があるからといって、全てが「郡営農業」であったとはいえないのと同じことである。

(38) その時期は常布が初見する天武朝か。『日本書紀』天武五年（六七六）八月辛亥条を参照。

(39) なお、岩田敦子は、錦羅綾などの高級織物についても官営工房のみならず、民間においても生産されていた可能性を指摘する（岩田敦子「日本古代における高級織物生産について」〈『寧楽史苑』四三、一九九八年〉）。首肯すべき仮説である。

(40) 古尾谷知浩『文献史料・物質資料と古代史研究』（塙書房、二〇一〇年）、同「文献史料からみた古代の鉄生産・流通と鉄製品の生産」（奈良文化財研究所編『官衙・集落と鉄　奈良文化財研究所研究報告第六冊』クバプロ、二〇一一年）、同「古代の漆工」（『漆紙文書と漆工房』名古屋大学出版会、二〇一四年、初発表二〇一四年）

(41) 古尾谷知浩「都城と手工業―「官営工房」論の再検討」（舘野和己編『日本古代のみやこを探る』勉誠出版、二〇一五年）

(42) 布目順郎「正倉院の繊維類について」（『書陵部紀要』二六、一九七四年）

(43) 尾形充彦「裂地としてみた正倉院の調絁」（『正倉院染織品の研究』思文閣出版、二〇一三年、初発表一九九九年）

(44) それぞれ、狩野久「律令制収奪と人民」（前掲註(4)）、樋口知志「律令的調制成立の前提」（前掲註(5)）を参照。

(45) 調庸布墨書銘については、中村太一「古代日本における墨書押印貢進物」（前掲註(11)）を参照。

律令関制度と「過所木簡」

吉永匡史

はじめに

古来より、人々の移動と相互交流は、個人・集団・地域に様々な影響をもたらした。なかでも人の移動はモノ・情報の移動ともダイレクトに繋がっていた。そのため、統治機構にとっては、交通検察は支配秩序維持のために不可欠であったといえる。

八世紀以降の律令制下において、国家的交通検察の重要拠点としての役割を果たしたのはセキ（関・剗）であった。これは関市令に規定される関を主体とし、軍団兵士がその実行力となったことは、既に別稿で明らかにした(1)。ただ交通検察は、関・剗だけではなく、たとえば水上交通の拠点である津などでの実施も想定される。関・剗のそれと対比させつつ、総体的にとらえなければならないだろう。

そして右のように考えると、通行証も、検察のあり方に応じて様々な形態をとりえたのではないか、との憶測を呼ぶ。関市令には、関の通行に際して過所が不可欠であることが規定されている（養老関市令1欲度関条）(2)。現時点では古代日本の紙に記された過所の実例は確認できないが、過所を想起させる複数の木簡が出土している（これらの木簡は過所木簡あるいは過所的木簡・過所様木簡などと呼称されているが、本稿では便宜的に「過所木簡」と一括表記する）。[3]しかし私見では、唐制を継受して成立した過所は、あくまで律令関制度とのかかわりの中でとらえねばならないと考える。はたして「過所木簡」の全てがまさしく関市令に規定するところの過所であるのかどうかは、既に異論が呈されているように、[4]再検討する余地があるだろう。

以上の問題関心に基づき、本稿では陸上・水上交通における検察の諸相を具体的に検討した上で、通行証としての「過所木簡」の新たな位置づけを試みたい。

一　水陸における交通検察の諸相

1　関・剗における検察

八世紀以降における古代国家の基本システムを規定する律令には、関市令に交通検察の拠点として関が規定されていた。律令関制度については別稿で論じており、以下ではこれによりつつ概観したい。[5]まず関については、三関（美濃国不破関・伊勢国鈴鹿関・越前国愛発関）を最上位に置き、三等にランク付けされていた（三関―摂津・長門―余関）。[6]そして設置原則については、三関と同じく、都より遠い国の国境に置く原則があったとみられる。[7]三関は逆謀者が都より脱出し、東国へ逃れることの防止を目的としていたが、[8]摂津関・長門関については瀬戸内交通の両端であることから、列島内部だけでなく、対外防衛の意図もあわせもっていた。[9]関の通行には、公使や惣歴に記載された兵士・防人・丁匠・役夫などを除いては、公式令に規定された書式の過所が必要であった。[10] 過所は、関市令に規定する関を通行するために、不可欠のツールだったのである。また関の守固任務には軍団兵士が就くことが想定されており、全国的な軍団制の施行は、律令関制度の運用に不可欠であり、関のシステムと地方軍事体制は、密接に関係していたと考えられる。

いっぽう、剗についてはその位置づけに議論がある。[11] 律令において、関市令に規定するセキは関のみであり、剗は養老職員令70大国条に「三関国、又掌二関剗及関契事一」とみえるのみだからである。日本が模範とした唐においては、剗は柵や壕（濠）等の構造物を指すと考えられ、セキの意味をもたせるのは日本独自の用法であったと推測される。[12] では関と剗は何によってその性格が区分されるのかだが、私見によれば、最大の相違は過所勘検の有無であったと考えられる。『類聚三代格』巻一八所収の承和二年（八三五）十二月三日付太政官符には、

太政官符

応下准二長門国関一勘中過白河菊多両剗上事

右得二陸奥国解一偁、検二旧記一、置レ剗以来、于レ今四百余歳矣。至レ有二越度一、重以決罰。謹レ案二格律一、無レ見二件剗一。然則雖レ有レ所レ犯不レ可二輙勘一。而此国俘囚多レ数、出入任レ意。若不二勘過一、何用為レ固。加以進レ官雑物触レ色有レ数。商旅之輩竊買将去。望請、勘過之事、一同二長門一。謹請二官裁一者。権中納言従三位兼行左兵衛督藤原朝臣良房宣、奉　レ勅、依レ請。

承和二年十二月三日

とあり、菊多剗に過所勘検の権限がないことから、長門関に倣って勘過業務を行うことを太政官に対して求め、許可されていることがみえる。[13] 長門関が挙げられているのは、水関としての機能だけでなく、駅使が通行する陸上交通路

の関という側面も持っており[14]、当時勘過が実施されていた代表的な関として認識されていたことに依るのであろう。行人に過所を求めて勘検することは、中央政府の許可が必要な業務だったのである。よって剗の通行にあたっては、原則として過所の提示は求められなかったとみてよい（但し、これは通行証が不要であったことを意味しない）。

さらに剗の設置にあたっては、関の設置原則が必ずしも適用されないことも注意される。つまり関と剗は設置意図が異なっており、関は京師防衛を最重要課題とした、中央政府の全国支配の安定化を主眼としたもので、剗は各国内における、国司による民衆支配の安定化を図ったものと考えられるのである。この相違は、関と剗における守固・検察の実行力についても同様に指摘できる。関は国司の一人が常駐し、軍団の軍事力を指揮して守固・検察を担当したが、剗は大毅ら軍団官人および兵士を主体とし、国の史生や書生が書記役を務めたものと推測される。検察の厳格さに応じて、守固の人員・軍事力も変化したとみてよいだろう。

以上から、関と剗は設置方式・守固体制ともに異なっており、最大の相違は過所勘検の有無であった。ただし、剗では過所を勘検しないものの、通行証そのものが不要だったわけではない。セキの通行においても、通行証の形態に幅があったことに留意しておきたい。

2　水上交通の要衝における検察

次に、水上交通の要衝で行われた検察のあり方に目を向けたい。津における検察は、それが関であるか否かが大きく影響していた。過所の発給について規定する養老関市令1欲度関条は、水上交通の要衝に設置された水関についても言及している（傍線は筆者）。

凡欲レ度レ関者、皆経二本部本司一請二過所一。官司検勘、然後判給。還者、連二来文一申牒勘給。若於二来文外一更須レ附

者、験レ実聴之。日別惣連為レ案。若已得二過所一、有レ故卅日不レ去者、将二旧過所一申牒改給。若在レ路有レ故者、申二随近国司一、具レ状送レ関。雖レ非二所部一、有二来文一者亦給。若船筏経レ関過者、亦請二過所一。

傍線部によれば、船や筏で移動するに際し、関が路次にある場合は過所を勘検するとある。本規定の「関」について『令義解』は、「長門及摂津。其余不レ請二過所一者、不レ在二此限一」と注釈しており、海浜に面した関である長門関と摂津関を具体的に挙げ、その上で過所を勘検しない水上交通拠点（すなわち関ではない津）を除外している。傍線部の規定は唐令でも同文と推測されることから(15)、まずは唐制を考慮しつつ、『令義解』の理解が妥当かどうかを見極める必要があるだろう。

唐では法制上、津（主として渡河点）における過所勘検の実施を義務付けていなかった(16)。しかし、『唐六典』にみえる開元年間の二六関には、龍門関・会寧関・合河関・渭津関のような、関である津が複数含まれている。よって、唐令の対応箇所の「関」が水関であることは明らかである(17)。日本令は規定の字句をそのまま継受したのであり、『令義解』の理解は令意を反映しているとみるのが穏当と考えられる。

以上から、陸上交通と同様に水上交通においても、関であるか否かによって、検察の厳格さが相違することが確認できる。関でなくとも、津に剗が設置された場合は、何らかの通行証の提示を求める形で、往来の検察を実施したものとみなせるだろう。

それでは、関・剗ではない津において、どのような検察が為されていたのだろうか。まず、養老関市令2行人出入条の冒頭の一節「凡行人出入関津者」に附された『令義解』の注釈に、

謂、行人者、公私皆是也。津者、摂津。其要路津済、置レ船運度、自依二雑令一、不レ関二此条一。

とあり、本条の「津」とは摂津を指し、渡船を設置する渡河点の津済とは別とする点に注意される。関市令2条にお

ける「津」を摂津関に限定する考え方は、大宝衛禁律私度関条の冒頭部が「凡私度関津」であり[18]、「津」が摂津関・長門関を指すと解されることと相通ずると言えよう。律令法規上、津には関が含まれる場合があり、津済とは区別されていたと考えられるのである。津済は、養老雑令13要路津済条に

凡要路津済、不レ堪二渉渡一之処、皆置レ船運渡。依二至レ津先後一為レ次。国郡官司検校、及差二人夫一、充二其度子一。二人已上、十人以下、毎二二人一、船各一艘。

とあり、渡船が設置された渡河点について、国司・郡司が定期的に出向き検校することとなっていた。但しこれは渡船の管理運営の確認であり、交通検察を義務付けたものではない。

こうした船津のうち、行政的に重要な拠点には「津司」が置かれたものと推測される[19]。石川県金沢市を流れる犀川河口に位置する畝田・寺中遺跡からは、「津司」「津」と書された墨書土器が出土しており（共伴する墨書土器に「天平二年」がある）、本遺跡は加賀郡の郡津であると考えられている[20]。また、九世紀半ばの事例であるが、福島県いわき市荒田目条里遺跡出土第一号木簡からは、郡司の管下にある「津長」が津を管理したケースも存在したことがわかる[21]。

右のような津・津済の管理形態における大きな相違点の一つは、軍事力の配備である。これは、官船の有無が関係していた。官船の守固は、軍団兵士が実施することとなっていたからである（養老営繕令13有官船条）。多賀城跡出土第六号木簡には、次のようにみえる[22]。

・「白河団進上射□□□□〔手歴名事カ〕

合卌四人□守十八人□□〔火長カ〕　和徳三衣　火長神人味人」

・「大伴部乙虫　□□〔鳥取カ〕部嶋□〔成カ〕　丈部力男

阿倍□　□　□万呂　大伴部建良」

二二二×（三八）×二　〇六一型式

本木簡の「□守」を平川南氏は「船守」と釈読しており、これに従うと、多賀城付近の船津では、白河団兵士の射手が官船の警備にあたっていたことが知られる。(23)

右の検討より、軍団兵士が配備されるのは官船の停泊地のみであり、官船の盗難・破損防止を主眼とするが、副次的に津・津済の治安維持（巡察）を行うことは不可欠であったと考えられる。律令に規定するところの、関・剗以外の船津における検察の軍事配備は、次のごとくまとめられよう。

要路津済（官船・度子を配備）……国司・郡司・軍団官人・軍団兵士
官船が停泊する津・津済……軍団官人・軍団兵士
右記以外の津・津済……なし

このような船津における検察の具体的実例については、軍団兵士のものはみえないが、衛士の検察事例を見出せる。(24)

石山院奉写大般若所
請仕丁私部廣国　梶壹枚
右仕丁、預㆓奉写　勅旨経事㆒、自㆓山作所㆒、請㆓夫等粮於院家㆒到。即返遣間、衛士日下部千足来相也。件人舩盗云、直有㆓打縛事㆒、共勘㆓其趣㆒不㆑聞。然此舩津者、諸百姓舩多停宿所。或流来倚、或託㆑人到。然件舩不㆑知㆓彼来由㆒。但江川渡間、乗㆑件廣国、因㆑茲所㆓縛参上㆒。仍具㆓其事由㆒、差㆓散位少初位上工廣道㆒充㆑使、請㆓処分㆒如㆑件。
天平宝字六年五月十四日案主散位従八位上下村主道主
別当造東大寺司主典正八位上安都宿祢雄足

本文書は難解であるが、その概要を示すと次の通りである。奉写勅旨経の書写作業に関わっていた仕丁私部廣国はこの時期「山作所」で駆使されていたが、「夫等粮」のために石山院へ向かったその帰路、「江川」にてありあわせの船に乗ってしまったため衛士日下部千足に船の盗人として捕らわれてしまった。そこで困惑した石山院は、散位少初位上工廣道を使に遣わして釈放を申請した、とある。松平年一氏は、この「山作所」を田上山作所とする。そうすると、舘野和己氏が指摘するようにこの「江川」は瀬田川とみられ、史料中の「此船津」は石山津と判断される(25)。

本史料をめぐっては、衛士が本来の任務の一環として警護を行ったものとみる橋本裕氏の説、臨時に配置されたのであって本府から派遣されたのではないとみる松本政春氏の説などがある(26)。衛士配備の原因として松本氏は、石山院造営のため、臨時に衛士を造東大寺司に移管したことによるのであり、「あくまで造東大寺司での造営事業の一環」であったとみている(27)。当時、近江国では多数の軍団兵士が通常任務外に動員されていたから(28)、石山津への衛士の派遣は、保良宮・石山寺造営に伴う船の増加を背景としつつ、兵士の配備不足を補う意味もあったと考えられる。よってここでの衛士の行為は、軍団兵士に重ね合わせることが可能であり、船津を巡回して検察する兵士の姿を想定できるのである。彼らの巡察は、船の盗難を防止することに主眼をおいて実施されていた。そしてそれは、(盗船を行う)不審者に目を光らせていたのであり、往来する人々は、身分・目的を証明する公文書を示し、身の潔白を証明する必要があったものと考えられる。この公文書が、検察者に提示する通行証の役割をもったのである。

関・剗の検察が交通の往来そのものを主眼とするのに対し、津における検察は官船の盗難を防ぐことを主目的としたが、その達成には行人の検察が不可欠であった。舘野氏が明らかにしたように、本貫地主義の維持という観点からは、様々な地点で行人の検察が行われ得たのであり、これに備えて多様な文書木簡が作成され、通行証の機能を果たしていた(29)。過所は通行証の中で最高の効力をもつものであり、関以外の検察拠点も当然通過できたと考えられるが、過所だけが通行証の全てではないし、唯一の形態でもない。身元と移動目的が支配機構によって保証されるのであれば、検察拠点の性格に応じて、過所以外の官文書で代替され得たと考えられるのである。

二　律令関制度における過所と「過所木簡」

1　律令関制度における過所

律令関制度のもとでは、関の通行には過所が不可欠であった。その書式は、養老公式令22過所式条において次のように規定される。

過所式
其事云云。度㆓某関㆒往㆓其国㆒。
某官位姓。三位以上。称㆑卿。資人。位姓名。年若干。若庶人称㆓本属㆒。従人。某国某郡某里人姓名年。奴名年。婢名年。其物若干。其毛牡牝馬牛若干疋頭
年　月　日　　主　典　位　姓　名
次　官　位　姓　名
右過所式、並令㆘依㆑式具録㆓二通㆒、申㆗送所司㆖。々々勘同、即依㆑式署、一通留為㆑案、一通判給。

度えるべき関の名が通行目的の後に続けて記載されており、一連の文章の中で関が取り扱われている。関名だけを別個明示する形にはなっていないことに、留意しておきたい。過所の判給は、国司・左右京職・摂津職・大宰府が行う

こととなっており（養老職員令70大国条、『令義解』関市令1条の注釈など）、不当な過所の判給は律に基づき処罰された（養老衛禁律不応度関条）。

そして過所判給の手続きは、①申請者が同一文書を二通作成して所属官司に上申し、②官司は精査した上で、これに許牒を添えて国司（京職）に提出、③国司（京職）は勘検を行って署判を加え、一通を正過所として判給する、というものであった。(30) 天平年間の伊勢国では、一日に「百姓過所二十五紙」（伊勢国計会帳）を判給していたことが確認でき、(31) また天平勝宝二年（七五〇）五月二十四日付の造東大寺司移案からは、多忙な中央官司が便宜を求めるほど、令意に則るかたちで厳格に過所判給が実施されていたことがうかがえる。(32)

右の事例は双方ともに大宝令制下の実例であるが、注意しなければならないのは、『令集解』公式令40天子神璽条の国印についての規定部分に附された古記に

古記云、注、過所符者、随レ便用二竹木一。謂和銅八年五月一日格云、自レ今以後、諸国過所、宜レ用二国印一也。

とあり、大宝令の過所にかかわるいずれかの条文に、養老令にはみえない注文「過所符者、随レ便用二竹木一」が付されていた点である。(33) そして和銅八年（霊亀元年、七一五）五月以降、過所は国印を捺すために紙に限定されたこともわかる。(34) 養老令に至って当該注は削除されたのであり、七一五年以降に木簡の過所は存在しえないことになる。

さらに過所式条そのものも、大宝令と養老令では字句が異なっていた可能性が大きい。『令集解』の公式令22過所式条穴記所引「古令」や公式令89遠方殊俗条古記によれば、年月日の下に「其職」があり、位署は京職の大夫・亮・大進・少進の位姓名であったと考えられるのである。(35)

右のような両令の相違のうち、私見では、注文に「過所符」とある点に違和感を覚える。『令集解』公式令89遠方殊俗条古記には「過所式条」とみえるから、大宝令でも過所は「過所」であって、「過所符」ではない。(36) 公式令に規

定する過所式と符式とを比較しても、その書式や、年月日・位署の位置は共通性に乏しい。

そこで令文中の「符」を通覧すると、公式令に規定する符式だけでなく、随身符のように割符の意味で使用されている事例を見出せる（養老公式令45給随身符条）。[37]

凡親王及大納言以上、并中務少輔、五衛佐以上、並給㆓随身符㆒。左二、右一。右符随㆑身。左符進㆑内。其随㆑身者、仍以㆑袋盛。若在㆑家非㆑時、別勅追喚者、勘㆑符同、然後承用。其左符勘訖、封印付㆑使。若使至無㆑符、及勘有㆓参差㆒、不㆑得㆓承用㆒。其本司自相追喚、不㆑在㆓此例㆒。

この随身符は身分証としての割符であるが、その淵源を唐制の「符」にもつ。唐代において「符」は、①割符（銅魚符・随身魚符など）、②公式令に規定する下達公文書の書式としての「符」、③祥瑞を意味する符瑞、という三種類があり、特に①の割符は、門下省の符宝郎が管理していた。[38]

「符」の右述のような用法をふまえつつ、関市令を顧みると、関市令4賣過所条に「正過所」の文言がみえることは、官庁に留められた過所の案文の存在を想起させる。くわえて平川南氏は、木簡自体の製作過程にも着目して、「過所木簡」が割符として作成されたことを指摘している。[39] 以上から「過所符」とは、その発給形態に着目した表現であるとみなすことができよう。

しかし依然として問題となるのは、なにゆえこのような発給形態を強調した注が大宝令条文に附され、かつ文書の書写媒体（「竹木」）にまで言及するのか、という点である。[40]

関を管理・運営する関司は、実質的には国司であり、[41] 過所の発給もまた国司の責務であった。そのため、関の管理と過所の発給は、律令関制度において本来的に軌を一にするものである。関における交通検察を実効性あるものとするには、過所判給の際に厳密な勘検が必要であり、国司の署判は認可の証として決定的な意味をもつ。紙・木という書記媒体の相違は記載可能な情報量に直結するが、国司の署判の有無は、媒体の相違とは次元の異なる問題である。よって律令関制度という法の枠内において、誰がオーソライズしているのかということは、過所という通行証の本質にかかわる問題と言えるのである。以上の諸点をふまえつつ、項をあらためて「過所木簡」について検討したい。

2　「過所木簡」と文書様式

「過所木簡」については、これまで佐藤信・舘野和己・平川南・小里峰加・永田英明・松原弘宣・市大樹らの各氏によって詳細な検討が行われてきた(42)。先行研究で取りあげられた五遺跡出土の八木簡をまとめると、次頁の表のようになる。このうち、殆どの研究が過所とみる木簡は、a平城宮跡出土一九二六号木簡であり（さらに、判断保留とされたものにd石神遺跡出土木簡がある）、その他の六木簡（b・c・e・f・g・h）は、位置づけは各人で異なるものの、過所ではないとする見解が多い(43)。私見もこれらの六木簡は過所ではないと考えるため、今回は紙数の関係から検討を省略し、過所とみる見解の多い、a平城宮跡出土一九二六号木簡について検討していきたい（以下、a木簡と略称）。a木簡は、平城宮下層遺構である旧下ツ道の西側溝より出土しており、かつ国郡里制下であることから、八世紀初頭の藤原京期であると推測される(44)。

・「関〻司前解　近江国蒲生郡阿伎里人大初上阿□〔伎ヵ〕勝足石許田作人」
・「同伊刀古麻呂大宅女右二人左京小治町大初上笠阿曾弥安戸人右二
　　送行乎我都　鹿毛牡馬歳七　里長尾治都留伎」

六五六×三六×一〇　〇一一型式

内容は、近江国蒲生郡阿伎里の阿伎勝足石のもとで田作に従事していた、左京小治町の笠朝臣安の戸口である伊刀古麻呂と大宅女が藤原京に帰還することを、「関〻司」に申し上げたものと解釈できる。移動の目的と、行人および馬

表「過所木簡」一覧

	出土遺跡名	内容（一部抜粋）	法量（長×幅×厚（ミリ））	型式	典拠
a	平城宮跡	・「関〻司前解近江国蒲生郡阿伎里人大初上阿□勝足石 許田作人」 ・「同伊刀古麻呂（以下省略）」	六五六×三六×一〇	〇一一	『平城宮木簡』二（一九二六号木簡）
b	平城宮跡	謹解　川口関務所　本土返罷夫人事　伊勢国 （習書は省略）	（三四九）×（六四）×八	〇一九	『平城宮木簡』一（七九号木簡）
c	平城宮跡	依私故度不破関往本土　甲斐国（以下省略）	（二六八）×三七×四	〇八一	『平城宮発掘調査出土木簡概報』六
d	石神遺跡	・「□勢岐官前□ ・「代□	（一二二）×（三〇）×六	〇八一	『飛鳥藤原宮発掘調査出土木簡概報』一七
e	伊場遺跡	・「己亥年□月十九日渕評竹田里人若倭マ連老末呂上為 ・「持物者馬□□□□人□□　史□評史川前連□	三〇五×三九×四	〇三一	浜松市教育委員会『伊場遺跡総括編（文字資料・時代別総括）』（一〇八号木簡）
f	伊場遺跡	・□□□美濃関向京於佐々□□□□□□□□□□□入」 ・×駅家　宮地駅家　山豆奈駅家　鳥取駅家」	（三二六）×三〇×一二	〇一九	浜松市教育委員会『伊場遺跡総括編（文字資料・時代別総括）』（三〇号木簡）
g	多賀城跡	安積団解　□□番□□事 畢番度玉前剗還本土安積団会津郡番度還 （以下省略）	五四〇×三七×五	〇一一	宮城県多賀城跡調査研究所『多賀城跡木簡Ⅱ』（三七〇号木簡）
h	加茂遺跡	・「往還人□丸羽咋郷長官 路□□不可召逐　」 ・「道公□乙兄羽咋□丸　『保長羽咋 『二月廿四日』　男□丸　』」	一八一×二九×四	〇一一	石川県教育委員会・財団法人石川県埋蔵文化財センター『津幡町 加茂遺跡Ⅰ』（六号木簡）

の詳細を示した、通行証の木簡であることは明らかである。近江国から山背国を経て大和国に入り、その後に検察を受ける懸念が無くなったので、出土地点で廃棄したものと判断される。

a木簡は、過所であるとする見解が多い一方で、(45) 国司ではなく里長が作成して身元の保証をしていることなどから、正規の過所であるかどうかの疑念も呈されてきた。(46) というのも、本木簡には年月日がなく、さらに文書の効力を保証する末尾の署名が、近江国司ではなく里長だからである。この疑念に対しては、過所自体の記載の不統一性の反映であるとみたり、大宝律令施行直後の木簡であることを考慮すべきであるとの見解がある。(47)

しかし、地方において過所の判給は国司に対して法的に認められた行為であり、里長にそのような権限はない。前項で述べたように、国司は中央政府の意向によって任国に関が設置されれば関司を務めるのであり、それゆえに過所を発給し得るのである。(48)

さらに、年月日が記されていないことも大きな問題である。前節で掲げた養老関市令1条には「若已得二過所一、有レ故卅日不レ去者、将二旧過所一申牒改給」とあり、過所には三〇日の期限が設けられていた。しかし対応する唐令条文の当該箇所は「若已得二過所一、有レ故不レ去者、連二旧過所一申納」と復原され、(49) 唐では過所の有効期限が設定されていなかったのである。つまり過所の有効期限は日本で独自に生み出した規定であり、為政者の関の通行に対する厳格な姿勢を如実に物語っている。よって年月日が記されていないことは、過所とみなすには甚だ不審であると言えよう。

以上から、永田氏も指摘するように、(50) a木簡が何らかの交通検察拠点で実際に使用された通行証であることは間違いないものの、正式な過所ではないと考えざるを得ないだろう。

それでは、a木簡はどのように位置づけられるのだろうか。「過所木簡」については、(51) 市大樹氏が都鄙間交通に着目して行ったように、移動の目的（発給目的）からのアプローチも有効であるが、ここでは小里氏が指摘した七世紀以前からの表現形態との混淆という観点[52]、すなわち文書様式の変化という点から考えてみたい。

a木簡は、「関と司前に解す」という「前白」木簡の形式をとる（後述するd木簡も同様）。早川庄八氏は、〝宛先の前に申す〟という「前白」の様式について、年月日も無いことから、公式令に基づく「公文書」による上申とは性質を異にするとみる。そして、「前白」の様式は本来的には人が人に対して上申する際に用いられたものであり、口頭伝達の文書化の表れであると位置づけている[53]。つまり、本木簡には七世紀以前からの口頭伝達に基づく文書様式が濃厚に残存していると言え、年月日が記されていないことは、過所式条との整合性如何ではなく、むしろこちらの文脈で理解することが可能である。

ここで考慮しなければならないのは、律令関制度の成立時期とのかかわりである。別稿で論じたように、私度・越度に対する罰則や、通行証である過所のシステムを包摂して組み上げられた律令関制度は、大宝律令の施行によって成立したと考えられる[54]。前項で述べた養老公式令22過所式条の養老令における改変は、過所式条そのものの歴史の浅さを反映していると解せよう。しかし一方で、壬申の乱の際に確認される鈴鹿関のように、セキそのものは遅くとも七世紀後半には設けられていた[55]。したがって、そのセキを通るための何らかの通行証は作成されていたはずである。つまり、本木簡の書式は、七世紀後半にセキを通過するために使用されていた文書木簡のあり方が残存したものと理解できるのではないだろうか。唐では、申請を受けてから厳格な審査がなされた後、官司が全く新たに作成した過所が判給される[56]。これに対して、日本ではあくまで行人の申請文書がベースとなっていることは、七世紀後半に既に行われた通行証のあり方が影響を及ぼしていると考えられる。そうであるが故に大宝令では、過所という新たな文書様式について、その発給形態に言及し、七世紀後半より通用していた紙以外の書記媒体も認可する注文が附されたとみなせるだろう。そして、大宝律令の施行によって過所式という関通行のための新たな書式が生まれたが、従来通用していた文書の書式はそれによって消滅したのではなく、関ではない検察拠点を通過する通行証として通用したのではないかと推測されるのである。

右の点をふまえつつ、次に木簡にみえる「関」の用法に注目したい。法制上では、関市令の対象であるセキのみが、「関」と表記されるべきである。しかし、既に永田・市両氏によって指摘されているように(57)、往来を遮り検察するセキの表記は、七世紀後半段階では一定していないと考えられる。たとえば、d奈良県高市郡石神遺跡出土木簡には、

・「□〔道カ〕勢岐官前□

・「代□

一二二×(三〇)×六　〇八一型式

とあり(58)、関・剗ではなく、セキの音をもとに「勢岐」と表記している。大宝律令の施行後、セキには関・剗の表記が当てはめられて固定化する方向に進むが、八世紀においても多様な表記が遺存したことは、文学作品ではあるものの、『万葉集』に「関」「塞」「勢伎」「世伎」等の表記が散見することからうかがい知れる(59)。a木簡が作成されたのは近江国であることからすれば、畿内およびその周辺でまず想起されるセキは三関であり、地域社会の末端行政機構では区別することなく、セキに「関」字をあてていた可能性があるだろう。「関と司」という、特定の関名ではなく複数形の表記になっていることも、関市令で規定される関に限定して本木簡を理解する必然性は薄いように感じられる。木簡にみえる「関」は、実際には剗を含み込んでいた可能性があると言えるのである。

剗の場合、別稿でh石川県津幡町加茂遺跡出土第六号木簡を事例にして論じたように、郡司以下の行政機構が発給した通行証でも通行可能であったと考えられる(60)。この点と、「関と司」という表記をあわせて考えるならば、a木簡は、剗を通行する通行証の一形態とみなせるのではないだろうか。剗は国司の裁量で設置されるため、通行証の形式

は柔軟性を持ちうるのである。

舘野氏が具体的に明らかにしたように、通行証は多様性をもつ。(61)郡符木簡を検討した平川氏は、召文としての郡符木簡は移動時の身分証となり、交通検察における通行証の役割も副次的に果たしたことを指摘している。(62)行人はセキや津に限らず、官道などの様々な地点で検察をうけたのであり、交通検察を通過するための通行証は、過所に限定されるものではなく、検察の厳格さに応じて様々な形を取り得たと言えるのである。

むすび

本稿では、律令関制度の法的構造とのかかわりから、水陸交通の要衝における検察のあり方と、「過所木簡」の性格について検討してきた。その結果、交通検察は拠点によってその重視した点が異なることや、それに応じて通行証は多様な形態を取り得たことを確認した。そして今回「過所木簡」として取りあげた木簡のうち、平城宮跡出土一九二六号木簡は過所ではなく、剗の通行に用いられたものと考えた。さらに本木簡にみえる書式は、七世紀後半における検察拠点を通行する証明書のあり方が、通行証の一形態として遺存したものであり、日本の過所式の成立にも影響を与えたのではないかと推測した。

しかし今回は、通行証の全体像を提示することはもとより、律令関制度の一構成要素である過所のシステムそのものについて、唐制との詳細な比較をふまえた検討を行うこともできなかった。これらを今後の課題とし、ひとまず擱筆したい。

注

（1）拙稿A「律令制下における関剗の機能」（『律令国家の軍事構造』同成社、二〇一六年。初発表二〇一二年）、および拙稿B「律令関制度の構造と特質」（上掲書に同じ、初発表二〇〇九年）。

（2）過所の基本的システムについては、瀧川政次郎「過所考」（『日本歴史』一一八・一一九・一二〇号、一九五八年）を参照。

（3）佐藤信「過所木簡考」（『日本古代の宮都と木簡』吉川弘文館、一九九七年。初出一九七七年）。

（4）平川南「過所木簡」（『古代地方木簡の研究』吉川弘文館、二〇〇三年）、小里峰加「過所木簡の再検討」（『日本歴史』六六九号、二〇〇四年）、永田英明「通行証」（平川南ほか編『文字と古代日本3　流通と文字』吉川弘文館、二〇〇五年）、松原弘宣「関の情報管理機能と過所」（『日本古代の交通と情報伝達』汲古書院、二〇〇九年。初発表二〇〇八年）、舘野和己「木簡から探る日本古代の交通―国境を越える交通に注目して―」（藤田勝久・松原弘宣編『東アジア出土資料と情報伝達』汲古書院、二〇一一年）、市大樹「過所木簡に関する一試論」（『日本古代都鄙間交通の研究』塙書房、二〇一七年。初発表二〇一四年）参照。

（5）拙稿前注（1）論文を参照。

（6）養老衛禁律私度関条、養老公式令22過所式条。

（7）舘野和己「関津道路における交通検察」（『日本古代の交通と社会』塙書房、一九九八年。初発表一九八四年）、一三五～一四二頁。

（8）岸俊男「元明太上天皇の崩御―八世紀における皇権の所在―」（『日本古代政治史研究』塙書房、一九六六年。初発表一九六五年）、一八二頁。

（9）摂津関・長門関と瀬戸内海交通との関係については、松原弘宣「水上交通の検察システムについて」（『古代国家と瀬戸内交通』吉川弘文館、二〇〇四年。初発表二〇〇二年）を参照。両関の詳細については、摂津関は瀧川政次郎「難波の水上の関所「津」について」（『国学院大学政経論叢』六巻三号、一九五七年）、長門関は森哲也「下関の成立」（下関市市史編修委員会編修『下関市史　原始―中世』下関市、二〇〇八年）を参照。

（10）養老衛禁律私度関条。

（11）舘野和己「律令制下の交通と人民支配」（前注（7）書に同じ、初発表一九八〇年）、永田英明「奈良時代の王権と三関―三関停廃の歴史的意義―」（今泉隆雄先生還暦記念論文集刊行会編『杜都古代史論叢』今野印刷株式会社、二〇〇八年）、前注（1）拙稿など。

(12) 拙稿前注(1)B論文の注(39)、および同A論文の一七六〜一七七頁を参照。
(13) 本官符の意義については、窪田大介「承和二年十二月三日官符の歴史的意義―鎮守府管轄地域を中心とする陸奥出羽の支配強化―」(『弘前大学國史研究』一一二号、二〇〇二年)、および永田英明「古代南奥のみちと政治」(入間田宣夫監修、菊池勇夫・斎藤善之編『講座東北の歴史 第四巻 交流と環境』清文堂出版、二〇一二年)を参照。
(14) 『続日本後紀』承和八年(八四一)八月戊午条に、「勅曰、聞、下二大宰府一駅伝官符、幷彼符言上解文、路次諸国、長門関司等、毎各開見。(下略)」とある。
(15) 養老関市令1条に対応する唐令条文の復原案については、拙稿前注(1)B論文の一四九〜一五九頁を参照。
(16) 『故唐律疏議』衛禁律27関津留難条疏文に「関、謂下判二過所一之処上。津、直度レ人、不レ判二過所一者」とある。なお、実際には様々な場所で行人の検察が行われていたことは、礪波護「唐代の過所と公験」(『隋唐佛教文物史論考』法藏館、二〇一六年。初発表一九九三年)および程喜霖『唐代過所研究』(中華書局、二〇〇〇年)の一一七〜一三一頁を参照。
(17) 唐代の水関については、拙稿「唐代における水関と関市令」(『工学院大学研究論叢』五〇―一号、二〇一二年)を参照。
(18) 『令集解』職員令58弾正台条古記によって復原される。
(19) 六国史の初見は、『続日本紀』養老四年(七二〇)正月丙子条の「遣二渡嶋津軽津司従七位上諸君鞍男等六人於靺鞨国一、観二其風俗一」である。
(20) 釈文は、『畝田西遺跡群V』(石川県教育委員会・(財)石川県埋蔵文化財センター、二〇〇六年)に拠る。平川南「古代港湾都市論―犀川河口と河北潟沿岸遺跡群出土文字資料から―」(『律令国郡里制の実像』下巻、吉川弘文館、二〇一四年。初発表二〇〇六年)二五二〜二六八頁。
(21) 松原氏前注(9)論文を参照。
(22) 本木簡の釈文は、宮城県多賀城調査研究所『多賀城跡木簡I』(宮城県多賀城跡調査研究所、二〇一一年)に拠る。なお習書については、釈文から省略した。
(23) 平川南「行方郡―南相馬地域の古代史像―」(『東北「海道」の古代史』岩波書店、二〇一二年)、一三五〜一三六頁を参照。
(24) 「石山院奉写大般若所注進文」(『大日本古文書』五巻、二三〇〜二三一頁)。なお、本文書の草稿と推測されるものが、『大日本古文書』十五巻の二〇五〜二〇六頁にみえる(「石山院奉写大般若所請仕丁文案」)。その宛所が左衛士となっていることからすれば、日下部千足は左衛士府所属の衛士であった可能性が高い。

(25) 松平年一「石山院造営中の小事件に就いて―奈良時代に於ける―」（『歴史学研究』八巻五号、一九三八年）、六三～六四頁。舘野和己「古代国家と勢多橋」（前注(7)書に同じ、初発表一九九〇年）、一一四～一一五頁。

(26) 橋本裕「衛士制の運用をめぐって」（『律令軍団制の研究　増補版』吉川弘文館、一九九〇年。初発表一九七六年）五八～五九頁。および松本政春「衛士小論―雑使をめぐって―」（『奈良時代軍事制度の研究』塙書房、二〇〇三年。初発表一九九七年）一二七～一二八頁の注(14)参照。

(27) 松本氏前注(26)論文、一二八頁。

(28) 『続日本紀』天平宝字七年（七六三）正月戊午条に、「（前略）、又役㆓使造宮㆒左右京、五畿内及近江国兵士等、宝字六年田租並免之」とある。この時期において五畿内・近江国の兵士配備が手薄となっていたことは、中尾浩康「健児制に関する再検討」（『ヒストリア』二一九号、二〇一〇年）七～一一頁も参照。

(29) 舘野氏前注(4)論文を参照。

(30) 『令集解』公式令22過所式条所引穴記、および石田実洋「正倉院文書続修第二十八巻の「過所」についての基礎的考察」（『古文書研究』五一号、二〇〇〇年）、六～七頁参照。

(31) 伊勢国計会帳の本文は、国立歴史民俗博物館編『正倉院文書拾遺』（便利堂、一九九二年）に拠る。この「百姓過所二十五紙」を一日当たりの判給数とみることは、石田氏前注(30)論文の見解に従う。本計会帳の作成年代については、鐘江宏之「伊勢国計会帳の年代について」（『日本歴史』五三七号、一九九三年）を参照。

(32) 『大日本古文書』三巻、四〇一～四〇二頁。石田氏前注(30)論文、八～九頁参照。

(33) 当該注が附されていた条文について、井上光貞ほか校注『日本思想大系3　律令』（岩波書店、一九七六年）の公式令補注22は過所式条と天子神璽条の二つの可能性を示して断定を避け、鎌田元一「日本古代の官印―八世紀の諸国印を中心として―」（『律令公民制の研究』塙書房、二〇〇一年。初発表一九九四年）は過所式条の注とする（二三九～二四〇頁）。しかし舘野氏が述べるように、不詳としておくのが穏当な判断であると考える。舘野氏前注(4)論文、二三五～二三六頁。

(34) 『続日本紀』和銅八年五月辛巳朔条にも、「（前略）、始㆑今、諸国百姓、往来過所、用㆓当国印㆒焉。（後略）」とある。

(35) 前注(33)『律令』の公式令補注22を参照。

(36) 狩野久「過所符」（『書の日本史』第一巻、平凡社、一九七五年）は、後掲の平城宮跡出土一九二六号木簡を解説するにあたり、「過所符」の語を使用している（二八〇頁）。氏は木簡の過所と、紙に書された円珍将来過所の双方を「過所符」と表記しており、過所と「過所符」の区別が判然としない。ただし氏の解説から、木簡の過所のみを「過所符」とみなすという一解釈の着想を得ることができる。これを発展させると、大宝律令制下において、「符」字が指し示す下達文書としての意味は、養老律令制下とは異なって、特定の様式に留まらない幅の広さをもっていたことになるかもしれない。

しかし右の解釈の妥当性をめぐっては、当該注がそもそもどの条文に附されていたものであったのか、令文中に同一概念（＝過所）を示す二つの用語が併存することの法的整合性など、解決しなければならない問題が多い一方で、現状ではその判断材料が不足している。よって、本稿では一解釈の可能性を提示するにとどめ、後考を期したい。

(37) 日本律令における割符については、勝浦令子「日本古代の割符「契」について」（『史学論叢』一〇号、一九八二年）を参照。

(38) 『唐六典』巻八、門下省符宝郎。唐代の符については、布目潮渢「唐代符制考―唐律研究（二）―」（『布目潮渢中国史論集』上巻、汲古書院、二〇〇三年。初発表一九六二年）を参照。

(39) 平川氏前注(4)論文参照。

(40) 周知のように、現在までに日本で竹簡の出土例はなく、公文書の書記媒体は紙と木であったと考えられる。これは、古代日本の文字文化が朝鮮半島の影響を大きく受けていることと同根であると推測される。それではなぜ竹が併記されているのかだが、松原氏は唐令に従った可能性を指摘する（前注(4)論文）。

唐令に従ったことを想定した場合、大別して二つの仮説を提示することができる。第一は、唐令の過所関係条文に、過所を「竹木」で作成することの規定が存在したとみる説。第二に、唐令のいずれかの条文に「竹木」の字句があり、日本令撰定者が必要にせまられて、「竹木」の字句のみを使用して注文を創出したとみる説である。

第一については、唐代は既に書記媒体に紙と木を併用する段階にはなく、過所の実例も全て紙であることから、想定しにくい。過去の王朝が定めた律令の規定が残存したとする見方もあろうが、現時点でそれを証することは困難である。

第二は、復旧唐雑令一一条（仁井田陞『唐令拾遺』東京大学出版会、一九六四年。初版は東方文化学院、一九三三年）に「諸公私竹木、為二暴水一漂失、（下略）」と事例を見出すことができる。本条に対応する北宋天聖雑令宋14条にも「諸竹木為二暴水一漂失有二能接得者一、（下略）」とあるから、「竹木」の字句が唐令に存在したことは確実視してよい（天聖令の本文は、天一閣博物館・

中国社会科学院歴史研究所天聖令整理課題組校証『天一閣蔵明鈔本天聖令校証　附　唐令復原研究』下冊（中華書局、二〇〇六年）に拠る）。よって、過所とはかかわりのない唐令条文から、字句を適宜利用したと考えることに障害はない。しかしここで大きな問題となるのは、復旧唐雑令一一条に対応する養老雑令11公私材木条は「凡公私材木、為₂暴水₁漂失、（下略）」とあり、唐令の「竹木」を「材木」に改変している点である（紅葉山文庫本『令義解』裏書の本条古記逸文より、「材木」の字句は大宝令でも同一である）。つまり、雑令11条で故意に竹を排除していることからすれば、当該注で「竹木」を書記媒体として挙げたのも、当然のことながら大宝令撰定者の何らかの意図を反映していると考えられる。

古代の竹の使用については、長屋王家木簡を切り口に検討した畑中彩子氏によれば、縄文時代の作例が現存する籠をはじめ、箸や筆、笛、各種工芸品の材料として利用されていた。とりわけ、写経所における経巻作成で竹帙や発装などとして竹が用いられていたことには注目される（畑中彩子「長屋王邸の「竹」―タケ進上木簡から考える古代のタケの用途―」『古代文化』六五巻四号、二〇一四年）。ただ、これらに墨書が施された可能性は否定できないものの、竹が書記媒体として公文書に利用されたかどうかは別問題であろう。この課題を解決するには、東アジアにおける書記媒体としての竹の利用や、古代日本における竹と文字表記の関係について考察する必要がある。しかし現時点では断案が無く、後考を期したい。

(41) 関司については、拙稿前注(1)A論文の一八二～一八六頁を参照。
(42) 佐藤氏前注(3)論文、舘野氏前注(4)(7)(11)論文、前注(4)で掲げた平川・小里・永田・松原・市各氏の論文を参照。
(43) 個別の解釈については、特に舘野氏前注(4)論文の二三五～二四四頁、市氏前注(4)論文の三八三～三八八頁を参照。
(44) 木簡の釈文は、奈良国立文化財研究所『平城宮木簡　二』（一九七五年）に拠る。
(45) 律令に定める過所とみなすのは、佐藤・舘野・平川・小里・松原らの各氏である。なお、市氏は後述のように別個の理解を示している。
(46) 永田氏前注(4)論文、一四八頁。
(47) 前者は佐藤氏前注(3)論文、後者は小里氏前注(4)論文を参照。
(48) 附言すると、律令関制度自体が京師防衛を主眼として構築されている以上、京職は当然のことながら過所を発給し得るのであり、大宰府は西海道諸国を統括することから、同様に問題無いと考える。
(49) 拙稿前注(1)B論文の一五二～一五四頁を参照。

(50) 永田氏前注(4)論文、一四八～一四九頁。
(51) 市氏前注(4)論文、三八三～三九二頁。市氏は「過所木簡」を、①本貫地（本務地）への帰還、②本国内での移動、③隣国への往来、のために発給された簡易型の通行証（過所の代用文書）であるとみている。
(52) 小里氏前注(4)論文、七～八頁。
(53) 早川庄八「公式様文書と文書木簡」（『日本古代の文書と典籍』吉川弘文館、一九九七年。初発表一九八五年）、六六～七八頁。いわゆる前白木簡については、さらに東野治之「木簡に現れた「某の前に申す」という形式の文書について」（『日本古代木簡の研究』塙書房、一九八三年。初発表一九八一年）、市大樹「黎明期の日本古代木簡」（『国立歴史民俗博物館研究報告』一九四集、二〇一五年）九〇～九三頁を参照。
(54) 拙稿「日唐関市令の成立と特質―関にかかわる法規を中心として―」（『金沢大学歴史言語文化学系論集　史学・考古学篇』一〇号、二〇一八年）参照。
(55) 『日本書紀』天武天皇元年（六七二）六月甲申条。
(56) 唐代の過所については、杉井一臣「唐代の過所発給について」（布目潮渢博士記念論集刊行会編集委員会編『東アジアの法と社会』汲古書院、一九九〇年）、礪波氏前注(16)論文、荒川正晴「唐の通過公証制度と公・私用交通」（『ユーラシアの交通・交易と唐帝国』名古屋大学出版会、二〇一〇年）を参照。
(57) 永田氏前注(11)論文、七～八頁。市大樹「日本古代関制の特質と展開」（前注(4)著書に同じ、初発表二〇一五年）、三二九頁。
(58) 釈文は、『木簡研究』二六号（木簡学会、二〇〇四年）、二一頁に拠る。
(59) 「関」は五四五番・一〇三六番・三九七八番、「塞」は四六八番・一〇七七番、「勢伎」は四〇八五番、「世伎」は三七三四番・三七五四番・四三七二番の和歌にみえる。『万葉集』所収和歌の番号は、新日本古典文学全集『万葉集』一～四（小学館、一九七一～一九七五年）に拠る。
(60) 拙稿前注(1)A論文の一八一頁を参照。
(61) 舘野氏前注(4)論文を参照。
(62) 平川南「郡符木簡」（前注(4)著書に同じ、初発表一九九五年）参照。

〔付記〕　舘野和己「日本古代の関制度の再検討―剗を中心に―」（鷹取祐司編『古代中世東アジアの関所と交通制度』汲古書院、二〇一七年）において、関と剗の性格を区別する旧稿に対して批判を頂いた。現時点で旧稿の趣旨を改める必要はないと考えているが、執筆後に批判に接したことから、機会を改めてお答えしたい。

大宝建元とその背景

鐘江宏之

はじめに

日本における元号使用の開始については、すでにいくつもの先行研究がある。七世紀代の元号の実在性についても、たびたび検討がなされており、実在したとすればどのような意義があるかといった点にも言及がなされている(1)。七世紀代の元号の研究上の扱われ方についてみると、それらの存在を否定する説、存在は否定しないが使用の範囲は狭いと考える説、存在を肯定する説、といったように、大きく三つに立場が分かれる。

しかし、木簡などの日常的な筆記の窺われる史料が増加した現在では、七世紀代において元号を使用したかどうかという点については、筆者は七世紀代の元号はいずれも否定的に考えざるを得ないだろうと理解している。その立場からは、八世紀初頭の最初の元号である「大宝」こそが、日本における最初の元号と位置づけることができる。本稿では、こうした立場から、「大宝」という元号を創出したことの意義とその背景について、前後の時代の中においてあらためて考えてみたい。

一　日本で最初の元号としての「大宝」

すでに、先行研究でも扱われているが、元号の成立に関しては、「大宝」元号を創出した段階において初めて使用されたものと考えるべきであろう。(2)『日本書紀』には、七世紀代の元号として、孝徳天皇代の「大化」「白雉」、天武天皇代の「朱鳥」が記されているが、確実な当時の遺物において、これらの元号を使った年紀の実例はない。ことに、難波宮跡で見つかった次の木簡は、きわめて大きな意義を持っている。

①難波宮跡出土木簡第一一号(3)

・「□」「稲稲」戊申年□□□
□□□□□〔連カ〕

・「□
文□乃□
佐□□十六□」

この木簡に記された「戊申年」は、『日本書紀』での大化四年（六四八）に相当し、孝徳天皇の宮が所在した難波の地においてすら、「大化」の元号を使用していないことが示されたのである。このように、「大化」の元号については、非実在もしくは非使用ということが想定される。(4)

孝徳天皇時代の「大化」や「白雉」の元号については、基本的に『日本書紀』以外では使われていないと言える。『常陸国風土記』では、大化・白雉年間の事蹟を、「大化」「白雉」の元号を使わずに干支によって年を記している。(5)その一方で、八世紀になってからの事蹟は、たとえば七〇四年のことを「慶雲元年」としている。(6)このことからすると、『常陸国風土記』の編纂に関する方針としては元号は使っているのであり、七世紀当時のことを大化や白雉の元号を使って記した記録が常陸国内にはなかった可能性がある。さらに進めて言えば、大化や白雉の元号は常陸国では使われていなかったと考えてよいのではないだろうか。このことは、常陸国内のような地方社会に限られた問題ではなく、中央でも使われていなかった可能性をも示すものである。天武天皇時代末年の「朱鳥」に関しても、この元号は『日本書紀』以外では使われておらず、七月二十日の改元とされてこの年のみにしか使われていない。出土した木簡にはこの年のこれ以降の日付であることが明らかなものはなく、(7)七月二十日以降の実際の使用は不明である。また、『伊予国風土記』逸文に知られる「法興」や、白雉・朱鳥の別称とみられる「白鳳」「朱雀」についても、これらが一般的に普及していたとみなすことはできない。(8)

こうした状況を踏まえるならば、七世紀の日本においては、元号は使われていなかった蓋然性が高いと考えるべきだろう。こうした見方に対して、「大化」「白雉」「朱鳥」はそれぞれの年代に成立しており、口誦が強く意味を持つ場でのみ使われたとする見解もある。(9)しかし、もしこれらの元号がその当時に創り出されたものであったとしても、文字による記録に使われていないのであれば、後述するようにすでに大王の在世や干支で紀年を行うことが長く定着している中では、世に通用するものとして普及していたとは評価し難いだろう。

そうした点で、八世紀初頭に「大宝」の元号が定められて以降に、年紀のあり方が極端に切り替わったことの意義は大きい。全国での出土木簡による事例の増加によって、大宝元年（七〇一）以降には、元号の存在を前提とした年紀に、ほぼ切り替えられていることが明らかとなってきた。西暦七〇〇年に相当する年までは、藤原宮跡出土の荷札木簡では、例外なく干支による年紀であるが、大宝元年（七〇一）以後、元号を使った年紀は急速に普及していく。この切り替わり方は、短期間に徹底された、ないしは周到に準備されたかのような印象を与える。こうした状況の中で、数は少ないが、干支と「大宝」元号の併用の事例もある。

②元岡桑原遺跡出土木簡第八号(10)

・太宝元年辛丑十二月廿二日
白□□□〔米二石カ〕□鮑廿四連代税
官川内□〔歳カ〕六黒毛馬胸白
・「六人部川内」

この木簡では、元号による「大宝元年」という表記と干支による「辛丑」が併記されており、あるいは過渡期であったための表記ともとれる。しかし、元号の導入時に併用が一部あったとしても、それは短期間に解消されたとみてよいだろう。この後、全国的に元号使用は定着していく。七〇一年における、干支年紀から元号使用への切り替えは、よく徹底されていると評価することができる。

また、「大宝」が実際に使われた最初の元号であったことの傍証として、次のような木簡の事例もある。

③藤原宮木簡第三号(11)

下毛野国足利郡波自可里鮎大贄一古参年十月廿二日

④藤原宮木簡第六五五号(12)

・尾治国知多郡贄代里
・丸部刀良三斗三年九月廿日

これらの二例について、『藤原宮木簡』の解説では、「郡名を記しているから大宝令施行以後であること、また参年とのみ記して年号を記していないのは、それだけで年紀が明確にわかることの二点から、最初の年号である大宝年間のもので大宝三年である可能性が強い」という見解を示しており、[13]筆者も同感である。藤原宮が使われた時代の元号「大宝」「慶雲」「和銅」はいずれも三年以上の期間使われているが、元号の二文字を略して「参年」「三年」とのみ記した例は少ない。これらの例に見える書き方はあくまで元号を略して書かれたものであり、実際に略して通じたのは、三つのうちの最初の元号である「大宝」三年の場合のみであると考えるべきだろう。

以上のように、「大宝」元号は、制定と同時に全国で一斉に使用が開始され、元号使用を前提とした年の数え方が始まったのである。全国的にそれまでの年紀とはがらりと変わったことからすれば、『日本書紀』における「大化」「白雉」「朱鳥」をいかに解釈したとしても、事実上は「大宝」によって元号表記が世に始まったことは動かしがたいというのが、筆者の立場である。

二　大宝建元の事情と背景

「大宝」元号の使用開始については、『続日本紀』大宝元年（七〇一）三月甲午条に次のように見える。

　甲午、対馬島貢㆑金。建㆑元為㆓大宝元年㆒。始依㆓新令㆒改㆓制官名・位号㆒。（後略）

後略した部分には、同日に実施された冠位制から位階制への切り替え、新たな令制での位階ごとの服色と服制、これまでの冠位で直冠以上の議政官への位階授与、議政官の任官、旧制中納言職の停止といった内容の記事が続く。「大宝」建元とともに、初めて大宝令に準拠して官僚制における身分表象を切り替え、政治の中心となる議政官の任官を行ったのであった。すべての政務が大宝令を基準としたものに切り替えられるのは、この後の六月八日のことであるが、[14]それに先行して、官僚制身分秩序と政治の中心となる議政官組織とを、新たな体制に切り替えたのであった。

この記事では、対馬島からの金の献上によって、大宝という元号を建てることとなったという論理で記述がなされ、さらに、新たに制定した大宝令によって官職名と位階の体系が改正されたというように展開する。対馬島からの日本で初めての産金という祥瑞によって、それにちなんだ「大宝」という元号が制定されたという論理である。しかしながら、後述するように、対馬からの産金は虚偽であったことが後に発覚し、「大宝」という元号の根拠となった祥瑞そのものは、事実でなくなってしまう。それでも、「大宝」という元号の使用じたいは消されることなく残っていった。

大宝建元は、表面上は祥瑞による建元ということができるだろう。大宝以後も、慶雲・和銅・霊亀・養老・神亀というように、祥瑞による改元が続いていくのであり、八世紀初頭のこの時期は祥瑞を根拠に元号を定めているということはできる。(15) その一方で、この建元時点での政治上の動きとして、祥瑞としての産金をきっかけとして新令による制度上の切り替えが可能なのかと言えば、それは不審としなければならないだろう。新令がすでにできあがっていなければ、同日に合わせて施行することなどできるはずもなく、実態としては、大宝令の完成を踏まえて、その部分的施行開始に合わせて建元も行ったと理解するべきである。すなわち、建元あっての新令施行なのではなく、新令施行あっての建元だったとみるべきだろう。

大宝律令の編纂は文武天皇即位のころから始められたと考えられるが、(16) 律令完成時点での建元を見込んでの準備も、大宝律令編纂からそう遅れずに始められたのではないだろうか。対馬での産金報告に至るまでの過程も、文武天皇即位ごろから模索された可能性があるだろう。

対馬では、天武天皇三年（六七四）に銀が産出された。『日本書紀』天武天皇三年三月丙辰条には次のようにある。

　丙辰、対馬国司守忍海造大国言、銀始出㆓于当国㆒。即貢上。由㆑是大国授㆓小錦下位㆒。凡銀有㆓倭国㆒、初出㆓于此時㆒。

　故悉奉二諸神祇一。亦周賜二小錦以上大夫等一。

日本列島の中で、対馬から初めて銀が産出されたことの報告である。当時は銀の地金が貨幣的な役割を果たしていたとも考えられており、(17)国家として非常に価値の高い発見であった。

この後、対馬では産金も模索されたことが知られている。『続日本紀』文武二年（六九八）十二月辛夘条には「令三対馬嶋冶二金鉱一。」と見えており、銀の産出された対馬で金鉱石の精錬が模索されたことが知られる。これは大宝元年に産金報告がなされる二年ほど前であり、おそらく律令編纂の真っ最中のことであろう。大宝律令の編纂と、対馬での産金模索が並行して進められていたことがわかる。

大宝元年三月に産金が報告されて大宝建元が行われ、六月に大宝令が全面施行された後の同年八月に、対馬の産金に対する褒賞が行われた。『続日本紀』には次のように見える。(18)

　丁未。先レ是、遣二大倭国忍海郡人三田首五瀬於対馬嶋一、冶二成黄金一。至レ是、詔授二五瀬正六位上一、賜二封五十戸、田十町、幷絁・綿・布・鍬一。仍免二雑戸之名一。対馬嶋司及郡司主典已上進二位一階一。其出レ金郡司者二階。獲レ金人家部宮道授二正八位上一。幷賜二絁・綿・布・鍬一。復二其戸終身、百姓三年一。又贈右大臣大伴宿禰御行首遣二五瀬一冶レ金。因賜二大臣子封百戸、田卅町一。注、年代暦曰、於レ後五瀬之詐欺発露。知下贈右大臣為二五瀬一所上レ誤也。

冶金技術者の三田五瀬を対馬に派遣したのが、大伴御行だったことがわかる。

大伴御行は、当時の議政官のうちの一人であり、文武天皇の時代にあっては、多治比島、阿倍御主人に次ぐ、第三番目の地位を占め、亡くなった際には大納言であった。壬申の乱における功臣とされた御行は、(19)すでに高齢に達していたであろう。議政官の中における地位から見れば、大宝律令編纂を実質的に主導したと考えられる藤原不比等は、御行の下の大神高市麻呂や石上麻呂のさらにその次にあたる。草壁皇子や文武天皇と私的に深いつながりを持った不比等が持統天皇の代に顕著に台頭してきた中で、次代の文武天皇の治世においては、御行は大納言の地位にあり、議政官の重鎮の一人として文武天皇の治世を安定に導くべき立場にあった。しかし、御行は、対馬からの産金の報告を聞く直前の大宝元年（文武天皇五年）正月十五日に亡くなった。当日、不比等らが派遣されて文武天皇からの詔が伝えられ、右大臣を贈官することとなった。[20]

さて、先に掲げた『続日本紀』の記事の末尾には、『年代暦』を引用して後日談が語られている。ここでは、後に、三田五瀬が詐欺をはたらいていたことが発覚したと伝えられている。対馬から献上されたものは、対馬産の金ではなかったということだろう。大伴御行は五瀬に謀られ誤りを犯したというのである。しかし、御行は本当に欺かれたのであろうか。

大宝建元は、建元あっての大宝令施行なのではなく、大宝令施行あっての建元なのだということを先に指摘した。律令編纂の目途がついた段階で、それまでにはなかった元号を創り出して使用することにし、そのきっかけになることを国家は希求していた。祥瑞としての金の国内初の産出は、それにふさわしいものになるはずであり、対馬での冶金が試みられていることからみて、遅くとも文武天皇二年にはすでにその試みはなされている。このように考えれば、建元を目標とした産金の模索は、大宝律令の編纂・施行に連なる一環としての国家事業でもあったはずである。

大伴御行は一連の国家事業の中で、産金についての事業を担当することになったのであろう。それは大宝令編纂完了の時点で、大宝建元を導くための重要な役割であった。対馬の産金は、偶発的な祥瑞発見などではなく、周到に準備された演出なのではないだろうか。しかし、準備段階における対馬での冶金作業では、実際に金を産出することはできなかったのであった。ここに進退極まった五瀬が偽物の金を報告したというのが従来の見方であろうが、果たしてそれは五瀬の個人的な詐欺なのであろうか。むしろ、大宝建元は規定の路線として用意されているのであり、産金が間に合わなければ、意図的に産金を捏造することが技術者のみでなく中央の貴族も介在して行われた可能性が高いのではないだろうか。このように考えたときに、贈右大臣の大伴御行が欺かれたとする『年代暦』の記述を、簡単に信用するわけにはいかないだろう。御行自身は欺かれたのではなく、むしろ捏造して演出を用意した側にいた可能性がある。

三　大宝建元の意図と歴史的意義

大宝建元は、元号という新しい概念を日本の社会に取り入れたことであり、その取り入れは大宝令の制定と同時並行で進められ、ほぼ同時に成し遂げられた当時の大きな改革の一環であると言ってよい。では、この建元は、どのような点で画期的であると言えるだろうか。先学の研究にすでに触れられている部分もあり、屋上屋を架すことになる点もあるが、敢えて全体を見通して述べてみることにしたい。

七世紀までの個々の年の表記に干支が使われたことは先に述べたが、これに加えてそれらの年紀の位置にも八世紀と異なる特徴のあったことが指摘されている。岸俊男氏の指摘によれば、七世紀までの干支による年紀では、多くの場合、文章等の冒頭に年紀が記されており、これが大宝以降になると文末に年紀を配するように転換していくのである(21)。年紀の位置は、七世紀には同時期の朝鮮半島と共通しており、より古い時期の中国での方式であったが、大宝建元以降には、中国で五世紀末の北魏のころから変化して見られるようになった新しい方式へと転換したというのである。

この転換は、近年出土した木簡においてもあてはまっており、岸氏の論旨を支える史料はさらに増えている。この時代における建元の意義を考えていくためには、元号の使用開始をそれのみで評価するのではなく、同時に年紀の位置を変えるようになったことと合わせて考える必要があるだろう。これは、すなわち、朝鮮半島から学んだ書き方を、当時の唐の書き方に切り替えたことになる。元号の導入も同じように、当時の唐のやり方に切り替えたこととして評価できる。

一方で、それ以前の時代からなされてきた年紀の表記のあり方は、元号導入後にどうなったであろうか。時代を表す方法として、天皇（大王）の代による時代区分や干支による年紀が古くからなされてきた。江田船山古墳出土大刀銘に見える「治天下獲□□□鹵大王世」に始まる記載方式は前者であり[22]、稲荷山古墳出土鉄剣銘に見える「辛亥年七月中記」に始まる記載方式は後者である[23]。双方の銘文にはいずれも、「ワカタケル」という大王名が銘文中に見え、四七一年が有力視される「辛亥年」の前後、五世紀後半ごろに想定される雄略天皇の時代からこの二つの方法があったことが知られる。

これらの二つの表記方法は、それぞれ並行して活用されてきた。七世紀の木簡などでは干支による表記が多々見られるが、天皇（大王）の代による時代表記も、『常陸国風土記』などを見る限り、並行して活用されていたとみるのがよいだろう。そして、これらの表記のあり方は大宝建元の後も使われている。天皇の代によって時代を区切ることは、史書においてはその後も続けられた。六国史では『続日本紀』以降も巻の編成は天皇の代を大区分としている。また、他の書物でも、年代を表す方法として、どの天皇の時代であったかを語ることが行われる場合がある。『日本霊異記』には、某天皇の時代にといった場面設定がたびたびなされている[24]。

大宝建元以後には、干支年紀も無くなったわけではなかった。大宝二年（七〇二）にあたるとみられる年を干支で記している事例がある。

⑤滋賀県野洲市西河原宮ノ内遺跡第三号木簡(25)（壬寅年＝大宝二年＝七〇二）

・壬寅年正月廿五日　三寸造広山「□□」
　　　　　　　　　　勝鹿首大国「□□」〔八十カ〕

また次の例も干支表記である。

⑥平城宮木簡一一二八五号(26)（癸卯年＝大宝三年＝七〇三、丁未年＝慶雲四年＝七〇七）

癸卯年太宝三年正月宮内省□〔入カ〕四年□□

年慶雲三年丁未年慶雲肆年孝服

⑦静岡県浜松市鳥居松遺跡出土木簡(27)（己酉年＝和銅二年＝七〇九）

己酉年□□□相知川□〔前カ〕

などのような例があり、元号使用の開始によって干支表記が否定されたのではない。元号の導入は、その使用に意義があってのことであり、それ以前の方式と取り替えるためのものではなかったとみるべきだろう。すなわち、建元以前の方法を否定し禁止してはいないのである。干支による年紀を全面的に禁止したわけではなく、公的表記として元号を使うことを求めたということだろう(28)。

大宝建元が目指された時代（おそらく文武天皇の時代）、その範となるものを他国に求めるとすれば、外交関係のあったのは、新羅と唐である。ただし、唐との間の直接の往来は、六六三年の百済救援戦争での倭の敗戦後に戦後処理の交渉が持たれて以降はほとんどなかった。逆に、天武天皇の時代には新羅との間には頻繁な往来があって、学問僧を留学させるなどしており、多くの情報を新羅から得ていたことは想像に難くない。

しかしながら、こと建元の問題に限って言えば、当時は新羅でも独自の元号を使ってはおらず、また過去の新羅のものに倣ったわけでもないだろう。元号を使うということは、当時の世界においては唐以外に倣うべき手本はない。建元と同時に文書の中での年紀の配置も変わっていることとも合わせて考えるならば、それまでとどう変えたのかという点については、「唐的なものを導入した」としか言いようがない。

では、唐的なものの導入として日本が元号を独自に定めて使うようになることは、当時の東アジア世界の中でどのような意義を持っているだろうか。そのことと関連するだろう記述が、『旧唐書』に見られる。

（前略）開元初、又遣使来朝。因請二儒士授一レ経。詔二四門助教趙玄黙一、就二鴻臚寺一教之。乃遺二玄黙闊幅布一、以為二束修之礼一。題云、白亀元年調布。人亦疑二其偽一。所レ得錫賚、尽市二文籍一、泛レ海而還。(29)（後略）

この話は、『旧唐書』にあるこの前後の記事内容の叙述の順からみて、年代的には霊亀三年（七一七）に派遣された遣唐使が該当するので、ここに登場する調布に書かれた文字も、「白亀元年」ではなく正しくは「霊亀元年」であったと考えられる。趙玄黙に束修の礼として渡された布を見て、唐の人々が「疑二其偽一」という思いを持ったということが、注目される。唐帝国に朝貢にやって来る諸国は、唐の配下にあり、唐と同じ時間を共有する。すなわち、暦も唐のものを使い、元号も唐のものを使うのが当たり前と考えられたはずである。先の『旧唐書』の話は、玄宗の開元五〜六年（七一七〜七一八）ごろの話かと推測されるが、唐の人々にとって、唐の元号以外の元号らしき文言が書かれた物を目にするのは初めてであり、ましてや唐から見て辺境の後進国にあたる日本で、そのような独自の元号を定めて使っているなどとは夢にも思わなかったのであろう。(30)

東アジアで唐や新羅との往来が続けば、唐を中心にした「東アジアの常識」と日本の独自元号とのこうした矛盾が当然起こることになるが、日本はそのことはわかっていて元号の使用に踏み切ったのであろう。七世紀末には遣唐使は派遣されなかったが、新羅と日本との間での遣使往来は盛んであったことから、同時代に新羅が独自元号を使っていないことは理解していたはずである。また、那須国造碑文に「永昌元年」（＝六八九）という唐元号が見えることからは、新羅人の影響で唐の元号の知識が入ってきてもいる。(31)新羅を通して、元号を定めているのが東アジアにおいては唐が唯一であり、そのことの意味も知り得る立場に当時の議政官たちはいたはずである。

従来ならば干支年紀のままか、あるいは唐の元号に随うかという選択肢しか考えられなかった時代に、独自の元号を定めるということに踏み切ったことの意義は大きい。それは元号の上では唐帝国に並ぼうとすることになり、また当時は独自元号を使っていない新羅の上に立とうとすることにもなる。当時の政権の意図をこのあたりに看取すべきではないだろうか。(32)そして、この意図は、七世紀を通して一貫したものだったのではなく、この時期の転換によって考えられるようになったとみることができるだろう。天武天皇の時期には、新羅との相互の関係は密接であり新羅を通して多くの文物が入ってきたが、持統天皇の時期になって藤原不比等が台頭し路線に大きく影響を与えることになった時期には、新羅を範とする体制から転換して唐を範とし、唐と同様の秩序を日本が独自に創り出すという体制を目指すことになったと考えられる。(33)大宝建元もこうした路線の転換によって行われることとなったとみるべきであろう。

藤原不比等と大伴御行の関係は、史料が少ないこともあってあまりよくわかっていない。不比等と御行は対立関係にあったのではなく、ともにその方向性を一にして、七〇一年に達成されるべきものを分担して推進したのではないだろうか。しかし、大宝令施行を目前にして御行は帰らぬ人となった。御行によって派遣されたという三田五瀬は対馬での産金が実現できないまま、求められた時期に産金報告をせざるを得なかった。後の八世紀半ばに大仏の鍍金が目指された際に、陸奥国小田郡で見つかった金を日本初の産金として扱っていることから、(34)八世紀初頭の対馬からの産金は実現できなかったことは当時の人々も認めた事実であろう。御行がもし健在であったなら他に何らかの方策を考え得たのかどうかはわからないが、結果的に虚偽報告せざるを得なかった五瀬がその後に処罰されたかどうかも不明なままである。五瀬が詐欺をはたらいたことは『続日本紀』本体には書かれておらず、割注に引かれた『年代暦』が記すのみである。この割注もどの段階で加えられたのかは判然としない。この後の改元では、それぞれのきっかけとなる祥瑞には限りなく偽造の疑われるものも含まれるのであり、大宝建元も偽りの産金のまましばらく押し通され、五瀬の詐欺はそのために露見が遅れたとも考えられる。

御行が亡くなった際には、不比等は文武天皇の詔を宣する使者として御行の邸宅に派遣された。(35)このことから推測するのはいささか飛躍ではあろうが、おそらく大宝律令編纂と並行して大宝建元の準備が進み、当時の国家事業推進役の両輪として二人が活躍していたのではないだろうか。

おわりに

大宝建元という野心的な施策は、外交の上での影響を考えればかなり大きな転換であり、政府内部での対立があっては実現できないだろう。この時期は、藤原不比等主導というにはまだ議政官の中で不比等より上位の者が多く、不比等政権と呼ぶにはまだ早い時期かもしれない。しかし、おそらく大宝律令制定にあたって不比等が目指したであろう中国的諸制度への本格的転換という路線に、他の議政官たちも理解を示して全体がそのように動いていたと考えざるを得ない。多治比島にしろ、阿倍御主人にしろ、大伴御行にしろ、石上麻呂にしろ、また刑部親王にしろ、不比等の目指すこの路線を妨害して対立するといったことはまったく知られていない。むしろ、大宝律令の施行とその教習、編纂功績者への褒賞といったことは、文武天皇の時代に順調に進行したように窺われる。大宝建元も、こうした安定した政治体制の下で成し遂げられたのである。

本稿は大宝建元をめぐる話題に終始したが、大宝律令の施行とともにそれらの周辺について考えるべき課題はまだ多い。今後の考察を期してひとまず擱筆することにしたい。

注

(1) 主要なものを挙げるだけでも、次のような論考がある。伴信友「年号の論」(『長等の山風』附録二(『伴信友全集』四(一九〇七年四月、国書刊行会)所収))、佐藤誠實「白鳳・朱雀幷法興元考」(『史学雑誌』一一―一一、一九〇〇年一一月、のち『佐藤誠實博士律令格式論集』(一九九一年九月、汲古書院)所収)、坂本太郎「白鳳朱雀年号考」(『史学雑誌』三九―五、一九二八年五月、のち坂本『日本古代史の基礎的研究』下(一九六四年一〇月、東京大学出版会)所収)、前川明久「日本古代年号使用の史的意義」(『日本歴史』二四二、一九六八年七月)、佐藤宗諄「年号制成立に関する覚書」(『日本史研究』一〇〇、一九六八年九月)、田中卓「年号の成立」(『神道史研究』二五―五・六、一九七七年一一月、のち『田中卓著作集　六　律令制の諸問題』(一九八六年四月、国書刊行会)所収)、所功「大宝以前の年号」(彌永貞三先生還暦記念会編『日本古代の社会と経済』上、一九七八年五月、吉川弘文館、のち所『年号の歴史』(一九八八年三月、雄山閣出版)所収)、佐藤宗諄「紀年木簡と年号」(『東アジアの古代文化』一〇三、二〇〇〇年四月)、新川登亀男「「大化」「白雉」「朱鳥」年号の成り立ち」(新川登亀男・早川万年編『史料としての『日本書紀』』、二〇一一年一〇月、勉誠出版)、河内春人「年号制の成立と古代天皇制」(『駿台史学』一五六、二〇一六年二月)など。

(2) 佐藤宗諄「紀年木簡と年号」(注(1)前掲)。

(3) 難波宮跡出土木簡、(財)大阪府文化財調査研究センター編『大坂城址』Ⅱ(二〇〇二年三月)、第一一号木簡。

(4) 『日本書紀』以外に「大化」と記された可能性のあるものとして、宇治橋断碑が挙げられる。その銘文は全文が『帝王編年紀』大化二年(六四六)の記事に知られ、その中に「大化二年」と書かれた一節がある。江戸時代の寛政年間に発見され現存する石碑上部の断片にはこの一節の箇所は含まれず、現在の石碑の「大化二年」の箇所は『帝王編年記』の記述をもとに後補された石の部分である。当初の碑そのものがいつごろ作成されたのかということについては、藪田嘉一郎「宇治橋断碑」(藪田『日本上代金石叢考』、一九四九年一〇月、河原書店)が、延暦十六年(七九七)ごろの作成とする見解を示している。一方で、国立歴史民俗博物館編『古代の碑』（一九九七年九月、同館）では、碑の作成に用いられた尺度が前期難波宮造営の尺度に近いという見解を示している。筆者は、基本的には『日本書紀』の知識によって八世紀以降に作成されたものではないかと考えているが、尺度の点でも再検証の必要性を感じる。この点は今後の課題である。

（5）次のような事例がある。「癸丑年」（＝白雉四年、行方郡条）、「己酉年」（＝大化五年）、香島郡条）、「癸丑年」（＝白雉四年、多珂郡条）、「癸丑年」（＝白雉四年、『釈日本紀』巻十、『常陸国風土記』信太郡条逸文）。

（6）『常陸国風土記』香島郡条。

（7）次の事例を挙げることができる。

・丙戌年□月十一日□
・大市部五十戸□《（人カ）》□

（『飛鳥藤原宮跡発掘調査出土木簡概報』一八―一六二号木簡）

このほかにも、釈文は確定していないものの、「丙戌年」と書かれた可能性のあることが考えられているものが二点ほど知られるが、年の後の記載は二月や六月で、いずれも朱鳥改元として『日本書紀』が記す七月二十日より前である。

（8）所功前掲注（1）論文。なお「法興」は法隆寺金堂釈迦三尊像光背の銘文にも「法興元卅一年歳次辛巳十二月（後略）」として見えるが、これを世に広く行われた元号として評価することは、所功氏の説く通り、無理であろう。

（9）河内春人前掲注（1）論文。

（10）福岡市教育委員会『元岡・桑原遺跡群』一四（二〇〇九年三月）、第二〇次調査、第八号木簡。

（11）奈良国立文化財研究所『藤原宮木簡』一（一九七八年一月）、第三号木簡。

（12）奈良国立文化財研究所『藤原宮木簡』二（一九八一年六月）、第六五五号木簡。

（13）奈良国立文化財研究所『藤原宮木簡』一（一九七八年一月）、解説四七頁、第三号木簡についての説明。

（14）『続日本紀』大宝元年（七〇一）六月己酉条。

（15）河内春人前掲注（1）論文。

（16）長谷山彰「律令の編纂」（山中裕・森田悌編『論争日本古代史』（一九九一年一月、河出書房新社）、のち長谷山『律令外古代法の研究』（一九九〇年四月、慶應通信）所収）。

(17) 彌永貞三「奈良時代の銀と銀銭について」(伊東多三郎編『国民生活史研究 2 生活と社会経済』、一九五九年年一一月、吉川弘文館、のち彌永『日本古代社会経済史研究』(一九八〇年一二月、岩波書店)所収)。

(18) 『続日本紀』大宝元年(七〇一)八月丁未条。

(19) 『続日本紀』大宝元年(七〇一)七月壬辰条。

(20) 『続日本紀』大宝元年(七〇一)正月己丑条。

(21) 岸俊男「木簡と大宝令」(『木簡研究』二、一九八〇年一一月、のち岸『日本古代文物の研究』(一九八八年一月、塙書房)所収)。

(22) 東京国立博物館編『江田船山古墳出土 国宝銀象嵌銘大刀』(一九九三年八月、吉川弘文館)。

(23) 埼玉県教育委員会『埼玉稲荷山古墳 辛亥銘鉄剣修理報告書』(一九八二年三月、同教育委員会)。

(24) 例えば、『日本霊異記』下巻―第三〇縁では「白壁天皇の世の宝亀十年己未に」と書かれ、このように年が元号と干支と天皇の代の三つの要素すべてで明記されることもあれば、下巻―第三五縁では具体的な年が明記されず「白壁天皇の世に」というように天皇の代のみで記している場合もある。

(25) 滋賀県文化財保護協会編『古代地方木簡の世紀』(二〇〇八年一二月、サンライズ出版)、西河原宮ノ内遺跡第三号木簡。

(26) 奈良文化財研究所『平城宮木簡』七(二〇一〇年四月)、第一一二八五号木簡。

(27) 『木簡研究』三一(二〇〇九年一一月)、五四頁―(5)。

(28) 養老儀制令の規定の中で、最後の条文に次のものがある(儀制令26公文条)。

　凡公文応㆑記㆑年者、皆用㆓年号㆒。

この条文が儀制令の最後の規定になっていることに関して、唐の儀制令ではこの条文に相当する規定が存在せず大宝令編纂時に日本で独自に追加した可能性があると考えられることを、東京大学東洋文化研究所の池田温先生が主催されていた律令制研究会において、以前私も出席していた場で、大隅清陽氏が唐日儀制令の比較研究の報告において示された。このことは、日本における元号の考え方が、大宝令制定段階ではそれ以前と異なっていた可能性があることにもつながる重要な指摘である。

(29) 『旧唐書』巻一九九上、東夷伝、日本国条。

(30) 『新唐書』巻二二〇、東夷伝、日本条では、孝徳天皇の代に白雉と改元し、また文武天皇の代に太宝と改元したと記している。しかし、別な箇所で神武天皇以来の歴代の天皇の名を記していることなどからみて、『日本書紀』の内容についての知識を知った後に、それらの知識や大宝以降の日本の実情を知った上で、それを前提として記しているとみるべきだろう。

（31）今泉隆雄「銘文と碑文」（岸俊男編『日本の古代14 ことばと文字』、一九八八年三月、中央公論社）、東野治之「那須国造碑」（東野『日本古代金石文の研究』、二〇〇四年六月、岩波書店）。

（32）鐘江宏之「藤原京造営期の日本における外来知識の摂取と内政方針」（鐘江宏之・鶴間和幸編『東アジア海をめぐる交流の歴史的展開』、二〇一〇年一二月、東方書店）。

（33）鐘江宏之前掲注（32）論文。

（34）『続日本紀』天平勝宝元年（七四九）四月甲午朔条の第一の宣命に「（前略）此大倭国者、天地開闢以来尓、黄金波人国用理献言波有登毛、斯地者無物止念部流仁、（後略）」と記される。

（35）『続日本紀』大宝元年（七〇一）正月己丑条。

Ⅱ　律令法の展開

藤原仲麻呂政権の一側面
――紫微内相と左右京尹――

春名宏昭

はじめに

藤原仲麻呂は、才覚に長け、聖武天皇や光明皇后に愛されて廟堂内で頭角を現わし、ついには政権を握るにいたったと評価される一方で、独善的で政権運営が強引なことから多くの反発を招き、ついには孝謙太上天皇と衝突して自らの名を冠した乱で滅んだと批判されている。また、養老律令の実施は祖父不比等を顕彰するためだけのもので、官司名・官職名の改称を自らの唐風趣味に発するものだったとされるなど、行なった政策に実質的な意味はあまりなく、その政権は大した成果をあげることなく終わったと低い評価に甘んじているのが実情である。

しかし筆者は、藤原仲麻呂は律令国家をさらにもう一段高い水準に引き上げるために改革的政策を推進しようとした有能な政治家であり、その先見的な政策意図は光仁・桓武天皇に受け継がれ、奈良時代から平安時代への〈時代の転換〉となって現われたものと考え、自説を公にして仲麻呂の再評価を促した(1)。

官司名・官職名は乱の勃発と同時に孝謙太上天皇によって旧に復されたが、養老律令は元の大宝律令に戻されていない。筆者はかつて養老律令を日本が（初期の発展段階から）次の段階へ進む時のために用意された法典ではなかったかと指摘したが、(2)養老律令施行の有用性は皆の認めるところだった。称徳朝では、右大臣吉備真備がその補正作業を行ない刪定律令二四条を編纂しているが、(3)それは養老律令の価値を認めた証拠である。真備は仲麻呂の乱に際して孝謙太上天皇側の兵力を指揮して、結果的に仲麻呂を滅亡に追いやった張本人である。その真備さえもが養老律令の価値、延いては仲麻呂による養老律令施行の有用性を認めているのである。

刪定律令二四条の施行が桓武朝までずれ込んだ理由は詳らかでない(4)ものの、(5)桓武朝ではさらに補正作業を行ない刪定令格四五条を編纂・施行した。(6)格については不明瞭な点があるが、これで律令は真の意味で完成したと判断され、次の段階である格式の編纂が企図された。ただ、桓武天皇の死去によるのだろうか、この編纂作業は完成を見ることなく、中断したらしい。その後、嵯峨天皇は桓武天皇の意志を受け継いで格式の編纂作業を再開し完成させた。(7)それが弘仁格式なのである。また令については、淳和朝に令義解が編纂されている。唐風への改称にしても、嵯峨朝には内裏の殿舎名や門名が唐風に改められている。(8)内裏正殿を紫宸殿と称するのは嵯峨朝に始まるのである。

以上の過程を見ると、藤原仲麻呂の政策が平安前期の改革に結びついていることがよく理解できよう。そしてそれは、光仁天皇が白壁王として仲麻呂政権に名を列ねたことと無関係ではないように思う。白壁王は仲麻呂派ではなかったようで、仲麻呂の乱に際して粛清されることはなかったが、仲麻呂の改革の真の意味を理解していた。この光仁天皇の精神が桓武天皇や嵯峨天皇にまで受け継がれたということなのだろう。(9)つまり、仲麻呂が行なおうとした改革はこのように極めて大きな意味のある改革だったのである。

さて、藤原仲麻呂が自らの権力掌握の牙城とした紫微中台は前後には見られない官司であり、その長官たる紫微令が権力拡大したものと考えられている紫微内相は、仲麻呂のために創設され、彼が滅んだ後には一度も復活することがなかった官職だった。つまり、仲麻呂は古今に類を見ない官司・官職まで創設して、がむしゃらに権力の獲得・維持に走ったということになる。

しかしながら、虚心に紫微内相を分析すると、政治上の必要性を明確に認識した上で前例をふまえて創設された官職だったことが理解される。同じようなことは左右京尹にも言えるため、以下では紫微内相と左右京尹を取り上げ藤原仲麻呂による政権運営の基本姿勢を探ってみたいと思う。

一　紫微内相の兵権

藤原仲麻呂政権確立途上の天平宝字元年（七五七）、紫微内相が新設され、ただちに仲麻呂が任じられた。『続日本紀』同年五月丁卯条の記事には次のようにある。

> 以二大納言従二位藤原朝臣仲麻呂一為二紫微内相一。（中略）詔曰。朕覧二周礼一、将相殊レ道、政有二文武一。臣亦宜レ然。是以、新令之外、別置二紫微内相一人一、令レ掌二内外諸兵事一。其官位・禄賜・職分・雑物者、皆准二大臣一。

平凡社・東洋文庫本では、右の詔を次のように訳している（注略）。

> 朕が『周礼』を読むに、将軍と宰相の道は異なり、政には文武の別があるという。道理として[10]当然そうあるべきである。この故に、新令（の規定）とは別に、紫微内相一人を設け、都の衛府と諸国の軍団の軍事権を管掌させることにする。その官位・俸禄・職分の雑物は、みな大臣に準ぜよ。

まず問題にしたいのは、文の政には宰相が、武の政には将軍が当たるという中国の状況を述べているにもかかわらず、なぜ紫微内「相」を置き兵事を担当させたのかという点である。文の政を掌る宰相には、いわゆる議政官と称される大臣・大納言がすでにいた。それからすれば、武の政を掌る職を新設したことに理はあるが、その職名を将軍ではなく宰相のごときものにした考え方が即座には理解しかねる。

その理由を考えた時に筆者が思い当る一つの可能性は、太政官が文武を含めた国政全般を掌る唯一の組織（官司）でなければならないという大前提があり、そのため武の政を掌るために新設された職（官職）も太政官の一員に位置づけられなければならなかったのではないか、ということである。

ただ、従来は、紫微内相は紫微中台の一員と考えられてきた。紫微令が改称されたのか紫微令とは別に設置されたのか、諸説で若干の異同はあるものの、紫微中台を統括する官職という点では一致している。たしかに、ともに「紫微」を冠し、同じく藤原仲麻呂が任じられている点で、同質の性格を見出だすことは間違いではない。しかし、紫微中台（という官司）自体に兵権が付与された形跡はまったくない。職員令において、各官司の職掌はそれぞれの長官の職掌として規定されている。それからすれば、紫微内相が紫微中台の長官であるとするならば、紫微中台の職掌として「内外諸兵事」が付与されたと考えなければならないが、そのような形跡はまったくないのである。さらに言えば、紫微内相が紫微中台に属する積極的証左も見出だせない。

その意味で、紫微内相が『公卿補任』天平勝宝九歳（七五七）条に公卿の一員として載せられている事実にもっと注目してもよいのではなかろうか。当該条によれば、紫微内相に任じられてなお藤原仲麻呂は中衛大将と近江守を兼ねた。もし、紫微内相が紫微令の延長上に位置する官職だったならば、官位等が大臣に准ずるとはいえ、仲麻呂は引き続き大納言を兼ねていたと考えるのが自然ではなかろうか。

言い換えれば、紫微内相が大納言の延長上に位置する官職だったからこそ、藤原仲麻呂は大納言から紫微内相に遷任したものと考えるべきである。従来、仲麻呂は大保任官をもって自らの権力拠点を紫微中台から太政官に移したと考えられているが、紫微内相遷任時点までそれを遡らせるべきだと思う。

なぜ藤原仲麻呂が紫微中台を牙城に権力を形成してきたかといえば、太政官には兄豊成がいて、この兄を超えて最高権力を確立することができなかったからである。だから仲麻呂は、橘奈良麻呂の変に際して豊成を左遷し、淳仁天皇の即位が実現したのをうけて、満を持して大保（右大臣）に移り太政官に権力拠点を移したと考えられてきた。しかし実際には、仲麻呂は豊成がいまだ右大臣として太政官で指導的立場を保持している段階で紫微内相に任じられている。従って、この時点ですでに仲麻呂は兄を排除して最高権力を確立するつもりだったと理解すべきだろう。

政治制度史に話をもどすと、太政官の一員である紫微内相が兵権を掌り衛府を統括した事実は極めて大きな意味を持つ。早く石母田正氏は、五衛府が太政官—八省の官職体系とは別個の系列に属し、天皇の指揮命令権に直結した軍事機関だったと指摘している(11)。この観点からすれば、紫微内相の設置は〈天皇—太政官（紫微内相）—五衛府〉という命令系統の設置を意味しており、律令官制において重大な変革である。

ただ、右の石母田氏の指摘はその通りなのだが、文官の最高官が太政大臣＝正従一位官なのに対して、衛府が八省の被管官司である職・寮と同じ官制構造を取り、長官である督（大宝令では兵衛府の長官は率）が五位官にすぎないという事実は軽視すべきではないだろう。つまり、たしかに文官の系統と武官の系統とが並列して位置づけられているのだが、両者は極めてアンバランスな状況で並列している。

唐の場合、武官の最高官が驃騎大将軍＝従一品官であり、十六衛の大将軍も正宰相たる侍中・中書令と同じ正三品官だった。日本は唐をモデルとして律令国家を建設したのであり、その事実を考えれば、（それを採用しなければならなかった日本固有の政治状況が存在したこと等も含めて）日本が明確な意図をもってアンバランスな官制構造を構築したことは明らかである。この事実を考える限り、天皇の五衛府に対する独自の指揮命令権に抵触しないよう配慮しながらも、実質的に中央政府を五衛府も含めた形で太政官の統率下に置こうとしたと考えるべきだと思う。だとすれば、五衛府を太政官の一員である紫微内相の指揮命令下に置くことの意味の大きさがあらためて実感できよう。[12]

ただし、石母田氏は紫微内相が太政官の一員だったとは考えておらず、〈天皇―紫微内相―五衛府〉という命令系統を想定して、紫微内相が天皇の有する独自の軍事大権に擦り寄り、太政官の関与を排除する形で兵権を行使し政局を左右しえたと理解し、これが藤原氏の政権掌握の典型だったと説明しているが、この政治史的な理解には賛成できない。筆者はむしろ、石母田氏が看過した太政官の一員だった点こそが重要だと思う。後述のごとく、紫微内相の設置が藤原仲麻呂が自らの政権を堅固にするために採った政策だったとしても、紫微内相を太政官の中に位置づける意義の大きさを強調することによって、貴族たちの一応の納得を得ることができ、少なくとも反発を緩和できるものと思う。

余言すれば、紫微内相が太政官の一員だったとすれば、奉勅宣して太政官符を発給できたと考えてまったく問題はない。左右大臣に敷奏・宣旨の職掌規定はないが、太政官の一員であることをもってそれが行なえたことと同様である。大小王真蹟帳など、現存するこの時期の勅に関して、吉川敏子氏は紫微中台の長官たる紫微内相が孝謙天皇の勅を奉宣したとするが、[13]紫微中台は皇太后宮職の後継官司だったという原点に立ち返れば、紫微中台が天皇の勅を奉宣することに正当な根拠はない。

また、紫微内相任官に際して藤原仲麻呂は紫微令をも離任しており、紫微中台はこれ以後長官たる紫微令が欠官のまま機能していた点にも注意を要する。ただし、大弼が正四位下官であるところからすれば、（紫微令欠官でも）いわば「皇太后宮省」に匹敵する実質を備えていたと言え、その意味では、「居レ中奉レ勅、頒二下諸司一」という評価に関[14]

しても、それだけの権能を十分想定して問題はない。

さて、次の問題は紫微内相に付与された兵権の内容である。先掲の東洋文庫本では「内外」を平城京と諸国と解していると判断されるが、これは正しいのだろうか。この問題を考える上で想起されるのは、紫微内相と藤原房前の内臣を関連するものと見做し、内臣から紫微内相の有する職権を推し量る論考がまま見られることである。内臣の職権は『続日本紀』養老五年（七二一）十月戊戌条に「計二会内外一、准レ勅施行、輔二翼帝業一、永寧二国家一」と見えているが、ここにも「内外」という表現が見られることは偶然ではないように思う。

紫微内相と内臣の職権を類似したものと短絡的に考えることは、内臣の職権に軍事的なものがまったく見られない点のみからしても慎まなければならない。しかし、両者が天皇と近しい関係であること、また紫微内相は太政官の一員だったが、内臣の藤原房前も参議として太政官の一員だったこと等、天皇・太政官との関係性において類似点が見出だされる事実を考えれば、紫微内相と内臣に共通する「内外」の語は類似した職権内容を表わすキーワードだと思う。

平山圭氏は藤原房前の内臣を考察する中で「内外」の語を分析している[15]。平山氏は『続日本紀』に見える「内外」の語を分類し、房前の事例を除いた全四九例のうち三七例が内官と外官または中央と地方の意で用いられており、従来言われてきた内廷と外廷もしくは宮中と太政官という意味での用例はないと結論し、「計二会内外一」の一節を「京内外の官人達の情勢を考慮せよ」と解している。紫微内相の事例も右の用法の中に分類されている。もちろん、この分析に誤りがなければ右の解釈は正しいのだが、筆者が見る限りでは、基礎となる個々の事例の意味の取り方に問題があると思う。

もちろん「内外文武官」などという語はまったく問題ないのだが、問題がありそうなのは宝亀十年（七七九）七月丙子条で藤原百川について「天皇甚信二任之一、委以二腹心一。内外機務、莫レ不二関知一」とある事例である。百川は光仁天皇擁立に力のあった人物で、光仁天皇は即位後百川を腹心としたというものである。

機務とは重要な政務の意味で、全体として中央の重要な政務にも地方の重要な政務にもすべて関与したという意味になる。地方の重要な政務とは地方に関する重要な政務のことだろう。しかし、それは中央政府の中で議論され政策が決定されていく。ではそれは中央の重要な政務ではないのか。そうではないとすれば、中央の重要な政務とはいったいどのような政務を言うのか。つまり、「内」と「外」の明確な区別が存在しないのである。

もう一例挙げれば、宝亀二年（七七一）二月己酉条に「高野天皇不悆時、道鏡、因以藉二恩私一、勢振二内外一」とある。実は平山氏もこれを判断がむつかしい事例としているのだが、結局は中央と地方と解しても十分意味が通るとしている。称徳天皇が病床に臥した時、道鏡が称徳天皇との個人的な信頼関係のみによって国政を壟断したことを言っており、道鏡は朝廷での自分の権勢に興味があるのであって、そこに地方はまったく関係ない。従って、この場合の「内外」は朝廷における内と外なのである。結論的に言えば、朝廷でも天皇に近しい領域と離れた領域を意味すると考えるべきで、内廷と外廷もしくは宮中と太政官という従来の解釈は、ニュアンス的には問題があるかもしれないものの、妥当な解釈と言ってよいものと思う。

以上に取り上げた四例はいずれも天皇との関係を意識させる記述を伴っており、少なくともこの四例は一つの用法として分類するべきだと思う。紫微内相の「内外」に話を戻せば、東洋文庫本のごとく平城京と諸国と解するのは誤りで、朝廷における内外と考えるべきである。

諸国の軍団は、唐の折衝府がすべて中央の十六衛に属していて、文武の組織系統が明確に分離していたのとは異なり、地方行政官たる国司の指揮下にあった。従って、軍団の兵を動かそうと思えば国司を通じて指示を出さざるをえない。紫微内相が国司に命令を出すのに、果たして他の太政官メンバーをまったく無視するかたちで行なえただろうか。中央政府から国司に命令を出す際には弁官が機能したと考えるのが穏当だろうから、そうなれば、他の太政官メンバーと共同して太政官として命令を下した方がよほど無理がないだろう。だとすれば、紫微内相がひとり兵権を付与されて諸国の軍団の兵を動かすという状況はかなり無理のある想定ということになる。

要するに、紫微内相に付与された兵権は衛府をその支配下に置くことだったのであり、「内外」の「外」は令制の五衛府、「内」は天皇により接近して令外に設置された中衛府と授刀衛と考えるのが妥当だと思う。中衛府は将来の即位が予定されていた首皇子（聖武天皇）を反対勢力の手から守ることを任務として設置された授刀舎人寮が起源であり、授刀衛は皇太子阿倍内親王（孝謙天皇）を反対派から擁護する武力として再登場した（第二次）授刀舎人が起源だった(16)。このような性格を持つ中衛府と授刀衛は「内」と表現されてまったく不思議はなかろう。

紫微内相が具体的にどのようなかたちで七衛府を統括したのか、それを窺う史料はないが、あえて推測すれば、衛府の一般業務すべてに関して報告を受け指示を与えるという状況も考えられるものの、太政官が奉勅を経ず太政官処分というかたちで八省以下に政策を指示できたごとく、これまでは奉勅を必要とした軍事発動の一定部分が紫微内相が決裁することにより直ちに実施できるようになった状況を想定すべきではなかろうか。この体制の方が緊急事態が発生した時即座に対応できると思われるからである。

ところで、非常時に衛府を太政官の支配下に置くという措置は、称徳天皇が臨終の床に就いた時、左大臣藤原永手を摂知近衛外衛左右兵衛事に、右大臣吉備真備を知中衛左右衛士事に任じた例がある。近衛府は前出の授刀衛が改称した衛府であり、外衛府は中衛府・近衛府に続いて設置された三つ目の令外の衛府である。なお、令制の五衛府のうち衛門府が見えないのは、道鏡の一族である弓削清人が衛門督だったからと考えられており、それでよいのだろうが、弓削清人が衛門督だとなぜ左右大臣の統括下に入る必要がなかったのかは、もう一つ釈然としない。

それはともかく、この時、称徳天皇の命は終えようとしていた。それは即ち天武・持統嫡系の天皇家の断絶を意味した。ところが、それにもかかわらず、次の天皇候補がまったく決まっていないという危機的な状況だった。この危機的状況に対処するため左右大臣が衛府(除衛門府)を分担統括したのである。これからすれば、紫微内相の設置が藤原仲麻呂政権のみに見られる特殊な施策だったとは一概に言い切れないことがわかろう。

また、そういう観点から前後をながめてみると、藤原不比等の没時に新田部親王が知五衛及授刀舎人事に任じられた例があり、同時に舎人親王が知太政官事に任じられている。これは舎人・新田部両親王に文武の中央官僚機構をそれぞれ分担・総知させる体制を取ったものと理解されるが、新田部親王が太政官の政務に関与した形跡がないことからすれば、新田部親王が太政官の一員だったとは考えられない。(17)

つまり、この当時には太政官の(大臣相応の)一員に衛府を総知させるという思想がいまだ存在しなかった。ただ、舎人親王の知太政官事が大臣相応の職だったことからすれば、それと並ぶ新田部親王の知五衛及授刀舎人事も大臣相応の職だったと考えて差し支えなかろう。

以上、新田部親王の知五衛及授刀舎人事、紫微内相藤原仲麻呂の掌内外諸兵事、左大臣藤原永手の摂知近衛外衛左右兵衛事と右大臣吉備真備の知中衛左右衛士事という三例を一つの発展過程の上に置いてみると、次のように説明ができる。

即ち右の三例は、国家の非常事態に際して責任ある者に衛府を統括させ、国家の安定を軍事面から実現しようという共通した意図が読み取れる。そして、その場合の責任ある者とは(結果的に見れば)大臣相応の地位・官職にある者と言える。新田部親王の例では、当時は人材養成の途上だったために、右大臣藤原不比等に代わって責任ある地位に就ける者がいまだ一般官人の中にはおらず、そのため、生来の貴種である親王にその役割が期待されたものと理解できる。

藤原仲麻呂の例では、聖武太上天皇の死去から皇太子の廃替を経て生じつつあった社会に充満する不穏な動きを抑圧する必要を感じた仲麻呂が、新田部親王の例を参考に類似の体制を取ることを思い付いたものの、適当な親王・孫王が見当らず、また、右大臣藤原豊成に衛府総知の権限を付与することは、自らへの権力集中をねらう仲麻呂にとって不都合だった。そのため、仲麻呂は衛府総知の権限を掌握する官職＝紫微内相を新たに創設し、自ら就任したのである。

藤原永手と吉備真備の例では、二人は称徳天皇没後の天皇候補を誰にするかについては意見を異にしており、この体制自体は権力掌握をねらったものとは見做しがたい(18)。言い換えれば、非常事態に対応したシステムとして、この体制が採用された。また、この体制が称徳天皇の命により取られたものとすれば(19)、称徳天皇は自らが滅亡に追いやった藤原仲麻呂の施策を復活採用したことになり、このことは紫微内相の創設が政策上一定の普遍性を有していたことを物語っている。

結論的に言えば、紫微内相の創設は、一面ではたしかに藤原仲麻呂の権力への執着心に発する施策だったが、その前提となる考え方は、大臣相応の責任ある者に衛府を統括させ国家の安定をはかるシステムだった事実も正当に評価されるべきものと思う。

ところで、新田部親王がいつその任を解かれたのかは詳らかでない。舎人親王の知太政官事が終身官だったと考えられることからすれば、新田部親王の知五衛及授刀舎人事も終身官だったとも考えられうる(20)。それに対して、藤原永手と吉備真備の例では光仁天皇の即位にともない当該体制が解除されたと判断される。

光仁天皇が即位した翌年の宝亀二年（七七一）の二月に藤原永手が没し、三月に吉備真備が致仕しているから、体制は自然消滅したとも考えられる。ただし、真備は天皇候補として文室浄三を推したことにより廟堂にいづらくなったのか、宝亀元年の九月にすでに政界からの引退を申請しており、翌月には中衛大将を止められている。同年六月に称徳天皇の病状が重篤になって、左右大臣による衛府分担統括体制が敷かれ、八月に称徳天皇が没して白壁王（光仁天皇）が皇太子に立てられ、暫時皇太子のまま国政を執っている。真備はこの翌月に引退を申請しているのである。それからすれば、実質的には中衛大将を解任された時点で真備は衛府統括の任を解かれたと考えて差し支えなかろう。

新田部親王のごとく一人で衛府総知の任に当たっていたのなら、その死去により自動的に任が止められたとも考えられるが、二人で分担して任に当たっていた場合には、吉備真備の去任にともないその替えを任じなければならないはずである。しかし、そのような補任の形跡はなく、だとすれば、宝亀元年十月をもって当該体制は解除されたと判断すべきだろう。注目すべきは、正にこの月に光仁天皇が即位している事実であり、結論的に言えば、光仁天皇の即位をもって政権が安定したと判断され、非常事態に即応した当該体制が解除されたと理解すべきだと思う。

この事例を参考にすれば、藤原仲麻呂が紫微内相から大保（右大臣）に遷った意味も説明できるのではなかろうか。即ち、仲麻呂は淳仁天皇の即位をもって大勢は決し自らの政権が安定したと判断し、非常事態を解除して紫微内相の任を離れ、あらためて大保として太政官を主催し国政を領導しようと思ったものと理解できる。

ただし、淳仁天皇の即位は反対派の反発をさらに増大させ、また、天平宝字三年（七五九）に光明皇太后が没し、藤原仲麻呂政権に対する風当たりはさらに強くなり社会不安も増大したものと思われる。それからすれば、非常事態解除は時期尚早だったかとも考えられるが、それに対しては、左右京尹の設置など、他の施策を講じたものと判断される。そこで次には節を改めて左右京尹について検討を加えてみたい。

二　左右京尹の設置

『続日本紀』天平宝字五年（七六一）二月丙辰朔条には次のような勅が見られる。

　又勅。（中略）其管二左右京一、並任二一人長官一者、名以為レ尹、官位准二正四位下官一。

当該条には二つの勅が収載されており、第一の勅は親王の季禄等を再設定するもので、第二の勅は中納言の従三位官への昇格と左右京尹の設置を規定するものであり、ある意味では、いずれも律令国家のあり方に直結した施策であると言える。

　岩波書店・新日本古典文学大系本では「また勅《みことのり》したまはく、（中略）其れ左右京を管《つかさど》るに並べて一人に任す。長官は、名《なづ》けて尹とし、官位は正四位下の官に准へよ（とのたまふ）」と訓読し[21]、（令制が変更されて）左京大夫と右京大夫が左右京尹という一つの官になったと理解し、天平宝字八年（七六四）の藤原仲麻呂の乱後の官名復旧により令制に戻ったと考えている[22]。たしかに、『類聚三代格』巻五に収められた勅は中納言の規定のみで、左右京尹の規定は削除されており、弘仁格（鼇頭標目による）の時点で左右京尹はすでに廃止されていたものと考えられる。

　しかしながら、右の訓読には不可解なところがある。「一人に任す」の部分である。右の訓読だと、左京と右京をまとめて管轄することを一人の官人に委ねることとする。（その官人は具体的には長官に就任することになるが）その長官は名称を尹とし、官位相当を正四位下の官に准ずるものとする、というように一応は訳せよう。ただ、京の管理をはじめとして律令国家の様々な職掌は決して一つの官のみが担当するものではなく、左京職・右京職などの官司が担当するものである。たしかに、職員令では各官司に付与された職掌が長官の職掌として規定されるかたちを取っているが、それは形式上の話である。また、右の訓読でもだいたいの意味は推し量れるが、それにしてもカッコに入れたような文章を補足しなければならず、文章的にも円滑を欠くことは明らかである。以上を総合して結論すれば、問題の個所は「一人の長官を任ず」と読むべきだろう。

新日本古典文学大系本でなぜこうした訓読が行なわれたかを推測すれば、「長官」の次の「者」の処理に困惑したからではないかと思われる。現代思潮社・古典文庫本では「一人の長官を任じ、名づけて以て尹となし」云々と訓読しているが、これでは「者」が脱漏してしまっている。

本稿では、「者」を仮設文の終わりを示す語と見做し、「それ左右京を管るに並びに一人の長官を任ずれば、名けてもって尹となし、官位は正四位下官に准ず」と訓読する。平凡社・東洋文庫本は、恐らく本稿とほぼ同じ訓読をしているものと判断されるが、基本的にはこの措置を官名変更・官位昇格と理解しているらしく、この点問題がある。本稿の理解によれば、令制を全面的に変更したのではなく、左京職の長官と右京職の長官とを一人の官人が兼任する場合を想定し、その場合に限り尹と称すると規定したのである。

言葉を換えれば、左京職と右京職の長官兼任制が固定したわけではなく、左京大夫と右京大夫が別々に任じられた場合には通常どおりの官制が機能した。つまり、天平宝字五年勅は長官兼任制を選択的に採用することを規定した法令であり、単に京職の長官の官名を変更するものではなかった。結論を先に言ってしまえば、左右京尹の設置は非常事態に対応するための施策だった。従って、政治状況が安定すれば左京大夫と右京大夫を別々に任じて何ら問題はない。また逆に、いつ政治状況が逼迫し非常事態に対応した体制を取らなければならなくなるかもわからない。その度ごとに左右京尹設置のような施策を取っていたのでは切りがない。その点、長官兼任制の選択的採用は政治状況の変化に柔軟に対応できる内容だったと評価できる。

従って、天平宝字八年の官名復旧に際して尹が大夫に戻るものでもなく、その意味からすれば、弘仁格で左右京尹に関する規定が削除されているのは、これ以前のある時点で、長官兼任制を選択的に採用する必要がすでになくなった（さらに将来においてもない）と判断され、この制度が廃止されたと考えるべきものと思う。

藤原仲麻呂の息子である訓儒麻呂が左右京尹に就任していることからすれば、この措置の背後に明確な権力維持の政策意図があったことは明らかだが、この措置は令制の改変ではなく、あくまでも必要な場合に長官兼任制を取れるようにしたにすぎない。左京大夫と右京大夫とを一人の官人が兼任したのは早く藤原麻呂に例があり、仲麻呂政権のみの特殊な政策ではないことを明確に認識する必要がある。[23] [24]

ところで、藤原麻呂は左右京大夫と表記されているが、これは左右京職という一つの官司の長官を意味し、左右京亮以下の僚属が配されていたのではなく、左京大夫と右京大夫とを一人の官人が兼任したものと考えられている。つまり、左京職と右京職とは（長官は同じであるものの）左京亮・右京亮以下は別個に機能していたものと考えられる。ただ、通常の官衙では左京大夫兼右京大夫と表記されるべきものが特に左右京大夫と表記されている点は留意すべきであり、両官の兼任には特殊な意味があったと理解すべきだろう。

左右京尹に関しても、左京・右京を一体的に管轄する単一の官司が設置されたのであれば、わざわざ「左右」を冠する必要はないから、左京職と右京職とは（左京亮・右京亮の下で）別個に機能していたものと考えるべきだろう。[25] 考えようによっては、馬寮監のごとく、左京大夫と右京大夫の上にさらに（両司を統括する職として）尹を設置してもよかったと思うが、そこまでしなかったのは、政策意図に藤原麻呂の場合と共通する要素があったからだろう。

左右京尹の場合、従来から保良京との関連が想定されているが、養老年間には平城京が安定的に営まれていたから、左右京職長官兼任制が遷都や陪都経営に結びつくものとは考えがたい。問題は、左京職と右京職とが別個に機能しながら、両司の長官を兼任させるどのような必要があったのかという点である。

思えば、左京職と右京職とが一つの共通した目的意識を持って京域の管理に当たる体制を取るのはさして難しいことではない。ただ、両司は同格の官司であり、右の体制を取るには両司の上に位置して両司に対して指示を行なう官司が必要で、それは太政官しかない。言い換えれば、太政官を煩わせることなく右の体制を実現しようと思えば、左右京職長官兼任制がもっとも適した方法と言える。准位規定を暫く措けば(26)、左右京尹の正四位下は七省の卿に匹敵する官位であり、与えられた権限の大きさが想像できよう。

この時期の太政官は大師（太政大臣）である藤原仲麻呂の掌握下にあった。従って、太政官の関与を排除するかたちで左右京尹が京の行政を支配下に置き権力を握ろうとしたわけではない。太政官が関与すれば、それだけ案件の処理に時間がかかる。左右京尹の下で純粋に速やかな案件の処理を企図したにすぎない。贅言を重ねれば、仲麻呂が前年に大師に昇進している点が若干気にかかる。平安時代の太政大臣は太政官の政務を自ら処理することはない。大師に同じ状況を想定すれば、それに対応した措置と考えられなくもない。この時、仲麻呂の他に大臣はおらず、御史大夫（大納言）に石川年足、中納言に藤原永手と文室浄三がいた。石川年足は仲麻呂政権下で順調な昇進を遂げ、政権内で有益に機能した人物である。藤原永手と文室浄三も特に反仲麻呂派というわけではない。従って、たとえ仲麻呂が自ら政務を処理することがなかったとしても、太政官の掌握に問題が生じることはなく、そのために左右京尹を置く必要もなかったと考えて差し支えなかろう。

話を戻して、左京職と右京職とが協力して京域の管理に当たらなければならないような状況とはどのような状況なのか。職員令66左京職条に規定された職掌規定の中で該当しそうなものを探すと、「糺二察所部一」・「田宅」・「市廛」が目に付く。

まず市廛に関しては、東市と西市の価格を統一しなければ混乱が生ずるだろう。実際、価格差は存在したようである[27]。もちろん、売買される物品の価格を官（東西市司）が決めるわけではないが、価格の推移を継続的にチェックすることにより乱高下を防ぐというように、実際にはある程度の関与はあったと見てよいのではなかろうか。しかし、価格調整の機能は養老年間や天平宝字年間に限ったことではなく、また、例えば新銭鋳造など、経済の不安定化要素が両時期に生じたということもない。さらに田（宅）に関しては、京戸の口分田は畿内諸国に班給されるから、各国で出た余剰の田地を左京が取るのか右京が取るのか調整が必要だったろうが、班田は定期的に行なわれており、両時期にのみ特殊な事情があったとは思えない。

「糺㆓察所部㆒」は一般の国司と共通する職掌で、京職に配属された兵士を差配して警察活動を行なうものと考えられる。弾正台や衛府との職掌分担関係は詳らかでない[28]ものの、京職は弾正台や衛府の指揮下に警察活動を行なったのではなく、独自の権限に基づいてそれを行なったと考えるべきだろう。だとすれば、左京職と右京職との間においても、一般の国司と同じく、職掌遂行に関しては相互不可侵が原則だったと思われる。

しかし、実態的には、京域は左京・右京の区別なく一体化した特殊な地域であり、そこで謀反などの軍事行動や犯罪が起これば、犯罪者の側では左京・右京の区別なく行動するだろう。それに対して、取り締まる左京職と右京職があまり連携せず行動したのでは実効力は大して期待できまい。

右のような状況に対しては、捕亡令2有盗賊条・3追捕罪人条[29]や公式令46国有急速条が適用されたと考えられる。有盗賊条は、盗賊や殺人・傷害事件の犯人の追捕が隣接する管轄区に及んだ場合の規定であり、追捕罪人条は、罪人の追捕が当管轄区の能力を超える場合、隣接する管轄区への応援要請を規定し、また要請を受けた隣接管轄区の対応を規定する。左右京職間での馳駅の使用は現実的ではなかろうが、左京職と右京職との間での速やかな情報交換が制

度上は想定されていたと思われる。(30)

しかし、追捕罪人条で「遅緩逗留」が指摘されているように、独立した官司間での対応には円滑さを欠くことが容易に考えられる。その場合、左京職の下僚から報告を受けた左右京尹が、速やかに右京職の下僚に適切な行動を指示したとすれば、考えうる限りのもっとも迅速な対応が期待できるだろう。社会不安などにより京で不穏な動きが感じられるような場合には、左京職と右京職とが綿密な連携を取って警察活動を行なうことが極めて重要だった。その際、両職の長官を兼ねる左右京尹が有効に機能した状況が想定できる。

実は、藤原仲麻呂は天平十五年（七四三）の参議任官直後に左京大夫を兼任し、同十八年の式部卿就任（兼任）までこの職にあったと思われる。この時期は正に、聖武天皇が恭仁・紫香楽・難波・平城の間を彷徨し、いずれが都か混沌としていた時期だった。従って、仲麻呂はこうした状況下での治安維持の必要性を自らの肌で感じ取っていたと考えられる。

では、養老年間と天平宝字年間にはそのような状況が看取できようか。まず養老年間については、養老四年（七二〇）八月に藤原不比等が没し、即日舎人親王が知太政官事に任じられ、年があらたまるのを待って長屋王が右大臣に任じられ政権を確立しており、藤原麻呂が左右京大夫に任じられたのはこの年の六月である。

これを見る限り、長年政権を担当してきた藤原不比等の死去にともなう政治の不安定化を抑制し、無用の混乱を防止するための左右京大夫任命だったと理解できる。ただ、この時点では藤原武智麻呂は中納言に任じられたばかりで、藤原氏が政治の主導権を握るために行なったものとは考えがたい。また、左京大夫・右京大夫は勅任官ではなく奏任官であるところからすれば、元明太上天皇や元正天皇の強い意志による任命とも考えられない。つまり、左右京大夫任命は政府全体の判断に基づいて実施された措置だったと考えなければならない。

そして、天平元年（七二九）の改元宣命で藤原麻呂が「京職大夫」とあることからすれば、麻呂はこの時点まで引き続き左右京大夫の職にあったと考えてよい。即ち、藤原不比等の死去にともない取られた体制が、元明太上天皇の死去、聖武天皇の即位、長屋王の変など、政治状況が激動する中で維持されてきた。『公卿補任』によれば、この体制は天平九年（七三七）に麻呂が病没するまで継続したらしい。天平元年以後は政治情勢が特に緊迫するような事件はないのだが、逆に政治状況が安定し、もう左右京大夫の兼任体制が必要ないと判断されるような明確な契機もないまま天平九年に至ったのだろう。

それに対して天平宝字年間については、天平勝宝八歳（七五六）に聖武太上天皇が没し、翌年に道祖王の廃太子と橘奈良麻呂の変が起こり、これに関わって藤原豊成が左遷されて、藤原仲麻呂政権が名実ともに成立する。この間、天平宝字元年（七五七）には内外諸兵事を掌る紫微内相を新設して仲麻呂が自ら就任し、人々の軍事的行動を抑圧する勅五条が布告されており[31]、仲麻呂政権に対する反発の高まりが看取できる。

『続日本紀』天平宝字二年（七五八）二月壬戌条には、度を越えた酒宴を禁止する詔が見える。これは儒教思想に基づく政策の一面もあろうが、酒席で日々の鬱憤が爆発することも十分考えられる。実際、天平宝字七年（七六三）十二月丁酉条では、中臣伊加麻呂・葛井根道らが酒席で不穏当な発言をして左遷・流罪になっている。『続日本紀』に不穏な記事はないものの、『公卿補任』には藤原宿奈麻呂らが藤原仲麻呂の殺害を謀った記事が見られる[32]。厳しく抑圧されただけ逆に人々の反発は激しさを増したことが看取できる。さらに天平宝字三年（七五九）には、最大の後盾だった光明皇太后が没し、反対派の感情を和らげる存在はなくなった。仲麻呂もこうした周囲の感情に気付かないはずはなく、さらに反対派の動きを牽制する措置を取ったのだろう。即ち、それが左右京尹の設置だった。

このように見てくると、政権の安定を維持し社会の不穏な動きを牽制する意味では共通するものの、養老五年（七二一）の左右京大夫の任命が政府全体の意志に基づいていたのに対して、左右京尹の設置は藤原仲麻呂の政権維持の性格が強い。ただ、留意しなければならないのは、仲麻呂は（自らの政権維持のために）養老五年の左右京職長官兼任制を応用したにすぎないという事実である。言い換えれば、左右京職長官兼任制は一定の効力を有する確固たる一つのシステムだったのであり、先にも述べたごとく、その廃止については相応の理由を求める必要がある。

『続日本紀』大宝三年（七〇三）十二月己巳条に

以二正五位下路真人大人一為二衛士督一。

とある(33)が、これが左右衛士督兼任であれば、左右京職長官兼任制の先駆的事例と考えることができる。前年十二月に持統太上天皇が没し、この人事の直後に最後の葬礼が行なわれ火葬されて大内山陵に葬送（合葬）されており、政治的不安定から治安の混乱が生じる危険性は十分に想定される。左右京職にいまだ兵士が十分に整備されていない状況に対応して、左右衛士府がそれぞれ左京・右京を管轄した(34)とすれば、この任官は（右のごとき状況認識に立って）左右京の治安維持を路大人の統一的管理下に置いたことを意味する。以上のことよりすれば、この任官が左右京職長官兼任制の先駆的政策だった可能性は高い。そして、そうだとすれば、左右京職長官兼任制が確固たる一つのシステムだったという想定がより確実なものとなろう。

左右京職長官兼任制は、京職の「糺二察所部一」という職掌を円滑に遂行するため臨機に取られた体制だった。従って、この制が将来も選択されることがないと判断され廃止されたことは、右の職掌が実質を喪失したことを物語っている。その意味で注目されるのは、平安時代になると検非違使が京域の警察機能を担うようになることである。

検非違使の実質は左右衛門府だが、本質的には衛士を差配して京域の警備に当たるものだったと考えられる。即ち、京域警備の主体が京職兵士から衛士に変化したのであり、その契機は延暦十一年（七九二）の軍団兵士制の廃止だったと思われる。

延暦十一年、辺要の地を除いて諸国兵士を停廃し、健児を置いて「兵庫・鈴蔵及国府等類」を守衛させることとしたが、人数から見ても軍事・警察体制の縮小は明らかである。京職に当初何人の健児が置かれたのかは不明だが、延暦二十年（八〇一）にいたり、

行幸、則先㆓駆馳道㆒。尋常、則衛㆓護宮城㆒、巡㆓管内㆒而糺㆓非違㆒、捜㆓□人㆒而守㆓囚禁㆒。如ㇾ斯之類、差科処多。代以㆓健児㆒、何堪ㇾ済ㇾ事。

という理由から兵士が再設置されている。ただ、この兵士は雑徭を用いて役使されたもので、同時には二〇人しか役に就いておらず、さらに大同四年（八〇九）には負担が重いという理由から雇役になっており、このような状態で京域の警備が十全に行なえたとは到底考えがたい[35]。

つまり、このような状況を補うために、衛府が昼夜を問わず京域の警備に関わるようになったのが検非違使の当初のすがただったと想像される。その後も京職兵士は廃止されなかったらしいが、京域警備の主力を京職に期待することは放棄されたものと思われ、それにともなって左右京職長官兼任制も必要なしと判断されたものと考えられる。

興味深いのは、左衛門府の検非違使が左京を管轄し、右衛門府の検非違使が右京を管轄する体制の下で、両者を統轄する者として別当が置かれた点である。左検非違使の筆頭は左衛門佐、右検非違使の筆頭は右衛門佐だった点も、左右京尹統轄下の左右京職の状況と同じである。ただ、別当が置かれたのは仁明朝の承和元年（八三四）とされており、嵯峨朝の検非違使創設当初からこの体制が敷かれたわけではないので、左右京尹制の廃止と検非違使の創設が直接繋がるとは言えないのだが、左右京尹が別当による左右検非違使統轄のヒントになったことだけは確実だろうと思う。

おわりに

以上、検証してきたところによれば、藤原仲麻呂による紫微内相の設置・就任は、非常事態に際して大臣相応の責任ある者に衛府を統括させるシステムの一形態であり、そこには権力掌握を目論む仲麻呂の意図が存在したものの、同時に政策上の普遍性も有していたと言える(36)。

また、左右京尹の設置は、藤原仲麻呂が自らの政権維持のために行なった施策だったものの、左右京職長官兼任制自体は、京域の警察活動を円滑に行なうために左京職と右京職の緊密な連携を実現する目的で選択される体制であり、この体制は、平安時代に京域警備の主力が京職（京職兵士）から検非違使（左右衛門府衛士）に移ったことにともない、（将来においても）必要なしと判断され停廃された。

これらを見る限り、藤原仲麻呂は前例をよく研究し、その中から自らの政治運営に適合したものを選択して応用したと結論できる。たしかに一見すると前後に類を見ない官職・政策のように思うが、称徳天皇死没直前に左右大臣による衛府統括体勢が取られ、平安時代に左右検非違使が別当により統括されたことに如実に現われているように、その有効性は後世にも認識されていた。

藤原仲麻呂が時に独善的と評されるのは、自らが必要と判断した改革的政策は大きな反発を押え込んででも実行しようとした仲麻呂の政治姿勢にもよっている。唐風趣味と揶揄されるのも、律令国家のさらなる発展を願って中国の礼制を導入しようとしたことが、いまだ時期尚早で、その必要性を理解する人々が少なかったためである。

本稿では、紫微内相や左右京尹に関して従来の理解が十分でなかったことを見てきたが、藤原仲麻呂政権の他の政策についても、あらためて検証すれば、新たな意義づけが行なえるのではないかと思う。また延いてはそれが仲麻呂政権の評価を高めることに繋がるものと期待する。

註

(1) 拙稿「藤原仲麻呂政権下の品部・雑戸と官奴婢」(義江彰夫編『古代中世の政治と権力』吉川弘文館、二〇〇六年)。
(2) 拙稿「勲位の蔭について」(『日本歴史』五六四、一九九五年)一八頁註(28)。
(3) 『日本後紀』弘仁三年(八一二)五月癸未条(ただし、『類聚国史』巻一四七律令格式では戊寅条)では神護景雲三年(七六九)とある。
(4) 『続日本紀』延暦十年(七九一)三月丙寅条。
(5) この删定律令二四条は弘仁三年(八一二)に不都合が指摘されて運用が停止されており(『類聚国史』巻一四七律令格式、同年五月戊寅条)、その影響が考えられる。それからすれば、神護景雲三年の編纂時点でさらに調整する必要が認識されていたのではないだろうか。ただここから逆に、この删定作業が細かな字句の改訂に止まらず、規定内容を改変する本格的なものだったことがわかる。
(6) 『類聚国史』巻一四七律令格式、延暦十六年(七九七)六月癸亥条。
(7) 『類聚三代格』巻一序事、弘仁格式序。
(8) 『日本紀略』弘仁九年(八一八)四月庚辰条。
(9) 早く吉川真司「律令体制の展開と列島社会」(『列島の古代史　ひと・もの・こと』八、古代史の流れ、岩波書店、二〇〇六年)は、「四字年号時代」(七四九〜七七〇年)の意義を強調し、この時代から嵯峨太上天皇の死(仁明朝、八四二年)までを一つの発展段階として理解すべきと主張する。時代観としては本稿と類似した見通しだろうと思う。ただ、「四字年号時代」というくくりをすると、わずか二ヵ月半の聖武朝の天平感宝は措くとして、孝謙朝・淳仁朝・称徳朝を含み込む。たしかに、律令格式の整備過程では称徳朝にも政策上の継続性が看取されることを指摘したが、藤原仲麻呂が企図した改革の大半が仲麻呂の乱でいったん挫折したのは事実である。また、それぞれの細部においては見解にかなりの相違があるように感じられる。

(10) 原文は岩波書店・新日本古典文学大系本に拠って「臣亦宜レ然」としたが、東洋文庫本は新訂増補国史大系本の「理亦宜レ然」に拠って現代語訳している。従って、両者の間には若干齟齬がある（円滑に訳すには「理亦宜レ然」の方がよい）ものの、紫微内相を理解する上ではほとんど問題がないため、ここで言及するに止める。

(11) 石母田正『日本の古代国家』（岩波書店、一九七一年）二四一～二四七頁。根拠は、公式令2勅旨式条の疏文「其勅処二分五衛及兵庫事一者、本司覆奏」を解説して、集解古記は「不レ関二中務一而直勅耳」といい、朱説に「未レ知、経二太政官一奏歟。答、不レ経只奏聞耳也」とあることによる。

(12) 『正倉院年報』五（一九八三年）の「古文書の調査」（熊谷公男氏担当）で述べられているように、年月日欠の画所解（『大日本古文書』二三―六二一頁）に見える「内大臣」が紫微内相だとすれば、本稿の想定の傍証ともなろう。なお、吉川真司「藤原氏の創始と発展」（一九九五年初発表。のち『律令官僚制の研究』塙書房、一九九八年）は、右の画所解を引用しつつ（紫微）「内相」は「内大臣」であると述べて、藤原鎌足の内大臣を襲うものと考えているが、鎌足と兵権とが結び付く余地はなく、本稿では紫微内相を鎌足に引き付けて考えることは差し控えておく。

(13) 吉川敏子「紫微中台の「居中奉勅」についての考察」（二〇〇〇年初発表。のち『律令貴族成立史の研究』塙書房、二〇〇六年）。ただし、太政官の一員たる紫微内相が孝謙天皇の勅を奉宣したことは十分想定しうる。その意味で、近藤毅大「紫微中台と光明皇太后の「勅」」（『ヒストリア』一五五、一九九七年）が、紫微内相を紫微令を改称して職権を強化したものと見做し、紫微内相が署名して発給されている勅をすべて光明皇太后の勅と理解するのは、問題が多い。ただ、紫微内相が太政官の一員だったという本稿の想定を前提とした時、中国の臨朝称制のあり方を考えれば、光明皇太后の勅が太政官を通じて発給される状況は容易に想定されるから、結局、この時期の勅の発給主体は光明皇太后か孝謙天皇か表面的には判断がつかない。

(14) 『続日本紀』天平宝字二年（七五八）八月甲子条の官名改称の詔。

(15) 平山圭「藤原房前の内臣について」（『奈良大学大学院研究年報』五、二〇〇〇年）。

(16) 笹山晴生『古代国家と軍隊』（中公新書、一九七五年）九五～一〇二、一一〇～一一四頁を参照。

(17) 『公卿補任』に新田部親王の名はない。また、神亀五年（七二八）条の舎人親王の尻付に、詔書や太政官論奏において左大臣長屋王との間で署名の上下関係が混乱したことが見えるが、同等の立場の新田部親王に関してはまったく言及がない。

(18) 二人が政治的立場を異にしながらも、対道鏡で一致したという可能性も一応は考えられる。しかし、そうなると衛門府が当該体制から外されたことと齟齬が生じるのではなかろうか。もちろん、衛門督である弓削清人が独断で衛門府の軍事力を動かすのは違法である。ただし、失脚を恐れた道鏡がクーデターを起こした場合などは、正規の手続きが遵守されるとは考えがたい。そのような状況では、道鏡の下に衛門府の軍事力を放置したのとほとんど同じ意味を持とう。以上のように考えると、二人が自らの思惑で当該体制を採った可能性は考慮しなくてよいと思う。

(19) 衛門府が当該体制から外された事実は、この可能性が高いことを示唆するものかもしれない。

(20) ただし、舎人親王の薨去記事には「知太政官事一品」とあるのに、二ヶ月前の新田部親王の薨去記事には「一品」としかない（『続日本紀』天平七年（七三五）十一月乙丑条、九月壬午条）。

(21) なぜ「名けて以て尹とし」でないのかは詳らかでない。

(22) この訓読、内容理解は、恐らく岩橋小弥太「藤原仲麻呂と官制」（『上代官職制度の研究』吉川弘文館、一九六二年）に源泉を発するものだろう。なお、木本好信「左右京尹設置とその政治的背景」（一九七四・七五年初発表。のち『藤原仲麻呂政権の基礎的考察』高科書店、一九九三年）も参照。

(23) 『続日本紀』天平宝字六年（七六二）八月丁巳条に現任で見える。

(24) 『続日本紀』養老五年（七二一）六月辛丑条に任官記事。

(25) ただし、藤原訓儒麻呂家の写経所が「京職尹宅写経所」と表現されている事例が知られる（『大日本古文書』一六—五五七頁）。

(26) 准位規定は一般に給禄と関係するが、それであれば准正四位官でよく、上下までも明示する必要はない。「准」字が用いられているものの、一般の官位相当規定だった可能性もある。判断は留保しておきたい。

(27) 舘野和己「市と交易—平城京東西市を中心に—」（『列島の古代史　ひと・もの・こと』四、人と物の移動、岩波書店、二〇〇五年）一〇七〜一〇八頁を参照。

(28) 弾正台が摘発したのは主に官人の非違であり、また、宮衛令24分街条が規定通り行なわれたとすれば、衛府は夜間のみ京域の警備を担当したものと理解できる。

(29) なお、この条文をめぐっては、下向井龍彦「捕亡令「臨時発兵」規定について—国衙軍制の法的源泉—」（『続日本紀研究』二七九、一九九二年）、錦織勤「養老令の臨時発兵規定に関する覚書」（『日本歴史』七六九、二〇一二年）、松本政春「養老令の臨時発兵規定について—錦織勤氏の批判に接して—」（続日本紀研究会編『続日本紀と古代社会』塙書房、二〇一四年）の間で論争があり、いまだ一定の理解が得られていないが、本稿ではこの問題には立ち入らない。

ただ若干気になるのは、錦織氏が寇賊を国家離反の犯罪者とした上で、寇賊が捕亡令の規定対象ではなかったとする点である。単なる騒擾は寇賊に当たるまいが、クーデターなどは正に寇賊に当たろう。しかし、追捕罪人条が「臨時発兵之事を兼ねた」（令集解令釈）ことは間違いない。従って、少なくとも本稿の議論においては、本文のように理解して問題ないと思う。

（30）条文を見る限りでは、案件が発生した当国から隣国へ直接通告したと考えられるのだが、公式令62受事条の集解（異質令集解）或云には「仮京職失二死罪囚一、為レ捕申レ官下二符近江国一之類、是事速耳」とある。ここで想定されている状況は捕亡令1囚及征人条に該当すると思われ、この場合に当国からいったん太政官に報告し、太政官から隣国へ追捕の指示が出されるならば、本稿で想定している状況でも太政官を経由する左右京職間での情報交換を想定しなければならなくなる。しかし、この問題は本稿の問題関心とはかなり離れてしまうため、ここで指摘するに止める。また、隣国へ通告する太政官符はいわゆる「追捕官符」だと思われるが、これについては下向井龍彦「王朝国家軍制研究の基本視角―「追捕官符」を中心に―」（坂本賞三編『王朝国家国政史の研究』吉川弘文館、一九八七年）参照。

（31）『続日本紀』同年五月丁卯条、六月乙酉条。

（32）『公卿補任』神護景雲四年（七七〇）条の藤原宿奈麻呂の尻付。

（33）任官は他の史料で確認できればよいのだが、このような初期の任官はそれが期待できない。テキスト的には問題はないようだが、「衛士督」の前の「左」もしくは「右」字が脱漏した可能性が容易に考えられるし、「衛士督」が「衛門督」の可能性もある。ただし、指摘できるのはあくまでも可能性の次元でしかない。従って、ここでは現在のテキストが正しいものとして稿を進める。

（34）『続日本紀』大宝二年（七〇二）正月乙酉条に左京大夫の任官が見られるから、この時点ですでに左京・右京の行政区域が分割されて成立していたことが確認できる。

（35）以上、『類聚三代格』巻十八所収の延暦十一年六月十四日付太政官符、延暦二十年四月廿七日付太政官符、大同四年六月十一日付太政官符による。

（36）平安時代に類似の体制が取られなかったのは、左右近衛府・左右兵衛府は宮中警護の実質をほとんど喪失し、京中警備を担当するようになった検非違使は（大臣ではないものの）太政官の一員が別当として統括したためと考えられる。

平安時代における伊勢神宮・神郡の刑罰

有富純也

はじめに

本稿は、主に九世紀から十二世紀において、官人が祭祀を懈怠したときや、神郡などの空間で官人・百姓らが禁忌を犯したときに執り行われる祓、特に伊勢神宮における神事違例などに際して、祓の量刑・執行のあり方やその変化の過程について検討することを目的とする。

まずは祓について概観しておこう。祓は六月や十二月に行われる大祓がよく知られているが、(1)それとは別に、いわゆる刑罰としての祓も存在する。山本幸司氏によれば、「神に対する冒瀆的行為を償い、神意をなだめるという趣旨で行われる行為」であり、(2)また、中国大陸から移入された律と異なり、七世紀以前の日本列島に存在した、いわゆる「固有法」であるとされる。(3)つまり祓は、中国から律令が流入してくる以前の法であるため、その実相を明らかにすることによって、七世紀以前の日本社会のあり方を解明することができると予想される。そのためもあってか、古くは江戸時代から研究が蓄積されている。

しかし、祓は律令制下にも、官人が祭祀を懈怠した場合や、官人・百姓が神郡などの神域と観念された空間で禁忌を犯した場合に科せられるものであり、それは『類聚三代格』所収、延暦二十年（八〇一）五月十四日太政官符から理解できる（以下、「延暦官符」と略称する）。この史料は長文であるため、全文の掲載は控えるが、たとえば上祓の部分には、

一上祓料物廿六種

（料物省略）

右闕㆓怠新嘗祭・鎮魂祭・神嘗祭・祈年祭・月次祭・神衣祭等事㆒、殴㆓伊勢太神宮禰宜・内人㆒、及穢㆓御膳物㆒并新嘗等諸祭斎日、犯㆓弔㆑喪問㆑疾等六色禁忌㆒者、宜㆑科㆓上祓㆒。輸物如㆑右。

とある[4]。右の史料から、ある人物が新嘗祭などの祭祀を懈怠した場合や、伊勢神宮の禰宜・内人を殴った場合などの行為に対して、その人物に上祓が科せられることが知られる。祭祀や事件の大小により、大・上・中・下のいずれかの祓が犯罪者には科され、罪を犯した人物は、「大刀一口」などを納めることとなる[5]。

延暦官符の規定にみられる、律令制下の祓に関しては、利光三津夫氏による専論がある[6]。利光氏の研究は、八世紀以降の祓に関する数少ない史料を網羅して検討しており、優れた研究である。しかしながら、利光氏がさほど検討していない、祓を科す際の裁判のあり方、特に量刑・刑執行権の所在、さらには平安中後期、特に摂関期から院政期における変化については、いまだ検討の余地があると考える。そこで本稿では、利光氏の研究を踏まえつつ、比較的史料の豊富な伊勢神宮を中心に、改めて祓の実相について論じてみたい[7]。

一　伊勢神郡内における祓裁判権の所在

1　伊勢神郡における郡司と宮司——弘仁官符の検討——

本節では、主に九世紀の伊勢神宮・神郡における祓裁判権の所在について、考えてみたい。一般的に古代日本の在地裁判において、郡司が量刑権を保持していたとされるが[8]、伊勢神宮ではいかがであろうか。ここで参考になるのが、『類聚三代格』所収、弘仁八年（八一七）十二月二十五日の太政官符である（以下、「弘仁官符」と略称する）。この官符は、①「一、応㆓修理㆒神社玖拾参前」、②「一、応㆓修理㆒溝池十九処」、③「一、応㆓修理㆒駅家壱処」、④「一、応㆓催殖㆒桑漆廿一万八千七百九十六根」、⑤「一、応㆓修理㆒正倉官舎卌一宇」、⑥「一、応㆑決㆓百姓訴訟㆒事」、⑦結論部分、に分けられ、伊勢神郡における神社などの修理、桑漆の植樹などの雑務を、国司の責任ではなく、伊勢神宮宮司の責任に託すとした官符である。この官符をよく読むと、伊勢神宮において刑罰を誰が執行するのか、という点を知ることもできる。そこで行論上、必要な①と⑦を引用する。まず、冒頭と①の部分である。

太政官符

応㆔多気度会両郡雑務預㆓太神宮司㆒事

一、応㆓修理㆒神社玖拾参前

多気郡五十一前

度会郡四十二前

右、得二国解一偁、案二太政官去延暦廿年十月十九日符一偁、得二彼国解一偁、調庸租税依レ例勘徴。而多気度会二郡司、独頼二神事一数致二闕怠一。望請、神界之外将レ加二決罰一者。右大臣宣、奉レ勅、依レ請者、国司依二此符旨一、百姓有レ犯界外決罰。自レ尓行来十六箇年。又被二同官弘仁三年五月三日符一偁、被二大納言正三位藤原朝臣園人宣一偁、奉レ勅、宜乙仰二諸国一、自今以後、永令三禰宜祝等修二理神社一。毎レ有二小破一、随即修レ之。不甲レ得下延怠令上レ致二大破一、国司毎年屢加二巡検一。若禰宜祝等、不レ勤二修理一、令レ致二破損一者、並従二解却一。其有位者即追二位記一、白丁者決二杖一百一。国司不レ存二検校一、有レ致二破壊一者、遷替之日拘二其解由一者。国司依レ格決罰猶多二闕怠一。而被二同官去年十二月廿一日符一偁、神祇官解偁、依二十二月御卜祟一。当国司多気・度会二神郡、出二挙正税一幷行二刑罰一事、依二旧例一可二停止一者。今依二此符一、既停二決罰一。神社破損未レ知二所為一、終任之後、安避二其怠一者。（以下略）

次に、⑦の必要な部分を掲げる。

以前得二国解一偁、（中略）仍案下神祇官去延暦廿年九月廿一日下二太神宮一符上偁、被二太政官去五月十四日符一偁、被二右大臣宣一偁、承前神事有レ犯、科レ祓贖レ罪。其殴傷若重者、祓清之外依レ法科レ罪。斎外闘打者依レ律科決、不レ在二祓限一。又祝禰宜等与レ人闘打、及有二他犯事一須二科決一者、先解二其任一即決罰。神戸百姓有二犯失一者、行斎之外決罰如レ法。立為二恒例一者。今依二此符一宮司不レ預二雑務一而得二決罰一、国司不レ得二決罰一而預二雑務一。其上件諸物等延暦之前雖レ有二破損一、交替無レ煩。頃年之後、一物未レ修必拘二解由一。而神祇官空見下旧例停二刑罰一之占上、未レ知下新格留二解由一之苦上。遂令二国司無レ威百姓有レ怠。若依二小犯一必解二郡司一、補却之労、年無二空月一。終尽二郡民一、更用二何人一。望請、自今以後、二郡雑務、永預二太神宮司一交替分附。然則官物有二修造之便一、国司無二遷代之煩一。仍請二処分一者。（以下略）

⑦では、「国解」として、官舎や正倉を修理する責任を放棄した理由について、「案下神祇官去延暦廿年九月廿一日

下二太神宮一符上偁、被二太政官去五月十四日符一偁」とあり、以下、延暦官符の一部分を引用したあと、「今依二此符一、宮司不レ預二雑務一而得二決罰一。国司不レ得二決罰一、而預二雑務一」と記されている。つまり延暦二十年から弘仁八年まで、多気・度会両郡内の民衆に対して決罰する権限は宮司が所持しているため、官舎などの修理を怠る彼らに対して決罰することができない、と国司は述べているのである[9]。

延暦二十年（八〇一）以降、宮司が伊勢神郡内の刑を執り行う、と述べたが、改めて「今依二此符一、宮司不レ預二雑務一而得二決罰一」という部分に注目したい。「此符」は延暦官符のことであるが、延暦官符をみても、宮司に祓を執行する権限が付与されたことは記されていない。しかし弘仁官符に右の如く記されているということは注目すべきである。すなわち、祓を科すことができるのは、国司のような俗官ではなく、宮司のような神祇職であるということが、当時の社会では自明なことであったのではないだろうか。以上の解釈から、祓を執行できるのは、神祇関連の官司あるいは官職に就いている者に限られていたと推測しておきたい[10]。

ともあれ、弘仁官符に「二郡雑務、永預二太神宮司一交替分附」とあることから、これ以降、俗官である国司は、神郡内における刑罰の執行及び雑務の関与ができなくなったと考えられる。伊勢神郡は俗権力の及ばない、いわば〈アジール〉化したと言ってもよいかもしれない[11]。

以上、弘仁官符について検討してきた。宮司の刑執行権については、九世紀後半においても維持されるらしい。『類聚三代格』所収、寛平九年（八九七）十二月二十二日太政官符にある、大神宮司の解には、「訴訟之輩、日月不レ絶。司勤二神事一、無レ遑二巡紀一」とあり、神郡における何らかの事件は宮司のところへ持ち込まれ、かつ宮司がその事件を処理していたことを読み取れよう。これは俗刑も含まれる可能性が高いが、祓も同様であっただろう。

2　祭主の権限強化

ここまで、弘仁八年（八一七）以降、伊勢神宮の刑執行は、基本的には宮司によって行われたと述べてきた。しかし、十世紀以降になると、神郡におけるさまざまな権限が、徐々に宮司から祭主へ移行していく、と勝山清次氏らによって指摘されている。[12]祭主は元来、伊勢神宮への四度の祭の祭使を勤めるなど、[13]主に神事を職務としており、伊勢神宮の政務に直接関わることはなかったようだが、天慶九年（九四六）伊賀国神戸長部解案[14]によれば、浪人が大神宮御領の預職に任命されないよう、伊賀の神戸の長部が祭主による裁定を求めて、解を提出している。伊賀国の神戸の事例ではあるものの、天慶九年の時点で、祭主が預職の補任を裁定しているということは、神域における雑務を処理する権限が祭主に移り始めている、と考えてよいだろう。勝山清次氏は、『祭主補任』などの後世に編纂された史料を用いて、十世紀初め以降、祭主が、神郡などの雑務の関与を始める、と考えている。また佐藤泰弘氏は、祭主——具体的には大中臣永頼——が伊勢に居館を所持するようになった十世紀最末期に祭主権力が向上したと示唆している。[15]両氏の見解ともに傾聴に値するものだが、伊賀国神戸長部解案から判断すれば、天慶九年ごろ以降、と考えておくのが穏当であろうと考える。本稿では、勝山・佐藤両氏の見解も踏まえつつ、十世紀半ば以降に伊勢神郡における祭主権限が強化されたとしておきたい。

明確な時期は確定できないものの、雑務に関する権限が祭主に移り始めたのならば、神郡における祓執行に祭主が関与し始めてくるのではないか、と予想されよう。実際のところ、十世紀半ば以降、祭主が祓裁判の過程に関与していることが、のちにみる『日本紀略』[16]などの記述から知られる。

さて、獄令などの律令裁判のあり方において、国司や郡司が笞や杖を執行できることから推測するに、神郡における微細な事件について現地にいる宮司などが祓裁判のほとんどを執り行った可能性が高いと考えられるが、一部の事件、おそらく重大な神事違例などの行為については、中央が裁判の一部を担っていたようである。そこで次節では、中央における祓の裁判の関与について、考えてみたい。

二　中央における祓裁判権の所在

まず、御体御卜のときに行われる祓について考えてみたい。御体御卜の際、伊勢神宮の宮司や禰宜、さらには七道諸国神社の「社司」などの神祇職が、祓を科せられることがある。『朝野群載』所収、承暦四年（一〇八〇）六月十日神祇官謹奏によれば、占いの結果、伊勢や各地の神社で「依レ過二穢神事一祟給」とあるように、神事を汚すことによって祟りが生じたため、使者を派遣して祓を科す場合があることが知られる。また、十三世紀半ばに成立した『神祇官年中行事』や、室町時代初期に成立したであろう『宮主秘事口伝』といった神官のための年中行事書にも、御体御卜の際に、伊勢神宮や各神社の神祇職に祓を科すべき、との記載がある。このことから、鎌倉時代になると祓を科すことが、形式的に行われており、おそらく平安時代後期も同様であろう。

このように御体御卜に際して、形式的か否かはともかく、神祇職に祓が科せられることは、少なくとも応和二年（九六二）までさかのぼることができる。すなわち『類聚符宣抄』所収、応和二年八月二十二日太政官符に、

　　太政官符伊勢国幷大神宮司内印

　応レ科レ祓大神宮御厨案主神戸預等事

坐二豊受神宮祟給一御厨案主秦茂興修二三宝一事。同案主新家恒明、同真行等依三過穢二神事一、遣レ使科二上祓一可

レ令二祓清奉仕一事。

同宮鈴鹿郡神戸預等依三過穢二神事一祟給、科二下祓一可レ令二祓清奉仕一事。

使中臣権大祐正六位上大中臣朝臣理明

　卜部散位外従五位下直宿禰保実

右得二神祇官今月十日解一偁、被二太政官去六月十日符一偁、彼官今日解偁、依レ例供二奉　御體御卜一。所レ祟　奏聞既訖。仍録二事状一申送如レ件者。官宜二承知依レ件行一レ之者。彼色々人々為レ令二祓清一、差二件等人一。充レ使申送者。国宜二承知依レ件行一レ之。符到奉行。

左少弁位　　　　　　　　位右少史

応和二年八月廿二日（以下略）

とあり、ここから、伊勢神宮御厨の案主などに祓が科せられることを確認できる。

右の文書から知られる、ここでの刑執行のあり方は、以下のようになる。神祇官は御体御卜を行い、その結果を天皇へ奏聞、さらに太政官へも報告する。その報告を受けた太政官は神祇官へ使者の選定を依頼、神祇官が使者（祓使）を選び、太政官の承認を得て、この官符が発給されることとなる。

このような流れを通覧すると、この官符において天皇・太政官は承認にのみ関与しているだけなので、大・上・中・下、いずれの祓にするか、決定しているのが神祇官の御卜であると推測できる。この点は、注目に値する。

この御体御卜のときに行われる祓は、御卜が六月と十二月に行われるため、恒例の行事と言ってよい。しかし当然のことながら、六月と十二月を待たずに、処理しなければならない事件も生じることがある。以下、検討する。

十世紀半ば、中央における祓の裁判の具体的なあり方を示してくれる史料が、応和二年（九六二）七月に露見した伊勢神宮心御柱違例事件である。まず『日本紀略』応和二年七月二十七日壬午条、及び八月十五日庚子条をみてみよう。

廿七日壬午。右大将藤原朝臣奏二造伊勢大神宮使大中臣善道申、新宮心柱寄レ傍奉レ立文一。

十五日庚子。奏二祭主神祇大副大中臣元房申、伊勢新宮心柱立誤、禰宜・内人等進申文過状一云《ママ》。仰二大神宮司一慥勘申之。

事件のいきさつを右の史料から述べたい。壬午条によれば、応和二年七月二十七日に、伊勢神宮正殿に立つ心御柱が、旧例と異なる場所に立てられたことを造宮使大中臣善道から中央へ報告され、さらにその報告は天皇の耳にも達した。そして庚子条によれば、八月十五日、祭主大中臣元房からも心御柱が誤って立てられていたことが中央へ伝達され、さらには、おそらくその責任を取るべきである禰宜・内人らの過状も祭主によって中央へ提出され、宮司に「勘申」が求められている。

『日本紀略』には、応和二年八月十五日庚子条以降も、この事件について記されている。『日本紀略』応和二年八月二十八日癸丑条には、「神祇官勘二申大神宮新宮心柱違例立之判官・禰宜・内人等罪文一。仰下依二定申一令上レ祓」とある。この記事よりも詳しいものが、大永本『西宮記』巻七、諸社遷宮事、裏書に存する。(17)

同(応和二)年八月廿八日、左大臣令レ奏二神官勘申太神宮新宮心柱違例立判官・禰宜・内人等罪文一。状云、雖レ無二先例一、依二格文一可レ科二上祓一者。仰依二定申一令二祓科一。

この二つの史料を読むと、八月二十八日、神祇官の勘申により禰宜らの罪状が定められ、さらに天皇の「仰」によって、最終的に罪状の決定がなされている。

ここまで検討した応和二年の伊勢神宮心御柱違例事件から、次の二点が知られる。第一に、祭主が今回の事件の報告を行っている点である。心御柱違例の報告は、造宮使によってもなされているが、祭主も同様に報告しており、また、祭主が禰宜[18]らの過状を提出している点は、祭主が、伊勢神宮と中央のパイプ役として関わっていることを示している。八月十五日庚子条に「仰二大神宮司一慥勘申之」とあり、宮司に対して改めて事件の調査を中央が指示していることから、宮司が調査をしなくなったわけではないが、祭主がここで事件を上奏し、また禰宜らの過状を提出していることは、重要であろう。

第二に、神祇官によって「祓」が量刑されている点である。改めて『西宮記』裏書をみると、「状云、雖レ無二先例一、依二格文一可レ科二上祓一」とあり、これが神祇官の勘申の内容であると推測される。祓の量刑は、最終的には神祇官によって行われ[19]、太政官を経て天皇が最終的に決定する、というあり方がここに示されている可能性が高い。

以上をまとめよう。具体的な事件の内容や被疑者は、祭主から太政官、そして天皇へという流れで中央に伝えられる。量刑は神祇官の勘申によって行われており、それが太政官を経て天皇によって決裁される。このあり方が、中央における祓裁判のあり方と言えそうである。

中央から祓が科せられることがどのように伊勢神宮に伝達されるかについては、やややのちの史料であるが、『北山抄』請外印雑事、のなかに「下二神祇官一符、科二祓伊勢斎宮・大宮司某姓某丸等一事」とあることから判明する。この史料から、伊勢斎宮や伊勢神宮宮司に祓が科せられる場合、その事実を知らしめるため、太政官から神祇官へ符がくだされ、さらに神祇官から斎宮や伊勢神宮に伝達される、という流れになっていると考えられる。平安中期、もしくはそれ以前における伝達のあり方を、ここでは示していよう。

以上検討したように、平安中期において、祓の量刑や執行の際に、中央、特に神祇官が関与することが明らかになった。では次に、この中央の関与が、いつごろまでさかのぼるか考えてみたいが、さらに史料が少ないため、太政官や天皇の関与については判然としない部分が多い。しかし、次の二つの史料から、神祇官の関与について多少なりとも窺える。

伊勢に限定される史料ではないが、まず『延喜臨時祭式』94禰宜祝闘打条では、「凡禰宜・祝、与レ人闘レ打、及有二他犯一、詳二其由一移二送此官一。国司勿二輙決罰一」とある。この史料では祓が科される場合とは限定されていない。しかし禰宜・祝が人と闘打した場合、祓を科せられることは延暦官符など[20]から明らかなため、右の史料は、祓が科せられる罪を犯したことを想定していると考えて差し支えない。ここで「移二送此官一」とあることから、祓の裁判に神祇官が関与したことは明らかであろう。この『延喜臨時祭式』が、いつごろの実態をあらわしているのか、関連史料がないために判然としないが、九世紀のある時期の実態を示していることは確かだろう。

さらに『類聚国史』弘仁七年（八一六）六月丙辰条に、「伊勢大神宮司従七位下大中臣朝臣清持有レ犯レ穢、幷行二仏事一。神祇官卜レ之有レ祟、科二大祓一、解二見任一」とあることも参考になる。この史料からも、禁忌を犯した宮司に対し、神祇官が関与して大祓を科したと思われる。

以上、応和二年の伊勢神宮心御柱違例事件ほど明確なことがわからないながら、少なくとも弘仁年間以降、神祇官が伊勢神宮における祓に関与した可能性は高いといえよう[21]。

本節で述べてきたことを整理すると、以下のようになる。少なくとも十世紀半ば以降において、伊勢神宮（神郡）において「神事違例」などの犯罪が行われた場合、①伊勢から神祇官（祭主）への報告、②神祇官での勘申・御卜から量刑決定、③太政官および天皇の裁許、④伊勢への下達、という刑罰裁定システムが存在したと考えられる。そしてそれらが九世紀前半にさかのぼる可能性もあろう。

三　十一世紀以降の伊勢神宮における裁判

前節では、平安時代前期・中期において伊勢神宮で科される祓について、神祇官が関与していたことを述べてきた。では、ここまで述べてきた平安時代前期・中期のあり方が、平安時代後期・末期になるとどのように変化するかについて、本節で考えてみたい。

まず寛治七年（一〇九三）に生じた、前宮司大中臣国房等による、仮殿遷宮の延引などの神事違例を検討しよう。『百練抄』寛治七年二月二日条に、

祭主親定・大宮司公房・前宮司国房等、自所レ訴神宮重事六ヶ条、於二大膳職一対問。去年仮殿遷宮延引事、国房折二豊受宮棟持柱幷瀧原宮霊木一事、公房不レ著二実父服一事、大内人友平称二詫宣一陳二人々禍福一事等也。

とある。右の史料を読むと、瀧原宮の霊木を折るなど、神事違例というべき訴えが並んでおり、平安時代前期・中期であれば祓が科されてもおかしくない事件であると言えよう。ここで大膳職という俗的な空間において「対問」が行われていることから、神祇官の無関与が察せられる。さらに、この事件については、『百練抄』寛治七年三月二十四日条に「前大宮司国房依下闕二怠仮殿遷宮一幷折中豊受宮柱・瀧原宮樹上。令三明法博士勘二申罪名一」とあることも注目したい。十世紀であれば、このような行為に対して神祇官による勘申や御卜・祓の量刑があったことを先述の応和二年の事件などから理解できたが、ここでは明法家による勘申であることは注目される。では、このような変化がいつから生じたか、以下で考えてみよう。

1　神祇官勘申の終焉

まず神祇官による勘申が最後にみられる史料をとりあげよう。『春記』長暦二年（一〇三八）十一月十七日条に、以下のようにある。

（前略）豊受宮権禰宜季頼参上付二申文一。其申文二宮禰宜等加二署名一也。状文在二目録一。季頼云、常供田蝗虫喰損事、依二禰宜遅申一、可レ蒙二其責一也。而即触二宮司一已畢。依二此事一有二御卜一、卜申之旨在二禰宜等神事懈怠一、仍可レ科二上祓一者。而其宣旨云、太神宮常供田預幷作丁豊受宮禰宜等者、案二此文、作丁幷預文一、是有二分別一、於二豊受宮禰宜等一、無二其分別一、皆悉似レ可レ蒙二其責一。仍祓使卜部則政、中臣惟盛参二着離宮院一、欲レ科二此祓一、須下如二宣旨一可上レ科二其祓一也。而禰宜等有二其員一、又朝夕之神事、皆有レ所レ掌。而一度皆悉科二此祓一、神事何人可二勤仕一哉。（以下略）

豊受宮の権禰宜季頼が、中央に次のような要求をしている。すなわち、常供田における蝗害の上申が遅延したため、禰宜全員が神事懈怠として上祓を科せられることとなったけれども、そのような処置では神事が勤められないので、改めてほしい、と季頼は述べる（以下、「禰宜懈怠事件」と称する）。ここで、上祓が科せられる部分に注目したい。「依二此事一有二御卜一、卜申之旨在二禰宜等神事懈怠一、仍可レ科二上祓一」とあり、「御卜」によって上祓が科されていることが知られる。「御卜」を行ったのは、神祇官と考えてよいだろう。[22]

祓使がすでに離宮院に参着していることから、この決定自体は当然十月十七日以前に決まったことと考えてよく、また、基本的には神祇官と伊勢神宮とのあいだにおけるやり取りで刑が決定したと考えてよいだろう。おそらく中央で審理されるものとしては軽微な事件として、基本的に天皇や太政官は関与していないと思われる。[23]これが十世紀以来のあり方であることは、先述の通りである。

ではなぜ、この事件が、神祇官や伊勢神宮と直接関わらない藤原資房の日記『春記』にみられるのであろうか。その理由は、ここで引用していない十七日条後半の記述を読めば理解できる。すなわち、季頼の発言として、「大内人頼秀夢想云、此申文等可レ付二頭中将一者。此季頼不レ知二案内一者也者。此夢想又有二恐事一也」とある。この記述から、大内人である頼秀が、頭中将、すなわち藤原資房のもとへ申文を提出せよ、との夢をみたことによるものであった。おそらく、神祇官経由での訴えでは効果がないと考えた伊勢神宮の禰宜層が、夢に託けて蔵人頭藤原資房を利用したのではないだろうか。(24)

「此夢想又有二恐事一也」と資房が記していることから、一定の効果はあったようである。十七日は関白が物忌だったため、十八日に関白に知らされることとなるが、その関白の命令により、右大臣実資、天皇の耳にまで達することとなる。二十一日条には、以下のようにある。

廿一日、癸丑。晴天。依レ召参二右府一。給二禰宜等申文・勘文一。兼忠勘申云、大祓解二其職一。上中下祓雖レ科、不レ解二其職一。内外宮禰宜事、是依二卜文一給二宣旨一、其卜同注申也。早可二奏文一者。予即参二執柄一、以二章信一令二伝覧一。仰云、早可二奏聞一者。即参内奏二件書等一。仰云、二宮禰宜一度有二科レ祓之例一乎。又内宮作田預幷作可レ尋二其人一、又御卜心如何。此由可二尋問一歟。可レ示二関白一者。（以下略）

先述の禰宜申文をうけて、右大臣藤原実資が「兼忠」なる人物の勘申を参照している。この「兼忠」は、卜部兼忠であろう。『小右記』長元五年（一〇三二）十一月二十九日条によれば、神祇大副の官職にあり、また『大神宮諸雑事記』長暦三年（一〇三九）三月十二日条に「卜部神祇権大副兼忠宿禰」、『大神宮諸雑事記』長暦三年十二月二十六日条に「大副卜部宿禰兼忠」とある。彼が禰宜懈怠事件の時点で神祇官人である可能性は極めて高い。

翻って『春記』で兼忠は、「大祓解二其職一。上中下祓雖レ科、不レ解二其職一」との勘申を提示しており、ここでは、実際に祓を科すことについて勘申しているわけではなく、伊勢神宮禰宜の処遇に関する見解を述べているのみであるものの、祓と解任の関係について神祇官の官人が勘申をしている点、注目すべきことだろう。よってこの段階において、伊勢神宮神祇職の刑罰に関しては、神祇官がかなり関与していることを、改めて確認することができよう。そしてこれ以後、神祇官による勘申を示す、具体的な史料は、見当たらない。

2　弁官勘申の登場

続いて、伊勢神宮における神事違例に対して、神祇官以外が勘申を行った史料上最初の例をみてみよう。実は禰宜懈怠事件では、弁官による勘申と考えられる史料もある。長暦二年十一月二十八日の段階で、『春記』に「禰宜等不レ科レ祓事也」と記述があることから、一応の決着がついているように見受けられるが、『春記』長暦二年十二月十六日条の記事には、「経長□伊勢禰宜等皆悉科レ祓事、無二其例一。仍差二其人一可二卜申一之由、有二宣旨一。仍於二本司一卜之云々」とあり、神祇官人とは考えられない源経長が関与していることがうかがえる。源経長は、当時権左中弁であった可能性が高く[25]、あるいは『春記』長暦二年十一月二十一日条にみられた神祇官による勘申に加えて、これまでの伊勢神宮裁判では見受けられなかった、弁官による勘申、あるいはそれと同等なものが行われた可能性もある。

ここまで、長暦二年に露見した禰宜懈怠事件をみてきたが、次に、長暦三年に審理された事件について検討したい。祭主と伊勢宮司側が対立したことをうけて、遷宮に際し混乱が生じた。その過程において『大神宮諸雑事記』長暦二年九月条によると、遷宮に際し「祭主乃傍親乃有官散位之輩、祭主郎等」が神殿に乱入するという違例をうけて、彼らが罰せられることとなる（以下、「祭主郎等乱入事件」と称する）。彼らに対する量刑について『大神宮諸雑事記』長暦三年三月二十七日条には、

依二　宣旨一、去年御遷宮乃夜、昇殿乱入之輩、於二大膳職一天、被二糺問一。使史長者惟宗朝臣義賢也。頭弁源朝臣経

長、勘二文子細一、別日記仁在利。依二件略問一天、三員司被レ停二止釐務一了。（以下略）

とある。ここで彼らは大膳職において取り調べをうけていること、および、取り調べにおいて神祇官人ではなく、太政官の史や弁であることが知られる。[26] 祭主は流罪に処されるため祓の例ではないのだが[27]、弁官の関与は明らかであろう。

さらに『大神宮諸雑事記』天喜六年（一〇五八）七月二十七日条にも、弁官の関与がみられる。

同六年戊戌七月廿七日宣旨偁、応下早撰二補替人一、来九月御祭供中進去二年十二月、同三年六月両度闕怠飯高神戸御神酒上事云云。具不レ記。事発、前大宮司義任、彼神戸検田於行之由愁訴天闕二怠御神酒一也。以二去三年六月二日一、依二宣旨一天、左大史中原師範、右史生惟宗資行、伴成道等於差レ使天、以二同月七日一天、義任与二神戸預河内惟清一、被二対問一之処、惟清所為、前後相違既成二故八人罪一之重也。仍被レ停二止件惟清職掌一、被レ科二大祓一已了。同年七月廿七日宣旨、件惟清科二大祓一事也。使、中臣大中臣公庭、卜部神祇大祐卜部兼国等也。宣旨状偁、内大臣宣、奉レ勅、件惟清等、去天喜二年十二月、同三年六月、両度御祭之間、寄二事於訴訟一、闕二怠御神酒一、須下任二格条一、専科中上祓上也。而猥依二故八人罪之謀略一、忝致二無レ止神事之闕怠一、況籠二公田一、為二私領一、徒仮二神戸威一、不レ致二司庫之弁一者乎。仍科二大祓一。差二件人一、発遣如レ件云々。依二件宣旨一、以二同年八月二日一、検非違使河内重澄被レ改二補神戸預一已了。

やはりここでも左大史などの、いわば弁官局の官人たちが伊勢神宮の事件調査を行うために使者として派遣されている。事件の調査に、祭主や宮司が関与しているようには史料から読み取れず、おそらくは弁官の審理のみで大祓などが量刑されたのではないだろうか。

3　明法家勘申・罪名定の登場

ここまで、弁官の関与について検討してきた。次に、『百練抄』寛治七年三月二十四日条にみられた、明法家の勘申について考えたい。史料上で早く確認できる例は、『大神宮諸雑事記』長暦三年四月一日条である。ここでは祓の量刑ではなく、祭主への流罪への勘申のようだが、「罪名於被レ下二勘於明法一早了」とあり、伊勢神宮関連の裁判に明法家が関わるものとして重要であろう。さらに『百練抄』長暦三年六月二十六日条をみると、

前祭主佐国配二流伊豆国一、依二神事違例一也。去廿三日令三諸卿定二申之一。以二兼興一補二祭主一畢。

とあり、この罪名勘申の結果、「神事違例一」により、「諸卿定申」すなわち公卿の陣定（罪名定）を経た上で祭主は流罪となっている。伊勢神宮において、禁忌を犯した罪に対し、明法家の勘申及び陣定の開催が実際にみられるのは、この事件が最も早いものといえよう[28]。

また『大神宮諸雑事記』康平二年（一〇五九）二月条にも、「而後被レ下二於法家一宣旨云、祭主宮司等、会レ赦之後、可レ従二神事一哉否。勘申云、祓清可レ従也者」とあり、ここでも量刑をしているわけではないが、伊勢神宮の事件に勘申が求められており、十一世紀半ばにあたって、次第に明法家の関与がみられるようになる。

以上、十一世紀中後期を中心に、伊勢神宮およびその周辺で発生した刑事事件裁判のあり方を検討してきた。実はそのあり方は、当該期の太政官による裁判形態と同様であると言えそうである。すなわち前田禎彦氏によれば、いわゆる摂関期の太政官裁判は、①弁官・検非違使庁などの審理、②明法家の罪名勘申、③天皇・公卿の陣定（罪名定）の三要素から成り立っていたという[29]。これを伊勢神宮の裁判に当てはめれば、例えば長暦三年祭主郎等乱入事件の裁

判において、①は『大神宮諸雑事記』長暦三年三月二十七日条「使史長者惟宗朝臣義賢也。頭弁源朝臣経長、勘二文子細一」、②は『大神宮諸雑事記』長暦三年四月一日条「罪名於被レ下二勘於明法一早了」、③は『百練抄』長暦三年六月二十六日条「去廿三日令三諸卿定二申之一」などとあることから、前田氏の言う三要素の存在を窺い知ることができる。
つまり長暦年間を境として、神祇官による祓裁判のあり方は一般的な当時の裁判のあり方に吸収されてしまったのである。

ではなぜ、神祇官による裁判は一般的な当時の祓裁判に吸収されてしまったのだろうか。その理由は、長暦二年禰宜懈怠事件に隠されていると考える。先述のように『春記』長暦二年十一月十七日条によれば、大内人頼秀の夢想により、権禰宜季頼は蔵人頭藤原資房を頼っている。これは、すでに決定していた上祓を覆そうとして試みたもので、つまりは神祇官裁判を覆そうと試みたものであろう。この時期は、伊勢神宮から朝廷への託宣などが下されるなど、朝廷の伊勢神宮への畏怖が高まっていた時期である。伊勢神宮禰宜層は「夢想」を利用して、祭主勢力との対抗のために神祇官裁判を形骸化させ、一般的な裁判が実施されることを求めたのではないだろうか[30]。そもそもこの禰宜懈怠事件は、禰宜層と宮司の対立が原因と言ってもよい。またこの時期の伊勢神宮周辺では、斎宮と祭主の対立など、さまざまな勢力が対立関係にある時代であり、而して禰宜層が中央に強訴を行うなど[31]、祭主や宮司に対して自分たちの権益を拡大しようとしていた[32]。そこで禰宜層は、中央からのより有利な裁定、いわば祭主・宮司勢力がより不利になるような裁定を得るため、神祇官による祓裁判を無効化させ、一般的な裁判への移行を望んだのではないだろうか[33]。

4　朝廷における祓勘申の消滅

ここまで、伊勢神宮の神事違例に対し、神祇官の勘申が長暦年間あたりを境にみられなくなる、と述べてきたが、そもそも中央が、固有法とされる祓を勘申するという史料自体も、みられなくなるようである。

康和四年（一一〇二）から翌年にかけて、神祇権大副大中臣輔弘・前禰宜荒木田宣綱らが、離宮院などを放火する事件を起こし、その審議が中央で行われる。ここでも明法家の勘申がなされているが、注目したいのは、『殿暦』や『中右記』、『本朝世紀』などの史料が豊富にあり、事件の内容が比較的詳しくわかるケースであるにもかかわらず、祓が科されている様子が史料上うかがうことができない点である[34]。たとえば『本朝世紀』康和五年八月十三日庚申条では罪名定が行われており、「太政官符㆓伊勢太神宮㆒偁、件人等坐㆑事配㆓流伊豆・常陸・土佐国㆒。早仰㆓彼宮㆒、令㆑取㆓進件位記㆒者」とあることからわかるように、彼らは流罪などの俗刑を科されているものの、祓は科されていない。また、神祇官の関与も窺えず、また明法家は、祓を勘申していないと言えそうである。以上の検討から、院政期において中央が祓の量刑などに関わっていないことを想像させよう。

摂関期後期以降、伊勢神宮の刑事事件や国司との土地争論が中央へ持ち込まれることが多くなることはよく知られているが[35]、院政期の古記録には伊勢神宮の祓裁判に中央が関与することはないようである。事実、十二世紀前半に成立した『法曹至要抄』第十四条「神事違例事」や第十五条「神事時触穢事」には、俗刑が科されるとなっているものの、祓が科されるとの記載はない。

ただし、ある時点から突然、祓から俗刑に変化したわけではないことにも注意をしたい。先にも触れたが、『大神宮諸雑事記』康平二年（一〇五九）二月条を検討する。

祈年祭使祭主永輔参下、抑依㆓去天喜五年九月十四日㆒、荒妙御衣之勤有㆓闕怠㆒、祭主幷宮司等罪名被㆑令㆑勘之処、祭主贖銅卅斤、宮司同前也。至㆓于大少神部二人㆒者、科㆓大祓㆒、解㆓却見任㆒畢。而後被㆑下㆓於法家宣旨㆒云、祭主宮司等、会赦之後、可㆑従㆓神事㆒哉否。勘申云、祓清可㆑従也者。仍祭主科㆓上祓㆒、宮司科㆓中祓㆒天、各祓清之後、所レ被二免下一也。

荒妙御衣に関する何らかの勤めを怠った祭主と宮司に対し、贖銅三十斤の俗刑が科せられたのち、祭主と宮司が別の神事を勤めるため、明法家の勘申により祓が科せられることが決定されている。つまりここから、同時に科されたものではないものの、俗刑と祓が、十一世紀半ばには混在して科されていることが知られよう。突然、伊勢神宮内での神事違例への対処が、祓から俗刑へと変化したわけではないことを、確認しておきたい。次第に中央が祓を科すことに関与することがなくなり、俗刑のみの執行となっていく。

なお、十二世紀以降の伊勢神宮で祓を科すことが完全に消え去ってしまったわけではないことにもまた注意しておきたい。『中右記』永久二年（一一一四）十月十七日条には、伊勢神宮の検非違使が祭庭において闘乱をしたとき、検非違使別当である宗忠は、祭主の言上を受けて「如レ此事、任二太神宮禁法一可レ行之由、可レ被レ下二知祭主一之旨申了」と述べている。また『中右記』天仁元年（一一〇八）三月二十日条にも、陣定において、豊受宮の禰宜が喪に遭いながら「内院」に参入した罪を審議する際、「但猶又尋二神宮例一。可二祓清一事、可レ被レ問二祭主一歟」という宗忠の見解に、陣定の参加者はおおよそ賛同を表しているようである。以上の二つの史料から、院政期における祭主が「大神宮禁法」や「神宮例」[36]によって祓を科すことが可能な存在であるということが理解できよう。さらに推測をたくましくすれば、中央は祭主に祓を科すことを委ねていたとさえ言えるかもしれない[37]。

おわりに

本稿は、平安時代の伊勢神宮の刑事事件について論じてきた。多岐にわたった論点をまとめれば、以下のようになろう。

①　少なくとも延暦二十年（八〇一）以降、伊勢神宮神郡において宮司が神祇職などに祓を科していた。十世紀半ば以降になると、祭主も祓裁判に関与していることを確認できる。

②　伊勢神宮の神祇職に祓が科されるとき、中央で審理が行われる場合があり、その際は量刑の勘申など、神祇官が大きく関与した。神祇官の関与は、少なくとも弘仁年間までさかのぼる可能性が高い。

③　十一世紀半ば以降、次第にではあるが、神事違例などに対して、中央において祓ではなく、俗刑を神祇官に代わって弁官や明法家が審理・勘申するようになる。いわば祓は、中央（神祇官）とは無関係に祭主などによって科されるようになっていった。

④　③の変化の原因は、伊勢神宮周辺の勢力、斎宮や祭主、あるいは宮司や禰宜層などがお互いに対立し、それが激化したことであろう。

以上を指摘して、粗雑な論証と大胆な推測に終始した拙い論考を終えたい。

注

（1）　神祇令18大祓条、19諸国条。

（2）　山本幸司「はらえ」（『日本史大事典』五、平凡社、一九九三年）。

（3）　大津透「律令法と固有法的秩序」（『新体系日本史2　法社会史』山川出版社、二〇〇一年）。

（4）　『類聚三代格』の写本系統については、鹿内浩胤「金沢文庫旧蔵本『類聚三代格』とその転写本」（『国史談話会雑誌』五六、二〇一五年）参照。

（5）　祓は個々人に科される、いわば財産刑であるとの認識をかつて論じたことがある。拙稿「祓と律の関係について」（『正倉院文書論集』青史出版、二〇〇五年）。

（6）　利光三津夫「祓と律令制」（『律令制の研究』慶應通信、一九八一年、初出一九八〇年）。

（7）　なお古代伊勢神宮の全体像については、近年の研究として勝山清次「北伊勢と伊勢神宮」（『四日市市史　通史編古代・中世』四日市市、一九九五年）、榎村寛之『伊勢神宮と古代王権』（筑摩書房、二〇一二年）などを参照した。

（8）　律令裁判のあり方や、その変化に関しては多くの研究があり、本稿でも多くの文献を参照したが、さしあたり前田禎彦「古代の裁判と秩序」（『岩波講座日本歴史5　古代5』岩波書店、二〇一五年）が近年の研究をまとめており、多く依拠した。

（9）　附言だが、この弘仁官符により、宮司は神郡において刑を執り行えるだけでなく、雑務に関する責任も負うこととなる。この点については、熊田亮介「律令制下伊勢神宮の経済的基盤とその特質」（『日本古代史研究』吉川弘文館、一九八〇年）、参照。

（10）　延暦官符が九月二十一日に伊勢神宮に下ったのち、宮司に刑の執行権が移行したが故に、国司は「神界之外将レ加二決罰一」ということを望み、朝廷に認められたのであろう。そして実際に国司は「依二此符旨一、百姓有レ犯界外決罰」とあるように、神社修理を懈怠する百姓らを神郡の外に連れ出し、決罰を行っていたと思われる。

（11）　ただし、九世紀の伊勢神宮の「雑務」については、斎宮の関与も窺われる。すなわち『続日本後紀』承和十二年（八四五）六月癸未条によれば、「勅、令三斎宮寮頭弁助検二校大神宮弁多気・度会両神郡雑務一。自今以後、立為二恒例一」とある。またやや信頼性を欠く史料である『大神宮諸雑事記』仁寿二年（八五二）八月十九日条によれば、大祓を指示する太政官符が国司と宮司両者に下っている。以上から、九世紀における伊勢神郡の行政権や刑執行権は、頻繁に移動していた可能性もあろう。
ここで『大神宮諸雑事記』について確認しておきたい。当該史料は、祓を科した事例が多く記されており、本来ならば本稿で積極的に用いるべき史料であるかもしれない。しかし、小倉慈司氏が述べるように、「記事内容に関しては平安時代中期以降の部分がかなり信頼できるのに対し、前半部分には明らかに疑わしい記事も見られ」るため、本稿において十世紀以前の部分は、参考程度にとどめた。小倉慈司「八～九世紀の伊勢神宮史料に関する一考察」（『大中臣祭主藤波家の研究』続群書類従完成会、二〇〇〇年）、参照。

（12）　勝山清次「伊勢神宮における祭主支配の成立と展開」（『中世伊勢神宮成立史の研究』塙書房、二〇〇九年、初出一九九九年）。

（13）　藤森馨『改訂増補　平安時代の宮廷祭祀と神祇官人』（原書房、二〇〇八年）。

（14）光明寺古文書。『平安遺文』二五五号。
（15）佐藤泰弘「伊勢神郡と祭主の裁許」（『中世裁許状の研究』塙書房、二〇〇八年）、三二五頁。
（16）注（8）参照。
（17）おそらく、『日本紀略』応和二年八月二十八日癸丑条の前提となるものであろう。
（18）『西宮記』にある「判官」がどの官司の判官なのか、釈然としない。造宮使であろうか。
（19）もちろん、宮司の調査も踏まえつつ、神祇官は量刑していると推測される。
（20）参考史料として、『大神宮諸雑事記』元慶七年（八八三）正月二十三日条も参照。
（21）なお『大神宮諸雑事記』にも、九世紀においては、事件の内容を伊勢側から神祇官へ上申する例がいくつかみられ、『延喜臨時祭式』や『類聚国史』を用いて述べてきたことを、裏付けることができよう。
（22）後述するように、神祇官人の兼忠が勘申して「大祓解㆓其職㆒。上中下祓雖㆑科、不㆑解㆓其職㆒。内外宮禰宜事、是依㆓卜文㆒給㆓宣旨㆒、其卜同注申也」（『春記』長暦二年十一月二十一日条）と述べている。ここで言う「卜文」は、神祇官によるものと考えた方が自然であろうから、十七日条の「御卜」も神祇官によるものと考えてよいだろう。
（23）従って、当該条以前に、藤原資房の日記に上祓が決定されたことを記した記述は存在しない。
（24）平安貴族の夢については、倉本一宏『平安貴族の夢分析』（吉川弘文館、二〇〇八年）。この部分について、二三一～二頁に記述がある。
（25）『春記』長暦二年十月一日条などから知られる。
（26）長暦三年（一〇三九）三月の時点で源経長は「頭弁」ではなく、権左中弁だが、蔵人頭には任じられておらず、蔵人頭に任じられるのは長久三年（一〇四二）正月である（『公卿補任』長久四年条による）。つまり、経長が頭弁である時期は、長久三年以降であり、この史料の信憑性が疑われるが、『大神宮諸雑事記』の錯誤として処理せざるを得ないか。後考を期したい。
（27）『大神宮諸雑事記』長暦三年六月二十三日条参照。
（28）ただし注意したいのは、早川庄八氏らが取り上げて夙に著名である、長元四年（一〇三一）の斎宮託宣事件である。この事件では、斎宮頭とその妻が、「造㆓立宝小倉㆒、申㆓内宮・外宮御在所㆒」（『小右記』長元四年八月四日条）などをしたため、斎王の託宣に従い流罪となる。本来ならば祓裁判が行われてもよい事件であろうが、託宣が発されるという前代未聞の事件であり、藤原頼通などの俗官が事件処理に関係せざるを得なかったと思われる。この事件も、伊勢神宮の刑事事件に中央の俗官が関与を始める契機の一つかもしれない。ただし、陣定は形式的にしか行われておらず、またその折の勅使が読み上げるべき宣命草に「託宣乃旨尓随天、更法家尓毛不レ令レ勘之天、即今月八日尓各以配流」（『小右記』長元四年八月二十三日条）とあることから法家勘申も行われていない。すなわち、託宣にほぼそのまま従い流罪を決定しており、やはりやや特殊な例と考えるべきであろう。早川庄八「長元四年の斎王託宣事件をめぐって」（『日本古代官僚制の研究』岩波書店、一九八六年、初出一九八三年）など参照。

(29) 前田禎彦「摂関期裁判制度の形成過程」（『日本史研究』三三九、一九九〇年）。

(30) 先述したように、九世紀以降の伊勢神宮やその神郡内は、俗刑が執り行われないという特殊な空間、いわば一種の〈アジール〉であったと推測されるが、十一世紀半ば以降、流罪や贖銅などの俗刑が、次第にではあるが、弁官や明法家の勘申を経て執行されるようになる。伊勢神宮および神郡内に、俗法が適用されはじめる、と評価することができるかもしれない。

(31) 神人強訴については、村岡薫「伊勢神宮における神人強訴の一考察」（『中世の政治的社会と民衆像』三一書房、一九七六年）など参照。

(32) 勝山注(7)論文、一一七〜一二〇頁参照。

(33) その結果、祭主・宮司・禰宜層の「三者の間に一定の妥協が成立し」たと勝山氏は述べている。勝山注(7)論文、一二〇頁参照。

(34) この事件に関しては、棚橋光男「院政期の訴訟制度」（『中世成立期の法と国家』塙書房、一九八三年、初出一九七八年・一九八〇年）、大津透「摂関期の律令法」（『山梨大学教育学部研究報告』四七、一九九七年）を参照。

(35) 勝山注(12)書など参照。

(36) この他、天養二年（一一四五）二月十四日祭主大中臣清親下文案「可下早任二宣旨一、停二止源義朝濫行一、且令レ召二進犯人一、且任二太神宮例一、祓清致中供祭勤上（以下略）」（相模国大庭御厨古文書。『平安遺文』二五四五号）に「太神宮例」とあるのも参考になるだろう。なおこの文書は、勝山清次「鎌倉時代の伊勢神宮祭主裁判と公家政権」（注(12)書、初出二〇〇一年）から知った。

(37) これ以降の主に中世の伊勢神宮の裁判については、勝山注(12)書参照。

〔付記〕　本稿は、二〇〇三年十一月に行われた史学会大会で発表したものを、近年の研究も踏まえつつ、一部史料の読解なども改めて成稿したものである。

『延喜式』諸司公廨条と官舎修造

吉松大志

はじめに

『延喜式』雑式には、次のような条文がある。

史料1　『延喜式』雑式6諸司公廨条[1]

凡諸司公廨限㆓三箇年㆒出挙。其本依㆑数返納。仍以㆑利為㆑本出息、毎年十二月録㆓定本数㆒、申㆓送於官㆒。交替官長分明付領、然後放還。其処分法者、長官五分、次官四分、判官三分、主典二分、史生一分。若無㆓次官或判官㆒者、止准㆓見官㆒為㆑差。

諸司（中央官司）の公廨に関する運用・処分を定めた条文である。諸国に設定された公廨稲については、その設置・管理・運用に関する史料が豊富なこと、諸国財政における重要度の高さなどから早くから注目され、研究も蓄積されている[2]。一方、同じ「公廨」でありながら、諸司公廨は諸国公廨稲を論究する中で関説される程度であり[3]、掲げた『延喜式』の条文解釈すら未だままならないのが現状である。しかし諸司公廨は、解明の進んでいない諸司における財政活動を考える上で重要な存在と予察される。本稿では、諸司公廨について基本的な考察を加えるとともに、これまでの大蔵省を中心とする中央財政史研究の中で等閑視されてきた諸司財政に光を当て、諸司公廨が果たした役割について考えていきたい。(4)

一　諸司公廨条の構造

まず、根本となる諸司公廨条がどのような内容を規定しているのかを見ていきたい。条文冒頭には、諸司の公廨は三か年を限って出挙せよ、とある。この三ヵ年は、「其本数に依りて返納せよ」とあるように元本となる公廨を出挙する期間である。その後は「利を以て本と為し出息」、つまり三ヵ年間の出挙により発生した利息が新元本となり出挙が行われていくことになる。(5)これは元本となる公廨が債務不履行などにより減失することを防ぐ為の方策と理解でき、諸司公廨の保全に対する格別の配慮として注目される。またこのような三ヵ年限定の公廨出挙という規定から、本条がある時点での法令に基づいて立条されたことがうかがわれる。

続いて、新元本は貸付・利息回収を経て、毎年十二月に新元本の状況を整理・記録し、太政官に報告すること、諸司の官長が交替する際には明瞭に引き継ぐことが定められている。(6)前者はその時期から年終帳による報告を定めたものと理解される。年終帳は諸司が保管する公文・官舎・公廨の出納や収支などについて記録する帳簿で、年終(十二月)に作成し太政官に報告することとなっていた。また後者の交替時の引き継ぎについても、大同四年(八〇九)に同じく諸司公文・官舎・公廨の十全な保管と分付受領を目的に、諸司官人に対する解由制度が制定されている。(7)諸司公廨や新元本は、これら諸司監察システムによって万全な管理が志向された、重要な財源であったことが分かる。

最後に「処分法」が記されるが、ここで問題なのは新元本の出挙によって得た利息の使途が明記されず、所属官人の分配法のみが定められている点である。一方、諸国公廨稲については、天平宝字元年（七五七）に、「凡国司処㆓分公廨㆒式」として、まず官物の欠負未納の補塡、次に国内の儲物が優先され、それでも見残がある場合、官等に応じて所属官人に分配することが定められている(8)。よって本条も本来は処分法の前に利息の使途が記されていたが『延喜式』編纂時に削除された、もしくは基となる法令の制定時には明示されていた利息の使途が条文化の際に削除されたことが想定できる。

二　諸司公廨の確立

前節の検討により、諸司公廨条には立条の基となる法令が想定できること、本来あるべき一部規定が削除された可能性があることを指摘した。それらについて検討する前に、そもそも諸司の「公廨」とは何なのか、その実態と機能について以前簡単に述べたこともあるが(9)、ここで改めて整理しておきたい。

よく知られているように、公廨は中国では「公廨本銭」などの形で各官司で確保され、出挙運用して官司の財源となるものであった(10)。一方、律令制導入期の日本では、大蔵省を中心とする中央出納体制を構築し(11)、諸司が財源を保有することを認めていなかった。このように、当時の日本では財源としての「公廨」が未成立であったため(12)、「公廨」に関する条文は継受した（雑令37公廨条）ものの、単なる官司保有の器物の管理規定として位置づけたと考えられる(13)。

但し、実際には奈良時代から、臨時的ではあるが諸司への「公廨銭」支給・出挙運用を指示する法令が出されるなど、財源としての諸司公廨が確認できる(14)。また公廨と銘打つものではないが、木簡や正倉院文書では官司が運用する

「出挙銭」の存在が確認でき、(15)諸司が財源を保有し出挙運用すること自体は奈良時代から各所で行われていたのであろう。

しかし諸司のそのような動きに朝廷の中枢が目を向け、諸司の恒常財源として認識し、統一的な管理・把握を目指したのは、平安時代の大同年間に入ってからであった。この時期には、公廨を対象とした法令が次々と出されている。大同三年（八〇八）、要劇料・馬料・時服とともに、「公廨」に対して「悉革㆓前例㆒、普給㆓衆司㆒」との詔が出された。(16)おりしも平城朝の諸司官制改革の最中の詔であり、その一環として官人給与体系も再編されたと位置づけられる。本詔の「公廨」は、明らかに官人給与の一として認識されており、当時の諸司における「公廨」に官人給与的性格があったことがうかがわれる。(17)先述の出挙銭をはじめ大同期までに諸司に蓄積された「非公的」財源は、官司運営に充てられるだけでなく、所属官人への得分化していたのであろう。

続いて大同四年には公文・官（館）舎とともに公廨の保全を目的として、諸司にも解由制度が適用された。(18)諸司公廨は、この時はじめて官人交替時の分付対象として定められたが、公廨の勘検は交替時だけでなく、毎年行われたようである。『延喜交替式』19条に「凡公文・官舎・公廨等、年終作㆑帳申㆑官。自余雑官物、可㆑預㆓解由㆒色亦准㆑此。」とあるように、大同四年に解由により勘検対象となった公文・官舎とともに、公廨は年終帳によって毎年の太政官への報告が義務付けられた。拙稿で述べたように、諸司解由制度と年終帳制の監察システムとしての連関性を考慮すると、年終帳による諸司公廨の勘検も、大同年間とそう隔たらない時期に定められたと考えられる。(19)

このように、大同年間には、それまで臨時に設定されたり、運用や管理を諸司に放任していた公廨について、諸司間で不均衡とならないよう設定し、諸司監察システムを整備して太政官が毎年そして官人交替時に運用・管理を把握することが可能となった。諸司の「公廨」の確立の大きな画期となったのが、この大同年間であった。

三　公廨と修理料

では、律令的な中央出納体制では諸司が財源を保有することを認めなかった朝廷が、なぜ諸司公廨を恒常財源として認め、その把握に努める方向にシフトしたのであろうか。諸司公廨に求められた役割から、読み解いていきたい。

これまで掲げた史料では、諸司公廨には官人給与としての性格を指摘してきた。しかし、本来はそれだけではないであろうことは、第一節で史料1の成り立ちを考える中ですでに述べたところである。ではそれは何か。実は明快に語っている史料が存在する。

史料2　『類聚国史』巻百七・元慶八年（八八四）九月十四日条

勅、以二新銭三十三貫一、相分給二左右京職一出挙。以二其子銭一送二大学寮一、充二学生菜料一。先レ是、大学頭従五位上兼守右少弁藤原朝臣佐世奏言、據レ式、左右京職出挙、以二其息利一、充二学生菜料一。弘仁之前、毎レ年有レ送。天長以降、絶而不レ納。其隆平永宝者、延暦十五年新貨也。厥後、銭文改易、惣経五度。両職須下毎改二旧貫一、請中換新銭上。而忽二略其事一、全失二本物一、遂使二生徒積レ歎無レ菜。今尋二物意一、給二諸司公廨銭一者、為レ修二理官舎一也。然猶新泉初涌、十二倍本源一。況大学者、百川之学海、九流之道淵也。大廈棟梁、於レ是乗育、巨川舟楫、於レ是可レ採。論二其弘益一、豈按二官舎一。以レ彼比レ此、相去既遠。望請、准二據式文一、充二給新銭一、毎レ年出挙、依レ例令レ送。若致二未進一、将レ拘二職司考禄一[20]。詔、従レ之。

元慶八年、左右京職に新銭を公廨銭として支給し、出挙させて得た利息を学生菜料として大学寮に送ることを命じた勅である。ただしこれは全くの新制ではなく、藤原佐世の奏言によると、弘仁年間以前から毎年実施されることになっていたようである。続いて延暦十五年（七九六）の新貨隆平永宝の支給以降、貨幣改鋳を重ねても両職が新貨への交換を怠っていることが指弾されていることから、この出挙・送付方式が延暦十五年以降弘仁年間以前に開始されたことがわかる。これは、前節で述べた「公廨」の確立が大同年間との推定とも齟齬しない。

そして本勅では、この京職含め諸司公廨銭が支給された目的として、官舎の修理が明確に謳われている。本勅では官舎（の修造）は大学の広益に比すべきもないとして、天長年間以来絶えていた公廨銭出挙・大学寮への利息送付を旧来通り実施することを厳命しているが、本来の公廨銭の設定目的は官舎が破損した際の修理料の捻出であった。では諸司官舎の修理料について、他にどのような具体的な規定があるだろうか。

史料3　『政事要略』巻五十四所引貞観交替式（弘仁十一年（八二〇）閏正月二十日官符）

交替式云。太政官符　応レ修二理官舎一事

右諸司官舎破損不レ少。覆二勘其由一、怠在二官人一。不レ勤二修理一、遂致二大破一。遷代官人解由有レ煩。大納言正三位兼行右近衛大将陸奥出羽按察使藤原朝臣冬嗣宣、奉レ勅、永置二其料一、随レ破修理。未レ請レ料司、随二其舎数一、撙節請二修理料一。即毎年出挙、割レ利且用二修造一。三年之後、積レ利為レ本、々即返レ庫。

弘仁十一年閏正月廿日

弘仁十一年、本官符により諸司官舎の修理方法が定められた。平安京に都を遷して二十五年以上が経過し、諸司官舎に破損が目立ってきたのであろう。諸司官人が日頃の修繕に勤めないため、大破となっていると糾弾されている。これ以前の諸司官舎の修造について中町美香子氏は、養老営繕令では突発的な大破の修造は2有所営造条により諸司が必要経費を計算し太政官に申請、通常の小破は6在京営造条により次年度の営造計画に基づき予算を計上し諸司が太政官に申請する、またその経費はいずれも諸司ではなく中央財源から支給されることになっていたと指摘する。(21)本官符で問題になっているのは、通常の小破で、諸司が太政官への計画的な修理予算申請を怠っているのが問題であった。そこで本官符により営繕令に基づく小破修理方式が改められ、諸司に官舎数に応じて修理料が支給され、破損修理の励行が求められた(22)。ただし、支給された修理料はそのまま修理財源として消費されるわけではなかった。

本官符の後段には、修理料の運用方法について以下のようにある。修理料は毎年出挙し、その利息から修造経費を割き取る。三年後に利息を積み上げてそれを新元本とし、本の修理料は諸司の庫に返納する。官符施行後三年間は、修理料出挙の利息から修理経費を捻出するものの、三年後からは積み立てた利息が新たに修理経費のための元本となるわけであるが、これは最初に支給された修理料の元本割れを起こさないように保全するための措置であろう。

ここで史料1に翻って両者を比較すると、諸司公廨の出挙・運用方法と諸司修理料の出挙・運用方法とが、全く同じであることがわかる。諸司の公廨銭は官舎を修理するためという史料2の一節も念頭に置くと、史料1の前半部分は史料3諸司修理料の規定を淵源としていると考えられる(23)。

実は公廨と官舎の密接な関係は平安期に現れたものではなく、もともと「公廨」自体に官司や官衙といった意が存在し、特に日本では律令制導入時に財源としてではなく官司・官衙の意味に限定して公廨関連条文を継受していた(24)。さらに第二節で触れた天平十六年（七四四）の公廨銭設置も、諸司官舎とのかかわりがうかがわれる。

史料4　『続日本紀』天平十六年四月丙辰条

以㆘始営㆓紫香楽宮㆒、百官未㆖成、司別給㆓公廨銭㆒。惣一千貫。交関取㆑息、永充㆓公用㆒、不㆑得㆑損㆓失其本㆒。毎年限㆓十一月㆒、細録㆓本利用状㆒、令㆑申㆓太政官㆒。

紫香楽宮造営が進められる中、百官＝諸司官舎は未だ完成していなかった。そこで各諸司に総額一千貫の公廨銭を支給し、出挙運用して利息を「公用」に充てることが定められている。「公用」とは広く諸司運営にかかわる事業全般を指すと思われるが、冒頭の文言を前提にすれば、特に諸司官舎の造営経費の捻出を念頭に置いた施策であったと評価でき、紫香楽宮造営に伴う臨時法であった[(25)]。ちなみに、「其の本を損失することを得ず」とあるように、ここでも元本の保全に意が払われていることは注意される。

ともかく諸司に公廨が設定される背景には、諸司官舎の造営や修理があり、奈良時代には新宮造営に伴う一時的な措置であったが、平安時代の初めに至り、恒常財源として諸司に均給され、出挙運用し修理経費に充当されるようになったのである。

四　諸司公廨条の成立

最後に史料1諸司公廨条の成り立ちについて触れておきたい。条文前半の出挙方式は、第三節で述べたように諸司官舎修理料を定めた弘仁十一年（八二〇）の官符に基づいている。後半の諸司官人への処分法は、官等差分については第一節で述べた通り天平宝字元年の対国司規定が援用されたと思われるが、諸司公廨の官人給与としての国家的認定が大同年間であることを踏まえると、条文化はそれ以降と考えられる。さらに、『令義解』雑令公廨条に「謂。内外諸司公廨。其物数、待二式処分一。」とあり、諸司公廨の具体的内容については弘仁式で定められることになっていたようである[(26)]。

以上こうした観点を総合すると、諸司公廨条は弘仁式に遡る規定と評価できるのではないだろうか。しかし、『延喜式』撰進に至るまでのどこかの段階で、諸司公廨の官舎修理料としての役割は放棄され、単なる得分の支給規定と化してしまったのだろう。

ではその時期はいつか。史料2で諸司公廨銭の設置目的は官舎の修理と記されていることから、九世紀末まではそういった役割を期待されていたのは確実である。変化が現れたのはその後ということになる。そこで次の史料が注目される。

史料5　『九条殿記』天慶七年（九四四）五月五日条（五月節）

此日有二節事一。先帝去延長五年被レ行二件節一之後、至二于去年一十七箇年無二件節一。西方諸司築垣雑舎等所々破損。去年為レ聞二食件節一被レ仰下諸司可二修理一之由上。而官庫既空、無レ賜二其料一。因レ之停止宣旨了。去正月廿四日下官蒙レ召参入。蔵人修理亮藤原仲陳伝レ仰云、今年欲レ聞二食五月節一、而年来頻停止。今年必欲二聞食一、可レ催二行縁節雑事一者。蒙レ仰之後賜二官符・宣旨一、相二催諸国雑物未進幷当年料未進物実一之間、従レ暦〔歴カ〕二数日〔月カ〕一。仍令レ奏二事由一、以下近江国焼亡糒倉・兵庫等代所レ進米千二百石之内、又長峯数種為レ支二国用一所レ進銭千二百貫内上、充二□〔行カ〕修理料一。仰二木工寮一令レ進二支度帳一之後、行二其料一。但内膳南東垣依二御忌方一不レ能二修理一。仍仰二木工寮一令レ奉二仕板垣一。（後略）

天慶六年、西方諸司の築垣や雑舎（官舎）が破損していることを受けて、五月五日節実施のために諸司に修理を命じたものの、官庫が空で修理料を支給できず、節会を中止した。翌七年には必ず節会を実施するために、近江国の米や内蔵寮の銭などを転用し修理料に充当したとある。

ここで、西方諸司の築垣や官舎の修理にあたり、諸司公廨やその運用による修理経費の捻出については一切触れられていない。天慶六年時点で、諸司公廨による官舎の修理という方式がすでに機能していなかったことがうかがえる(27)。さらに本条冒頭では延長五年（九二七）以来十七年間五月五日節が催行されていなかったとあるが、その原因が諸司の築垣や官舎の破損によるものだとすれば、十世紀前葉の段階ですでにそういった修理方式が機能しなくなっていたということになろう。『延喜式』諸司公廨条から修理料に関する部分が脱落しているのは、こういった現状を踏まえたことによるものであったと推測しておきたい。九世紀初めに整備された諸司財源としての公廨、その運用による官舎の修理というシステムは、わずか一〇〇年ほどで機能不全に陥ってしまったのである。

おわりに

諸国の公廨稲は諸国財政の安定を目指して、官物欠負や出挙利稲未納の補塡を第一義として設定された[(28)]。一方これまで述べてきたように、諸司公廨は官舎の修造の経費捻出が主目的であった。官人給与や官司運営財源の出給は出納官司が一元的に管理するという律令的中央出納体制に反して、さらに官人得分的要素を認めてまで、平安時代初期の朝廷が諸司公廨を設定したのはなぜか、要するに諸司官舎の修造になぜ朝廷はこれほどまでに意を注いだのであろうか。

その一因に政務空間の変化があると考える。吉川真司氏によると、藤原宮で定式化された内裏・朝堂院・諸司官舎（曹司）のうち、朝堂は五位以上官人の天皇伺候空間、諸司官舎は六位以下官人の実務空間であった。八世紀半ば以降、上級官人の内裏伺候が進行すると、朝堂での伺候・政務は徐々に形骸化し、諸司官舎は朝堂での政務を吸収する形で儀礼的空間として整備が進んだ。その流れは内裏と朝堂院が空間的に分離された長岡宮後期に決定的となり、平安宮では上級官人の伺候機能は完全に内裏に移行された[(29)]。

このように朝堂が衰退し、政務処理が内裏と諸司官舎で分掌されるようになると、諸司官舎には実務空間としての機能に加え、諸司内の官人秩序を具現化する空間としての役割がより強く求められていったと推察される。内裏に伺候できたのは一部の上級官人のみであり、一般官人同士の関係性は諸司官舎での日々の政務の中で確認された。そのため諸司官舎の破損・顚倒による機能停止は、官人秩序の動揺につながる恐れがあり、朝廷はその維持に心を砕いたのではないだろうか。

しかし、結果的には諸司官舎は次第に衰頽し、平安宮大内裏は荒廃へと向かっていく。その時期については、明確に語った史料が少ないこともありこれまで漠然と考えられてきたが、(30)本稿の考察に従えば九世紀末から十世紀前葉頃となろう。それは朝廷における諸司機能の再編や内裏域への吸収によって、諸司官舎維持への朝廷の意識が大きく低下したことによると考えられる。平安時代初期に比類なく整備された諸司官舎や諸司公廨、そしてそれらを勘検する監察システム(31)という古代官僚制を支えた諸構造は、ここに終焉を迎えることとなったのである。

註

(1)『延喜式』の条文番号・条文名は虎尾俊哉編『訳注日本史料　延喜式　上』(集英社、二〇〇〇年)附載の「条文番号・条文名一覧」に従う。

(2)早川庄八「公廨稲制度の研究」(『日本古代の財政制度』名著刊行会、二〇〇〇年、初出一九六〇年)、薗田香融「出挙」(『日本古代財政史の研究』塙書房、一九八一年、初出一九六〇年)、宮原武夫「公廨稲出挙制の成立」(『日本古代の国家と農民』法政大学出版局、一九七三年、初出一九六二年)、梅村喬「公廨稲制と塡償法の展開」(『日本古代財政組織の研究』吉川弘文館、一九八九年)、山里純一「公廨稲の設置とその機能」(『律令地方財政史の研究』吉川弘文館、一九九一年)、渡辺晃宏「公廨の成立」(笹山晴生編『日本律令制の構造』吉川弘文館、二〇〇三年)、小倉真紀子「公廨稲運用の構造」(『日本史研究』五〇六、二〇〇四年)、山本祥隆「出挙未納と公廨」(『国史学』二〇一、二〇一〇年)など。

(3)早川庄八「律令財政の構造とその変質」(『日本古代の財政制度』名著刊行会、二〇〇〇年、初出一九六五年)、註(2)宮原論文・山本論文。

(4)中央財政の構造と展開については、註(3)早川論文を初め多くの研究が蓄積されている。また中央財政の出納体制については、俣野好治「律令中央財政機構の特質について」・「律令中央財政の歴史的特質」(『律令財政と荷札木簡』同成社、二〇一七年、初出一九八〇年・一九八一年）に詳しい。一方で諸司の財政運営については、奈良時代に関しては造東大寺司関係の財政活動を中心に活発な議論が続いているが、それ以外のいわゆる一般諸司を対象とした研究は佐藤全敏氏の一連の研究（『平安時代の天皇と官僚制』東京大学出版会、二〇〇八年）が特筆されるものの、全体としては低調である。九世紀末の元慶官田・諸司田制に至ると、その後の諸司領への展開も含め、村井康彦『古代国家解体過程の研究』（岩波書店、一九六五年）や大塚徳郎『平安初期政治史研究』（吉川弘文館、一九六九年）をはじめ論及も多い。本稿が主に対象とする九世紀初頭〜末までの諸司財政の実態は未だ解明が進んでいないのが現状である。

（5）「以レ利為レ本」と類似の表現として「廻レ利為レ本」がある。これはいわゆる複利計算を指し、雑令19公私以財物条や20以稲粟条で出挙における違法行為として規定される。「廻レ利為レ本」は令制定以降も、違法な運用方法としてしばしば糾弾されているが（『類聚三代格』巻十九・弘仁十年（八一九）五月二日太政官符など）、「以レ利為レ本」は本条にある通り新たな元本を作り出し公廨を返却する為の運用法であり、意味するところは全く異なる。また、『令集解』田令公田条古記に「供二給官人一之物、謂二之公廨物一也。此物所二安置一処、謂二之公廨院宇一也。仮令、借貸請二官物一、出挙取レ利、以レ本還レ官、以レ利更廻、出挙取レ利、以借二給当司官人等一、此為二公廨物一。」とあるが、早川氏は後段の公廨物の運用方法が史料1諸司公廨条の「以レ利為レ本」と全く同じであることから、当時の京官（諸司）で行われていた公廨物の運用方法を示すと評価した（註(3)早川論文）。しかし、宮原氏が指摘するように、古記は「借貸請二官物一」とあくまで国司借貸について説明しているのであり（註(2)宮原論文）、これをもって天平期からすでに『延喜式』と同様の諸司公廨の運用がなされていたとは言えない。国司借貸の官物も諸司公廨も、元本の保全が重視されたがために同じ運用方法となっていると考えるべきであろう。

（6）官舎とは曹司とも呼ばれ、諸司内の政務空間である庁、政務に必要な公文・器物や「公廨」などを保管する倉庫群、厨や宿泊施設などの総称と想定される。場合によってはそれらの建物群を囲繞する施設（塀・垣・門など）も含むこともあったと思われる。

（7）年終帳や諸司解由制度の構造や展開については、拙稿「古代における諸司監察」（『日本歴史』七六三、二〇一一年）参照。

（8）『続日本紀』同年十月乙卯条・『延暦交替式』同十一日太政官宣参照。官等差分について「長官六分、次官四分、判官三分、主典二分、史生一分。」（『延喜交替式』100条では一部国の長官は五分または四分。なお『延喜交替式』の条文番号は福井俊彦『交替式の研究』（吉川弘文館、一九七八年）による）とあり、諸司公廨条の官等差分もこれに準じて定められたと推測される。

（9）註(7)拙稿。

(10)　奥村郁三「唐代公廨の法と制度」（『法学雑誌』九―三・四、一九六三年）、滋賀秀三氏による書評（『法制史研究』一五、一九六五年）。
(11)　註(3)早川論文、註(4)俣野諸論文。
(12)　大津透「唐日律令地方財政管見」（『日唐律令制の財政構造』岩波書店、二〇〇六年、初出一九九三年）、註(2)山本論文。
(13)　『唐六典』比部郎中には公廨本銭について「凡京司有二別借食本一、毎レ季一申レ省、諸州歳終而申レ省。（後略）」とあり、唐では京司の公廨本銭の運用状況は季ごとに尚書省に報告することが定められていた。なお、天聖令では雑令に養老雑令37公廨条と近似する条文（宋39条）が存在したことが判明している（『天一閣蔵明鈔本天聖令校證　下　附　唐令復原研究』中華書局出版、二〇〇六年）。
(14)　『続日本紀』天平十六年（七四四）四月丙辰条（後掲史料4）。山本氏は、公廨に財源としての語義が発生したのは養老～天平間と推定する（註(2)山本論文）。
(15)　「出挙銭」の記載は平城宮近衛府関係木簡（『木簡研究』三一―九頁（4））、西大寺旧境内出土木簡（『同』三五―一一頁（5））、長屋王家木簡（『平城宮発掘調査出土木簡概報』二三―一三上（113））、造東大寺司写経所文書（『大日本古文書　編年文書』三391）などに見え、諸司・諸家・寺院での銭出挙が確認できる。写経所文書に頻出する月借銭も出挙銭の一種であろう。
(16)　『類聚三代格』巻六・大同三年九月二十日詔。
(17)　日本令では「公廨」を官司・官衙の意味で限定的に継受したものの、徐々に官人給与的性格が加わっていったとされ、その経緯については註(2)山本論文に詳しい。諸国の公廨については、天平十七年（七四五）のいわゆる公廨稲制度によって、複数機能のうちの一として国司給与が明確に位置づけられた。しかし奈良時代の公廨に「諸司」官人給与の性格を示す史料はなく、本詔がその最初の史料である。また、諸司公廨の内容については、出挙運用が前提であることから銭が中心と思われるが、諸司も「公廨田」を所有する場合もあった。『延喜式』左右馬式59公廨田条によると、左右馬寮はそれぞれ五町ずつの公廨田を大和国（七町）と山城国（三町）に分有しており、その用途は「官人公廨。若有二不仕輩一者、充二寮中雑用一。」とされる。おそらく賃租などによる獲稲が所属官人への得分として分配され、欠員分は寮運営費用に充足されたのであろう。
(18)　『類聚三代格』巻五・大同四年十一月十三日官符。
(19)　註(7)拙稿。

(20) 元慶八年以前で最近の新銭発行は貞観十二年（八七〇）の貞観永宝であり（『日本三代実録』正月二十五日条）、新銭とはこれを指すか。

(21) 中町美香子「平安宮諸官衙の変容」（『人文知の新たな総合に向けて　二一世紀COEプログラム「グローバル化時代の多元的人文学の拠点形成」第五回報告書　下巻』京都大学大学院文学研究科、二〇〇七年）。

(22) 平安期には造館舎所（太政官）や造府所（衛門府）といった官舎修造に携わる「所」が設けられた諸司もあった。また『延喜式』では隼人等不仕料（隼人司）、贓贖物（刑部省）、闕官・不仕官人以下の要劇番上料（正親司）などが各諸司の修理料に充てられており、本官符でいう修理料とは別の財源が確保されている諸司も散見される。なお平安期の官舎修造については、おおむね突発的な大破は中央財源で、通常の小破は諸司自身が自らの財源で修造することになっており（註(21)中町論文参照）、本官符と齟齬しない。

(23) これまでの研究では史料3は諸司ではなくもっぱら諸国の修理官舎料と関連づけて言及されてきた（註(8)福井書、山里純一「国衙行政費」（註(2)書、初出一九八八年）など）。その一因が史料3を基に成立した『延喜交替式』149条が「凡諸国司官舎、永置二修理料一。随レ破修理。即毎年出挙、割レ利且用二修造一。三年之後、積レ利為レ本、々即返レ庫。」とあることによる。しかし、「諸国司官舎」という文言は明らかに錯誤があり、前条まで「凡諸国」で始まる条文が続くことから、本来の冒頭部は正しくは「凡諸司官舎」であり、「国」は書写時の誤入と考えられる（諸国の官舎修理に関しては、天長二年（八二五）に別途定められており、中破以上は前司主典以上の国司公廨を修理料に充て、小損は後司が雑徭により修理することとされており（『政事要略』巻五十四所引貞観交替式（天長二年五月二十七日官符））、ほぼ同内容が『延喜交替式』146条として条文化されていることも、これを裏付ける）。

(24) 註(17)参照。

(25) 註(2)早川論文。

(26) 『令義解』撰進は天長十年（八三三）であるが、この時弘仁式は再撰（天長七年）後の再改訂の最中であり、再々撰・再々施行は承和七年（八四〇）に下る。

(27) 『九条殿記』天慶七年正月廿四日条（五月節）にも、「仰云、今年可レ聞二食五月節一、去年所レ奏諸司所々損色勘文之外若有レ所二加損一歟、亦復令二勘申一、仰二於諸司一令二修理一之、惣縁二彼節雑事一、無二闕怠一可二勤行一者。」とあり、前年報告された破損やその後の加損について、諸司に修理が命ぜられている。本条や史料5で修理を命ぜられている「諸司」について、実際に破損した官舎のある諸司とも、中央財源の支出に関わる諸司とも読めるが、後者であったとしても史料5で官庫が空で修理料を支給できないとあることから、すでに諸司の公廨・修理料も無実と化していたことに変わりはないであろう。

(28)『続日本紀』天平十七年（七四五）十一月庚辰条など。註(2)山本論文も参照。

(29)吉川真司「王宮と官人社会」(『列島の古代史ひと・もの・こと3　社会集団と政治組織』岩波書店、二〇〇五年)。

(30)中町氏は官舎修造の対策を講じたり、宮城内を整備しようとしたりする「姿勢が失われたのがいつなのか、明確にはわからない」(註(21)論文）とし、吉川氏は曹司群（諸司官舎）の終焉について、「その時期を的確に押さえることは難しいが、律令体制が解体した一〇世紀後葉以降、（中略）多くの曹司は機能を失い、消滅への道を辿った」(註(29)論文）としている。

(31)　註(7)拙稿。

〔付記〕　本稿校正中に、神戸航介「律令官衙財政の基本構造」(『史学雑誌』一二六―一一、二〇一七年)、虎尾俊哉編『訳注日本史料　延喜式　下』(集英社、二〇一七年）が公表された。いずれも諸司公廨や『延喜式』諸司公廨条の解釈・意義について見解が述べられており、本稿の論旨と大きく関わる。合わせて参照されたい。

公廨二題

——律令国家地方支配の転換点をめぐって——

山本祥隆

はじめに

私は以前、「出挙未納と公廨」と題する小文[1]（以下、「前稿」と称する）において、天平十七年（七四五）創設のいわゆる公廨稲制度（前稿では「天平十七年制公廨」、あるいは単に「公廨」などと呼称）について考察した。長らく議論が重ねられてきた天平十七年制公廨の制度的意義を明らかにしえたと思うが、論じ残した課題も存する。例えば、かつて吉田孝氏[2]が日本の社会が未開から文明へと転換する過程の中で最大の画期として指摘された天平期の位置づけを相対化する必要性を提唱しながら、それに比肩しうる画期をどの時期に見出すべきか、対案を示すことができなかった点などである。

そこで本稿では、まずは八世紀後半から九世紀にかけての公廨の足跡をトレースし、その制度的沿革や意義を明らかにする。また、詳細は後述するが、諸国一般に置かれた天平十七年制公廨の他に、大宰府管内では歴史的に複数の

「公廨」が設置・運用されていた。本稿ではこれら周縁の公廨についても検討し、公廨全般の理解の深化を目指す。さらに、以上の考察結果を踏まえつつ、律令国家地方支配の転換点（画期）についても現状での試案を提示し、右の課題に一定の回答を試みたい。

一　天平十七年制公廨の変質

前稿でも取り上げた史料だが、左の史料1を改めて読解することから行論を開始する。

史料1『続日本紀』天平宝字元年（七五七）十月乙卯（十一日）条（傍線等は筆者）

太政官処分、比年、諸国司等、交替之日、各貪㆓公廨㆒、競起㆓争論㆒、自失㆓上下之序㆒、既虧㆓清廉之風㆒。於㆑理商量、不㆑合㆑如㆑此。今故立㆑式。凡国司処㆓分公廨㆒式者、総㆓計当年所㆑出公廨㆒、①先塡㆓官物之欠負未納㆒、②次割㆓国内之儲物㆒、③後以㆓見残㆒、作㆑差処分。其法者、長官六分、次官四分、判官三分、主典二分、史生一分。其博士・医師、准㆓史生例㆒。員外官者、各准㆓当色㆒。

史料1では、公廨の機能について《①官物欠負未納の補塡→②「国内之儲物」（＝国儲）を割く→③国司らによる給与としての処分》と、優先順位まで含めて明言されており、公廨に複数の機能が備わっていること、それらに優先順位が設定されていること、最優先すべきは補塡機能であり国司給与は副次的機能に留まること、の三点が確認できる。

一方、史料1には第二機能として国儲を割くとの規定が見えており、これは天平十七年制公廨の設置史料[3]では確認できない機能である。そもそも史料1については、上記の諸機能とその間の優先順位がこの時はじめて設定されたことを示す、と解釈する余地もあろう。

しかし、ここで『延暦交替式』所引天平勝宝七年（ママ）（七五五）七月五日太政官宣を参照すると、「可レ依二禄法之差一」という文言が確認できる。また、小倉真紀子氏が詳細に検討された天平勝宝六年・七歳の「越前国雑物収納帳」および「検米使解」からも、国司間での一定の差法に基づく公廨稲の処分が天平宝字元年（七五七）以前より行われていたことは疑いない。[4] さらに『延暦交替式』所引延暦二十二年（八〇三）二月二十日太政官符に目を向けると「至二天平十七年一。始置二公廨一。即停二国儲一。天平宝字元年十月十一日式。唯称下割二公廨内一置中国儲物上。」とあり、「天平宝字元年十月十一日式」（＝史料1）で新たに定められたのは国儲を割く規定であったことが判明する。

したがって、史料1は天平十七年制公廨の設置当初から補塡機能が最優先されていたという見解と矛盾するものではない。天平宝字元年式の意義は公廨から第二機能として国儲を割き再設した点に存し、その他の規定は既存の構造の確認と是正に留まるのである。

ただし、より注意を払いたいのは、副次的とはいえ公廨に創設当初から国司給与機能が備わっていたこと、設置から十年余りの時点でそれが表面化し国司による恣意的な運用が行われていたこと（二重傍線部）、の二点である。補塡機能を第一義とするのはあくまで公廨のあるべき姿、制度的理念としてのそれであり、現実には国司給与機能を優先する運用形態が早い段階から出現していたことも、また認めねばならないであろう。[5]

右のような理念と現実との相克は、他史料にも散見する。例えば『続日本紀』延暦元年（七八二）十二月壬子（四日）条には「公廨之設、先補二欠負一、次割二国儲一、然後作レ差処分。如聞、諸国曾不二遵行一、所レ有公廨、且以費用。」、同九年十一月乙丑（三日）条には「公廨之設、本為レ塡二補欠負・未納一。随二国大小一、既立二挙式一。而今聞、諸国司等、雖レ有二欠物一、猶得二公廨一。」とあり、延暦年間前半においても同様の事態が確認できる。

このように、当初から官人（国司）給与機能が備わっていたが故に、天平十七年制公廨は早い時点からこの面を優先する運用がなされがちであったと推察される（実際に運用するのが利潤に預かる国司である以上、当然と言えば当然であろう）。しかし、より大きな問題は、これに対して律令国家がどのような姿勢で応じていたか、また、もし国家の基本姿勢に変化が生じたとしたらそれは何時のことか、の二点である。

ここで、かつて薗田香融氏が論及された延暦年間後半の一連の財政制度改編(6)について、右の状況を念頭に置きつつ改めて注目してみたい。

史料2　『類聚国史』巻八四・政理六・公廨、延暦十七年（七九八）正月甲辰（二十三日）条

停二止公廨一、一混二正税一。割二正税利一、置二国儲及国司俸一。又定二書生及事力数一、停二公廨田一。

史料3　『類聚国史』巻八四・政理六・借貸、延暦十七年六月乙酉（七日）条

勅、国司借二貸官稲一、先已禁断。至レ有二違犯一、法亦不レ容。今聞、自レ停二職田一、只待二食料一。非レ有二借貸一、更無二資粮一。宜レ令下一年之料三分之一、准二其差法一、且借且補上。

史料4　『日本紀略』延暦十九年八月丁亥（二十一日）条

依レ旧更置二国司公廨田一。

史料5　『類聚国史』巻八四・政理六・公廨、延暦十九年九月丁酉（二日）条

諸国論定公廨、依レ旧出挙。

一見複雑な経過をたどったと思われる右の改編を、薗田氏は特に公廨と国司借貸の内面的関係を強調しつつ「きわめて整合的にたどることができる」（傍点は薗田氏）と主張された。その結果が一九七頁の図1（誤植は筆者訂正）である(7)。管見のかぎり、この薗田説に対して直接に異論を唱える研究は見当たらず、現在も定説の地位を得ていると思われる(8)。

しかし、薗田氏の史料解釈は正鵠を射ているといえるであろうか。図1の理解には、以下のような疑問点が認めら

れる。

（あ）図から正税（＝論定）が省略されている

（い）公廨の補塡機能の沿革を「?」（＝不明）とされている

（う）公廨の国司得分・国司俸・国司借貸・公廨田といった、国司の経済的得分を担う機能や制度の相互関係に疑問符が付される

（あ）に関しては私見に基づき正税も加えた図をのちに提示することとし、差し当たり（い）および（う）について検証してみよう。

まずは（い）について。薗田氏は史料2による公廨の正税への混合の後、公廨の補塡機能については明言を避け、図中では「?」で示される。しかし、左の史料6を参照すれば、別の判断も可能である。

史料6『日本後紀』延暦十八年六月癸未（十日）条

勅、前停二止公廨一、混二合正税一、兼減二挙数一、以省二民煩一。然諸国称二任中之未納一、徴二公廨之息利一。百姓受レ弊、艱苦実深。自今以後、宜レ停レ徴焉。如有レ違者、随即科レ之。

公廨の停止を再確認し、その徹底を指示した史料であるが、ここで注意したいのは、公廨の正税への混合（史料2）により、（少なくとも建前としては）出挙総額が減少し百姓の負担を軽減したとされることである（「兼減二挙数一、以省二民煩一」）。しかし、単に公廨を正税に混合するだけでは減額とはなりえず、また公廨の三機能のうち国儲と国司得分は正税混合後もそれぞれ国儲・国司俸として保障されているから（史料2「割二正税利一、置二国儲及国司俸一」）、減額分はもとの公廨の補塡機能を担っていた分の出挙額と考えざるを得ない。すなわち、延暦十七年の措置により、公廨の未納補塡機能は切り捨てられたのである。したがって、延暦十七年正月の混合から同十九年九月の復旧までの間、正税未納

の補塡を担う制度は存在しなかったことになる。違法に公廨息利を徴収する国司たちの言い分が「任中之未納」（の補塡）とされることからも（史料6）、公廨の未納補塡機能が停止されていたことが裏打ちされよう。(9)

つづいて（う）について。薗田氏の図のうち国司の得分に当たる部分だけを取り出すと《公廨得分・公廨田↓国司俸↓国司借貸↓国司借貸・公廨田↓公廨得分・公廨田》となるが、これは誤解と言わざるを得ない。まず史料2からは、正税利稲を割いて設置された国司俸なる新しい経済的得分は、あくまで公廨の一機能としての得分の継承であることがわかる。公廨田の停止は「又」以下の第二項として記されているのであり、公廨田と国司俸とは直接の系譜関係にはない。この点は史料3からも裏付けられる。史料3を素直に読めば、公廨田（＝「職田」）停止の反対給付として国司への借貸が認められているのであり、《国司俸↓国司借貸》とはなりえない。よって、延暦十七年以前には国司の経済的得分として公廨得分と公廨田が並存しており、この関係はその後の改編の間も変わることはなく、二つの得分はそれぞれ《公廨得分↓国司俸↓公廨得分》《公廨田↓国司借貸↓公廨田》と、別個の沿革をたどったと理解すべきである。(10)

以上の私見を図示したのが一九七頁の図2である。ここでもっとも重要なのは、公廨の停止期間中、正税未納の補塡機能も同時に停止されていた事実である。前稿での指摘のとおり、出挙に未納が生じても、八世紀前半の段階では律令国家はそれを強力に徴収する制度的前提を持たず、そのような財政制度としての欠陥を補うために創設されたのが天平十七年制公廨であった。その天平十七年制公廨にしても未納容認の現実を根本的に否定するものではなく、未納を制度内で消化する方向性を意図した制度であった。したがって、公廨とその未納補塡機能が律令国家自身により停止されたことは、出挙制全体の中で重要な画期となろう。八世紀末に至り、律令国家はそれまでの基本姿勢をみずから転換したのである。

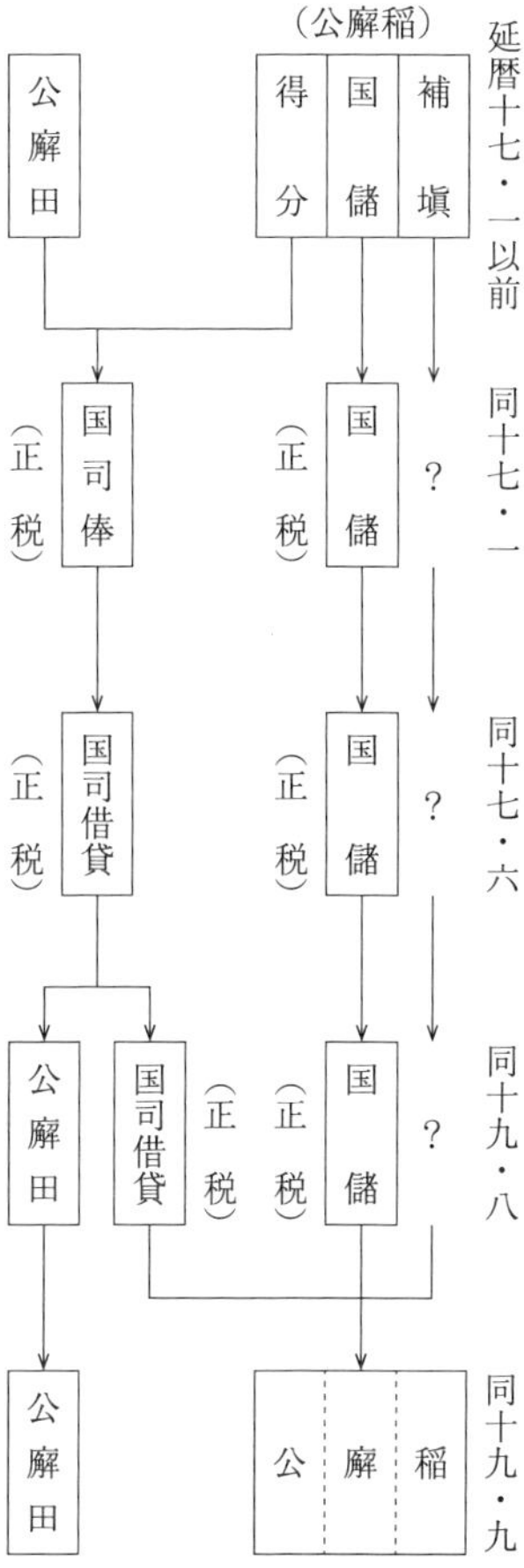

図1　延暦17〜19年の公廨の改編（薗田説）

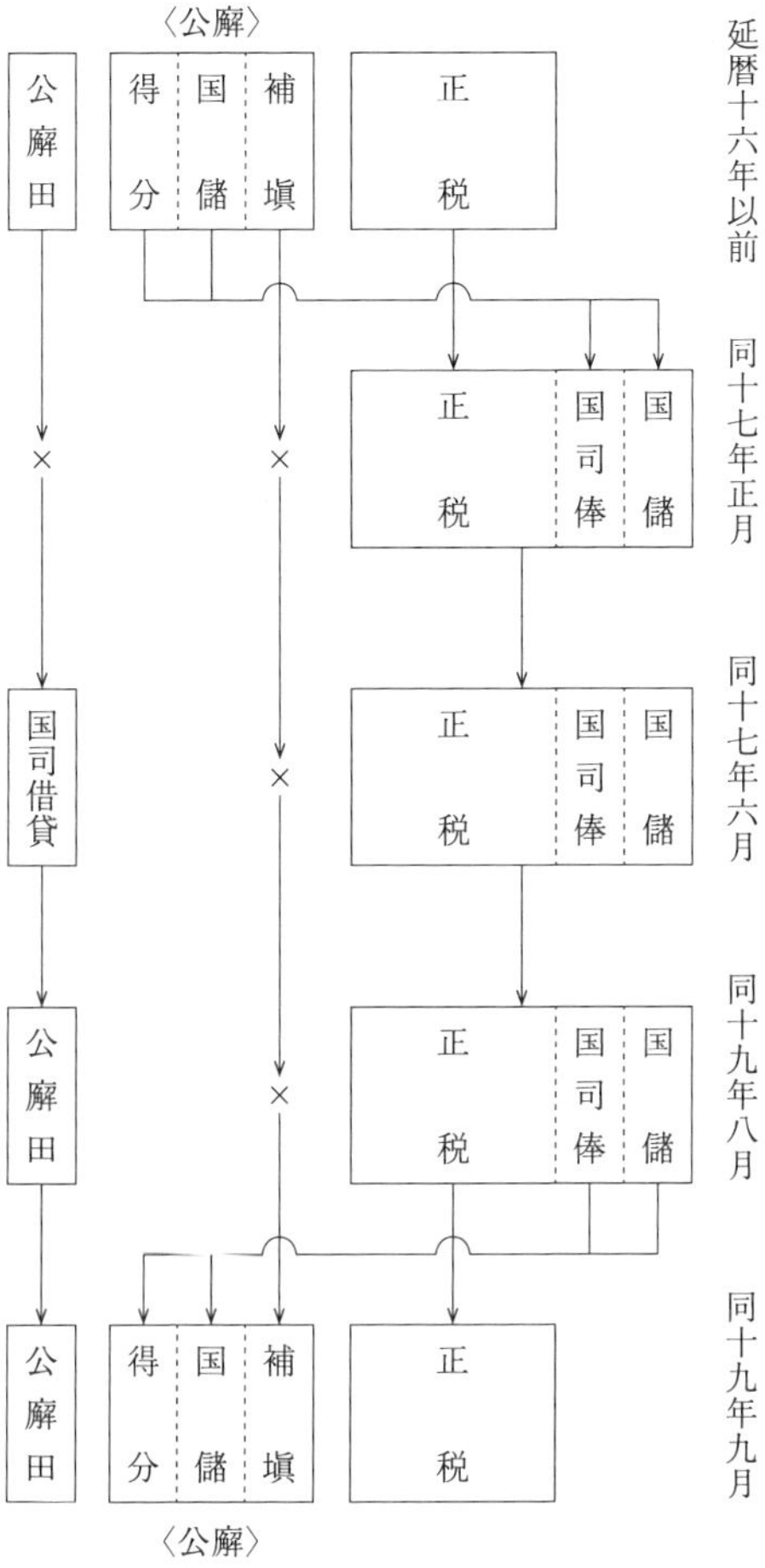

図2　延暦17〜19年の公廨の改編（私案）

延暦十七年に開始された一連の財政改編は、結果的には三年足らずで旧に復することとなった。しかし、たとえ短期間でも国家の側から公廨が停止され、またそれにより出挙未納の存在が否定されたことは、その後の公廨の性格に決定的な変質をもたらすこととなった。以下、いくつかの史料を確認したい。

まず、『日本後紀』大同元年（八〇六）三月戊子（二十四日）条では新任国司に対し「公廨四分之一」に准えて官稲を借貸することを公認しているが、この政策は国司に毎年定額の公廨収入があることを前提としている。しかし、公廨が本来の理念に基づいた運用をなされていれば国司得分はその年の未納の如何などによって額が変動するため、収入分を見越してその「四分之一」を先に借貸することは不可能である。よって本史料は、公廨の国司得分機能が相対的に表面化してきていることを物語ると評価しうる。

右の理解をより直接的に示すのは、『日本後紀』大同三年九月己亥（二十日）条である。本史料には「要劇馬料時服公廨」という文言が見受けられ、要劇料・馬料・時服と並称される公廨は、明瞭に官人の俸給として意識されている。また『類聚国史』巻八四・政理六・公廨、大同四年六月丙申（二十二日）条でも「観察使兼二帯外任一。暫停二食封一。代以二公廨一」とし、公廨が食封に代わる得分として意識されている。さらに、つづく大同五年（＝弘仁元年）三月戊辰（二十八日）条でも上日の不足する諸国諸使の公廨を奪うことが制されているが、懲罰としてならば公廨田穫稲などの常給を没収すればよく、これも公廨収入の恒常化が進行しつつあることを示すものと理解できよう。

このように、九世紀に入ると公廨を国司の得分として扱う史料が多く認められるのに対し、公廨の第一義を補塡機能に求める主張は確認できなくなる。延暦期の改編は、《公廨の第一義＝補塡機能》という根本姿勢を律令国家自身が初めて、かつもっとも先鋭的なかたちで転換することを表明したものと評価しうる。その後は国家の側でも、公廨を国司の得分を担う制度と見なすようになってゆくのである。

なお、右はみな九世紀初頭の事例であるが、その後にも同様の意識を示す史料が存する。

史料7 『日本三代実録』貞観十五年（八七三）十二月二十三日甲寅条

正五位下行陸奥守安倍朝臣貞行起二請三事一。其一事曰。（中略）其二事曰。国中之政。莫レ重二収納一。然則分配之吏。可レ勤二其事一。而任用之官。未二必其人一。或被レ誘二郡司税長一。納レ藁為レ稲。或見レ賂二富饒酋豪一。以レ虚為レ実。須下拠二格旨一必科中其罪上。而偏貪二俸料一。不レ畏レ有レ罪。望請奪下致二虚納欠損一国司之公廨上。先補レ所レ欠。然後科責。若欠物巨多。公廨数少。長官已下相共塡納。太政官処分。依レ請。

本条では、賄賂を受け虚納を犯すなどした国司の公廨を奪って欠物の補塡に充てることを述べているが、重要なのは、この公廨没収は国司への懲罰としての性格が色濃く、欠物補塡はあくまで二次的な機能にすぎないことである。これは、本条に該当する『類聚三代格』巻十四・塡納事所収の同年九月二十三日太政官符が「先奪二公廨一。然後科坐」として公廨の没収を懲罰の一環として扱い、欠物補塡には触れていないことからも確認しうる。欠物の量が没収した公廨を凌駕する場合には長官以下が塡納すべしとの言も、公廨が設置当時の機能を維持していれば言及の必要もないであろう。九世紀後半の時点で、《公廨＝国司の得分》との認識は右のような段階にまで至っていたのである。(11)

公廨の国司得分化という傾向（国司による恣意的な運用という実態）は、実際には制度創設後まもなく発生したと思われるが、律令国家は八世紀段階ではそのような方向性を認めず、公廨の第一義はあくまで官物欠負未納の補塡にあるというスタンスを固持していた。それが、九世紀に入ると、律令国家自身が公廨の主要機能を国司の得分と認識するように変化してゆく。その最大の転機は、延暦十七年（七九八）正月から同十九年九月にかけて行われた一連の財政制度改編であった。ここで律令国家は、一度は公廨を停止しそれが担っていた補塡機能をみずから否定したのであり、その後の公廨は、真の意味でそれ以前の状態に戻ることはなかったのである。

二　大宰府管内における「公廨」

つづいて本節では、大宰府管内でのみ施行された、天平十七年制公廨とは別個の「公廨」について考察したい。詳細は後述するが、私見では、大宰府管内においては歴史的に三つの異なる「公廨」が存在し、相互に連関しつつも個別の盛衰を遂げたと理解している。その中でもっとも著名なのが、いわゆる府官公廨である。府官公廨（「府公廨」「府国公廨」などとも）とは、辺遠の地に赴任し生活を送る大宰府官人に支給される特別給与、およびその財源となる出挙稲の呼称であり、筑前・筑後・肥前・肥後・豊前・豊後の管内六国に合計一〇〇万束の出挙稲が設定され、その利稲が府官人に分配された[12]。まずはこの府官公廨の概要を確認する。

史料8　弘仁主税寮式（部分、傍線は筆者）

筑前国。正税・公廨各廿万束、国分寺料□万束、府官公廨十五万束。

筑後国。正税・公廨各廿万束、国分寺料二万束、府公廨十万束。

肥前国。正税・公廨各廿万束、国分寺料四万束当国壱岐嶋、各二万束、府公廨十五万束。

肥後国。正税・公廨各卅万束、国分寺料八万束当国六万束、薩麻国二万束、府公廨卅五万束。

豊前国。正税・公廨各廿万束、国分寺料二万束、府公廨十万束。

豊後国。正税・公廨各廿万束、国分寺料二万束、府公廨十五万束。

已上六国、出㆓挙府公廨㆒惣一百万束。若不㆑堪㆑挙、随即減㆑之。


史料8から、遅くとも弘仁式編纂時点で「府（官）公廨」の名称、および各国への配分額など制度的枠組みが成立していたことが知られる。『延喜式』でも同内容の規定が確認され[13]、九世紀を通じてほぼ途切れることなく実施されたとみてよいであろう[14]。

この府官公廨成立の画期として諸先学が挙げられるのが、左の史料9である。

史料9 『続日本紀』天平宝字二年(七五八)五月丙戌(十六日)条(四角囲み等は筆者)

大宰府言、承前公廨稲(a)、合一百万束。然中間、官人任㆑意費用、今但遺㆓一十余万束㆒。官人数多、所㆑給甚少。離㆑家既遠、生活尚難。於㆑是、以㆓所㆑遺公廨(b)㆒、悉合㆓正税㆒、更割㆓諸国正税㆒、国別遍置、不㆑失㆓其本㆒、毎年出挙、以㆓所㆑得利㆒、依㆑式班給。其諸国地子稲者、一依㆓先符㆒、任為㆓公廨(c)㆒、以充㆓府中雑事㆒。

やや難解ながら、大宰府管内の諸「公廨」に関する言及を含むため、内容を確認する。

まず、bは「所㆑遺公廨」であるからaと同一の実体である。大宰府では特別な財源としてa「公廨稲」が以前から設けられていたことになる(以下、便宜的に「旧公廨」と称する)。それは「所㆑給甚少」という文言より官人給与に充てられていたことがわかるが、「官人任㆑意費用」していたのだから、それだけでなく諸々の支出にも供されていたのであろう。その公廨が漸次減少し消失の危機に立たされたので、一旦それを正税に混合し、新たに正税から官人給与用の財源を確保したのである。さらに、旧公廨が担っていた官人給与以外の雑費用は、諸国の地子稲を新たな公廨(=c)とすることによって捻出することとした(以下、便宜的に「新公廨」と称する)。

ここで、新旧の公廨の用途に注意を払いたい。旧公廨(=a・b)は府官人の給与を含む諸経費に充てられていたのに対し、新公廨(=c)は用途が「府中雑事」に限定される。府官人の給与は管内諸国の正税を割いた出挙稲の利稲から賄うこととされており、この新設の出挙稲こそ、府官公廨の原形であろう。官人の恣意的な運用により給与機能が表面化する傾向に対し、公廨は官人給与(のみ)に使用されるものではないとする律令国家側の姿勢の堅持という、天平十七年制公廨について確認しえた現実の運用実態と制度的理念との相克が、大宰府財政内においても認められるのである。

さらに重要なのは、旧公廨から「公廨」の名称を引き継いだのが「府中雑事」に充てる新公廨の方であり、後に府官公廨と称される出挙稲には（少なくとも創設時点では）「公廨」の名が冠されていないことである。この段階では官人給与機能が公廨の（最重要の）機能としては認められていないこと、史料9から史料8に至るいずれかの時点でそのような認識に変化が生じ、官人給与用の出挙稲に「府官公廨」の名称が与えられ定着したことが指摘できるであろう[15]。この点も、天平十七年制公廨の歩みと軌を一にするものと言える。

ところで、旧公廨の制度はいつごろから行われていたものであろうか。詳細は明らかにしえないが、参考となるのが左の史料10である。

史料10　『続日本紀』天平八年（七三六）五月丙申（十七日）条（四角囲みは筆者）

先レ是、有レ勅、諸国司等、除二公廨田・事力・借貸一之外、不レ得二運送一者。大宰管内諸国、已蒙二処分一訖。但府官人者、任在二辺要一、禄同二京官一。因レ此、別給二仕丁・公廨稲一。亦漕送之物、色数立レ限。又一任之内、不レ得レ交二関所部一。但買二衣食一者聴之。

諸国司の得分に運送の制限がかけられる中、大宰府官人の仕丁と「公廨稲」の扱いが問題となっており、府官人独自の得分となりうる制度が天平年間前半には成立していたことが知られる。これこそ史料9の旧公廨と同一の実体であろう。

ここで旧公廨の財源を考えると、先行研究は大宰府管内の地子稲とする説と出挙稲とする説に二分される[16]。しかし、天平六年（七三四）から始まるいわゆる官稲混合[17]などを考慮すれば、天平八年時点で大宰府管内諸国のみ特殊な雑官稲が温存されたとの想定は、やや難しいようにも感じる。一方、諸国の地子は天平八年三月の太政官奏[18]により太政官進上制が開始されたが、京進自体はそれ以前から行われていた（前稿参照）。したがって、大宰府管内諸国の地子も天平八年以前から府に進上され、種々の費用に充てられていたのであろう[19]。断定は控えるが、大宰府管内諸国から進上される公田地子が旧公廨の財源の中心をなすと想定したい[20]。

すると結局、新旧両公廨はともに大宰府管内諸国の公田地子を財源とし「府中雑事」に充てるものであり、相違点は府官人の給与機能を含むか否かだけだったことになる。このように理解すれば、新公廨はまさに旧公廨の再編だったのであり、「公廨」の名称を継承したことも素直に首肯されよう。

付言すれば、天平宝字年間までに旧公廨が衰退した背景として、諸国公田地子の取り扱いや天平十七年制公廨の創設が挙げられるかもしれない。前述のごとく、天平八年官奏により諸国公田地子の納入先は太政官に限定され、使途も制限されることとなった。また、「公廨」の名称を共有する天平十七年制公廨は、当初から（副次的ながら）官人給与機能を内包する制度であったのみならず、早い段階から国司による恣意的な運用（給与機能の表面化）がなされていたと推察される。このような全国的情勢が大宰府の旧公廨に影響を及ぼし、運用実態にも多分に恣意性を孕むものとなったとの想定も不可能ではなかろう。

天平宝字二年（七五八）に成立した大宰府の二つの財源のうち、府官人給与用の出挙稲は、旧公廨から新公廨への再編の中で切り離された府官人への給与機能を担うものであった。それが後に「府官公廨」の名称を獲得し、九世紀を通じて機能したことは前述のとおりである。では、新公廨の方はどうであろうか。左の諸史料からその足跡を確認する。

史料11　『続日本紀』天平宝字四年八月甲子（七日）条

（前略）又勅、大隅・薩摩・壱岐・対馬・多褹等司、身居二辺要一、稍苦二飢寒一。挙乏二官稲一、曾不レ得レ利。欲レ運二私物一、路険難レ通。於レ理商量、良須二矜愍一。宜下割二大宰所レ管諸国地子一各給上。守一万束、掾七千五百束、目五千束、史生二千五百束。以資二遠戍一、稍慰二羈情一。

史料12　『類聚三代格』巻六・公廨事、天平宝字四年八月七日勅

勅

対馬・多褹二嶋等司、身居二辺要一、稍苦二飢寒一。挙乏二官稲一、曾不レ得レ利。宜下割二大宰所部諸国地子一各給上。守一万束・掾七千五百束・目五千束・史生二千五百束。其大隅・薩摩・壱岐別有二公廨一。不レ給二地子一。

天平宝字四年八月七日

史料13　弘仁主税寮式（部分、傍線等は筆者）

大隅国。正税・公廨各六万束。
薩摩国。正税・公廨各六万束。
壱伎嶋。正税一万五千束、公廨五万束。
対馬嶋。正税三千九百廿束。
多褹嶋。正税二千八十束。

（中略）

凡五畿内・伊賀等国地子、混二合正税一。其陸奥充二儲糒幷鎮兵粮一。出羽狄禄。大宰所管諸国充二対馬・多褹二嶋公廨一。余国交二易軽貨一、送二太政官一。但随近及縁海国、舂レ米運漕。其功賃便用二数内一。

史料14　延喜主税寮式上21地子条（傍線等は筆者）

凡五畿内・伊賀等国地子、混二合正税一。其陸奥充二儲糒幷鎮兵粮一。出羽狄禄。大宰所管諸国、充二対馬嶋司公廨一之外、交二易軽貨一、送二太政官厨一。自余諸国交易送亦同。但随近及縁海国、舂レ米運漕。其功賃便用二数内一。

新公廨の創設から二年後の天平宝字四年、大宰府管内諸国の地子はその一部が割き取られ、大隅・薩摩両国および壱岐・対馬・多褹三嶋の司の給与に充てられることになった（史料11）。一旦大宰府に納入されたのち二国三嶋に再支給されたのか、それとも地子を納める管内諸国から直送されたかは詳らかでないが、新公廨の財源の一部が別用途（しかも創設において切り捨てたはずの官人給与）に割き取られたとの評価は可能であろう。

その後、弘仁式編纂までのいずれかの時点で大隅・薩摩両国および壱岐嶋には公廨が置かれたため、支給対象は対馬・多褹の二嶋のみとなる（史料12・13）[21]。なお、史料13の二重傍線部では管内諸国地子の使途について対馬・多褹二嶋公廨のみを挙げるが、支給対象が二国三嶋であった時から公廨に充てられたのはその一部のみであったとみられるから（史料11「割二大宰所レ管諸国地子一」、傍点は筆者）、残りは天平宝字二年制（史料9）に基づき、大宰府に納入され「府中雑事」に充てられたと考えるべきであろう。

対して、史料14になると対馬嶋司の公廨に充てる以外は軽貨に交易し、畿外一般諸国と同様に太政官厨へ送るよう規定されている（二重傍線部）[22]。正確な時期は詳らかにしえないものの、九世紀のいずれかの時点で「府中雑事」に充てる財源としての新公廨は消滅し、大宰府の「公廨」は府官公廨に一本化されたのである[23]。

三　律令国家地方支配の転換点

二節にわたり複数の「公廨」について考察を進めてきた。本節では、そこから窺われる律令国家地方支配の転換点

（画期）について、現状での試案を提示したい。

ここで改めて、前稿での論究内容を振り返っておこう。

（1）諸国の出挙未納は正税帳上で正確に把握されておらず、後日の徴収も期しがたい状態であった。それは天平前期に限定される現象ではなく、八世紀前半を通しての常態であった可能性が高い。

（2）そこで天平十七年制公廨の第一義を「公廨」の語義とその変遷から追究すると、国司給与機能はあくまで副次的な位置づけに留まり、官物欠負未納の補塡こそがその本義であったことが明らかとなる。これにより、公廨を（1）のような状態であった出挙未納への対応策と位置づけることが可能となる。

（3）さらに公廨による出挙未納への対応の具体相を考えると、公出挙制は毎年定額の利稲収益を期待しうるようになる一方、未納の直接的な徴収の放棄が制度的に裏づけられた、とも理解できる。この両点は、八世紀段階における律令国家地方支配体制の進展・限界の双方が反映したものと評価できる。

これを踏まえた上で、本稿第一節の内容をまとめると以下のようになる。

（4）右のような状況に抜本的な変化が生じたのは、延暦十七〜十九年（七九八〜八〇〇）の一連の財政制度改編であった。ここで、律令国家はみずから公廨の未納補塡機能を停止したのである。わずか三年弱で旧に復したとはいえ、これにより公廨の未納補塡機能は決定的に後退し、その後の公廨は国司得分としての性格を色濃くすることとなった。

この変化は、公廨のみならず、公出挙制全体の展開過程における重要な画期と評価できるであろう。公出挙制は百姓との貸借関係を前提とする制度であり、一定程度の債務の焦げ付き（＝未納の発生）は不可避な事態と言える。それに対して律令国家は、八世紀前半の時点では未納の十全な把握すら達成していなかった。対応策として創設された天平十七年制公廨も未納を制度内で消化する方向性を示すものであり、前稿ではこの点を律令国家地方支配体制の《限界》と見なした。対して（4）からは、八世紀最末に至り、ようやくその克服が企図されたことが認められるのである。

つづいて、やや煩瑣になるが、第二節の内容もまとめてみよう。

（イ）大宰府では、八世紀前半の時点で、府官人への給与を含む諸経費に充てる財源として管内諸国の公田地子からなる旧公廨（史料上は「公廨稲」と称すべきか）の制度が成立していた。

（ロ）しかしそれは、一般諸国の公田地子制の変質や天平十七年制公廨の成立などの影響を受け動揺し、八世紀後半に至り消失の危機に立たされた。そこで旧公廨を一旦正税に混合し、新たに二つの財源を創設した。

（ハ）一方は、管内諸国の公田地子からなり「府中雑事」に充てられ、かつ旧公廨から「公廨」の名を引き継いだ新公廨であり、旧公廨の正統な継承者であった。他方は、旧公廨の機能の一部であった府官人給与を担う財源として新公廨から独立し、正税から別置された出挙稲であり、少なくとも創設当初は「公廨」の名称を冠されなかった。

（ニ）その後、新公廨は成立から二年後にはそれを賄う管内公田地子の一部が大隅以下二国三嶋の官人給与に割かれることとなり、最終的には「府中雑事」を担う機能もろとも消滅する。一方の府官人給与用の出挙稲は、遅くとも九世紀前半には「府官公廨」の呼称（ただし、「府公廨」「府国公廨」など若干の揺れあり）を獲得し、また九世紀を通じて機能した。

（ホ）その結果、大宰府管内の「公廨」と言えば府官人給与用の財源である府官公廨を指すこととなった。

一見難解な大宰府管内の複数の「公廨」の足跡を跡付けたが、その結果明らかになった諸「公廨」の変遷は、まさに天平十七年制公廨のそれと重なり合うものである。とりわけ、八世紀段階での「公廨」が「府中雑事」の財源として意識されていたこと、そのために府官人給与の財源を「公廨」と称するのが忌避されたこと、それが「公廨」の名を獲得するのが九世紀初頭と想定されることなどの諸点は、八世紀における連続性と八・九世紀間に横たわる断絶と、その双方を示唆するものと言えよう。

以上から、本稿では、天平期に比肩する（あるいはそれを上回る）画期を、八・九世紀の交に求めるべきことを主張したい。

なお、この見解は、他の諸制度に対する考察からも支持されるものである。例えば別稿「税帳制度試論」[24]では、公出挙制とも密接に関わる税帳制度を主題に据えた考察により、やはり延暦年間（特にその後半）の画期性という結論に到達した。「征夷と造都という大規模事業の遂行、およびそれに伴う法典編纂気運の高まりという大きな時代背景の中で」の「総体的な志向性」として、当該時期には地方支配体制の深化を志す傾向が認められるのである[25]。

さらに、公出挙制とより親和性が高い借貸を取り上げたい。詳細は別稿「借貸考」[26]に譲るが、官稲の無利息貸与である借貸は、八世紀前半には災害対策として積極的に活用されたのに反し（実施頻度が著しく低下する八世紀後半を経て）九世紀に入ると特定の官人の経済的得分を保障する目的のものが目立つようになる。この変質は、まさに天平十七年制公廨のそれとシンクロするものであろう。

また、別稿ではこの変化を「九世紀の律令国家は百姓の再生産活動への関与が相対的に希薄化し」「その意味で国家が新たな段階に到達した」と評価したが[27]、公出挙制についても同様の理解が可能である。公廨の未納補塡機能の消失は、百姓の側から見れば、正当な理由を持たない未納が容認されなく（少なくともされにくく）なったことを意味する。律令国家は国司の俸給（＝公廨）を懲罰的に没収するという方途により出挙利稲（のみならず他の多くの課役負担）を強力に徴収する方向性を志向したのであり、百姓の再生産活動への関与という視角が（相対的に）希薄化している様子が認められる。あるいはこの変化（または相違点）を、八・九世紀それぞれの律令国家地方支配体制の特質として指摘できるかもしれない[28]。

付言すると、私見は天平期の画期性を必ずしも否定するものではない。前稿でも、天平十七年制公廨の創設を、律令国家地方支配体制の《限界》であるとともに《進展》とも評価した。その上で「数世紀に渡る展開過程の中で、最大の画期を天平期に求めることは可能であろうか」「天平期を数百年に及ぶ階梯の中で相対的に位置づけることを目指し、律令国家の展開過程をより明瞭かつ段階的に捉えようとする姿勢が求められる」（前稿二六頁）と問題提起したのである。天平期の画期性も重々承知しつつ、それと同等、あるいはそれを凌駕しうる意義を持つ転換点として延暦年間（特にその後半）、八・九世紀の交の重要性を主張したい[29]。

結びにかえて――「郡稲未納帳」の棒軸――

本稿では、史上に現れる複数の「公廨」について基礎的な考察を施し、まずはその制度的沿革や意義を究明した。また、その結果を踏まえて、律令国家地方支配の転換点（画期）についての試案も提示した。あくまで現段階における素描にすぎないが、律令国家の長期的な展開過程を描き出すための踏み台となれば幸いである[30]。

なお、本稿で（大宰府管内に限定されるとはいえ）八世紀前半段階での官人給与機能を（も）担う「公廨」（＝旧公廨）の存在を認めたことは、あるいは自説をみずから苦しめるものと受け取られるかもしれない。しかし、本文中で指摘したように、旧公廨は史料に即する限り「公廨稲」（＝「公廨ノ稲」、すなわち官司・官衙の財源としての稲）と称するのが正確であり、「官司・官衙の財源」としての用例から逸脱するものとは考えていない。先行研究では公廨の語義について「官司の財源一般」と「官人給与専用の財源」とを混同しがちな傾向が認められるようにも感じるが、いかがであろうか。あえて言及し、検討を促すものである。

最後に、こちらは私見にとって疑いなく不利になるであろう新出史料を紹介し、蕪雑な稿を終えることとする。前稿の公表後間もない二〇一〇年十二月から翌年三月にかけて、奈良文化財研究所により平城京左京三条一坊一坪の発掘調査が行われ（平城第四七八次調査）、左の木簡が発見された。

史料15『平城宮発掘調査出土木簡概報四一』11頁上段（81）

豊前国天平二年郡稲未納帳　　長（127）ミリ・径19ミリ、061型式（棒軸、墨書は木口部分）

本木簡は井戸ＳＥ九六五〇から出土した棒軸であり[31]、天平二年（七三〇）の時点で（おそらくは税帳の枝文として）郡稲未納帳なる帳簿が作製・進上されていた事実を明瞭に物語る。前稿では出挙未納が帳簿上で正確に把握されていないことを行論の出発点としたが、少なくとも豊前国の郡稲については未納が把握され、それが帳簿にまとめられ、中央まで報告されていたことが判明したのである。あるいは本木簡の出現により、私見は抜本的な是正を迫られるかもしれない。

しかしながら、現在のところ、本木簡も含めて大宰府管内諸国の特殊性という観点から理解できるのでは、との思いも捨てがたい。第二節で詳述したように、「公廨」についても大宰府および管内諸国は他と異なる独自の歴史を歩んでいた。また、前稿での分析でも、現存正税帳中で唯一出挙未納を的確に把握していたのは天平九年度（七三七）豊後国正税帳であった。公廨を中心とする地方財政構造に関して、大宰府管内諸国には例外的要素が多く認められるのである。[32] 浅学ゆえ大宰府財政機構の全貌を論述することは敵わないが、後考を期しつつ、こちらも記して読者諸賢の御叱正を切に願う次第である。

註

（1）拙稿「出挙未納と公廨」（『国史学』二〇一、二〇一〇年）

（2）吉田孝「律令国家の諸段階」（『律令国家と古代の社会』岩波書店、一九八三年、初出は一九八二年）

（3）『続日本紀』天平十七年（七四五）十一月庚辰（二十七日）条、『延暦交替式』所引天平十七年十一月二十七日太政官奏

（4）小倉真紀子「公廨稲運用の構造」（『日本史研究』五〇六、二〇〇四年）、文書はそれぞれ『大日本古文書』（編年）四―二九・三〇頁、同七六〜八〇頁。小倉氏は両者を併せて「越前国公廨米関係文書」と称される（五七頁）。

（5）付言すれば、このような実態面と制度的理念としての側面をやや混同した先に、公廨の第一義を国司給与機能に求める説が存立するものと推察される。ちなみに、例えば早川庄八氏もこの両側面を峻別する姿勢を明示されている（「公廨稲制度の成立」『日本古代の財政制度』名著刊行会、二〇〇〇年、初出は一九六〇年、九頁）。

（6）薗田香融「出挙―天平から延喜まで―」（『日本古代財政史の研究』塙書房、一九八一年、初出は一九六〇年）

（7）薗田香融「出挙―天平から延喜まで―」（註(6)前掲）八〇頁、引用は七九頁。

（8）これに関しては渡辺晃宏氏が薗田氏の行われなかった改編の意義付けを試みられているが（「律令国家の稲穀蓄積の成立と展開」、笹山晴生先生還暦記念会編『日本律令制論集』下、吉川弘文館、一九九三年、七〇頁〜）、渡辺説も薗田氏の理解自体に変更を迫るものではない。さらに梅村喬氏も薗田氏の説・図を直接引いて利用されているが、これについては次の註(9)参照。

（9）ここで、梅村喬氏の説について言及したい（「公廨稲制と塡償法の展開」『日本古代財政組織の研究』吉川弘文館、一九八九年、初出は一九七四年、九四・九五頁）。梅村氏は、基本的には薗田氏の見解を支持されているが、公廨の補塡機能についてはやや異なる見通しを持たれているように見受けられる。氏の説を要約すると、国儲本稲は公廨本稲の十分の一にすぎないからそのほとんどは国司俸に継承されたのであり、そのような多額の国司俸を国司たちが差法により分配し、そこから共塡法に則り補塡を行う、ということになるかと思う。すなわち梅村氏は、この時点で律令国家の側からも《公廨＝国司得分》と意識されており、延暦の改

編はそれを前提としたものであると考えておられるようである。公廨を専当人補塡から共塡法への移行の中で捉える氏の見解は興味深く、また氏の説く共塡法は公廨が国司たちへ得分として分配されることを前提としたものであるので、後述の私見をまさに裏打ちするものと考える。梅村氏がその画期として延暦十七〜十九年（七九八〜八〇〇）の公廨改編を挙げておられるのも、本稿と軌を一にするものであろう。しかし、梅村氏の公廨の補塡機能に関する理解は首肯しがたい。氏は、文脈から推すに、多額の国司俸を分配したのちにそこから「公廨禄法」に基づき補塡が行われたと考えられているようであり、したがって薗田氏が「？」とされた補塡機能はこの間も継続していたことになる。だがそれでは、本文で述べたとおり史料6が解釈しがたいこととなる。やはり、公廨停止中には補塡機能は消失していたと考えるべきではなかろうか。この後公廨の国司得分機能が浮上してくるのは間違いなく、この改編はそれがもっとも先鋭的なかたちで表出したものと理解できるのである。梅村氏は延暦期の改編を、すでに国司の得分と認識されるに至っていた公廨の、変質後の姿が顕わになったという意味で画期とされるのであるが、むしろ変質がはじめて明確なかたちで表面化したという意味での画期とみるべきであろう。

（10）　なお、宮城県多賀城市の市川橋遺跡からは次の木簡が出土している（多賀城市埋蔵文化財調査センター編『多賀城市文化財調査報告書第75集（第三分冊）市川橋遺跡 ―城南土地区画整理事業に係る発掘調査報告書Ⅲ―』〈多賀城市教育委員会、二〇〇四年〉掲載の第七四号木簡、また千葉孝弥・鈴木孝行「宮城・市川橋遺跡」〈『木簡研究』第二四号、二〇〇二年〉も参照）。

・「収納借貸正税貳
・「　　延暦十九年□　　　　長（133）ミリ・幅28ミリ・厚6ミリ、061型式（題籤軸）

国司公廨田が旧に復して再設置されたのは延暦十九年（八〇〇）八月のため（史料4）、延暦十九年度には国司借貸が実施されていたはずである。右の木簡の「借貸」が俎上の国司借貸に該当すると断定するのは躊躇されるが、あるいは本資料を、地方社会において実際に国司への正税借貸が行われていた証左と位置づけることもできるかもしれない。

（11）　八世紀末以降、公廨による補塡対象が雑米未進や調庸未進にまで拡大されてゆくとの指摘がある（佐藤信「雑米未進にみる律令財政の変質」〈『日本古代の宮都と木簡』吉川弘文館、一九九七年、初出は一九八一年〉）。従うべき見解であるが、この傾向が公廨の補塡機能の強化を意味する訳ではない。むしろ、公廨の国司得分化が進行したことにより、国司が責任を負うべき負担一般の未進・未納に広く（懲罰的に）公廨の没収という措置が取られるようになったことによる現象と考えられる。

（12）　府官公廨については、平野邦雄「大宰府の徴税機構」（竹内理三博士還暦記念会編『律令国家と貴族社会』吉川弘文館、一九六九年）、山里純一「大宰府財政をめぐる諸問題」（『国史学』一一五、一九八一年）、佐々木恵介「大宰府の管内支配変質に関する試論」（土田直鎮先生還暦記念会編『奈良平安時代史論集』下、吉川弘文館、一九八四年）、岡藤良敬「大宰府財政と管内諸国」（下條信行ほか編『新版 古代の日本 第三巻 九州・沖縄』角川書店、一九九一年）など参照。ただし、これら先行研究は大宰府の財政構造全般に主眼を置いているため、公廨を主題に据える本稿とは若干視点を異にする部分も存する。

なお、天平十七年制公廨（いわゆる公廨稲制度）との関連の中で府官公廨について論じた研究として、渡辺晃宏氏の論考が挙げられる（「公廨の成立」、笹山晴生編『日本律令制の構造』吉川弘文館、二〇〇三年）。渡辺氏の説には私見と重なる部分も多くみられるが、氏は天平十七年制公廨の本義として国司給与機能を認めることを前提に論を進めておられるため、私見とは議論がかみ合わない箇所も存する。そのため、ここでは私見を別途提示することとする。

(13) 延喜主税寮式上5出挙本稲条。なお、延喜式の条文番号・条文名は虎尾俊哉編『訳注日本史料 延喜式 中』（集英社、二〇〇七年）による。

(14) ただし、天長八年（八三一）に六カ国への配当を停止し肥後一国で支弁することにしたが、肥後国の負担が大きく三年後の承和元年（八三四）に旧に復することとなったなど（『続日本後紀』承和元年五月癸亥（十三日）条）、一定の変遷は存する。

(15) 『類聚三代格』巻六・公廨事、承和五年（八三八）六月二十一日太政官符には「太政官去弘仁十四年八月一日符偁。府解偁。管内出挙。府国公廨。各別有レ数。謹案二延暦十六年格一云。公廨者欠負之儲者。然則管内諸国。有二未勘〔納カ〕一之年。須下以二両色公廨一先補中欠負等上。」とあり、弘仁十四年（八二三）の時点で「府国公廨」の語が見られるため、史料9で新設された出挙稲に「公廨」の呼称が冠されたのは少なくともこれ以前であることがわかる。一方、この弘仁十四年官符では延暦十六年格を根拠に大宰府管内の諸国公廨（＝天平十七年制公廨）と「府国公廨」のいずれもが「未勘〔納カ〕」の補塡に充てられていたことも同時に物語っており、府官公廨は、諸国公廨に比して給与機能の表面化がやや強く抑制されていた可能性も考えられる。

(16) 地子稲説を採る代表的な研究が早川庄八「公廨稲制度の成立」（註(5)前掲）、宮原武夫「公廨稲出挙制の成立」（『日本古代の国家と農民』法政大学出版局、一九七三年、初出は一九六二年）など、出挙稲説の代表が薗田香融「出挙―天平から延喜まで―」（註(6)前掲）、山里純一「大宰府財政をめぐる諸問題」（註(12)前掲）、佐々木恵介「大宰府の管内支配変質に関する試論」（註(12)前掲）などである。

(17) 『続日本紀』天平六年正月庚辰（十八日）条、同十一年六月戊寅（十七日）条など。

(18)『続日本紀』天平八年（七三六）三月庚子（二十日）条「太政官奏、諸国公田、国司随二郷土沽価一賃租、以二其価一送二太政官一、以供二公廨一。奏可之。」

(19)史料10および史料9のaとも旧公廨を「公廨稲」と称していることは重要である。前稿での公廨の語義と変遷に関する知見を踏まえれば、旧公廨は「公廨ノ稲」、つまり「官司・官衙の財源としての稲」なのであり、その用途は官人給与に限定されない広範なものであったとの推察が可能である。

(20)渡辺晃宏氏は旧公廨の財源を「地子・公廨田収穫稲」の双方とされるが（「公廨の成立」〔註(12)前掲〕一五八頁）、別の箇所では「公廨稲（＝旧公廨、筆者註）の中身」について「大宰府官人も国司に準じて公廨田を支給されていたから、その収穫稲を指した可能性が考えられる。しかし、そうであるならば公廨田は一般規定として「諸国司等、除二公廨田・事力・借貸一」という形で例外とされているから（＝史料9、筆者註）、あえてここで議論する余地はないと思う」とも述べておられ（一五七頁）、論旨がやや錯綜しているようにも感じられる。史料10に拠るかぎり、やはり「公廨稲」（＝旧公廨）と「公廨田」とは別個の実体と見なさざるを得ないであろうから、旧公廨の財源に公廨田穫稲は含まれないと考えたい。

(21)史料12は天平宝字四年の年紀を保存しながら、その後の改訂を反映した規定を記す。この点については吉田孝「墾田永年私財法の基礎的研究」（『律令国家と古代の社会』岩波書店、一九八三年）二四六・二四七頁参照。

(22)史料13から14に至る間に多褹嶋が見えなくなるのは、天長元年（八二四）に大隅国に併合されたためである（『日本紀略』同年十月丙子朔条）。

(23)なお、『延喜交替式』所収の関連条文も参照。国史大系本六四・六五頁など。

(24)拙稿「税帳制度試論」（『奈良文化財研究所創立六〇周年記念論文集　文化財論叢Ⅳ』二〇一二年）

(25)拙稿「税帳制度試論」（註(24)前掲）六一三頁。

(26)拙稿「借貸考」（『続日本紀研究』三八五、二〇一〇年）

(27)拙稿「借貸考」（註(26)前掲）一三頁。

(28)なお、例えば贄についても大きな画期を八・九世紀の交（特に延暦十七年〔七九八〕および十九年の制度的改変）に求める見解がある（佐藤全敏「古代天皇の食事と贄」〔『平安時代の天皇と官僚制』東京大学出版会、二〇〇八年、初出は二〇〇四年〕）。ここでは私見を支持する一要素として挙げるが、他の諸制度を含めた包括的な議論については後考を期したい。

(29) 本稿校正中に、本庄総子「律令国家と「天平の転換」」（『日本史研究』六五五、二〇一七年）が公表された。時間的制約のため充分には論及しえないが、先行研究を丹念に再検討し、天平期の諸政策を客観的に位置づけようとされる本庄氏の姿勢は私見と相反するものではなく、むしろ同一の志向性に基づくものと理解している。なお、氏からは特に国司借貸の理解などについて私見への批判も頂戴したが、自説を訂正する必要はないと考えている。これに関しては他日を期したい。

(30) 例えば佐藤全敏「古代天皇の食事と贄」（註(28)前掲、また所収著書『平安時代の天皇と官僚制』〔特に「終章　古代日本における「権力」の変容」〕も参照）でも、八・九世紀の交を上回る画期として九・十世紀の交を挙げられている。

(31) 渡辺晃宏「奈良・平城京跡（1）」（『木簡研究』第三四号、二〇一二年）、大林潤・神野恵・諫早直人ほか「左京三条一坊一・二坪の調査―第四七八・四八六・四八八次」（『奈良文化財研究所紀要二〇一二』二〇一二年）

(32) 棒軸は総じて出土例が限られ、平城宮・京跡の発掘調査で二〇点ほどが見つかっているのみである。さらに、棒軸の中には縦書きで数行に渡り文書名を記すものなども見られ、史料15のように木口部分の縁に沿って端正な文字を時計回りに書き込む優品は少ない。他例としては「肥後国第三益城軍団養老七年兵士歴名帳」の棒軸（『平城宮木簡六』九八八四号。反対面の記載は「肥後国第三益城軍団養七年兵士歴名帳」〔傍点は筆者〕と「老」の一字を脱している）などが著名であろう。ただでさえ事例が限られる棒軸のうち、特に優品と称すべきものが西海道諸国からの上進文書に偏るのも、大宰府や管内諸国の特殊性を示唆するものかもしれない。

なお、棒軸と類似の機能を果たすものとして題籤軸が存する。両者については、棒軸が主として地方から中央への上申文書に使用されたのに対し、題籤軸は官司内での一時的な文書整理などの場面で多用されたとの指摘がある（加藤友康「国・郡の行政と木簡」〔『木簡研究』一五、一九九三年〕、杉本一樹「律令制公文書の基礎的観察」〔『日本古代文書の研究』吉川弘文館、二〇〇一年、初出は一九九三年〕）。また、題籤軸については北條朝彦「古代の題籤軸」（皆川完一編『古代中世史料学研究』上、吉川弘文館、一九九八年）も参照。

八、九世紀における賑給の財源
――義倉から正税へ――

野尻　忠

はじめに

日本古代の律令制下に、賑給とよばれる政策がおこなわれたことはよく知られている。賑給は、一般の人々に穀物などを無償で支給するものであり、六国史からだけでも四百例以上を見出すことができる。律令政府の地方諸国に対する政策として、これほどの件数が史料に残っているものはほかになく、賑給は、律令国家における政策の発議から実施にいたる過程を知る材料として適していると思われる。

また、七世紀から九世紀後半までの長期にわたる事例があるということも、賑給の特色である。その結果、制度内容の時間的変遷をたどることが可能である。これまで、賑給をテーマに掲げる研究の多くが史料の豊富な八世紀を主たる対象としてきたが、(1)九世紀さらにはその先まで見据えた視点をもってこれを捉える必要がある。(2)

そこで、数多くの賑給記事を見渡してみると、賑給は、実施方法によっていくつかの種類に分けることができる。

第一は、戸令45遭水旱条にもとづいておこなわれる賑給である。養老令の条文には、(3)

凡遭二水旱災蝗一、不熟之処、少レ粮応レ須二賑給一者、国郡検レ実、預申二太政官一奏聞。

とあって、賑給とは（災害時などに）各国がそれぞれの状況を判断して太政官に実施を申請し、許可を得てからおこなわれるものであった。六国史にしばしば「国飢、賑給之」などとしてあらわれる賑給記事の多くは、本条に則って実施されたものと考えてよい。

賑給実施方法の第二は、諸国からの申請なく、国家側が主体的におこなうものである。この賑給は一部の国に対してではなく、全国一斉におこなわれることが多い。実施の契機としては、全国的な災害が起こったとき、国家的な慶事（天皇の即位など）があったとき、祥瑞があらわれたとき、などがある。これらは中国からわが国へ輸入された災異思想や祥瑞思想にもとづく賑給である。災異思想とは、災害は天子の不徳によって起こるものであるとの考え方で、これを鎮めるために天子は天の怒りを治めなければならず、その一つの手段として民に対して施しをおこない、自らに徳のあることを天に示すのである。逆に慶事の折には、天子が平素おだやかに統治できていることを天に感謝し、今後も平穏が続くように、民に施しをおこなって天子の徳を天に示すということになる。このような国家主導の賑給も、六国史に数多くの記事を見出すことができる。

実施方法による第三の分類の賑給は、六国史に記事の残らないものである。詳細は後述するが、各国で災害がおこっても、国内で被害戸が五十戸に満たないような小規模な災害の場合は、太政官の許可を待たずに国司の裁量で賑給を実施できたようである(4)。その場合には、財源として義倉が使用されたと思われる。ただし、義倉は第一や第二の場合にも財源とされることがあり、第三の場合に限定されるわけではないことには注意しておく必要がある。

以上を前提として、賑給という国家政策が実施されるにいたる行政手続きについて、財政運用の面を中心に整理し、考察を加えたい。

一　義倉による賑給――正税との関係を中心に――

1　義倉の運用法

正倉院文書として伝わる天平期の諸国正税帳を見る限り、賑給には正税[5]が財源として使用されたことは疑いがない。一方で、同じく正倉院文書の天平二年度（七三〇）安房国義倉帳[6]の記載内容により、義倉が賑給に使用されたこともまた明らかである。それでは、両者はどのように使い分けられていたのであろうか。

すでに諸先学によって解明されているように、義倉は各国が主体的に使用することのできるものであった[7]。令文には義倉粟の収取の規定しかなく、運用に関する規定はみられないが、『令集解』賦役令6義倉条に引用される宝亀五年（七七四）格[8]には、

宝亀五年格云、自今以後、用㆓諸国義倉㆒者、無㆓官符㆒、過㆓当年輸数㆒、賑給国者皆返却。唯雖㆑云㆑無㆑符、不㆑過㆓年輸㆒者、勿㆑返。

とあって、今後は官符がないまま当年に徴収された量を超えて賑給に用いた場合、諸国はそれを返却しなければならないと定められており、それまでは諸国の裁量で義倉を使用できたことが知られる。また、『令集解』賦役令9水旱条に引用される養老三年（七一九）諸国按察使等請事[9]には、

官判云、諸国卒飢、給㆓義倉穀㆒、五百斛以下二百斛以上、聴之。若応㆓数外給㆒者、使専知㆑状、且給且申。若義倉

不レ足、用レ税聴之。

とあり、まずは一定の範囲内で諸国が義倉を用いて穀を支給し、その範囲を超えて使用する場合や正税を用いる場合に官の判断を仰いでいることがわかる。

そこで問題となるのは、諸国の裁量で使用してよい場合と、官への報告を要する場合との判断基準であるが、これについては、災害により不作となった場合の田租および課役の減免を定めた賦役令9水旱条における基準が、賑給にも援用されたと考えられる(10)。すなわち『令集解』同条所引の慶雲元年（七〇四）六月十九日格(11)には、

国有二水旱虫霜一、不熟之処、自二五十戸一以上、預申レ官。以下少者、国司検レ実処分、具録申レ官。及実事附二考文一。

五十戸以上太政官処分、三百戸以上奏聞。

とあり、賦役令同条にもとづいて田地の損害にともなう減税措置をおこなう際には、被害戸が五十戸未満ならば国司処分とし、五十戸以上の場合に中央への報告が義務付けられていた。その上で、五十戸以上でも三百戸未満ならば太政官処分、三百戸以上の場合は奏聞を経なければならないとされた。この五十戸と三百戸を境とする基準が、賑給にも適用されたと考えられるのである。

つまり、被害戸が五十戸未満という小規模な被害状況のときには、国司の判断で賑給を実施し、中央政府へは事後報告をおこなっていた。そのとき財源として使用されたのは、おそらく諸国の裁量で使用することが可能な義倉であっただろう。

ただし、義倉は五十戸未満の国司処分の賑給にだけ使用されたのではなく、五十戸以上の場合にも義倉から支出される場合があった。高井佳弘氏は、『続日本紀』と天平期の正税帳にみられる賑給記事の対応関係を一つ一つ調査され、『続日本紀』に記事があって正税帳に賑給実施記載がないと言える確実な例は一つも存在しない、とされた。言

い換えれば、『続日本紀』に載っている賑給は確実に正税帳に記載されており、したがって財源はすべて正税である、ということである。しかし、前稿(12)で述べたとおり、天平九年度豊後国正税帳に記載された四度の賑給のうち、大宰府の使者をともなう賑給は、少なくとも豊後国では支給物が正税から支出されなかったが、それに相当すると思われる賑給記事が『続日本紀』に掲載されている。正税から支出されなかったとすれば、その賑給の財源は何か。それは、義倉と考えるのが妥当ではないだろうか。

義倉はその収納物を賑給に用いるために設置された倉である。寺内浩氏は、義倉を財源とする賑給のことを、「義倉穀の支給」と表現されているが(13)、これまでに揚げた諸史料や、天平十年度周防国正税帳の「賑給義倉国司(14)」などという記載からみて、義倉からの支出が「賑給」と呼ばれたことは疑いないだろう。従来の研究では、義倉は国司の裁量で使えるものであり、中央政府がかかわる賑給には必ず正税が用いられる、とされてきた。しかし、中央が主導しておこなわれた賑給に、義倉を使用したと考えられる例が存在することが明らかとなった今、もう一度、根本から義倉の制度を検討しておく必要がある。

また、ここからは憶測も混じるが、むしろ賑給には義倉を使用するのが原則であって、先にみた養老三年の史料(『令集解』賦役令9水旱条所引)にも記されていたごとく、義倉では足りない場合に正税を用いる、というのが本来の構想だったのではないだろうか。ところが、後述のとおり義倉は思うようには蓄積せず、常に底をついているような状況で、とても大規模な賑給の支出に耐えられるものとはならず、賑給の財源は正税に頼らざるを得なくなったと思われるのである。

2　義倉制度の展開

義倉の基本的な制度は、賦役令6義倉条に示されている。

凡一位以下及百姓雑色人等、皆取㆓戸粟㆒、以為㆓義倉㆒。上々戸二石、上中戸一石六斗、上下戸一石二斗、中上戸一石、中々戸八斗、中下戸六斗、下上戸四斗、下中戸二斗、下々戸一斗。若稲二斗、大麦一斗五升、小麦二斗、大豆二斗、小豆一斗、各当㆓粟一斗㆒。皆与㆓田租㆒同時収畢。

義倉制度の淵源は中国にあり、復原された唐開元二十五年令に対応条文は見出せないものの、(15)『六典』巻三倉部には戸の等級に応じて義倉粟を徴収する規定があり、『通典』巻十二食貨十二によれば、この規定は開元二十五年段階では令ではなく式で定められていたようである。ところで、賦役令に規定される他の課役と義倉との決定的な違いは、戸を単位として賦課されるという点である。田租・調庸などが人身賦課であるのとは異なっている。後論ともかかわるので、この点には注意を促しておきたい。

さて本条によれば、義倉は、すべての戸を上々から下々までの九等級にわけ（九等戸）、戸ごとに粟（またはその他の穀物）を賦課することになっていた。しかし、すでに知られているとおり、現実には上々戸〜下々戸の中に入らない等外戸が存在し、等外戸は義倉粟（または穀）を納めていなかった。しかも、天平二年度安房国義倉帳によれば、等外戸の占める割合は、全戸の七九%にも及んでおり、(16)余裕のあるときに蓄積して非常に備えるという義倉の基本理念は、全く実現されていなかったことが窺える。

このような状況であったから、義倉の制度にはすでに八世紀初頭からさまざまな改正(17)が加えられていた。そもそも全戸を九等（実質的には十等）に格付けする基準は何かというと、『令集解』賦役令6義倉条に引用される和銅六年（七

一三）二月十九日格に、

其資財、百貫以上為二上々戸一、六十貫以上為二上中一、四十貫以上為二上下一、廿貫以上為二中上一、十六貫以上為二中々一、十二貫以上為二中下一、八貫以上為二下上一、四貫以上為二下中一、二貫以上為二下々戸一也。

とあるように、資産によって戸の等級を決定していたようである。[18] しかし、この和銅六年格では、基準額を高く設定しすぎたらしく、二年後の和銅八年五月十九日格（同『令集解』賦役令6義倉条所引）では、

其資財、准レ銭三十貫以上為二上々一、廿五貫以上為二上中一、廿貫以上為二上下一、十五貫以上為二中上一、十貫以上為二中々一、六貫以上為二中下一、三貫以上為二下上一、二貫以上為二下中一、一貫以上為二下々一也。

と、上々戸の基準額を百貫から大幅に引き下げて三十貫とし、以下の等級も額が引き下げられている。

これより少しさかのぼる慶雲三年二月十六日の格（同『令集解』賦役令6義倉条所引）には、

自今以後、取二中々以上戸之粟一、以為二義倉一。必給二窮乏一。

とあって、八世紀初頭の段階で義倉粟の収取対象が中々戸以上に限定されていることが知られるが、それではうまく機能しなかったようで、この方針はまもなく撤廃され、下々戸以上が収納するという令の原則に戻された。[19]

続いて養老三年（七一九）には、諸国按察使の請事に対して示された太政官の判（前項で引用）に「諸国卒飢、給二義倉穀一、五百斛以下二百斛以上、聴之」とあるように、義倉からの支出を各国で判断できる上限として五百斛〜二百斛という数値が設定された。それ以前には、義倉の収取に関する規定はあっても、その支出に関する法制はなく、このとき義倉の支出量に制限が設けられたと考えてよいであろう。使用上限量に五百斛〜二百斛と幅があるのは、国の等級・規模等にもとづいて国別に最大許容量が設定されていたことを示すと思われ、最小の国で二百斛まで許されていたことがわかる。

この許容量は果たして妥当な数値だったのだろうか[20]。天平二年度安房国義倉帳によると、当年度に某郡（おそらく長狭郡）で収められた「新輸」の義倉粟は十三斛三斗であり、これが通常の納入量であるとすると、三郡からなる安房国で二百斛の義倉粟が蓄積するのには、単純計算で五年を要することになる。養老三年から天平二年までの十年程度で、義倉の収取事情が大きく変化している（等外戸の激増など）とは考えにくいので、義倉帳にもとづく推算から養老三年時の状況をある程度知ることは可能であろう。つまり、この官判は、五年分の蓄積を一年間で使い切ることを認めるものであった。この許容量の収支バランスが妥当か否かを評価することは困難だが、史料の語るところによれば、これ以降、使用上限は下げられる方向へ進んでおり、その数値は大きすぎたと判断される。

天平宝字二年（七五八）五月二十九日官符（『令集解』賦役令6義倉条所引）には、

諸国義倉、輸少用多、甚乖二格旨一。仍検二慶雲三年格一（中略）、又案二和銅八年格一（中略）、今、検二諸国義倉一、国勢略同、所レ輸懸隔。又至二給用一、諸国不レ同。或以レ斗為レ差、或以レ升為レ法。窮民是一、賑給各殊。自今以後、依レ実令レ輸。其給用法者、量二貧乏差一、以レ斗為レ基、令レ得二存済一。

とあり、冒頭部分の記述から、義倉は収取量が少ないわりに支出が多いことが問題となっていたことがわかる。官符の後半は、各国によって義倉の運用に差があるのを是正する内容となっており、この時点における義倉制度の問題点をよく示す史料と考えられる。

次に、前項でも触れた宝亀五年格（『令集解』賦役令6義倉条所引）によると、賑給の実施にあたって義倉から支出をおこなう際、当該年度に収取した量を超えて支出する場合には官符を必要とし、官符無く支出した場合には国司に返済義務が課せられることになっていた。ここではその年度に新たに収取された量が支出許容量の基準となっており、養老三年時に使用上限とされた量（五百〜二百斛＝五年分相当の蓄積）の五分の一程度に抑えられている。義倉からの支出規模は次第に縮小される傾向にある。

ところで、以上述べてきたような量の義倉粟（穀）を使用すると、どの程度の人々に食料を支給することができたのだろうか。天平二年度安房国義倉帳によると、当年度の賑給にあたり、小子・正女・小女の合計二十八人には一人一斗ずつ支給したという。この史料の前欠部分には二斗以上を支給した年齢区分に関する記述もあったはずで、最少の支給量が一斗であった。先掲の天平宝字二年五月二十九日官符にも、今後の「給用法」は、「以斗為基」することが述べられているので、一人あたりの支給量として一斗程度を想定することは許されよう。仮に養老三年の二百斛を上限いっぱいまで支出した場合、一人あたり一斗ならば二千人に食料支給することができる。しかし、上限を当年輸数とすると、天平二年の安房国は一郡での新輸が十三斛三斗なので支給対象は百三十三人、安房国全体でも単純に三倍すれば約四百人となる。仮に飢饉や災害が局地的に起こり、一里だけを対象に賑給をおこなったとしても、戸数は五十あるので、一戸あたり四斗程度の支給となる。このような収支状況にある義倉が、はたして十分な飢民救済の機能を果たせたか、となるとやはり疑問を呈さざるを得ない。

以上のことから考えて、義倉の制度自体に限界のあったことは認めなければならないだろう。しかし、前項で述べたように、各国の自由裁量ではなく中央の許可を得て実施された賑給にも義倉は使用されていたし、使用上限を五百斛に設定するような蓄積が目指された時期もあった。おそらく賑給には原則として義倉を使用する計画であったのが、義倉の蓄積が必ずしも順調でなかったために正税からの支出に頼っていたのであって、本項で見てきたようないくつかの改変を加えながら、八世紀を通じて義倉制度を維持する努力が払われていたのである。ところが、九世紀になると義倉はほとんど実態を失ってしまうことになる。

3　義倉の変質

九世紀における義倉運用の実態を示す史料として、次の四つを挙げることができる。

A『続日本後紀』[21]承和九年（八四二）十月癸未（二十三日）条

太政官、充二義倉物於悲田一、令レ聚二葬鴨河髑髏一。

B『続日本後紀』承和十年三月甲寅（二十五日）条

令三義倉物賑二給東西悲田病者及貧窮者一。

C仁寿二年（八五二）三月十三日官符（『類聚三代格』農桑事[22]）

（前略）頃年諸国所レ申之不堪佃田、其数居多。是由下国郡官司不レ勤二地利一、不上レ重二民命一、（中略）宜仰二下諸道一令レ暁二此情一、国郡司等親自巡観、修二固池堰一、催二勧耕農一、力者褒而録之、懈者督而趣之。即有二地不一レ耕、雖レ有二其主一而無レ力レ営者、速以二救急義倉等一稟給之。（後略）

D『日本三代実録』[23]貞観七年（八六五）二月十日条

太政官頒二下詔書於五畿七道一曰、（中略）又鰥寡孤独不レ能二自存一者、以二救急義倉内一、国司相量給之。（後略）

このうちAとBは京内の義倉の運用にかかわるものであり、CとDは全国を対象としたもので「救急義倉」という表現であらわれる。「義倉」と併記される「救急」は、諸国に出挙本稲の設置されていた救急料のことであろう。九世紀における京以外の諸国義倉の存在を示す史料は、救急と併記される右の二例しかない。

それに対し、AやBにみえる左右京の義倉に関しては、九世紀に様々な施策が打たれている。『類聚三代格』義倉事には、大同四年（八〇九）から元慶五年（八八一）にいたる四つの格が収められているが、そのいずれもが左右京の

義倉に関するものなのである。例えば、大同四年四月三十日官符[24]には、

右得二左京職解一偁、五位已上進二義倉一輩、或狎レ法不レ進或僅進二代物一、因レ茲未進多数、常煩二解由一、望請、留二封禄一懲二将来一者。（後略）

とあり、左京職の申請に基づいて、義倉物を納めない五位以上官人に対する封禄停止が発議され、了承されている[25]。問題となっているのは京内の義倉のみである。

義倉の輸納単位は、賦役令6義倉条（前掲）にあるとおり、元来は「戸」であった。しかし、『延喜式』主計下[26]には、

凡輸二義倉穀一者、一位五斛、二位四斛、三位三斛、四位二斛、内五位一斛、外五位五斗、上上戸二斛、上中戸一斛六斗、上下戸一斛二斗、中上戸一斛、中中戸八斗、（後略）

との条文があり、五位以上に関しては個人を単位として賦課することになっている。五位以上の人物であればおそらくほとんど京の義倉に輸納するであろう。すなわち、左右京の義倉が充実していったであろうことが想像され、逆に『類聚三代格』の一連の官符のような問題発生の前提ともなっている。

京の義倉は、十世紀代の儀式書に京中賑給の財源として記されているように、これ以降、その存在が重視されていく[27]。一方で、京以外の諸国の義倉は、前掲史料C・Dのように救急と並んで記されるほかは、史上にほとんど姿をあらわさなくなる。もちろん制度的になくなってしまったわけではなく、『延喜式』には諸国の義倉帳提出に関する規定もある（前掲『延喜式』主計下の後略部分）。しかし、中央政府の関心からすれば、ほとんど問題とされないような状態になっていたのだろう。八世紀には、規模を縮小しながらも、賑給に使用するため義倉の維持が図られていたが、九世紀になってその努力は放棄されたのではないだろうか。

ところが、諸国義倉の機能が低下する一方で、六国史をひもとけばすぐに了解されるように、九世紀を通じて賑給

の記事は数多く残っている。義倉が果たしていた役割を、他の何かが担わなければならないはずである。この点を考えるのに、先に触れた救急料や、天長十年に設定された賑給料との関連を忘れるわけにはいかないであろう。

二　正税による賑給へ ――救急料（稲）、賑給料、賑給の法――

1　救急料（稲）と賑給料

九世紀の前半、賑給の財源としても使用された救急料（稲）という公出挙本稲が設置された。『延喜式』主税上に収められる各国出挙本稲記載によれば、救急料は対馬島と安房国を除くすべての国に設置されていた。救急料に関しては亀田隆之氏の専論があり(28)、それによると救急料設置の時期は、正確なところは不明ながら、天長年間の初期と推定されている。一方の「賑給料」は、『類聚三代格』牧宰事に所収の天長十年（八三三）七月六日官符所引同年六月三日官符で設定された「賑給飢民之料稲」のことである。官符は次の通りである(29)。

太政官符
　応㆓賑給法依㆑例事
右検㆓案内㆒太政官去六月三日下㆓五畿内七道諸国㆒符偁、賑給飢民之料稲、大国十万束、上国八万束、中国六万束、下国四万束者。右大臣宣、雖㆘随㆓国大少㆒下㆗知彼料㆖、而賑給之法非㆑無㆓恒例㆒。宜㆑給㆓大男三束、中男大女二束、小男小女一束㆒。若口少稲剰者、実録言上、人多稲少者只尽㆓符内㆒。
　天長十年七月六日

亀田氏は、この官符に「救急」の語は出てこないものの、『延喜式』に記された各国の救急料の額を統計的に検討したうえで、その数値とこの官符にみられる大国以下の束数が近似するとされ、本官符で述べられているのは救急料のことであり、天長十年に至って天長初年頃に設置された救急料の額が定められたのである、と結論された。

この亀田説はその後長く引き継がれていたが、近年、黒羽亮太氏は、(30)早く山里純一氏が指摘されたように(31)救急料と賑給料は全く別のものであり、かつ、賑給料は、救急料のような出挙本稲ではなく、正税のうち賑給に使用することを認められた上限量である、と述べられた。支持すべき見解である。蛇足になるが、黒羽氏が取り上げられなかった史料をいくつか紹介し、賑給料を使用上限量とする見方を補強したい。

『政事要略』交替雑事に所収される天暦七年（九五三）七月五日宣旨(32)は、天長十年官符および延長二年（九二四）九月二十二日官符を引用しつつ、次のように述べる。

左大弁大江朝臣朝綱伝宣、左大臣宣、賑給之法、古今不レ同。天長十年七月六日格云、賑給料稲、大国十万束、上国八万束、中国六万束、下国四万束。而天安以後、延喜以往、依二国申請一随レ時増減。延長二年九月廿二日官符偁、賑給之事、待レ使可レ行之状、下知先了。且遣二使五畿内及近江・丹波等国一、当二班給之日一、其用稲尤多者、近江二万束。折中之法、准量可レ知。仍須下大国二万束已下、上中下国降殺之法、准二天長十年七月六日格一、逓為二等差一、依レ実勘定上者。（下略）

これによると、天長十年官符に賑給料稲は大国で十万束と定められていたが、天安から延喜の間に増減があり、延長二年に賑給をおこなったところ、使用した稲の最も多かったのは近江国で二万束だったといい、これに基づいて大国の賑給料を二万束と定め、上中下国の額もそれに準じて設定したという。この二万束は、賑給に使用できる上限量と考えるのが妥当であろう。

次に九世紀における賑給の実施例を見ていこう。左表は、『日本後紀』以降の国史から、賑給の支給量が記された例を一覧にしたものである。通常の賑給で支給量の記されることはあまりなく、数値が記されるのは特殊な例であることは考慮しなければならないが、表の支給量欄をみれば了解されるように、十万束（稲穀に換算すると一万斛）を超える例は一つもない。もし仮に、亀田説のように賑給料が出挙本稲であったとすると、十万束の本稲から得られる利稲は三万束となり、表の半数以上の例がそれを超えてしまうことになる。表に参考として掲げた『扶桑略記』延長七年

表　国史にみる賑給等の支給量（九世紀以降）

年月日	西暦	国	等級	支給量	種別	支給形態と対象	備考
仁寿三年五月二十二日	八五三	美濃	上	二一〇〇斛	穀	給患疱瘡者	
斉衡元年三月二十三日	八五四	石見	中	三五〇〇〇束	不動稲	賑給飢民	
五月十五日		陸奥	大	一〇〇〇〇石（斛）	穀	賑給俘夷	
貞観十一年十月二十三日	八六九	肥後	大	四〇〇〇斛	遠年稲穀	周給（被害尤甚者）	大宰府の稲穀
貞観十二年五月二十六日	八七〇	河内	大	一三〇〇〇束	稲	班給百姓	境内富豪の稲
貞観十五年六月二十二日	八七三	河内	大	一〇〇〇〇束	正税稲	賑給	摂津国の正税
元慶二年正月十五日	八七八	和泉	下	六〇〇〇斛	不動穀	班給百姓	播磨国の不動穀
二月二十八日		河内	大	一〇〇〇〇斛	不動穀	班給百姓	備前国の不動穀
五月八日		大和	大	三〇〇〇〇束	正税	賑給乏絶戸	
元慶七年六月二十二日	八八三	武蔵	大	六〇〇〇〇束	正税稲	賑恤	
（参考）延長七年八月一日	九二九	山城	上	一〇〇〇〇束	正税稲	賑給（流損の百姓）	『扶桑略記』

八月一日条の例は、延長二年の賑給料が設定されて以降のもので、大国の上限が二万束であるから、上国である山城国での一万束の支給は、おそらく上限を超えていないであろう。

また、使用上限量を、このように国の等級ごとに束把の数で設定する例は、他にも見ることができる。例えば『延喜交替式』には正税を用いておこなう糴糶に関する規定があり(33)、そこには、

其所レ用正税、大国五万束以下、上国四万束以下、中国三万束以下、下国一万束以下、毎年依二此数一永行之。

とあって、これは使用上限量を定めたものと考えて間違いない。つまり、賑給料のような形式で使用上限量を設定することは、決して特殊な例とは言えない。

このように、天長十年官符の「賑給料」が、賑給に使用できる上限量を定めたものであることは、黒羽氏の指摘どおり、疑いようのないところである。

そこで次に問題になるのは、賑給に使用する正税の上限量が、この天長十年という時期に定められた理由である。黒羽氏はこれを仁明天皇即位前後の施策から説明される。すなわち、官符が出された天長十年六月三日の直前にある五月二十八日に、即位後まもない仁明天皇は詔を発して全国に賑給を命じているが、官符はその施行細則として数日後に出されたものと理解されるのである。これによると、この官符で示された内容は、臨時的な一回限りの措置であったかのごとく感じられるが、上述のように九世紀を通じてこの使用上限量は守られているらしく、また十世紀の法令にも引用されるなど、後々まで効力を持っていた。確かに、発布の契機は仁明天皇による大規模な賑給にあったかもしれないが、官符の内容は当時における地方統治および地方財政の状況を反映し、永続的な効力を持たせるべく発布されたものだったのではなかろうか。

弘仁十年（八一九）五月二十一日官符（『類聚三代格』牧宰事所収）(34)には、

太政官符

応三国司申レ政詐不レ以レ実奪二其公廨一事

一、詐増二賑給飢民数一事

右戸令云、凡遭二水旱災蝗一、不熟之処、少レ粮応レ須二賑給一者、国郡検レ実、預申二太政官一奏聞。詐偽律云、（中略）而今諸国所レ申賑給、遣レ使覆検与レ実既違。仮令国司所レ申飢民十万、使者実録只此五万。若不レ捜レ実五万既隠。国之為レ例既而有之。（下略）

とあり、諸国からの賑給実施申請に対し使者を発遣して調査したところ、実際の飢民は報告された数の半分であったといい、このような国司による不正が常態化している状況が記される。

また、『類聚国史』災異七疾疫に所収の弘仁四年五月丙子（二十五日）条(35)には、

勅、治国之要在二於富民一。々有二其蓄一、凶年是防。故禹水九年、人無二飢色一、湯旱七歳、民不レ失レ業。今諸国之吏深乖二委寄一、或差役失レ時、妨二廃農要一、或専事二侵漁一、無レ心二撫字一。因レ此黎元失レ業、飢饉自随、非レ縁二災祲一、常告二民飢一。仍年々賑給、倉廩殆罄。儻有二災害一、何以相済。不治之弊一至二於此一。宜自今以後、非下有二田業損害一、及有中疾疫等上、不レ得三輙請二賑給一。

とあって、ここでは連年実施される賑給のために倉廩の蓄積が底を尽いている実情が語られ、容易く賑給を申請しないよう求められている。

『類聚国史』災異七凶年に所収の弘仁十年二月戊辰（二十日）条(36)には、

公卿奏曰、頻年不レ稔、百姓飢饉、倉廩空尽、無レ物二賑稟一。窮民臨レ飢、必忘二廉恥一。臣等伏望、遣二使畿内一、実二録富豪之貯一、借二貸困窮之徒一、秋収之時、依レ数俾レ報。然則富者無二失財之憂一、貧者有二全命之歓一。許之。

とあり、連年の不作によって百姓が飢饉に陥っているが、倉廩が空になっているため賑給をおこなうことができない状況が述べられている。それを解決するために富豪の財を導入しようというのがこの公卿奏の主旨であるが、ここではそれは措いておき、本史料でも先と同じく賑給に使用する財物の不足する状況が記される。

上記二史料はいずれも弘仁年間のもので、賑給に関連して財政の逼迫状況が指摘されており、九世紀初頭頃、国司による不正報告という問題に加えて賑給財源の減少という問題が表面化してきたことが知られる。こうしたことは、先に若干触れた救急料[37]が天長初年に設定されたことと無関係ではないであろうし、正税から賑給への使用上限量である賑給料が天長十年に設定されたことも、これらの問題に対処するためであったと考えられる。九世紀前半頃に国司等に対する監察体制が強化されたことがしばしば指摘されるが、賑給料の設定もその一環と考えることは許されないだろうか。

2　支給対象者からみた財源の転換――賑給の法――

前項で述べたように、賑給に使用できる正税の上限量である賑給料は、九世紀前半の天長十年に定められた。このことは当時、賑給の財源として正税が使用されていたことを示している。しかし第一節で見たように、八世紀にあっては、賑給（はじめにで述べた、諸国の申請にもとづく第一の形式）は義倉を財源とし、不足する場合に正税を投入するのが原則で、義倉粟（穀）が思ったように蓄積しないことを受けて正税に大きく頼るようになっていたのであった。それが九世紀初頭の段階で、義倉を原則とせず、初めから正税のみを前提とする賑給が議論されるようになっているのである。これは律令の原則からみれば賑給財源の変更（義倉から正税へ）、八世紀における実態からみれば財源の（正税への）一本化と捉えられよう。こうした賑給財源の変更は、別の側面からも確認できるので、以下に見ていきたい。

天平期の正税帳には、対象者一人当たりへの支給量が記される場合がある。例えば天平十年度淡路国正税帳(38)の首部には正月二十日におこなわれた「恩勅」による賑給が記されるが、その対象者構成と支給量は、

八十年以上一十八人々別六斗、鰥八十二人々別六斗、寡八十八人々別四斗、惸七十六人々別四斗、独六人々別四斗、篤疾五十九人々別二斗、癈疾八十二人々別二斗、疹疾二百七十人々別二斗。

となっている。この賑給は、はじめにで触れた賑給の実施形式のうち、第二の場合に当たるもので、このように高年や鰥寡孤独、病者といった儒教で弱者とされる人々に支給するのが特徴である。天平期の正税帳で対象者構成と支給量の記されるものは他にもあるが、いずれもこうした人々(弱者)に対する支給の場合に限られる。

これに対し、天平二年度安房国義倉帳では、

(前欠)

陸人小子、貳拾人正女、貳人小女

右、貳拾捌人賑給粟貳斛捌斗、人別一斗(下略)

となっており、百姓一般を対象として小子、正女、小女という年齢別の区分によって支給量が設定されている。この義倉帳は前欠であり、この記載の前には人別一斗より多い量の支給に関する部分(正丁・中男など)があったと考えられる。実例がこれしかないため断定はできないが、義倉から支出する賑給の場合には、正税から支出される賑給のような高年・鰥寡孤独といった区分ではなく、性別年齢別で支給量を設定していたものと考えられる。

先掲の天長十年七月六日官符には、賑給料の設定を記した同年六月三日官符に続けて、「賑給の法」には恒例があるとし、「大男三束、中男大女二束、小男小女一束」を支給することが述べられている。性別年齢別の支給区分である。寺内浩氏は、この官符を根拠に、九世紀には性別年齢別の支給が通例となっているとし、八世紀の高年鰥寡孤独

を対象とする賑給に比べて、より実際的な救済を目指すものとなっていることを指摘された。(39)しかし、先に見たとおり、八世紀においても義倉から支出される場合には性別年齢別の支給量設定がみられるのであり、正税だけでなく義倉も賑給に使用される以上（むしろ義倉を使用するのが原則）、どちらがより実際的な救済であるかを議論することはできないと思われる。

したがって天長十年官符の「大男三束、中男大女二束、小男小女一束」という性別年齢別による支給量は、実は八世紀以来のもので、それは義倉の運用のされ方を受け継いでいるのではないか、と考えられるのである。ここでの最少の年齢区分への支給量は一束であるが、稲穀に換算すると一斗となり、天平二年度安房国義倉帳での最少の支給量と一致することも、義倉の運用方法が正税へと受け継がれていくことを裏付けると思われる。すでに述べたように、八世紀後半には義倉の運用は「当年輸数」を超えないことになるなど、その規模はかなり小さくなっており、九世紀には諸国の義倉がほとんど史料上に現れなくなる。以上のことを総合すれば、義倉は九世紀になるとほぼ実態を失い、八世紀に義倉が果たしていた賑給の財源としての役割は、九世紀には正税が担うようになったと考えて良いのではないだろうか。

おわりに

本稿では賑給の財源の変遷とその運用について検討してきた。賑給には大きく三つの実施形式があり、そのうち諸国の申請にもとづいておこなわれる第一の賑給は、律令では義倉を財源とすることが原則であったが、義倉の蓄積が不調であったために国政全般に使われる正税を賑給に用いることも多く、九世紀には義倉の運営は半ば放棄されて、賑給の財源はほぼ完全に正税へと変わる。しかし、正税を柱とする地方財政の逼迫にともない、九世紀前半には賑給に使う使用上限量が定められるに至る。その背景には、地方行政機構が当時抱えていた様々な問題があった。

本稿で取り扱ったのは賑給という一つの小さな課題であったが、このような基礎作業を積み重ねていくことで、古代における様々な国家政策の実施過程が明らかとなり、中央・地方の行政機構の構造を解明する手掛りとなるものと信じる。

本稿が研究の発展に寄与するところがあれば幸いである。

注

(1) 賑給に関する先行研究は数多いが、後論で触れるものを除いて、代表的なところでは、滝善成「賑給・借貸制度に就て」(『史苑』九ノ一、一九三五年)、舟尾好正「賑給の実態に関する一考察」(大阪歴史学会編『古代国家の形成と展開』、一九七六年)、玉井英夫「賑給について」(舟ヶ崎正孝先生退官記念会編『畿内地域史論集』、一九八一年)などがある。

(2) そのような観点から、九世紀までの賑給を扱った論考としては、寺内浩「律令制支配と賑給」(『日本史研究』二四一、一九八二年)がほとんど唯一であろう。

(3) 以下、本稿では律令条文の引用はすべて、日本思想大系3『律令』(岩波書店、一九七六年)による。

(4) 村尾次郎「賑給」(同著『律令財政史の研究』、吉川弘文館、一九六一年)一〇二頁。

(5) ここでは、「正税」を、日本古代の地方諸国財政を支える財源で、諸国正税帳に記載のある料物と定義する。その大部分は稲(穎稲または稲穀)である。ときに、田租等の稲穀を除き、公出挙によって運営される穎稲のみを指して「正税」と称されることもあるが、ここでは広義のほうを採る。なお、先学によって繰り返し述べられているように、諸国正倉に納められている稲穀の大半は田租に由来し、その田租の穀は原則として蓄積され、使用されるのはほぼ賑給のみである(＝賑給以外に田租の穀は使用されない)。そのため、賑給の財源は(狭義の正税ではなく)田租に限定されている、とも説かれる。

(6) 『大日本古文書(編年文書)』第一巻四二四頁。

（7）高井佳弘「賑給の制度と財源」（『史学論叢』一〇、一九八二年）、寺内浩「律令制支配と賑給」（注（2）論文）。
（8）新訂増補国史大系『令集解』（吉川弘文館、〈前篇〉一九四三年、〈後篇〉一九五五年）前篇三九五頁。以下、本稿では『令集解』の引用はすべてこれによる。
（9）『令集解』前篇三九九頁。
（10）村尾次郎「賑給」（注（4）論文）一一一頁。
（11）『令集解』前篇三九九頁。なお、この格の解釈については寺崎保広「賦役令水旱条に関する二・三の問題」（『国史談話会雑誌』二三、一九八二年）に詳しい。
（12）野尻忠「律令制下の賑給使と地方支配機構」（『史学雑誌』一一〇ノ九、二〇〇一年）三九頁。
（13）寺内浩「律令制支配と賑給」（注（2）論文）二三頁（第一章注（35））。
（14）林陸朗・鈴木靖民編『復元天平諸国正税帳』（現代思潮社、一九八五年）一九九頁。以下、本稿では正税帳の引用はすべてこれによる。
（15）『天一閣蔵明鈔本天聖令校証　附唐令復原研究』下冊（中華書局、二〇〇六年）による。なお、本書によって天聖令の全文が公表されるより以前、筆者は、日本で賦役令に規定される義倉条が、唐では倉庫令に存したのではないかと想定し、それに基づく種々の論を展開したが（野尻忠「倉庫令にみる律令財政機構の特質」〔池田温編『日中律令制の諸相』東方書店、二〇〇二年〕三三七〜九頁）、復原された開元二十五年令では義倉条は賦役令にも倉庫令にも存在しておらず、右論文中の義倉条継受に関わる記述については訂正を要する。
（16）天平二年度安房国義倉帳には、次のようにある。

「見戸肆伯壱拾伍二戸中中、二戸中下、三戸下上、十一戸下中、六十九戸下下、
右下下已上捌拾捌戸、見輸義倉粟、
参伯貳拾漆戸、不在輸限」

某郡には全部で四百十五戸あるが、うち三百二十七戸が等外戸であるという。
（17）『令集解』前篇三九三〜三九五頁。
（18）田令16桑漆条の義解には、戸口の多少を計って戸の上中下を定めるとの解釈が示されているが、本条集解の私云が述べるように、

格にしたがって資財の多少による格付けと考えておく。
(19) 令の原則に復した時期は未詳。確実なのは天平二年度(七三〇)安房国義倉帳より前であること。また、先に見た和銅六年(七一三)格で、下々戸までの資産が細かく規定されていることからすると、それより前である可能性が高い。
(20) 以下の記述にあたり、高井佳弘「賑給の制度と財源」(注(7)論文)七〇〜七一頁を参照した。
(21) 以下、本稿では『続日本後紀』の引用は新訂増補国史大系本(吉川弘文館)による。
(22) 新訂増補国史大系『類聚三代格・弘仁格抄』(吉川弘文館、一九三六年)三二一頁。以下、本稿では『類聚三代格』の引用はすべてこれによる。
(23) 以下、本稿では『日本三代実録』の引用は新訂増補国史大系本(吉川弘文館)による。
(24) 『類聚三代格』四一二頁。
(25) この一連の官符で問題となっている義倉未納問題については、櫛木謙周「都城における支配と住民—都市権門・賤民形成の歴史的前提—」(同著『日本古代の首都と公共性』、塙書房、二〇一四年。初出一九八四年)を参照。
(26) 新訂増補国史大系『延暦交替式・貞観交替式・延喜交替式・弘仁式・延喜式』(吉川弘文館、一九三七年)六二五頁。以下、本稿では『延喜式』および『延喜交替式』の引用はすべてこれによる。
(27) 京中賑給については、櫛木謙周「『京中賑給』に関する基礎的考察」(同著『日本古代の首都と公共性』〈注(25)前掲〉。初出一九八七年)。
(28) 亀田隆之「救急料の考察」(同著『日本古代治水史の研究』、吉川弘文館、二〇〇〇年。初出一九八七年)。
(29) 『類聚三代格』二九七頁。
(30) 黒羽亮太「救急料と九世紀賑給財源の再検討」(『日本史研究』六四五号、二〇一六年)三〜七頁。
(31) 山里純一「賑給費」(同著『律令地方財政史の研究』、吉川弘文館、一九九一年。初出一九七八年)三二四頁。
(32) 新訂増補国史大系『政事要略』(吉川弘文館、一九三五年)五〇九頁。
(33) 『延喜交替式』六六頁。
(34) 『類聚三代格』二九四頁。
(35) 新訂増補国史大系『類聚国史』後篇(吉川弘文館、一九三四年)一九五頁。以下、本稿では『類聚国史』の引用はすべてこれによる。

(36)『類聚国史』後篇一八七頁。

(37) 黒羽亮太氏は、先掲注(30)論文の中で救急料についても詳しく論じられ、亀田氏が救急料は賑給に使用する目的で設定されたものであり、賑給に際してはまず救急料が用いられ、不足する場合に正税が用いられるとされた点を否定し、史料上に確認できる救急料の支出例は、水車の修理や布施屋の設置など多岐にわたり、その出挙本稲としての設置目的は、『延喜交替式』に「凡救急料稲、国司出挙、毎年以二其息利一、矜二乏絶一助二農桑一（下略）」とあるように、賑給だけでなく（全般的な）「救急」にあったことを述べられた。従うべき見解である。

(38)『復元天平諸国正税帳』二二九〜二三四頁。

(39) 寺内浩「律令制支配と賑給」（注(2)論文）二五〜二六頁。

Ⅲ　王権の展開と貴族社会

六人部王の生涯
――「奈良朝の政変劇」を離れて――

倉本一宏

はじめに

かつて、『奈良朝の政変劇 皇親たちの悲劇』と題した小著を著わしたことがある。[1] そこではおおむね、以下のように奈良時代の政治史を見通した。

大宝律令体制の成立後、天皇家と藤原氏とのミウチ的結合によって、皇親に代わる新たな政権中枢が誕生した。それと軌を一にして、律令制成立期に「皇親政治」にあたっていた皇親は、徐々に政治的地位を低下させていった。また、八世紀における文武から桓武まで九代八人の天皇の内、男性天皇は五人に過ぎず、しかも律令体制がスタートした八世紀前半における二人の男性天皇（文武と聖武）が、ほとんど皇子を残すことができなかったという事態は、天武皇子の子孫たち、特に二世王（孫王）に新たな悲劇をもたらした。

天武二世王たちが、律令制では想定されていなかったはずの、皇位継承権を持つ諸王となってしまったのである。

藤原氏の専権に反感を持つ他の氏族たちは、一族の再興を賭けて陰謀を巡らし、そのための「玉」として、天武系諸王たちを策謀の場に引き入れた。

それらの企てはすべて失敗に帰し、その犠牲となった諸王たちは、一つまた一つと系統ごとに滅んでゆき、宝亀元年（七七〇）、称徳の死に際しては、ついに皇位を伝えるべき天武系皇親は一人も残っていないという事態に陥ってしまっていた。

それら二世王のなかで、皇女と結婚した者は、とりわけ特異な生涯を送った。長屋王、塩焼王、白壁王の三人である。本稿では、同じく二世王であろうと思われ、皇女と結婚していながら、これら三人とは違った人生を歩んだ六人部王について、その歩みを追跡することにしたい。

一　二世王について

周知のことながら、二世王は律令制で三世王以下の一般の皇親とは異なる扱いを受けて優遇されていた。詳しくは虎尾達哉氏の研究(2)に譲るが、親王と共に乳母を支給され（後宮職員令・親王及子乳母条）、三世王以下の皇親よりも四階高い従四位下に初叙され（選叙令・蔭皇親条）、三世王以下の皇親の数倍（絁は二倍、糸は八倍、布は三倍）にも及ぶ時服料（十三歳以上で出身以前の皇親への王禄）を支給されていた（禄令・皇親条）。

皇親の帯し得る位階は、復原大宝選任令・蔭皇親条の規定によると、二世王は従四位下、三・四世王は皇親として従五位下、五世王は皇親ではないが従五位下、五世王の嫡子は正六位上、庶子は正六位下に叙爵されることになる。そしてその位階に応じて、位田、位禄、季禄、位分資人などを賜わることとなっていた。

また、官位相当制の原則では、叙位を受けた皇親は、その位階に相当する官に任じられるはずであった。四位だと八省の卿、左右大弁、中宮大夫・春宮大夫、弾正尹など、五位だと左右中弁・少弁、八省の輔、左右京大夫、諸寮の頭、衛府の督などである。

これらの優遇措置の政治性について虎尾氏は、孫王は親王の途絶という状況の中で、親王に代わって王権の擁護を期待された「藩屏」としての存在であったと考えられた(3)。

この考えに対して私は、皇親は王権を囲繞して擁護する「藩屏」になどなり得ようはずはなく、逆に律令国家の権力の中核的な部分からは、無能で危険な「前時代の遺物」として認識されていたであろうことを論じたことがある(4)。特に官位制について、皇親がこれらの特権を原則通り享受していたわけではなかったことは明らかである。先に挙げた時服料にしても、天平十七年（七四五）には、一年を通して一四〇日の上日を積まなければ支給対象に含まれないこととなってしまった(5)。それに対する皇親の反応は、

参議従三位氷上真人塩焼奏、臣伏見、三世王已下給㆓春秋禄㆒者、是矜㆓王親㆒。而今計㆓上日㆒、不㆑異㆓臣姓㆒。伏乞、依㆑令優給、勿㆑求㆓上日㆒。

とあるように(6)、上日を計ることは諸臣と異ならないとして、上日計算の停止を要求しているのである。ここに見える皇親側の態度は、他の制度、たとえば位階の上昇や高官への任命に対しても、相通じるものがあったのであろう。いかに勅授であっても、まったく出勤してこない者を昇叙させるわけにはいかなかったはずである。

王権の立場からは、皇親をあまり高い地位につけることは避けたかったであろうし、皇親の立場からは、精勤を重ねて昇進し、上級官人となって権力中枢に入り込むことを目指すよりも、四位か五位程度の官人に留まって、血統的尊敬を集めながらも激職に就くことはなるべく厭い、権力の中枢からは距離を置いて王権から危険視されることは絶

対に避ける、といった態度が思い浮かぶ。

ここで二世王の系図を示してみよう（図1）。

これによると、名前の判明している二世王は、天武系では、草壁系が一人（文武）、高市系が三人、大津系が見えず、忍壁系が二人、磯城系が二人、舎人系が七人、長系が八人、穂積系が二人、弓削系が見えず、新田部系が二人、天智系では、大友系が一人、施基系が二人、川島系が見えず、系譜不詳が十一人、計四十一人となる。

この四十一人の位階を見てみよう。叙爵されなかった軽王（文武）と大炊王（淳仁）、大炊王（淳仁）の兄弟として親王品に叙された二人を除いた三十七人の極位は、正二位が一人、従二位が三人、正三位が二人、正三位が二人、正四位上が二人、正四位下が二人、従四位上が五人、以上十七人が昇叙を受けた二世王である。

これらを除いた二十人は、初叙位の従四位下のままで据え置かれているのである。特に系譜不詳二世王十一人のうち、実に九人が従四位下のままで史料から姿を消している。蔭叙位階の高さと血縁的な尊貴性が逆に足枷となり、半数以上は一度も昇叙されることなく、昇叙を受けた者も、最初の昇叙を受けるまでには平均十年以上の年月を過ごさなければならず、大半は一回か二回の昇叙しか受けなかった。

官職への任官を見てみると、八世紀前半までは諸臣の高位者はきわめて少なく（特に四位官人）、それ以前には律令上級官職に任命されるための相当位を帯した者の中で、諸王の占める割合は相当に大きくなった。その結果、奈良時代前半には、八省卿などの重職のうち、かなりの部分を諸王が占めることとなった。特に従四位下に蔭叙された天武系二世王は、二十二例の八省卿への任官を示している。

天平年間以降は諸臣（特に藤原氏）が位階の上昇によって高官に任官される例が増加した。位階の昇叙がほとんどなかった諸王は、奈良時代後半にはわずかに内廷官司（多くは寮、司）の長官程度にしか任命されなくなった。高い蔭階

図1　二世王の系図　〈　〉内は初叙を受けた年と極位

- 天智
  - 大友皇子
    - 葛野王〈持統朝、正四位上〉
  - 施基皇子〈朱鳥元年〉
    - 春日王〈養老七年、正四位下〉
    - 白壁王（光仁）〈天平九年、正三位〉
  - 川島皇子〈天武十四年〉
- 天武
  - 草壁皇子〈天武十四年〉
    - 軽　王（文武）
  - 高市皇子〈天武十四年〉
    - 長屋王〈慶雲元年、正二位〉
    - 鈴鹿王〈和銅三年、従二位〉
    - 門部王〈和銅六年、従四位上〉
  - 大津皇子〈天武十四年〉
  - 忍壁皇子〈天武十四年〉
    - 山前王〈慶雲二年、従四位下〉
    - 大野王〈和銅五年、従四位下〉
  - 磯城皇子〈朱鳥元年〉
    - 倭　王〈慶雲元年、従四位下〉
    - 酒部王〈養老元年、従四位下〉
  - 舎人皇子〈持統九年〉
    - 三原王〈養老元年、正三位〉
    - 三嶋王〈養老七年、従四位下〉
    - 船　王〈神亀四年、二品〉
    - 池田王〈天平七年、三品〉
    - 守部王〈天平十二年、従四位上〉
    - 御浦王〈天平勝宝元年、従四位下〉
    - 大炊王（淳仁）
  - 長皇子〈持統七年〉
    - 河内王〈和銅七年、従四位下〉
    - 栗須王〈養老七年、従三位〉
    - 智努王〈養老元年、従二位〉
    - 石川王〈神亀三年、従四位上〉
    - 長田王〈天平七年、従四位上〉
    - 大市王〈天平十一年、従二位〉
    - 奈良王〈天平十二年、従四位下〉

がかえって任官への障碍となり、散位のまま過ごさざるを得なかった諸王が増加した結果である。

実際、蔭叙の時に一回だけ史料に登場し、その後は史料に見えずに消えてしまう諸王が多く、官職への補任記事にも見えない者が多い。皇親の多くが一度も官職に就かずに一生を終えたことを示唆しているものと思われる。

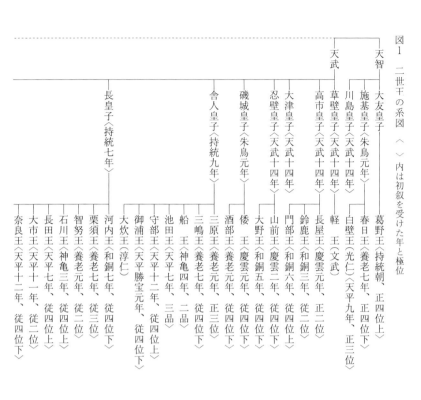

その実態としては、蔭叙された後も上日を積むことなく（したがって、善最判定を受けることがないので昇叙されない）、自邸でぶらぶらと過ごしていながら、ときおり臨時の使節に拝命されるのを待っていたのではないかと思われるのである。

律令制成立当初における皇親の八省卿[7]への高い任官比率は、決してかつて言われてきたような皇親政治を意味するものではなく、彼らは律令制成立当初における諸臣の高位者の少なさという偶然の状況の中で、その位階に相当する官職に任命されただけであって、「天皇権力の藩屛」たる役割

安都王〈天平十五年、従四位下〉

穂積皇子〈持統五年〉
- 上道王〈和銅五年、従四位下〉
- 坂合部王〈養老元年、従四位下〉

弓削皇子〈持統七年〉

新田部皇子〈文武四年〉
- 塩焼王〈天平五年、従四位下〉
- 道祖王〈天平九年、従四位上〉

○……系譜不詳二世王……
- 大市王〈慶雲元年、従四位下〉
- 手嶋王〈慶雲元年、従四位下〉
- 気多王〈慶雲元年、従四位下〉
- 夜須王〈慶雲元年、従四位下〉
- 宇大王〈慶雲元年、従四位下〉
- 成会王〈慶雲元年、従四位下〉
- 安八万王〈慶雲二年、正四位下〉
- 六人部王〈和銅三年、正四位上〉
- 倭　王〈和銅五年、従四位下〉
- 高田王〈神亀元年、従四位下〉
- 御室王〈天平十五年、従四位下〉

など負わされ得るはずはなかったのである。

ところが、天武系二世王には皇位継承有資格者となってしまったことによる新たな悲劇が待ち受けていた。二世王にとっては、政変や事変への関与を避けるためには、政治への積極的な関与を避け、不熱心な勤務態度を取り、高位高官に上ることは望まないようにするしかなかった。

高い地位に上らず、無能な人間として周囲から認識されていれば、まさかそれを担いで謀反を起こそうと考える貴族はいなくなるわけである。皇親一般に見られる勤務への不熱心な態度は、周囲からの期待と危険視を避けるための、精一杯のカムフラージュだったのかもしれない。それで安心できない場合は、さらなる放蕩を続けるか、あるいは出家してしまうのが良策だったのであろう。天智皇孫に過ぎなかった白壁王でさえ、王権からの危険視を恐れながら、

……自二勝宝一以来、皇極无レ弐、人疑二彼此一、罪廃者多。天皇、深顧二横禍時一、或縦レ酒晦レ迹。以レ故、免レ害者数矣。

という雌伏の時を送っていたのであるし(8)、文室真人邑珍（大市王）の薨伝(9)にも、

……勝宝以後、宗室・枝族、陥レ辜者衆。邑珍削レ髪為二沙門一、以図二自全一。

と、すでに臣籍に下っていた邑珍が、身を全うするために出家したことが見える。

二　長屋王、塩焼王、そして白壁王

それら二世王のなかで、皇女（内親王）と結婚した者は、その尊貴性から、とりわけ特異な生涯を送った。長屋王、塩焼王、白壁王、そして六人部王の四人である。

六人部王については後に述べることとして、周知のこととはいえ、まずは残る三人について、簡単にその生涯をたどってみよう。以下、基本的に史料は『続日本紀』による。

1　長屋王について

まず長屋王は、天武第一皇子である高市皇子と天智皇女である御名部皇女（元明の同母妹）との第一子として、天武五年（六七六）頃に生まれた。慶雲元年（七〇四）正月に、大宝選任令の規定による二世王の蔭階を三階も上回る正四位上に初叙されるなど、「別勅処分」による親王扱いを受けていた。

高市皇子の壬申の乱における戦功や、持統朝の太政大臣としての功績に加え、文武の同母妹である吉備内親王（元明の皇女で元正の同母妹）を妻とし、膳夫王・葛木王・鉤取王と三人の王子を儲けていたという、血縁的な卓越性によるものであろう（図2）。

その後も、和銅二年（七〇九）十一月に従三位宮内卿、和銅三年四月に式部卿と昇進し、和銅七年正月、長・舎人・新田部・志貴親王と共に、諸王ではただ一人、益封に預かった。霊亀元年（七一五）二月、勅により吉備内親王所生の長屋王の男女が皇孫（二世王）の例に入れられるなど、この一家の特別待遇は続いていた。

これで長屋王や吉備内親王のみならず、所生の諸王（膳夫王・葛木王・鉤取王）が皇位継承権を有していることを宮廷社会に周知させたことになり、これらが広大な「長屋王邸」に同居している姿は、巨大な皇位継承有資格者のストックの様相を呈していたはずである。

このような状況に藤原氏が危機感を抱かなかったはずはない。女の長娥子を長屋王と結婚させるなど、その後見的立場にあった不比等が存命していた間は、何とか均衡は保たれていたが、養老四年（七二〇）八月に不比等、翌養老五年十二月に元明太上天皇が死去すると、王権内における長屋王の立場は、急速に悪化していった。

元明の死去に際しては、十月十三日に藤原房前と共に形式的に遺詔を受けた長屋王であったが、二十四日に、内臣として内廷・外廷を計会し、勅に准じて施行するという巨大な権力を元正天皇から与えられたのは、房前の方であった。

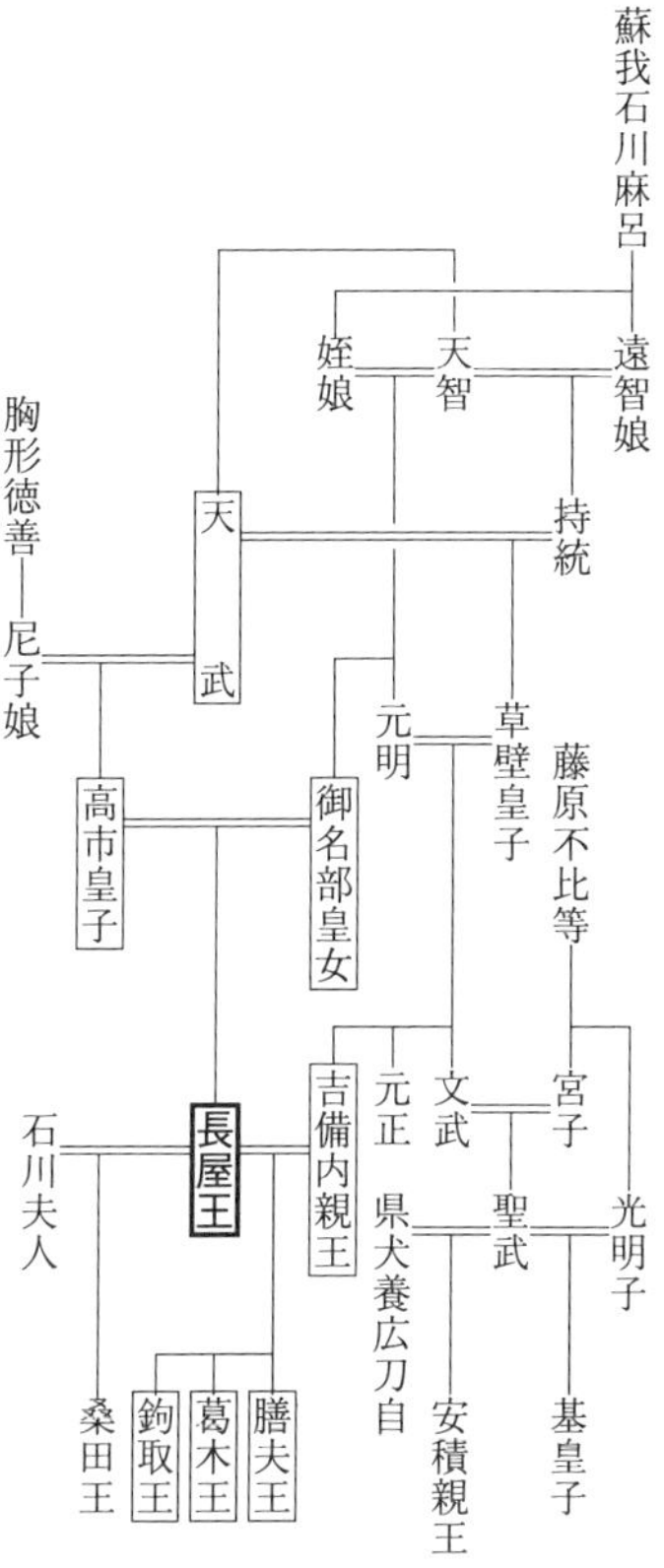

図２　長屋王系図

養老二年三月に正三位大納言、養老五年正月に従二位右大臣、次いで神亀元年（七二四）二月に正二位左大臣にまで上りながらも、武智麻呂・房前を中心とする不比等の四子に、その権力は徐々に奪われていったのである。

そして不比等の女である安宿媛

（光明子）が神亀四年閏九月に基皇子（「某王」か）を出産し、十一月に基皇子を立太子させると、長屋王はこれに反発し、旧不比等邸における百官の皇太子拝謁に欠席した。天皇にも現実の「徳」を要求する長屋王の立場からは、統治能力のまったくない赤子の皇太子などは、考えられなかったのであろう。

翌神亀五年には、長屋王は五月十五日に大般若経（「神亀経」）を発願した。そして基皇太子は病悩し、はじめての誕生日を目前にした九月に夭死してしまった。

この年、何月かは不明であるが、県犬養広刀自から安積親王が誕生している。基皇太子の薨去と安積親王の誕生とが、ほぼ同時期に起こっているということは、藤原氏の危機感を嫌が応にも高揚させたに違いない。

そのような折、「神亀経」書写が、九月二十三日に完成した。この経の跋文にある道教的な世界観こそが、長屋王が訴えられた「左道」であるとする考えもある(10)。

様々な「不敬」行為、長屋王邸における「長屋親王」称号や災異説への対応のどれ一つをとっても、密告の対象になる性格のものであった。結局、長屋王の「左道」を問題にしたい者が出てきて、それを密告しようと考える者が出てくれば、どの事柄が密告の対象になったかにかかわらず、「長屋王の変」は起こり得たのである。その際、基皇太子の死去と安積親王の誕生とが重なったというのは、ちょうど良いタイミングだったのであろう。

神亀六年（天平元年、七二九）二月十日、漆部君足・中臣宮処東人・漆部駒長の三人が、長屋王の「謀反」を密告し、翌十一日には舎人親王・新田部親王・大納言多治比池守・中納言藤原武智麻呂等が長屋王邸に遣わされて、その罪を窮問している。

十二日、窮問の結果が出た。長屋王は自尽、吉備内親王と膳夫王・桑田王・葛木王・鉤取王は自経というものである。膳夫王・葛木王・鉤取王の三人は吉備内親王の所生、桑田王はおそらく石川夫人の所生であるが、罪の及んだ範囲がこれらに限られ、不比等女の長娥子所生の安宿王・黄文王・山背王・教勝（これらは元々長屋王と同居していなかった）、長屋王家木簡に見える多くの女王、石川夫人などが不問に付されていることからも、この事件の標的がどこにあったか、またこの事件を策謀した者が誰であったかを示している。

2 塩焼王について

次に塩焼王は、天武第七皇子である新田部親王の第一王子である。母は不明。同母弟に後に立太子して廃された道祖王がいる。

新田部親王は、天武と藤原五百重娘（鎌足女）との間の皇子で、養老四年に知五衛授刀舎人事に拝され、神亀元年（七二四）に大将軍として一品に叙されるなど、藤原氏とは特別な関係にあった。天平三年（七三一）には知惣管事に拝されたともある（『藤氏家伝 下』）など、「清明心を以て仕奉」し続け(11)、天平七年に薨じた。

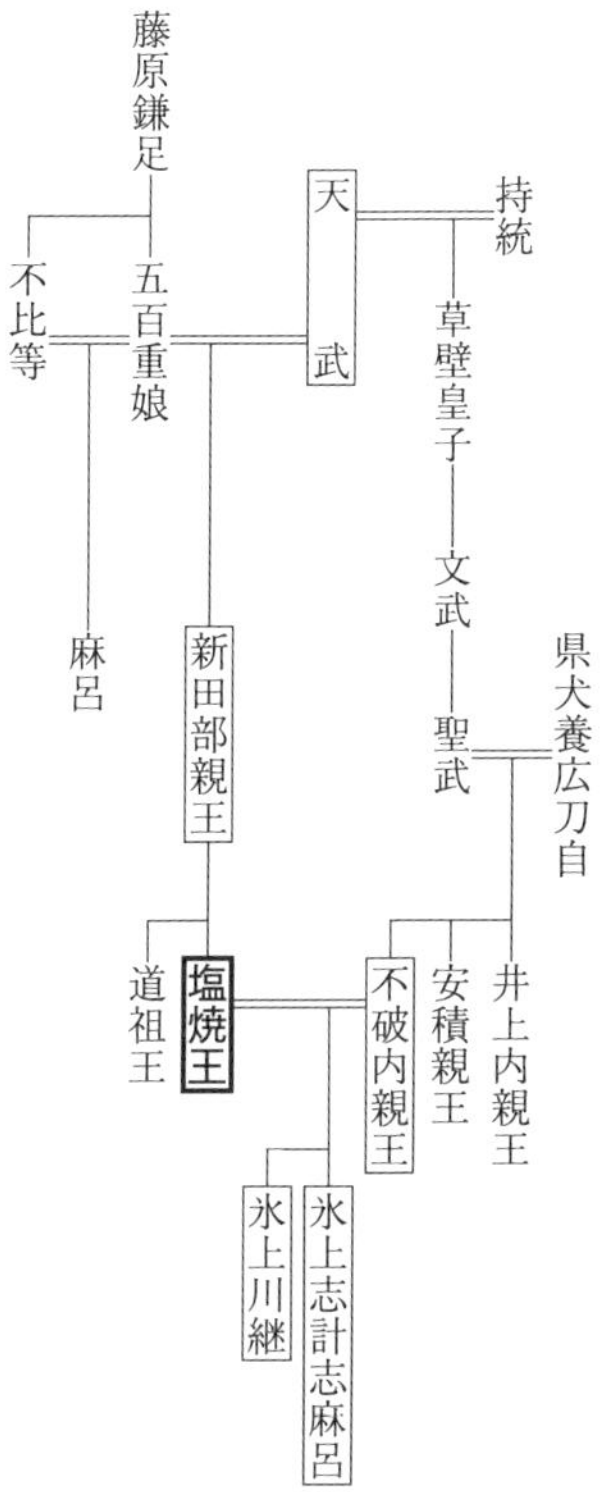

図3 塩焼王系図

塩焼王は、天平五年三月に無位から従四位下に叙された。二世王としての初叙であるが、この時の年齢は明らかではない。新田部親王が天武初年の生まれであろうから、塩焼王もこの頃、二十歳代後半だったのであろうか（必ずしも選任令の規定どおりの二十一歳で初叙を受けるわけではない。図3）。

このまま初叙位で一生を終える皇親も多かったことは先に述べたとおりである

が、塩焼王は七年後の天平十二年正月に従四位上に昇叙された。そしてその年十月の伊勢行幸に御前次第司長官を務め、その功によって十一月に正四位下に昇叙されている。この間の「やる気」が、後に塩焼王を数奇な運命に導くことになるのである。天平十四年八月の紫香楽行幸では、御前次第司を務めているが、この時には中務卿と見える。聖武の「彷徨」に追従することでその信任を得て、昇叙や任官を果たしたのであろう。

この間、聖武皇女の不破内親王と結婚していることも、その昇進に大きく影響しているのであろう。塚野重雄氏によれば、塩焼王は天平十一年に不破内親王と結婚し、天平十二年から急に昇進が始まったという(12)。

二人の間に生まれる王子は、藤原系聖武二世王という、皇位継承に際してきわめて有利な条件を有することになるが、そのことをどれだけ意識していたであろうか。有力な皇位継承者を邸内に擁し、自身も高位高官に至るという立場は、長屋王の再来となる恐れがあるのであるが、この夫妻は、将来、それを現実のものとしてしまったのである。

聖武が紫香楽宮から恭仁京に戻った直後の天平十四年十月、塩焼王と女孺四人を平城の獄に下すという記事が『続日本紀』に唐突に現われ、五日後には、塩焼王を伊豆国三島に、女孺五人を上総国・常陸国・佐渡国・隠岐国・土佐国に配流するという決定が見える。後に道祖王が廃太子された後の皇嗣決定会議において、塩焼王が、

塩焼王者、太上天皇（聖武）、責以二無礼一。

とされているのも(13)、この事件を指しているのであろう。また、室の不破内親王が、勅によって親王の名を削るという処置を受けたのも(14)、この事件のことであろうと思われる(15)。

この事件の性格をめぐっては、塚野氏が想定されたように、不破内親王を主犯（造畜者）とした巫蠱・調伏という考えが妥当であろう(16)。

皇子でありながら立太子できない安積親王に対し、不破内親王が姉として同情し、阿倍内親王（後の孝謙）の立太

子に不満を持つ広範な官人層の存在を背景に、阿倍内親王を厭魅呪詛したという推定は、後年の不破内親王の行動を勘案すれば、あり得ることである。

また、塩焼王が妻の陰謀に深く関知することがなかったという推測も、天平十七年四月に入京を許され、天平十八年閏九月に本位の正四位下に復されていること、天平宝字元年（七五七）四月の皇嗣決定会議において、藤原豊成や藤原永手といった「常識派」によって皇嗣に擬せられていることなどを勘案すれば、当を得ているものと思われる。塩焼王にとっては、とんでもない女性と結婚してしまったことになるが、それも自身の権力志向あってのものだったのかもしれない。

ただ、本位に復されてからは、天平勝宝八歳（七五六）五月に聖武太上天皇死去に際しての山作司（山陵造営のための官司）に任じられるまでの十年間、史料に見えないことは、事件のこともあって、塩焼王がしばらくの雌伏を余儀なくされていたことが窺える。

なお、この前日、同母弟の中務卿従四位上道祖王が聖武の「遺詔」によって皇太子に立っている。かつて自分が務めた中務卿で、位階は自分よりも低い弟が皇太子とされたことによって、塩焼王の心中にも複雑な波が立ったことであろう。このまま大人しくしていれば天寿を全うできたものを、なまじ弟が皇太子になってしまったことによって、再び塩焼王（と不破内親王）が野望を抱いたとしても、致し方のないところだったのかもしれない。

その道祖王は、翌天平宝字元年正月に橘諸兄が薨じると、三月に廃太子されてしまった。権力を握った藤原仲麻呂の支持を受けられずに、皇位を嗣ぐに堪えられないと自己認識したのであろう。

その後の四月に開かれた皇嗣決定会議では、先にも述べたように、豊成と永手が新田部系二世王の塩焼王を、文室珎努と大伴古麻呂が舎人系二世王の池田王を、それぞれ推した後、最後に仲麻呂が天皇の意見に従うと報答した。そして孝謙が、「宗室中、舎人・新田部両親王、是尤長也」という理由で、皇位継承者がその二系統に絞られることを言明したうえで、新田部親王の子の道祖王を退けたので、今度は舎人親王の子の中から選ぶことを宣言している。孝謙が候補として挙げた王のうち、船王・池田王、そして意中の大炊王は舎人親王の子である。新田部親王の子である塩焼王の名をわざわざ挙げて、「塩焼王者、太上天皇、責以二無礼一」と先の事件を理由として退けているのは、不破内親王の夫であるという事情と、その結果、支持が多く集まっていたことを考慮したためであろう。

これで完全に野望を捨てていればよかったものを、塩焼王はまたもや昇進を始めていった。この天平宝字元年五月には正四位上に昇叙され、六月には大蔵卿に任じられている。

七月には橘奈良麻呂の変が起こったが、奈良麻呂たちの行なった会盟において、塩焼王は長屋王の遺児である安宿王・黄文王、そして道祖王と共に、皇嗣候補として名前が挙げられている。この四人の諸王のうち、塩焼王と道祖王の二人は、会盟にも参列しておらず、積極的に謀反に加担したわけではない。恐らくは計画の詳細も知らされないまま、奈良麻呂派に名前を挙げられてしまったのであろう。

七月三日、塩焼王・安宿王・黄文王・橘奈良麻呂・大伴古麻呂の五人に対して、仲麻呂が光明皇太后の恩詔を下した。五人について謀反の密告があったけれども、五人は自分の近親であって高い処遇を与えているので、恨まれる覚えはない、したがってその罪は赦す、というのである。名前の知れていない塩焼王がここに登場するということは、道祖王の兄という理由の他に、皇嗣候補として擁立されそうな立場にあったからであろう。

翌四日、事態は一変し、首謀者たちは一挙に拘禁され、拷掠・窮問を受けることとなったのであるが、塩焼王には何の咎めもなかった。

そして二十七日、塩焼王に対する処置が決定した。塩焼王は名前が挙がっただけで謀議の場には参列しておらず、道祖王に縁坐して遠流に処せられるべきであるけれども、新田部親王の家門を絶やすわけにはいかないので、今回の罪は免じる、というものである。

道祖王も謀議に参加していたわけではないにもかかわらず、名を麻度比《まどひ》と改められて杖下に死ぬことになった。二人の間にこのような処分の差が生じたのは、仲麻呂がいかに道祖王の存在を恐れていたかを示すものである。また、後年の二人の関係を勘案すると、仲麻呂は塩焼王に対して、すでに何らか期待するところがあったのであろう。

この頃、塩焼王は氷上真人の姓を賜わり、臣籍に降下した。これで皇位継承権を放棄し、余生を全うするつもりだったのであろうが、事態はそうはならなかった。なお、天平宝字二年（七五八）八月の淳仁即位に際して、塩焼は従三位に叙されている。

その後、天平宝字三年六月に、先に挙げた三世王以下の春秋禄に関する奏上を行なっているのは、いまだ塩焼が皇親としての自己認識を失っていないことを示している。あるいは皇親の側から、もっとも高位にある（元）皇親として、奏上を促されたものであろうか。

昇進は続いた。十一月に礼部卿（民部卿）に任じられ、続いて時期は不明ながら信部卿（中務卿）に任じられている。そして天平宝字六年正月、ついに参議に任じられ、議政官に上った。律令制成立以来、皇親および元皇親で議政官に上ったのは、長屋王・鈴鹿王・葛城王（橘諸兄）・文室浄三（智努王）に次いで五人目、その後も奈良時代には白壁王・文室邑珍（大市王）・山村王の三人しかいない。塩焼は天平宝字六年十二月には中納言に上り、天平宝字八年八月には文部卿（式部卿）を兼ねている。

しかし、昇進もそこまでであった。九月十一日、恵美押勝（仲麻呂）の乱が勃発し、淳仁を同行させることができなかった押勝は、塩焼を連れて近江に走ったのである。

そしておそらくは十五日のことであろう、押勝は塩焼を「今帝」に「偽立」したというのである。おおよそ臣下が自己の擁する皇親を、（皇嗣ではなく）天皇そのものに立てるということは、この時以外にはなかったはずである。また、後の宣命では、

　復皇位乎掠天、先仁捨岐良比賜天之道祖我兄塩焼乎皇位仁方定止云天、官印乎押天天下乃諸国仁書乎散天告知之米、復云久、今乃勅乎承用与、先仁詐天勅止称天在事乎承用流己止不得止云天、諸人乃心乎惑乱三関仁使乎遣天窃仁関乎閉一二乃国仁軍丁乎乞兵発之武。

とも称されている。(17)「皇位」に定められた「今帝」は天皇大権を行使して勅を発し、それに「惑乱」されて「軍丁」を徴発した「諸人」も存在したのである。

ともあれ、押勝は、吉備真備の巧みな作戦指導の結果、十八日、近江国高島郡三尾郷勝野鬼江の頭において、妻子従党三十四人と共に斬殺された。「従党」の中には塩焼も含まれていたはずで、後には「同悪相従」と称されている。(18)

塩焼と押勝との間には、元々それほど深いつながりが存在したとは思えないが、淳仁を帯同し得ないまま近江に走るに際して、押勝が取りあえず手許にあった元皇親の塩焼を連行したと見るべきであろう。

また、塩焼にしてみれば、平城京に留まる舎人系皇親を除けば、自分がもっとも皇位に近い存在であるとの自覚から、押勝と組んで乾坤一擲の大勝負に打って出たといったところか。なお、薗田香融氏は、藤原東子か藤原額を介した押勝と塩焼との姻戚関係を想定されている。(19)

ただし、塩焼の子の氷上志計志麻呂は、不破内親王の所生であることによって赦されている。(20)また、氷上川継も、幼少により罪を免れたものと思われる。この母と遺児を赦したことは、王権にとって将来に再び事変の芽を残すことになった。

3　白壁王について

白壁王は、天智天皇第七王子（母は越道伊羅都売）である施基（志紀）皇子の第六王子として、和銅元年（七〇八）、あるいは和銅二年に生まれた。母は紀橡姫。なお、施基皇子の嫡妻は天武皇女の多紀（託基）皇女であろう。施基皇子は天武八年（六七九）の「吉野誓盟」にも参加し、持統三年（六八九）に撰善言司に拝された。大宝律令制下では四品から二品に上り、霊亀二年（七一六）に薨じた。

すでに律令制下では、天智系皇子は皇統を離れ、施基皇子も天智正妃の所生ではなく、白壁王も施基皇子嫡妻の所生ではないとなると、白壁王に皇位継承の資格があるなどとは、誰も思わなかったことであろう。しかし、奈良朝の数奇な皇位継承史の流れは、このような傍流の皇親も巻き込むこととなった。

天平九年（七三七）九月、白壁王は道祖王と共に無位から従四位下に叙された。この時、二十九ないしは三十歳というのも、それまで叙位を受けずに放っておかれていたのであろう。このままでは、よくある二世王のパターンをたどるはずであった（図4）。

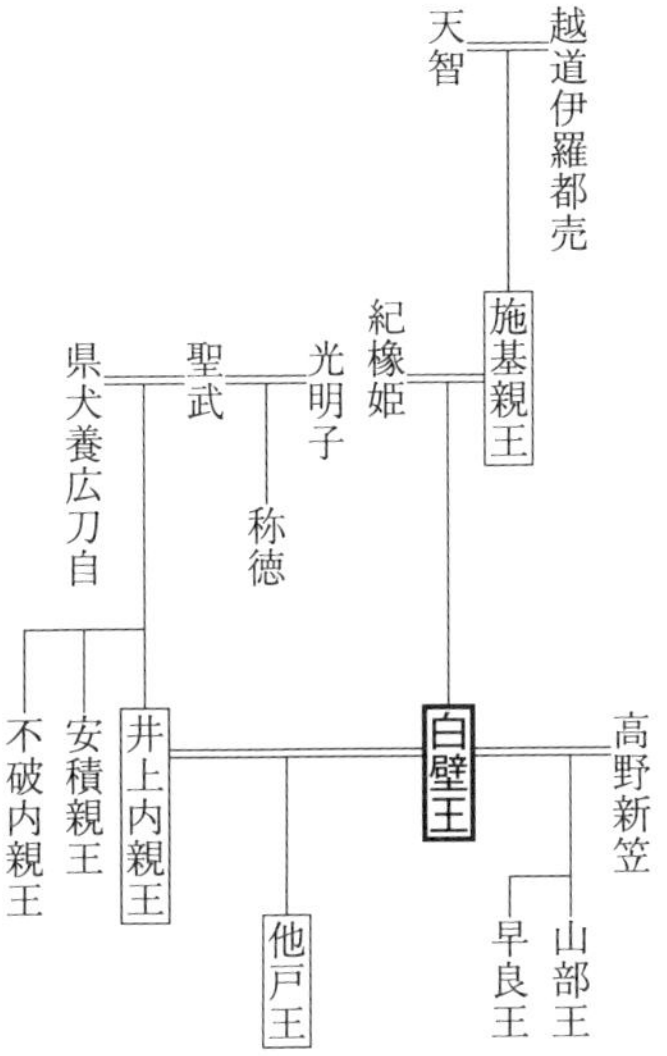

図4　白壁王系図

この年、百済系渡来人の血を引く高野新笠との間に、後に桓武天皇となる山部王が生まれている。このような出自の女性を妻としているということも、白壁王という皇親の政治的立場を象徴している。それはもちろん、山部王も同様だったことであろう。

九年後の天平十八年（七四六）四月に従四位上、その十一年後の天平宝字元年（七五七）五月に正四位下、翌天平宝字二年八月に正四位上、その翌年の天平宝字三年六月に従三位と昇叙を受けたが、天平宝字年間に急速な昇叙を見せているのが特徴的である。ただ、この時までは何の官職にも任じられていない。

急速な昇叙の背景には、聖武皇女である井上内親王との結婚が存在したと考えるのは、自然なことであろう。井上内親王は養老五年九月に斎内親王に卜定され、神亀四年九月に伊勢大神宮に侍したが、(21)天平十九年正月に無位からいきなり二品に叙されている。この頃には伊勢から帰京し、やがて白壁王と結婚したのであろう。

他戸王が生まれたのが何年かはわからないが、先に挙げた、白壁王が「縦㆑酒晦㆑迹」という行動を取っていたのが本当に天平勝宝以来であったとすると、この頃から、ただの天智皇孫という立場を脱し、聖武皇女と結婚し、聖武の孫王を儲けたという自覚が生じていたのかもしれない。

天平宝字六年十二月には塩焼王と共に中納言に任じられた。はじめての任官が中納言というのは、きわめて異例のことである。すでにもう、単なる官僚の枠を越えた存在となっていたものと思われる。天平宝字八年九月に正三位に叙され、押勝の乱平定に功績を挙げた。天平神護二年（七六六）正月には大納言に任じられている。

そして四年後の宝亀元年（七七〇）八月、称徳天皇の死去により、藤原百川や藤原永手の策動(22)によって、白壁王は「諸王能中尓年歯毛長利奈」という称徳の「遺詔」によって皇太子に立てられ、十月に即位した（光仁天皇）。六十二ないしは六十三歳の老天皇であった。

たしかに、聖武の血を引く他戸王への中継ぎの男帝として、老齢の白壁王を立てることは、臣下に降った天武系元皇親（文室浄三や文室大市）を立てるよりも、支配者層のいずれにも納得しやすい選択肢であったに違いない。他戸王が支配者層の総意として後見されている限り、藤原氏の策謀は筋書きどおりに成功したかに見えていたはずである。

宝亀元年十一月には施基親王に「御春日宮天皇」という天皇号を追贈し、井上内親王を皇后に立て、翌宝亀二年正月には他戸親王を皇太子に立てた。

ここまでなら、酒に溺れて能力を隠し、横禍を免れた甲斐があったというものであろうが、話はそれほど単純には推移しなかった。

宝亀三年三月、皇后井上内親王が巫蠱に連座して廃されるという事件が起こった。『続日本紀』に載せる詔は井上内親王の廃后の詳細に関しては何も語ってはいない。次いで五月、他戸皇太子が、その地位を追われた。「井上内親王の魘魅大逆の事」が何度も発覚しているので、「謀反大逆の人の子」を皇太子にしておくわけにはいかず、庶人に落とすという、きわめて異例の措置である。

井上内親王が、死後に皇后の称を復されたり、皇太后を贈られたりしているのに対し、他戸王に対する処置は、死後にも峻厳を極めている。

結局、この老齢の天皇は、百川や良継という式家藤原氏による山部親王擁立の策謀に動かされ、皇統を天智系に移すという役割を演じることになったのである。

宝亀四年正月に山部親王が皇太子に立てられたが、この年十月の難波内親王（光仁の同母姉）の薨去が井上内親王の厭魅によるものとされ、井上内親王と「庶人他部」とは、大和国宇智郡の没官された宅に幽閉され、二年後の宝亀六年、母子は同日に卒した。光仁の脳裡に浮かんだものは、何だったのであろうか。

山部皇太子は天応元年（七八一）四月に即位し（桓武天皇）、その後も怨霊に苦しむこととなる。光仁はその年の十二月に死去した。

三　六人部王について

奈良朝政治史の流れに翻弄されたこの三人とはまったく対照的な生き方をしたのが、六人部《むとべ》王である。『万葉集』では「身人部王」とも表記されている。

『新撰姓氏録』で、山城国神別に「火明命之後也」として見える六人部連、あるいは摂津国神別に「同神（火明命）之五世孫、建刀米命之後也」として見える六人部連、河内国神別に「火明命之後也」として見える身人部連によって資養された皇親だったのであろう。なお、六人部（身人部）連は六人部（どのような品部かは未詳）の伴造氏族であったとされる。(23)

六人部王が最初に史料に見えるのは、「太上天皇幸二于難波宮一時歌」として『万葉集』巻第一に収められている四首のうち、六八、

大伴乃　美津能浜尓有　忘貝　家尓有妹乎　忘而念哉
（大伴の御津の浜なる忘れ貝家なる妹を忘れて思へや）

に、「右一首、身人部王」という左注が付されているものである。この「太上天皇」は通常、持統のこととされており、(24)中には「慶雲年間、太上天皇（持統）が難波宮に行幸した時の歌」としているものもあるが、(25)言うまでもなく、持統は大宝二年（七〇二）に死去している。これはこの前の二首が、「慶雲三年丙午幸二于難波宮一時志貴皇子御作歌」であることに引かれた誤解であろう。

管見の限りでは、持統が難波に行幸した例はない。(26)考えられるとすれば、文武三年（六九九）の文武の難波行幸に

同行したか、持統四年（六九〇）と大宝元年に紀伊に行幸した際に難波に立ち寄った可能性があることくらいであろうか。いずれにしても、この「太上天皇」が誰かを確定する決め手はなく、この歌の年次も定かではないのである。なお、この歌では、「家にある妻を思い忘れることなどあるだろうか」と詠んでいるが、この「妻」が問題となってくる。

『万葉集』巻第八—一六一一は、

笠縫女王歌一首六人部王之女、母曰二田形皇女一也

足日木乃　山下響　鳴鹿之　事乏可母　吾情都末

（あしひきの山下とよめ鳴く鹿の言ともしかも我が心夫）

というものであるが、この注によって、六人部王が田形皇女と結婚し、笠縫女王を儲けたことが知られるのである。田形皇女というのは、天武と蘇我赤兄の女の大蕤娘との間に生まれた一男二女のうちの第三子である。他に穂積皇子と紀皇女が生まれている。

穂積皇子（親王）は持統五年に初叙を受け、後に一品知太政官事に至り、霊亀元年（七一五）に薨じている。紀皇女は具体的な事績は不明であるが、『万葉集』巻第三の譬喩歌に「紀皇女御歌一首」があり(27)、『万葉集』巻第十二には、左注に「右一首、平群文屋朝臣益人伝云、昔聞、紀皇女窃嫁二高安王一被レ嘖之時、御二作此歌一。但、高安王左降、任二之伊与国守一也」とある歌がある(28)。また、「弓削皇子思二紀皇女一御歌四首」というのもある(29)。

知太政官事にも拝された親王の同母妹というのであるから、田形皇女（内親王）もまた、有力な皇族ということになるのであろう。慶雲三年（七〇六）八月に伊勢斎宮となった。実際に伊勢に群行したかどうかは不明であるが（十二月に多紀内親王を伊勢に遣わしているのが、田形内親王に同行して伊勢に下ったことを指すものか）、翌慶雲四年六月に文武が死去

していたから、斎宮の任も解かれたはずである。なお、次の斎宮である智努女王が、いつ選ばれたかは明らかではない。

さて、慶雲四年か翌和銅元年（七〇八）に都に戻ってきたであろう田形内親王は、いずれかの時期に六人部王と結婚した。この時の年齢は明らかではない。穂積親王が誕生順では天武の第八皇子であり、六六〇年代後半の生まれであろうから、その妹の田形内親王は六七〇年代の生まれと推定できる。和銅元年では二十歳代後半から三十歳代ということになる。当時としては晩婚ということになるが、斎宮候補として長く結婚せずにいたせいなのかもしれない。先に見た『万葉集』巻第一―六八で六人部王が思った「妻」は田形内親王であろうから、それが慶雲三年のことでは都合が悪いことになる。

六人部王は和銅三年正月に、鈴鹿王（高市皇子の王子で長屋王の弟）と共に無位から従四位下に叙されている。従四位下に初叙されていることから、六人部王が二世王であることが知られるのである。系譜は不明である。天智の孫王で、施基皇子の甥であるとする説もあるが[30]、真偽は不明である（図5）。

ただ、その後も他の一般的な皇親と同様、従四位下のまま、散位で過ごしたようで、霊亀二年八月に施基親王の薨去に際して喪事を監護するために遣わされた際にも、散位の従四位下のままであった。

ところが、初叙から十一年を経た養老五年（七二一）正月から、六人部王の昇叙が始まる。この時、六人部王は従四位上に昇叙されたのである。その二年後の養老七年正月には正四位下、翌神亀元年（七二四）二月には、聖武即位に際して正四位上に昇叙されている。これらの急速な昇叙には、田形内親王との結婚が関係しているであろうことは、おそらく間違いのないところであろう。田形内親王も神亀元年二月に長屋王の妻である吉備内親王と共に二品に昇叙されている。

時はあたかも、長屋王政権下のことであった。このままでは、六人部王もまた、長屋王と同じ歩みを始める可能性もあったのであるが、相変わらず六人部王は何の官職にも就いていない。政務に勤しみ、相次ぐ天災を天からの咎徴と解して苦しむ長屋王を身近に見ており、六人部王は異なる道を歩むことを決意したものと思われる。神亀三年九月には、播磨への行幸に際しての装束司となっているが、この時も散位正四位上であった。

この神亀頃のこととして、『藤氏家伝 下』には、「並順二天休命一、共補二時政一」とする、知太政官事・知惣管事・知機要事・参議高卿・風流侍従・宿儒・文雅・方士・陰陽・暦算・咒禁・僧綱について三十九人の人名が列挙されている。そのうち、「風流侍従」は、

風流侍従、有二六人部王・長田王・門部王・狭井王・桜井王・石川朝臣君子・阿倍朝臣安麻呂・置始工等十余人一、

とあり、六人部王はその筆頭に名を挙げられている。これらの人々は藤原武智麻呂に対立する立場の人が意識的に省かれていると推測されており[31]、その意味では六人部王は武智麻呂とは友好的な関係にあったことになる。

後文では、武智麻呂の習宜別業（伝称徳天皇山荘[32]）で「文人才子」を集めた文会が開かれ、「竜門点額」と称されていたことが語られているが、これを同時代の長屋王の作宝楼（佐保宅[33]）における詩宴に対抗するような意味を持っていたとするならば、六人部王の武智麻呂への文人としての接近も、また別個に考えなければならない問題である。

ただ、これに先立つ養老五年正月二十三日、皇太子首皇子（後の聖武）の教育に資するため、文芸学術に才能ある者十六人を、退朝の後に東宮に侍させたとある記事では、十六人のうちで六人が『藤

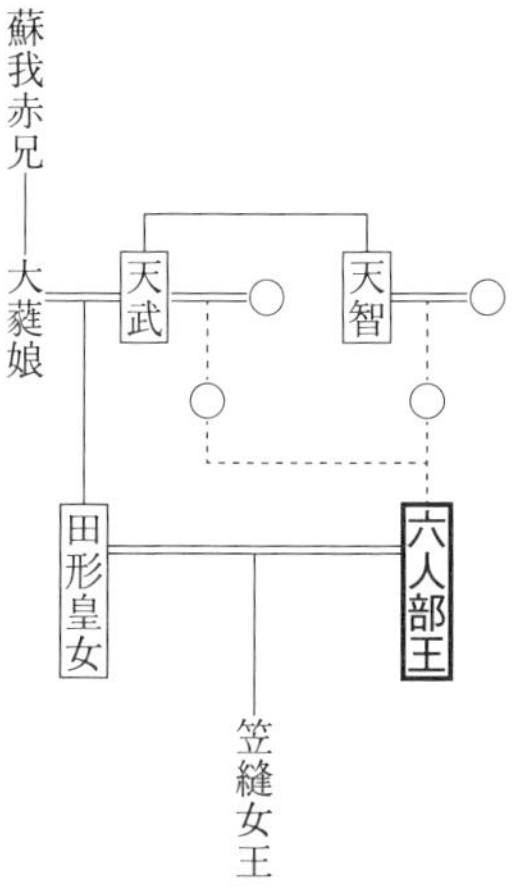

図5　六人部王系図

氏家伝 下』と共通するものの、そこに六人部王の名前は見えない。

さらに四日後の二十七日、学術技芸に卓絶した者（「百僚之内、優二遊学業一、堪レ為二師範一者」）三十九人を擢して褒賞し、後学を励ますという詔が下され、それぞれに絁・糸・布・鍬が下賜されているが、三十九人のうちで十五人が『藤氏家伝 下』と共通するものの、そこにも六人部王の名前は見えない。

これらの文芸優遇策が長屋王時代の政治思想の基調と考えるならば、ここでも六人部王はそれとは一線を画していることになる。また、『万葉集』に見える種々の宴や、『懐風藻』の宴にも、六人部王の名は見えない。

要するに、東宮にも侍せず、師範たるにも堪えず、また政権担当者にも接近せず、饗宴には参加せず、もちろん褒賞品などに目を奪われないだけの経済力を持ち、その尊貴性と文芸の能力によって（おそらく）一定の尊敬を受け、皇親としての矜持を保ったまま、政治には関与せず、誇りに満ちた生涯を全うしたと言えるのであろう。

それは奈良朝政変劇の中では、きわめて異例であると共に、中国六朝貴族にも通じる、一種の清々しささえも覚える生涯であった。先に挙げた長屋王・塩焼王・白壁王の生涯と比較するとき、その特異性はいっそう輝きを放つものである（先の三人が特異だったのであるが）。

実際に六人部王が天智の孫であったとしたら、その在世中には皇位継承権が問題になることはなかったであろうし、三人とは異なり、結婚した皇女が女王しか産まず、皇統を伝える可能性がなかったことも、あるいは関係しているものかもしれない。

六人部王は、長屋王の変の直前に卒去した。天平元年（七二九）正月十一日のことであった。『続日本紀』の、

　正四位上六人部王卒。

という簡略な記事が、かえって六人部王の生涯を飾っているように思える。

はたして六人部王は、一箇月後に起こる長屋王の将来について、予測することができていたであろうか。

なお、田形内親王の方は、これに少し先立つ神亀五年（七二八）三月に薨じている。こちらも吉備内親王や不破内親王・井上内親王とは異なった人生を全うしたことになる。

おわりに

以上、四人の二世王について、その特異な生涯を眺めてきた。その中でも、権力中枢からは距離を置き、風流を旨として一生を送った六人部王は、特異な生涯を全うした例として、強く心に残る。それは「血塗られた奈良の都」の中で、一筋の清らかな光芒を放つ存在であった。

しかし、考えてみれば、政治史というものは突出した存在である例外ばかりを扱う分野なのかもしれない。ほとんどの人間は、波風の立たない平凡な生涯を送って消えていくものなのであり、それは皇位継承権を持たされてしまった二世王にあっても、本来は選ぶところはないはずなのであった。

註

（1） 倉本一宏『奈良朝の政変劇 皇親たちの悲劇』（吉川弘文館、一九九八年）。
（2） 虎尾達哉「孫王について―関係史料の検討―」（『律令官人社会の研究』所収、塙書房、二〇〇六年、初出一九八八年）。
（3） 虎尾達哉「律令国家と皇親」（『律令官人社会の研究』所収、塙書房、二〇〇六年、初出一九八八年）。
（4） 倉本一宏「一九八七年度日本史研究会大会報告批判・『律令国家と皇親』について」（『日本史研究』第三〇九号、一九八八年）、倉本一宏「律令制下の皇親」（『日本古代国家成立期の政権構造』所収、吉川弘文館、一九九七年）。

（5）『続日本紀』天平十七年五月壬午条。
（6）『続日本紀』天平宝字三年六月丙辰条。
（7）北山茂夫『日本古代政治史の研究』（岩波書店、一九五九年）、高橋富雄「皇親官僚制成立の意義」（『歴史学研究』第二二八号、一九五九年）など。
（8）『続日本紀』光仁天皇即位前紀。
（9）『続日本紀』宝亀十一年十一月戊子条。
（10）新川登亀男「奈良時代の道教と仏教—長屋王の世界観—」（速水侑編『論集日本仏教史　第二巻　奈良時代』所収、雄山閣出版、一九八六年）。
（11）『続日本紀』天平宝字元年七月癸酉条。
（12）塚野重雄「不破内親王の直叙と天平十四年塩焼王配流事件」（『古代文化』第三五巻第三・八号、一九八三年）。
（13）『続日本紀』天平宝字元年四月辛巳条。
（14）『続日本紀』神護景雲三年五月壬辰条。
（15）林陸朗「奈良朝後期宮廷の暗雲—県犬養家の姉妹を中心として—」（『上代政治社会の研究』所収、吉川弘文館、一九六九年、初出一九六一年）。
（16）塚野重雄「不破内親王の直叙と天平十四年塩焼王配流事件」（前掲）。
（17）『続日本紀』天平宝字八年九月甲寅条。『続日本紀』天平宝字八年九月癸亥条に引かれた勅では、「窃立二氷上塩焼一為二今皇一。造二偽乾政官符一、発二兵三関諸国一、奔二拠近江国一、亡二入越前関一」と、「今皇」とされている。
（18）『続日本紀』天平宝字八年九月癸亥条。
（19）薗田香融「恵美家子女伝考」（『日本古代の貴族と地方豪族』所収、塙書房、一九九一年、初出一九六六年）。
（20）『続日本紀』神護景雲三年五月壬辰条。
（21）『政事要略』所引「官曹事類」。
（22）『日本紀略』宝亀元年八月癸巳条所引「百川伝」。
（23）佐伯有清『新撰姓氏録　考證篇　第四』（吉川弘文館、一九八二年）。

（24）沢瀉久孝『万葉集注釈　巻第一』（中央公論社、一九七七年）、伊藤博『万葉集釈注　一』（集英社、一九九五年）、小島憲之他校注・訳『新編日本古典文学全集　萬葉集　一』（小学館、一九九四年）、佐竹昭広他校注『新日本古典文学大系　萬葉集　一』（岩波書店、一九九九年）など。
（25）竹内理三・山田英雄・平野邦雄編『日本古代人名辞典　6』（吉川弘文館、一九七三年）。
（26）倉本一宏『持統女帝と皇位継承』（吉川弘文館、二〇〇九年）。
（27）『万葉集』巻第三―三九〇。
（28）『万葉集』巻第十二―三〇九八。
（29）『万葉集』巻第二―一一九～一二二。
（30）黛弘道「弓削皇子について」（五味智英・小島憲之編『萬葉集研究　第六集』所収、塙書房、一九七七年）。
（31）川崎庸之「「武智麻呂伝」についての一つの疑問」（『川崎庸之歴史著作選集　第一巻　記紀万葉の世界』所収、東京大学出版会、一九八二年、初出一九五九年）。
（32）岸俊男「習宜の別業」（『日本古代政治史研究』所収、塙書房、一九六六年）。
（33）沖森卓也・佐藤信・矢嶋泉『藤氏家伝　鎌足・貞慧・武智麻呂伝　注釈と研究』（吉川弘文館、一九九九年）。

蔵人所の成立

佐藤全敏

はじめに

蔵人所については、すでに多くの研究が積み重ねられており、特にその成立をめぐっては、渡辺直彦氏と玉井力氏による精緻な論考が、現在の基本的な通説を形づくっている。そこでは蔵人とは、九世紀初頭、天皇と諸司とを直接とりむすぶ職として成立したことが論じられている。(1)

一方、土田直鎮氏と吉川真司氏による内侍に関する研究は、少なくとも九世紀末までは、依然、内侍が天皇と諸司との間で奏聞や宣下を担っており、十世紀初頭になってはじめて、蔵人が天皇と諸司とを直接とりむすぶようになったことを明らかにしている。(2)両氏が示されたこうした事実は、蔵人所の成立に関する右の通説と齟齬しており、成立期の蔵人所の実態について、あらためて検討を加える必要があることを指し示している。いったい九世紀の蔵人所とはいかなる存在であったのか。本稿の課題はこの点に存する。

一　管理・保管機関としての蔵人所

蔵人は、「クラヒト」というその名義よりみて、本来的には内裏のなかで、なんらかの物品の保管を担う職として始まったのではないか、とする理解が古くから行われてきた(3)。だが、その史料的根拠を挙げにくく、これまで推測に留まっていたいたみを残す。

しかし以下にみるように、多く九世紀の実態を示す『延喜式』の諸条によって、蔵人所が内裏のなかで、たしかに様々な物品を管理・保管していたことを示すことができる。一例を挙げよう。

凡五位以上位記料雑物、色紙・羅・綾・綺帛帯・軸等、量二其可一レ用之数一、作レ奏進二内侍一。内侍令二奏覧一、畢羅・綾・綺帛帯者、即自二内侍所一行之。色紙者、受二蔵人所一。赤木・黄楊・厚朴等軸、受二内匠寮一。

（延喜内記式16位記料物条(4)）

この内記式文によると、内記は五位以上の位記を作成する際、内侍を介して材料の支給を天皇に求めた。勅許がおりると、羅・綾・綺帛の帯は「内侍所」から受け取る一方、色紙は「蔵人所ヨリ受」け、また、軸とする木材は「内匠寮ヨリ受」けるものとされていた。また別の内記式文によると、詔書用の色紙（黄紙）についても、内記は支給申請を「直奏」し(5)、勅許後に現物を「蔵人所ヨリ受」けるものとされている（同式20位記料紙条）。

類例を挙げよう。大歌人の装束を準備する大歌所は、その制作に必要な物資のうち、帛・綾・糸などは「（内蔵）寮物」を、絹・綿・紅花・酢・薪・藁は「官物」を用いることになっていたが、より高級物品である色紙（紅紙）については、「蔵人所ヨリ受」けるものとされていた（内蔵式19大歌装束条）。その出給手続きを確認すると、「彼所、録二色目₋申₌官幷内侍₋、直受₌所司₋、充之」とあり、「（内蔵）寮物」と「官物」は太政官に申請し、「蔵人所」管理分はこれとは別に、内侍に申請して出給を受けるものとされている。

内侍を介して物品支給を直接奏聞し、勅許ののち、それを管理・保管している機関から出給を受けるという手続きは、たとえば内蔵寮や内匠寮などが保管している物品の出給申請の際にも、ときにみられるものである。(6)蔵人所は、いわば内裏のなかの一保管機関という性格をもっていたことがここに明らかといえよう。

以上は出給の局面であるが、これとは逆に、物品を蔵人所に収納する場合にも、同様の手続きがとられていた。たとえば天皇御用の梳や靴・挿鞋を制作していた内蔵寮は、それらを内裏に納入する際、あらかじめ内侍を介して納品の旨を奏聞し、その後、御梳は内侍へ、御靴・御挿鞋は蔵人所へ納めることになっている（内蔵式44年料梳条・45月料御靴条）。

これらの式文を通じて注目されるのは、蔵人所が、みずから管理・保管する物品の出納の際であっても、その奏聞を担っていないことである。冒頭でも触れたように、十世紀初頭以降、奏聞・宣下を担うのは内侍ではなく蔵人となっていったから、これら式文群は、十世紀以降の一般的な様相とは齟齬している。むしろその奏聞手続きは、九世紀の古いあり方に合致しているといえよう。このことは、以上にみてきた式文群が、おおむね『弘仁式』『貞観式』に遡るものであることを強く示唆している。すなわちこれらの延喜式文群は、九世紀の蔵人所の姿を伝えるものと解して大過ないと考えられる。このように、九世紀の蔵人所は、まずは天皇御用の物品や高級品を管理・保管する内裏内の収納出納機関として存在していたのであった。

では、蔵人所にはいったいどのような物品が管理・保管されていたのであろうか。さしあたり九・十世紀の史料から知られる物品を整理すると、表1、表2のようになる。(7)

表１　蔵人所が管理・保管する物品〈一般〉 ―９～10世紀―

１．天皇の御用品 （調度・食器を除く）
①御笏　②御靴　③御挿鞋　④御琴など楽器　⑤御扇
⑥御薬　⑦御書・御本　⑧『内裏式』

２．天皇御用の食器
①金・銀・赤漆・瓷の各種御器　②七種粥の御器
③神今食の御粥垸・馬頭盤・御箸・匙　④茶用器

３．高級繊維品
①錦　②綺　③唐綾　④絹　⑤高級糸（犬頭糸・丹波糸）

４．紙類
①色紙（緑紙・紅紙・黄紙）　②麻紙　③紙屋紙

５．特殊高級品
①名香　②朱沙　③砂金・銀　④金泥・銀泥
⑤金剛砂　⑥蘇芳木　⑦雑丹　⑧唐物一般

６．特定の食品・嗜好品
①茶　②甘葛煎　③蜜　④蘇　⑤甘栗　⑥諸国御贄

７．その他
①内蔵寮不動蔵の御匙　②新銭　③剣　④瓜刀　⑤女性用の簪・錦鞋　⑥鷹・隼

【典拠】 １：①西1-1，②・③延内蔵45，④侍172，⑤承例，⑥天蔵（西2-127），⑦天蔵（西本㉕），⑧天蔵（西2-128），２：①延内膳24，②西1-60，③西1-126，④天蔵（国書723），３：①延内蔵25，②西1-131，③九暦承平5・7・29，④村上御記天徳3・10・19，⑤御堂関白記長和5・7・10，範国記長元9・7・7，４：①延内記16・20，②西1-131，③延図書30，５：①延主殿2，②延陰陽4，③貞信公記抄天慶元・8・8，御堂関白記寛弘元・正・27，同長和5・7・10，左経記寛仁元・10・10，④西1-184，⑤西2-74，⑥西1-184，⑦侍150，⑧うつほ物語（内侍のかみ），小右記長和3・2・15，６：①承例，天蔵（国書723），②延大膳下54，③・④天蔵（西2-131），⑤天蔵（西本⑩），⑥天蔵（侍197），７：①侍195，②醍醐御記延喜8・12・14，③醍醐御記延喜10・正・23，④承例，⑤天蔵（西2-129），⑥続後紀承和元・10・壬午，三実元慶7・7・5.

表2　蔵人所が管理・保管する物品〈調度・文具類〉 —9～10世紀—

1．清涼殿（常御殿）内の調度

①御帳台　②獅子形　③御几帳　④各種帷・壁代　⑤侍御倚子
⑥平文御倚子　⑦大床子　⑧各種御畳　⑨朱漆台盤／黒漆台盤
⑩御厨子　⑪その他の側近の調度（御唐櫃・置物御机・二階棚・御唐匣・鏡・鏡台・泔坏・唾壺・打乱筥・脇息ほか）　⑫御簾　⑬燈台・燈楼
⑭油瓶・油坏　⑮脂燭布　⑯毯代　⑰打敷　⑱火櫃　⑲烏子炭
⑳高机・机　㉑花瓶

2．仁寿殿（准常御殿）行事における御用の調度・仏具ほか

①螺鈿御倚子　②置物御机　③軟障　④仁寿殿の観音像・仏具
⑤御屏風

3．清涼殿（常御殿）内の王卿等用の調度・文具

①菅円座　②畳　③柳筥・筆・硯・墨（仁寿殿内も）

【典拠】 1：①・②・⑩・⑫・⑰ 天蔵（政事176），③・④ 西1-86，⑤ 天蔵（政事165），⑥ 殿上記延喜16・10・22（西2-159），⑦ 天蔵（侍142），⑧ 天蔵（西本⑮），⑨ 延内膳24，⑪ 醍醐御記延喜16・11・27，天蔵（西2-127），⑬ 天蔵（国書721），⑭・⑮・⑱ 西1-228，⑯・⑳ 親信卿記天禄3・7・7，⑲ 承例，㉑ 吏部王記天暦5・10・5，2：①・②・③ 天蔵（北山158），④ 天蔵（国書723），侍133，⑤ 天蔵（西本㉕），3：① 天蔵（国書721），② 新儀246，③ 西1-32，天蔵（北山158）．

このうち、表2の調度類は、天皇の日常御用品であることもあって、外部の機関に出給するということはほとんどみられない。(8) これに対し、表1にみられる物品類は、すでにみた「色紙」（4—①）の例をはじめとして、他の機関から申請があると、そのたびごとに蔵人所から出給されていた。この事実は、『延喜式』の諸条などから確認することができる。(9)

それでは、これら御物はどこに保管されていたのだろうか。この点について、十世紀初頭の「蔵人所延喜例」逸文は次のように述べる。(10)

納殿、累代御物、在㆓宜陽殿㆒。恒例御物、蔵人所・綾綺殿。紙・御屏風、納㆓仁寿殿㆒。以㆓蔵人・雑色㆒為㆑預。

同じ御物のなかでも、「累代御物」は宜陽殿に、「恒例御物」は蔵人所（校書殿の一画）と綾綺殿に、そして紙や御屏風は仁寿殿に収納されていたという。そしてこれらの収蔵庫は、まとめて「納殿」と総称され、蔵人と蔵人所雑色がその「預」となって管理・出納することになっていた。(11) 右は十世紀初頭の「例」であり、その頃の実態といえるが、おそらくこうした管理体制の概形は、おおむね九世紀まで溯るものとみてよいだろう。「蔵人」（クラヒト）の名は、まさにこうし

表3　内蔵寮が保管する物品（抄）

1．養老職員令7内蔵寮条に規定される物品							
a	金・銀	b	珠・玉	c	宝器	d	錦・綾・染色した絹
e	毛席・茵	f	諸蕃の貢献した奇瑋の物				
g	毎年定まった御用の品	h	随時の勅によって求められる品				
i	靴・履・鞍具						
2．延喜式に規定される物品（抄）							
j	色紙	k	名香	l	糸（参河・丹波等）		
m	朱沙	n	丹	o	蜜	p	蘇

＊延喜式は内蔵式54諸国年料条のほか，内蔵式51年料色紙条，図書式3御斎会条によった．

た、内裏の納殿全体の管理業務に由来するものと考えられるのである。(12)

では、この物品群は、どのようにして形成され、損耗の際にはどのように補充されていたのであろうか。

こうした観点からみて注目されるのが、令制上、天皇の御物を保管・供進することになっていた内蔵寮である。内蔵寮の保管物は、養老職員令7内蔵寮条や延喜内蔵式の諸条にみることができる。いま試みに、職員令7内蔵寮条に掲げられたすべての品目と、延喜内蔵式等の諸条にみられる物品名のうち、本稿に最低限必要な品目とを抜き出してみると、表3のようになる。(13)

表から知られるように、内蔵寮に収納されている物品の種類は、調度類を除けば、蔵人所の管理・保管品と多く重なっている。このことは、蔵人所の管理していた物品の多くが、本来的には内蔵寮より分授されたものであったことを強く示唆している。

事実、蔵人所が保管する御靴・御挿鞋・錦鞋が、内蔵寮から蔵人所に納められるものであることは、延喜式に明文化されている（延喜内蔵式45月料御靴条）。また、色紙・錦・名香・朱沙・砂金・銀・高級糸（犬頭糸・丹波糸）などは、少なくとも九世紀のある段階以降、大蔵省を経由せずに、諸司・諸国から直接内蔵寮に納められ、天皇のもとに確保されていた物品である（後述する諸国年料供進制と諸司年料供進制。延喜内蔵式51年料色紙条・同53諸司年料条・同54諸国年料条）。蔵人所が管理・保管していたものも、内蔵寮から分受されたものとみてほぼ大過ない(14)。

このほか参考になる事実として、蔵人所がみずから準備できないような物品を必要とした際、まずはそれを内蔵寮に求めていたことが挙げられる。そうした事例は枚挙に遑がないが(15)、そのなかでももっとも早い例は、九世紀前半の「蔵人所承和例」逸文にみられる次のものであろう(16)。

所承例云、紙・筆・墨・硯、廿人已上、押紙一百張、召二内蔵寮一。墨廿挺・筆廿管、奏請二図書寮一。仰二作物所一濆レ墨。仰二内匠一召二柳筥五合一。仰二内蔵寮一召二折櫃十合一。(17)

取意文とみられ、関連史料とあわせ読むことによって、はじめて内容をよく理解できる。その概要を示すと次の通り。

内宴に際し、蔵人所は、内蔵寮に二十人以上分の紙・筆・墨・硯を召す。すると内蔵寮は、そのうち墨と筆の支給を求める請奏を行い、勅許を経て図書寮から出給を受ける（延喜内蔵式40内宴儲料条によると、受け取った内蔵寮は、当日早朝、蔵人所にこれらを納める）。くわえて蔵人所は作物所に仰せ、内蔵寮から受け取った墨に装飾を加えさせる一方、内匠寮と内蔵寮に仰せて、それぞれ柳筥と折櫃を進上させる。

ここで蔵人所は、多量の紙・筆・墨・硯や折櫃を内蔵寮に求め、また内蔵寮が保管していない柳筥については、その制作を担当する内匠寮に召し仰すことになっている。蔵人所の管理・保管する物品が、まずは内蔵寮によって準備されるものであったことが明瞭に示されている。

さらにこの史料に関して二点付言しておきたい。一つは、右に示したごとく、蔵人所が内匠寮にも物品を求めていることである。十世紀以降の史料をひらくと、蔵人所が、内蔵寮の保管していない種類の物品が必要になった際に、これを他の諸司や諸所に召仰せて確保している例が頻出するが、そうした召仰せがすでに九世紀から行われていたことが、ここから確認できる。

二つ目は、その一方で、内蔵寮が保管しておくべき種類の物品であれば、たとえ内蔵寮がすぐにこれを準備できない場合でも、内蔵寮に請奏を行わせることによって、これを準備させていることである。蔵人所が必要とする物品は、まずは原則として、内蔵寮から出蔵されるべきであったことがここから知られよう。右の「蔵人所承和例」は「内蔵寮請奏」の初見例でもある。

さて、ここまで表1に挙げた物品に注目して、内蔵寮と蔵人所との関係について述べてきたが、表2の調度・文具類についても、以下の諸事実より同様の理解が導かれそうである。第一に、行幸の際、移動先の天皇の側近に置く調度類は、御几帳を除くと、内裏から運搬されることになっていたが、この調度類を運搬するのは、ほかならぬ内蔵寮であった。そして運搬しない御几帳は、内蔵寮が別に準備することになっていた。[18] 第二に、天皇が出御する行事において臣下が用いる文具類は、常御殿やこれに准じる殿舎（仁寿殿）での行事であれば蔵人所が準備し（表2参照）、それ以外の殿舎での行事であれば、内蔵寮がこれを準備することになっていた。[19] 以上の事実は、天皇が出御する空間の調度類は、本来的には内蔵寮が管理するものであり、ただ常御殿に置かれるものについては、蔵人所がこれを管理することになっていた、という原則を指し示していよう。

このように、蔵人所が管理・保管する物品群は、内蔵寮から分受される品々を基盤とし、これにその他の諸司・諸所からの物品を加えて成り立っていたものであった。かえりみるに、令制下では、随時の勅を受けて物品を調進する機関は内蔵寮とされていた。九世紀以降、その機能を天皇のより近くで果たしたのが、内裏のなかに置かれた蔵人所という「所」であったと理解されよう。[20]

本節の最後に、諸先学の研究を参照しつつ、蔵人所に物品を分給していた内蔵寮自身の財源を確認しておこう。八

世紀から九世紀にかけて、内蔵寮の収納品は、主に四つの経路で確保されていた。(21)

（ア）大蔵省から一年ごとに分給される基本物品〔勅旨交易制〕

（イ）内蔵寮が諸国から独自に直接徴収する物品

（ウ）諸国が運進する調・交易雑物等の一部が、（大蔵省を介さず）直接内蔵寮に納入されるもの〔諸国年料供進制〕

（エ）諸司が制作する特定物品が、（大蔵省を介さず）直接内蔵寮に納入されるもの〔諸司年料供進制〕

当初、養老令には（ア）のみが規定されていたが、八世紀半ばまでの間に、これを補うものとして（イ）が成立した。ただしこの勅旨交易制は、納品に際して主計寮が勘会を行うものであり、(22)あくまで令制財政制度の大枠におさまる性格のものであった。九世紀に入ってから成立したとみられる（ウ）も同様である。この諸国年料供進制においても、特殊な例外を除けば、内蔵寮に納品される前に、民部省と主計寮が勘会を行っていた。(23)（エ）として制作・納品される物品も、それらの素材が令制財源でまかなわれたことは、『延喜式』関係諸条から知られるところである。

このように、蔵人所に多くの物品を納入していた内蔵寮の財源は、それ自体としては、令制財政制度を通じて確保されたものであった。蔵人所には、内蔵寮以外の諸司・諸所からも物品が納入されていたが、それらの財源も、基本的には大蔵省から分給される物資にあったことは言を俟たない。このようにみてくると、蔵人所とは、令制財源にもとづいた、内裏内の管理・保管機関であったと理解することができるであろう。

二　蔵人の帯官とその意味

こうして浮かび上がってくる蔵人所の姿は、従来の理解とだいぶ異なっているようにみえる。これをどう解したらよいのであろうか。ここで、蔵人所の成立に関する通説的理解を確認することにしよう。

従来、いわゆる「薬子の変」に帰結する嵯峨天皇と平城上皇の対立こそが、蔵人所の成立する要因であると説明されてきた。こうした理解の主要な論拠は、A蔵人所の創設が弘仁元年三月十日と考えられること、Bこの時期、嵯峨天皇と平城上皇とが対立していたとみられること、C嵯峨天皇が創設した蔵人は「機密」等を扱ったとみられること、の三点にあった。そしてこれら三点の実証上の論拠は、具体的には、(i)伝『類聚国史』逸文の内容、(ii)当時の政治情勢、(iii)蔵人の帯びる官職の傾向、の三つであった。以下本稿では、節を分かちながら、これらの論拠を一つずつ検討していくことにしよう。

まず本節では、(iii)の蔵人の帯びる官職の傾向をとりあげたい。この点について詳細な検討を加えられたのは玉井力氏である。(24) 氏は、九世紀前半の蔵人頭・蔵人に関する史料を悉皆的に調査され、蔵人頭・蔵人の帯官と経歴に関する重厚な一覧表を作成された。氏はこうした基礎作業をもとに、蔵人頭・蔵人に補任されている者が帯びる官職に、一定の傾向があることを指摘された。すなわち、九世紀前半に蔵人頭や蔵人に任じられた者は、a武官、b式部省官人、c弁官、d中務省官人、e春宮坊官人、f内蔵寮官人、が多いのである。

ここから氏は、次のような解釈を導かれた。a武官が多いのは、嵯峨天皇が衛府官人を蔵人に起用するかたちで、軍事的勢力基盤を形成したことを示したものである。b式部省官人が多いのは、急を要する人事がスムーズに行われうるように配慮した結果と解される。またc弁官が多いのは、反乱密告を受理し、さらには太政官と天皇の橋渡しや、非常時における弁官の職掌吸収を意図したものであろう。このほかにd中務省官人が多いのは、緊急時、内侍や侍従・少納言に代わって勅旨をうけるためであったと考えられる。またe春宮坊やf内蔵寮の官人が多いのも、いくつか理由を想定することが可能である、と。

氏の研究は、蔵人所の成立に関する古くからの政治史的理解を、より詳細なデータから裏づけようとされたものであった。ただ、留意すべきは、氏の解釈で前提とされていたのは、〝蔵人は本司から蔵人所に「散直」（本司の職務を帯びて出向）した存在である〟とする今江広道氏の理解（仮説）(25)であった点である。結論から述べると、玉井氏のこうした解釈は、前提とされた今江氏の仮説とともに、現段階では成り立ち難いようである。

はじめにa武官からみてみよう。(26)笹山晴生氏の研究によれば、すでにこの時期の近衛府上級官人の任官には、武才に秀でた者を任じる実質を備えた場合と、内廷の要職として天皇の近臣があてられる場合との二種類があった。(27)検討してみると、これは他の衛府にもある程度通じる。そして、九世紀前半に蔵人頭・蔵人に任じられた者を調査し直してみると、知りうるかぎり、武才による実質を備えた任官は二名のみであり（弘仁元年に頭に補任された巨勢野足、弘仁五年に蔵人、天長五年に頭に補任された文室秋津）、それ以外は、ほぼすべて近臣ゆえの任官となっていることが判明する。

次にb式部省官人とc弁官について。坂上康俊氏が明らかにされたように、当時、上級官人の人事は除目で決定されており、式部省は、除目のための判断材料を注申する事務部局にすぎなかった。(28)すなわち非常時の人事では単に除目を行うだけで済むのであり、式部省官人の関与は必ずしも必要ではなかったのであった。むしろ注目すべきは、当時、式部省と弁官には、有能な人材が多く投じられるのが通例であったという虎尾達哉氏の指摘である。(29)その意味で、蔵人補任者と式部省官人・弁官補任者とが重なる傾向をもつのは自然なことなのであり、特に蔵人には文章生出身者が多かったから、結果的に式部省の判官が多くなるのであった。

また中務省官人についてであるが、現在、早川庄八氏や吉川真司氏らの研究によって、勅の伝達は様々なルートで行われていたことが広く知られるようになっており、(30)蔵人が中務省官人であることに大きな意味を認めにくい段階となっている。

このように、蔵人の帯官に着目して成立期蔵人の機能を推定する方法は、今日では成り立ち難いといわざるを得ない。

では、あらためて、蔵人に補任されたのはどのような人々だったのであろうか。ここで玉井氏の収集されたデータに立ち戻り、これに若干の知見をつけ加えながら、蔵人頭・蔵人に補任された人々をあらためて見直してみると、次のような事実が判明する。(31)

Ⅰ　九世紀前半に蔵人頭に任じられた者は、(i)天皇在藩時に側近にあった者、(ii)嵯峨皇后橘嘉智子の親族、(iii)そのほか天皇と人格的に親しく結びついた者、で大半を占めている。

Ⅱ　九世紀前半に蔵人に任じられた者は、(i)文筆・学問に秀でた者（特に文章生出身者）、(ii)それ以外に何らかの才能をもつ者、(iii)橘嘉智子の親族をはじめとする血縁者、で大半を占めている。

これまでも、文人的素養のある人や、天皇と特殊な親近関係にある人が蔵人に任じられたことは指摘されていたが、むしろそうした属性の人々こそが蔵人頭・蔵人の圧倒的部分を占めているのであり、これこそが成立期の蔵人頭・蔵人の実像なのであった。

こうした事実をもとにあらためて考え直してみると、四位という位を帯び、蔵人頭に補任される以上のような属性の人々が、除目に際して栄誉ある武官に任じられたり、あるいは八省の次官のなかでも相対的に格が高いとされた中務・式部両省の次官に任じられたりするのは、自然なことであった。(32)同様に、蔵人に補任されるような、能力ある六位の者たちが、特に高い事務能力が求められる式部省の判官や弁官などに任じられるのも、自然なことといえる。さらには、このように天皇の信任厚い官人たちが、春宮坊や内蔵寮の官に任用されるのも、それらの官司の性格上、けだし当然のことといえる。(33)すなわち帯官にみられた傾向とは、実に、天皇から抜擢された人々が、蔵人頭や蔵人に補任された結果として生じたものにすぎなかったのである。

三　初期蔵人所の性格

1　近侍伺候者としての蔵人

以上にみてきた九世紀前半の蔵人頭・蔵人の属性は、十世紀以降の蔵人と比べるならば、やや特殊なものとみえる。むしろこうした属性は、十世紀以降であれば、「殿上人」のそれに近い。

たとえば、九世紀末期に宇多天皇が記した「寛平御遺誡」には、殿上人を選ぶ基準として、「其備二顧問一、或要籍駆使之人耳」と述べられている。すなわち殿上人は、「顧問」に応じる人か、「要籍駆使」（特別の能力才能を発揮させる）の人を選ぶものとされている。初期の蔵人頭・蔵人の属性から想定される職務内容とは、まさにこういったものであろう。その意味で、九世紀前半においては、まずは蔵人頭・蔵人こそが、天皇に恒常的に近伺し、「顧問」と「要籍駆使」に応えるべき存在として位置づけられていたものと推考される。初期の蔵人頭・蔵人は、物品の管理・保管を行いつつ、一方で「殿上人」のような立場にもあったと考えられるのである。

もっとも九世紀前半、蔵人頭や蔵人のほかにも、常御殿への昇殿が許された人々がいた。『公卿補任』の尻付より、弘仁年間に、常御殿への昇殿が許された者が少なくとも四人いたことが知られるのである（表4参照）。

彼らは全員、のちに六位蔵人となっており、蔵人の予備軍というべき存在であった。さらに「依二不仕一、止二昇殿一」という記述から、恒常的な出仕が義務づけられていたことも知られる。表にみられるように、彼らは文筆・学問に秀でた者、ないし血縁者など天皇に近しい者たちであり、この点でも蔵人頭・蔵人に通じている。いわば蔵人頭・蔵人に次ぐ人々であったといえよう。

残念ながら『公卿補任』尻付は、これ以降、長らく昇殿記事を欠き、九世紀における昇殿者の実態をほとんど知ることができない[34]。しかし国史をひもとくと、たしかに九世紀前半、王卿たちとは別に、下級ながら昇殿の許された人々のいたことが確認され、彼らは「近習」と表記されている[35]。こうした存在は、九世紀後半の国史では「殿上六位以上」と表記されるようになり、これは蔵人頭・蔵人をも含む概念であった。そしてこれが、十世紀以降の「殿上人」へと発展していく。

とはいえ、すでに述べてきたように、九世紀前半の段階において、「殿上人」のような働きをしていたのはまずは

表4　公卿補任にみる初期の昇殿人

	氏名	昇殿	補蔵人	文筆・学問	血縁	典拠	備考
1	橘　氏公	弘仁元・三	弘仁五・正		○	天長一〇年尻付	皇后橘嘉智子の弟。嵯峨・仁明朝で重用。「以太后弟、歴此顕要」（薨伝）。弘仁四年正月任左衛門大尉、同一一月遷左近将監、同月還昇。
2	藤原常嗣	弘仁九・正	弘仁一二・正	○		天長八年尻付	「少遊大学、渉猟史漢、諳誦文選。又好属文、兼能隷書」とされる（薨伝）。
3	安倍安仁	弘仁一一・二	天長三・正（淳和天皇）	○		承和五年尻付	昇殿前に若くして校書殿に直す。嵯峨上皇、「甚親任」し、嵯峨院別当。「毎有奏議、応対無滞」（薨伝）。
4	藤原長良	弘仁一二・二	弘仁一四・一一（淳和天皇）		○	承和一一年尻付	良房の兄。仁明天皇在藩時、「晨昏侍坐」（薨伝）。弘仁一三年二月任内舎人、同三月還昇。同八月、「依不仕、止昇殿」。

蔵人頭・蔵人であったと推考されることからみて、当初、こうした昇殿者たちは少数であった可能性が高い。ここでは、のちの四位・五位を基軸とする「殿上人」との違いを明確にするため、六位の者を多く含む初期の昇殿者たちのことを「昇殿人」と呼んでおくことにする。

さて、嵯峨天皇は、どのような意図のもとで、こうした蔵人頭・蔵人・昇殿人を置いたのであろうか。ここで想起したいのは、嵯峨天皇が在位中から設定・経営していた冷然院と嵯峨院である。嵯峨天皇は、譲位後には冷然院、つづいて嵯峨院に居住したが、そのうち関係史料の豊富な後者について、渡辺直彦氏が次のような事実を明らかにされている。すなわち嵯峨院の院司・近習者は、「旧坊官・蔵人・昇殿者および傍親」を中心に構成され、特に「文人・儒者や糸竹に堪能な近侍者」の多いことが特色であった、と(36)。こうした院司・近習者のあり方は、内裏のなかに置かれた蔵人頭・蔵人・昇殿人のあり方と見事に一致する。嵯峨天皇は、在位時と譲位後とを問わず、共通する性格の近侍伺候者集団を形成していたのであり、蔵人所とは、まさにその在位時における一つの形態であったと理解されるのである。

このように考えてきたとき、ひとつ問題になるのは、当時、同じく天皇近侍を職掌とした「次侍従」が存在していたことである。しかし、この点については、すでに古瀬奈津子氏が論じられているように(37)、次侍従と蔵人頭以下との間には根本的な原理の相違が認められる。

すなわち近年、永田和也氏や吉川真司氏が一層明らかにされたように、次侍従とは、端的に述べれば、人数が増えすぎた五位以上官人（マエツキミ）のなかから選抜された官人たちのことであり、とりわけ四位以上になると、儀式時に内裏の正殿である紫宸殿に昇殿することの認められた人々のことであった。次侍従という職は、遅くとも八世紀後半には成立しており、訓はオモトマフチキミ（天皇の御許のマヘツキミ）であった(38)。とはいえ、彼らは天皇の個人的な日常生活に奉仕したわけではなく、したがって天皇の居住殿舎である常御殿に昇殿できたわけではない。

一方、蔵人頭・蔵人・昇殿人らは、これまでみてきたように、天皇と個別人格的関係によって選定された人々であり、五位以上官人（マヘツキミ）という伝統的な枠組みから自由な存在であった。彼らは原則として、正殿たる紫宸殿に昇殿することがなく、あくまで常御殿に昇殿して、天皇の身辺に奉仕した。このように、九世紀の蔵人所構成員（蔵人頭・蔵人）および昇殿人は、伝統的なマヘツキミ集団とは別の原理によって選ばれた、天皇個人に密着する近侍伺候者であった点に、その特徴を見出すことができる。

なお、このことは、さらに彼らの給与のあり方からも裏づけられる。十世紀中葉に成った「天暦蔵人式」によると、蔵人頭・蔵人・出納・小舎人と殿上人には、律令官人としての給与とは別枠で、年に二回、常御殿での奉仕に対する恩典として、「等第」と呼ばれる特別給与が支給された。(39) 九世紀前半成立の「蔵人所承和例」のなかに等第の存在に触れる記述があるから、等第の制は、九世紀前半から行われていたとみてよい。(40) いま情報の豊かな「天暦蔵人式」を参照すると、毎年六月と十二月、蔵人頭以下と殿上人の勤務日数（上日・上夜）が算定の上、奏聞され、その日数の等級に応じて等第が下賜されるものとされている。賜物は絹や調布などであったが、それらは基本的に、内蔵寮から出給されることになっていた。(41) すなわち、蔵人所構成員や殿上人に対する特別給与は、天皇が自由に支出できる内蔵寮の財物によってまかなわれていたのであり、こうした事実もまた、彼らが天皇個人に密着する近侍者集団であったことを表しているといえよう。(42)

平安時代、上級貴族の邸宅内に控え室を与えられ、その家主に奉仕する中下級貴族は「家人」と呼ばれた。天皇の居住殿舎で奉仕する殿上人らも、畢竟、そうした家人の一種であったことは、陽成上皇がかつて自分の殿上人であった宇多天皇に対して「家人」という言葉を用いたことからも明らかである（『大鏡』宇多天皇）。その意味において、ここまでみてきた初期の蔵人所構成員と昇殿人とは、まさしく天皇の常御殿における「初期の家人」であったと評価することができるように思われる。

2　伺候空間としての蔵人所

蔵人所は、六国史のなかでは、常御殿の脇に置かれた伺候空間、ないし天皇への窓口として現れる。斉衡元年（八五四）、天皇は文人を蔵人所に召し、詩を評定させている（『日本文徳天皇実録』同年十月辛未条）。また貞観十七年（八七五）から翌年にかけての九ヶ月間、天皇は学者を蔵人所に召して御書を校定させ、さらに天皇近侍者たちに教授させている（『日本三代実録』貞観十八年七月十四日条）(43)。蔵人所は、常御殿の内部に設けられた、のちの「殿上間」（「侍」「侍所」）とは異なる、常御殿に隣接する場所に置かれた伺候空間としても機能していたのである。九世紀末の「寛平御遺誡」では、臨時に召された者たちの控える空間として、蔵人所が言及されている(44)。

蔵人頭以下が常時伺候していた蔵人所は、天皇の意向を直截にうけた勘問や諮問にも利用された。たとえば承和十年（八四三）、散位従五位上文室宮田麻呂が謀反準備の嫌疑で内裏に召された際、彼は最初に蔵人所に召されている。その後、左衛門府に禁固され、家宅捜索の上、そのまま左衛門府で推問を受けている（『続日本後紀』承和十年十二月丙子条）。最初に内裏に召し、蔵人頭・蔵人という近侍者をつかって簡単な事情聴取を行ったとみられる(45)。また十世紀の例となるが、その年が革命の年にあたるかどうかを諮問するため、天皇が暦博士らを蔵人所に召している例もみられる（『村上天皇日記』康保元年（九六四）六月十八日条）。これらの例は、蔵人所が、天皇がいる常御殿と外部とをとりつなぐ窓口となっていたことを伝えている(46)。

さらに六国史に記述はないものの、蔵人所が天皇への内々の窓口として機能していたことを示す事例を二つ挙げておく。一つは各種補任帳の提出先としてである。仁寿元年（八五一）以降、式部省の文官各種補任帳、兵部省の武官補任帳、中務省の女官補任帳が、太政官にだけでなく、蔵人所にも提出されるようになっていく。玉井力氏が指摘されたように、これは別勅任官の増加に対応してのものであり[47]、補任帳は、蔵人頭たちによる申文選定に用いられたものと考えられる。また、『内裏式』奏銓擬郡領式によると、紫宸殿で行われる郡領補任儀では、筥に入れられた奏文が天皇に上覧されたが、その筥は、後日、蔵人所にて返給されることになっていた。これに触れる『内裏式』の成立は天長十年（八三三）以前とされているから、こうした手続きはその前から行われていたことになる。こうした諸例は、いずれも、蔵人所が天皇への内々の窓口として機能していたことを示していよう。

四　九世紀における蔵人所の成立

蔵人所の成立についての通説がその論拠の一つとしていたのが、次の伝『類聚国史』逸文である[48]。

類聚国史曰、弘仁元年三月十日、始置㆓蔵人所㆒、令㆘侍㆓殿上㆒、掌㆗機密文書及諸訴㆖云々トアリ。

蔵人所の創設年や創設時の職掌を説明するものとして、この文は古くより重視されてきた。だが一方で、この史料には早くから偽文説も呈されてきた。たとえば和田英松氏は、当初『官職要解』で真文としていたが、同書の訂正増補五版以降は「疑はしい」とされている。

真文説は、同文が複数の文献に引用されていることを論拠とする。これに対し、偽文説の論者は、以下の五点を指摘する[49]。第一に、文章が不自然であること。第二に、体裁が不自然であること。具体的には(i)日付が干支でないこと、(ii)「大同五年」とすべきところを「弘仁元年」とすることなどが指摘されている。第三に、問題点が複数の引用文献で共通すること。第四に、一六九二年に成った鴨祐之『日本逸史』に採られておらず、十八世紀後半以降の書物においてはじめて引用されるようになることである。そして第五に、複数の文献に引用されている事実は真文であることの論拠とならないこと、である。また十九世紀前半頃、『類聚国史』の闕冊部分にあたるというふれこみで偽書が京都に出回っており、『国書総目録』が少なくとも四冊の偽書を挙げている事実も指摘されている。(50)これらを考え併せると、やはり蔵人所創設にかかわる伝『類聚国史』逸文は、偽文（ないし近世の書き入れ・追記）と判断すべきであろう。(51)

そうだとすれば、蔵人・蔵人所の初見資史料は、文献史料では『公卿補任』の尻付、出土資料では墨書土器となる。『公卿補任』尻付では、弘仁年間に巨勢野足・藤原冬嗣が蔵人頭に、清原夏野・朝野鹿取が蔵人に補任された旨が記録されている。いずれも弘仁元年（八一〇）三月十日の補任とする。(52)留意すべきは、そのうち蔵人頭の記述には「頭始也」「是頭始也」という細字の注記が付されていることである。この注記から、蔵人頭は通説通り、このときに成立したと判断してよいであろう。問題はそうした注記のない蔵人についてである。岩橋小彌太・亀田隆之・今江広道の各氏は、ここから、天皇に近侍する蔵人が弘仁元年以前に存在していた可能性のあることを論じられている。(53)

こうした観点からみて、平城宮跡東院地区西方の土壙SK9608Aより、底面に「蔵人所」「蔵人」の文字が記された墨書土器二点が出土している事実は重要であろう。それらの土器型式は、いずれも平城宮土器編年Ⅲにあたり、七五〇年前後のものであるという。(54)七五〇年前後の東院地区は、文献史料の検討から、(i)七四九年に即位して孝謙天皇になる阿部内親王の居所（いわゆる東宮）か、(ii)孝謙天皇の離宮、のいずれかであったことが明らかにされている。(55)すなわち七五〇年前後に、天皇ないし皇太子に深く関わる機関として「蔵人所」が存在していたことは、これによってほぼ確実といえよう。八世紀の段階で、すでに内蔵寮・大蔵省・蔵司などの保管官司に「蔵人」が置かれていたのではないかとする直木孝次郎氏の議論(56)とあわせ、きわめて重要な知見といえる。

ただし、平城宮跡東院地区は発掘調査の途上にあり、その出土地域の性格はなお判然としない[57]。そこで、弘仁元年以前の蔵人についての検討は資料の増加した後日を期すこととし、ここでは、内裏の蔵人が弘仁元年三月十日にはじめて文献史料に現れる意味を考えることに課題を限定したい。

そこで注目されるのは、角田文衛氏と亀田隆之氏が示されていた次のような推定である。すなわち「校書殿の図書出納係」としての「蔵人」は、弘仁年間以前にすでに存在していたはずであり、そうした状況下、弘仁元年三月にいたって特に信頼の厚い人間を蔵人にあてるようになり、それと同時に新たに「頭」を設置して、全体として従来と大きく異なる職掌をもつ蔵人が生まれた、という理解である。結論から述べるならば、一部に留保を残すものの、本稿は大枠として、両氏の推定が正しかったと考えるものである。理由は以下の通り。

第一に、すでに触れたように、その後の発掘調査によって、弘仁元年以前、天皇の近辺に「蔵人所」が存在していたことが確実になったこと。

第二に、両氏のように考えることによって、近侍伺候者集団を内裏内に構成する際、わざわざ彼らに納殿の管理業務を担わせた理由が理解しやすくなることである。本来、内裏は天皇と女性だけの空間であったとみられているが[58]、そうした内裏の内部に信任する男性たちを常駐させるために、「蔵人（クラヒト）」の制が利用されたと考えられるのである。当時、常御殿への昇殿が許され、恒常的に天皇近くで奉仕していた男性は、基本的にクラヒトに限られていたのであろう[59]。

第三に、この弘仁元年の補任状況がいささか特殊であることである。通常、蔵人の補任は正月に行われ、また蔵人頭の補任は任意の月に行われるのが一般的であった。ところがこの弘仁元年のみ、蔵人の補任が正月ではなく、蔵人と蔵人頭の補任が三月の同日に行われており、さらに昇殿人を定めることも同日に行われている。そしてほかならぬこの日に、蔵人頭が創設されている。こうした状況は、このときの補任と昇殿定に特別な事情のあったことをうかがわせている。

そして第四に、この弘仁元年三月の例より、蔵人を補任する記事が残り始めることである。蔵人という職の性格に、あるいはなんらかの変化があった可能性を示唆している。

以上の四点から判断して、「近侍伺候者集団としての蔵人所」の成立は、角田・亀田両氏が推定されていたように、弘仁元年三月十日に求めて大過ないであろう(60)。我々の知る蔵人所とは、まさにこの時に再編されて生まれたのである。

最後に、その成立背景について考えておきたい。第二節冒頭で述べたように、成立期の蔵人所の性格を論定する際、その一つの根拠とされたのが当時の政治情勢であった。蔵人所は、嵯峨天皇が平城上皇に対抗するために設けられた機関であった、という理解である。もっともこれには従来より疑問も寄せられていた。もしそのような意図のもとに創設されたのなら、なぜ薬子の変の後、蔵人所は廃止されなかったのかという指摘、あるいは、そもそも通説は一般的な政治情勢からの憶測に過ぎないのではないか、とする疑問などである(61)。

諸先学が指摘されるように、この弘仁元年三月の前後には、公卿をはじめ、弁官・外記などの様々な諸司が、嵯峨天皇と平城上皇とに分直していた。そのため、政務になんらかの支障が生じていた可能性もたしかに想定される。またちょうどこの時期、嵯峨天皇が、政務をとれないほどに体調を損ねていたことも無視し得ない事実である。さらに天皇の周囲にいた内侍たちのなかに、長らく内侍司の長官であった薬子の影響を受けていた者が存在していた可能性も捨てきれない(62)。嵯峨天皇が、個人的に親しい人間を居住殿舎の近くに常駐させるという先例のない行動をとった背景には、直接的にはこうした事柄があったであろうことは十分に想像される。

だが、これらのいずれか、ないしいくつかが、その直接的な契機になったのだとしても、新しい性格の蔵人所がこの時期に成立し、その後も長く存続していくことなる根底的な要因であったとは、少しく考えにくい。

留意したいのは、当時嵯峨天皇が、天皇位から相対的に独立した個人の領域を重視するような行動をとっていたことである。たとえば、早く目崎徳衛氏が論じられたように、嵯峨天皇は、天皇を最上とする律令国家の根本理念に対して、目上の肉親にみずから拝観する朝覲行幸を初めて行うなど、父子・兄弟という「家族的秩序」を優先する姿勢を示した(63)。中国でも、皇帝と血縁者との間には私礼(「家人之礼」)の世界があり、また朝覲行幸自体、中国に先蹤が認められる。ただ中国では、一般臣下の前で皇帝が私礼を行ってみせることはなく、そもそも朝覲という行為がさほど一般的なものではなかったと考えられている(64)。これに対し嵯峨は、朝覲行幸という行事を導入し、それまで「私」をもたないとされていた天皇にも、天皇位から相対的に独立した個人の領域が存在することを打ち出したのであった。朝覲行幸はその後、子の仁明天皇のときから年中行事化する。

嵯峨天皇はまた、既述のごとく、冷然院・嵯峨院を設け、そこに院司・近習者を置いた。嵯峨はさらに、広大な空閑荒廃地を集積し、両院に管理を担わせている。この後、子の仁明天皇やキサキの太皇太后橘嘉智子も「後院」を設定・経営し、弟の淳和天皇も「淳和院」を設定・経営するようになることは、目崎氏の示される通りである(65)。

嵯峨天皇が生きた九世紀初頭は、伝統的な氏族制が衰退・変質し(66)、天皇の社会的存立基盤がいやおうなく変容していった時期にあたる(67)。右にみてきた嵯峨の行動は、そうした時代のなかにあって、天皇にも天皇位から相対的に独立した個人の領域があることを打ち出し、それにもとづいた経営形態を模索し、定着させていった過程と理解することができるのではないだろうか。もし、このように考えてよいのだとすれば、本稿でとりあげてきた蔵人所の再編もまた、そうした嵯峨天皇による模索の一環、いわばその最たるものとして評価できるように思われる。

おわりに

以上四節にわたって、成立期の蔵人所について検討してきた。

蔵人所は、本来、天皇の御物を管理・保管する内裏内の収納出納機関として成立した。このことは幾人もの先学が推測されてきたことであったが、『延喜式』によってこのことを証することができる。もっとも成立期の蔵人頭・蔵人は、(i)天皇在藩時に側近にあった者、(ii)皇后の親族など血縁者、(iii)文筆等の才能ある者、(iv)そのほか天皇と人格的に親しく結びついた者、から構成されており、その性格はのちの殿上人に近いものであったと思しい。こうした構成員のあり方は、同じく嵯峨天皇が創設した冷然院・嵯峨院の院司・近習者と共通しており、彼らは伝統的なマヘツキミ集団とは別の原理によって選ばれた、いわば天皇の「家人」として理解できるものであった。蔵人頭たちが伺候したのは、天皇の常御殿の脇に置かれた空間であったが、この空間は天皇に臨時に召された者の控え場所ともなり、また天皇と外部の官人とをとりつなぐ窓口ともなった。

従来、蔵人の帯びる官職に注目して、そこに強い政治的な意図、ひいては蔵人所創設の事情を見出す議論が展開されてきた。だがあらためて検討し直してみると、今日では成立の難しい議論であることがわかる。

御物の管理・保管という機能のみの蔵人所であれば、早く八世紀には成立していた。だが弘仁元年（八一〇）に、そうした蔵人所が近侍伺候者集団という性格のものに再編され、あわせて新たに蔵人頭が置かれたのであった。このような抜本的な再編が行われた九世紀初頭は、伝統的な氏族制が衰退・変質し、天皇の社会的存立基盤が変容していった時期にあたる。そうした時代のなか、嵯峨天皇は、天皇にも天皇位から相対的に独立した個人の領域があることを打ち出し、それにもとづいた経営形態を導入する試みを様々に行っていた。蔵人所の再編とは、まさにそうした試みの一環であったと捉えられる。これが本稿の結論である。

「はじめに」でも触れたように、蔵人はその後、十世紀初頭にいたり、内侍に代わって奏聞・宣下を担うようになる。その際、蔵人は、物品の管理・保管機関として必要な品目を諸司・所々に召仰すという従来の職務を拡張し、一般的な政務案件についてまで召仰せを行う、というかたちで職掌を変容させる。(68) 現在、我々が古記録のなかにみる蔵人の姿はそうして形成されたものであり、本稿が扱ったのは、その前史であった。

註

(1) 渡辺氏「蔵人所の成立をめぐって」(『日本古代官位制度の基礎的研究』増訂版、吉川弘文館、一九七八年、初出は一九七二年)、玉井氏「成立期蔵人所の性格について」(『平安時代の貴族と天皇』岩波書店、二〇〇〇年、初出は一九七三年)。蔵人所についての研究史整理は、右掲両論文ほか、黒滝哲哉「蔵人所研究史とその問題点」(『史聚』二六、一九九二年)を参照。このほか成立期の蔵人所を扱った近年の論考として、松原弘宣「成立期の蔵人所と皇后宮職・中宮職の「所」」(『日本古代の支配構造』塙書房、二〇一四年)、吉江崇「成立期の蔵人所と殿上侍臣」(藤陵史学会編『晴歩雨読』京都教育大学日本史学研究室、二〇一四年)がある。

(2) 土田氏「内侍宣について」(『奈良平安時代史研究』吉川弘文館、一九九二年、初出は一九五九年)、吉川氏「律令国家の女官」(『律令官僚制の研究』塙書房、一九九八年、初出は一九九〇年)。なお実態をさらに詳細に検討すると、こうした変化は、十世紀前半の早い段階に、扱われる案件の種類・性格ごとに漸次進行したことが知られる。

(3) こうした理解を示す論考として、藤木邦彦『日本全史』3(東京大学出版会、一九五九年)、岩橋小彌太「職官新志」(『上代官職制度の研究』吉川弘文館、一九六二年)、角田文衛「勅旨省と勅旨所」(『角田文衛著作集』三、法藏館、一九八五年、初出は一九六二年)、所京子「「所」の成立と展開」(『平安朝「所・後院・俗別当」の研究』(勉誠出版、二〇〇四年、初出は一九六八年)、亀田隆之「成立期の蔵人」(『日本古代制度史論』吉川弘文館、一九八〇年、初出・補註はそれぞれ一九七〇、一九八〇年)、古尾谷知浩「天皇家産機構の歴史的展開」（『律令国家と天皇家産機構』塙書房、二〇〇六年）ほか。このうち藤木・角田・所・亀田各氏は、蔵人所が校書殿に所在していたことに着目して、蔵人は本来、校書殿の書物の出納係であったと推定されている。

（4）以下、延喜式については、虎尾俊哉編『訳注日本史料 延喜式』上（集英社、二〇〇〇年）の条文番号・条文名を使用する。

（5）直奏とは、諸司が太政官を介さず、直接内侍に付して奏聞する手続きを指す。延喜民部式上58食封収給条参照。

（6）前掲内記式16位記料物条のほか、内記式21位記筥条など。後者には「付二内侍一奏、受二内蔵寮一」と規定される。このほかにも、『延喜式』をひもとくと、天皇に近しい中務・宮内両省の被管官司や六衛府に関する諸条には、物品が必要になった際のこととして、「奏シテ内蔵寮ヨリ請ケヨ」「内侍司ニ申シ主殿寮ヨリ受ケヨ」「奏シテ請ケヨ」等といった規定が多数みられる（確実なもので二〇件）。これらも基本的には同様の手続きであったとみられる。従来の請奏研究には、『延喜式』に請奏規定が見いだせないとするものもあったが、誤解と思う。なお本稿の議論は、二〇一二年第二七回延喜式研究会研究集会および二〇一五年度歴史学研究会大会での口頭報告をもとにしているが（その概要として拙稿「蔵人所の成立と展開」〈『歴史学研究』九三七、二〇一五年〉）、特に本註の内容については、その後、神戸航介氏があらためて検討を行われている（同氏「摂関期の財政制度と文書」〈大津透編『摂関期の国家と社会』山川出版社、二〇一六年〉）。ぜひあわせ参照されたい。なお九世紀の請奏、ひいては直奏手続きの意味については、吉川真司「律令官司制論」（『日本歴史』五七七、一九九六年）を参照。

（7）史料から確実に知られるもののみを掲げる。行事のたびに制作される物品は除いた。典拠史料は式・儀式書を中心とし（必要により古記録等）、原則としてそれぞれ代表的なもの一点とした。なお典拠の凡例は以下の通り。承＝蔵人所承和例、延内蔵45＝延喜内蔵式45条、西1―1＝改訂増補故実叢書『西宮記』一、一頁、天蔵（西1―127）＝「天暦蔵人式」（改訂増補故実叢書『西宮記』一、一二七頁所引）、天蔵（西本㉕）＝「天暦蔵人式」（西本昌弘氏後掲註(10)論文、「蔵人式」新出逸文集成㉕）、天蔵（国書723）＝「天暦蔵人式」（國書逸文研究会編『新訂増補 國書逸文』七二三頁所収）、天蔵（政事176）＝「天暦蔵人式」（新訂増補国史大系『政事要略』一七六頁所引）、天蔵（北山158）＝「天暦蔵人式」（神道大系『北山抄』一五八頁所引）、侍172＝目崎徳衛校訂・解説『侍中群要』一七二頁。ほか類推されたい。なお、以下『西宮記』は便宜上、改訂増補故実叢書本によって巻・項目名を示す。

（8）ただし、紫宸殿や仁寿殿で行われる儀式のため、蔵人所が管理している調度類を運び込む場合がときにあった。その場合、それら調度の設置は掃部寮が担った。『殿上記』延喜十六年十月二十二日条（『西宮記』巻十一、皇太子元服所引）、「天暦蔵人式」内宴条（『北山抄』巻三、拾遺雑抄上、内宴事所引）など参看。

（9）出給（貸与を含む）が史料的に確認できる物品として、表1の2―①②③、3―①②③④⑤、4―①②、5―①②③④⑥⑧、6―①③④⑤、7―①②③⑤など。詳細は各典拠史料を参看されたい。

（10）『西宮記』巻八、所々事に所引。この記述が「蔵人所延喜例」逸文であることは、西本昌弘「「蔵人式」と「蔵人所例」の再検討」（『日本古代の年中行事書と新史料』吉川弘文館、二〇一二年、初出は一九九八年）、拙稿「所々別当制の展開過程」（『東京大学日本史学研究室紀要』五、二〇〇一年）を参照。

（11）本史料中の「以蔵人雑色為預」という箇所は、従来「蔵人所ノ雑色ヲモチテ預トナス」と読まれることが多かったが、文中に「所」字はなく、「蔵人・雑色ヲモチテ預トナス」と読むのが正しい。蔵人も納殿の預をつとめることは、『御堂関白記』長和五年七月十日条、『左経記』治安二年十一月十八日条、『侍中群要』第十、分配などの実例からも確認できる。なお納殿のなかでも、特に累代御物が納められていた宜陽殿の出納は厳重なものとされ、鎰をもった蔵人に近衛次将が付き添うことになっていた。『侍中群要』第八、諸使事、同第十、出宜陽殿物を参看。

（12）納殿を管理した「蔵人（クラヒト）」の伺候した校書殿の一画が「蔵人所」と呼ばれるようになり、特に使用頻度の高い物品や軽微な品もそこで保管されるようになったものとみられる。こうした校書殿内の収蔵庫は、一〇世紀後半以降の史料では「御蔵（御倉）」と呼ばれるようになっている（『侍中群要』に散見。初見は「天暦蔵人式」内宴事条）。「御蔵」の前を通る人は、上げていた裾を下ろして居ずまいを正さねばならなかったという（『侍中群要』第五、進退往反事）。「蔵人所」とは、蔵人らの伺候空間とそこに附属した収蔵庫とをあわせた名称であったといえよう。

なお、古くは春興殿も納殿だったのではないかとする理解もあるが、これは承和四年に絹が、元慶八年に武具が納められていたことに着目してのことである（所氏註(3)論文）。ただし春興殿は、一〇世紀以降も武具が保管されていながら、「蔵人所延喜例」などでは納殿と位置づけられていない。実際、春興殿の出納には蔵人は立ち会わないことになっていた（『侍中群要』第八、諸使事）。内裏における「納殿」とは、天皇の用いる御物を納めた収蔵庫を指しての謂であったと思しい。

（13）なお表3のgの原文は「年料供進御服」である。従来、ここにみられる「御服」は「御衣服」の意と解されてきたが、h「別勅用」（随時の勅によって求められる〔品〕）と対になっていることを考慮すれば、この「御服」は「御用の」の意と解すべきものと考えられる。「服」「御服」のこうした用法は、儀制令1天子条、延喜大蔵式65御服雑物条、同66奉行御服物条などにみることができる（延喜式両条の字句については神道大系本『延喜式』を参看）。

(14) 色紙については、高田義人「平安時代における宿紙と紙屋紙」(『古文書研究』五二、二〇〇〇年)参照。なおこれらの物品は、その後、九世紀から十世紀にかけてのある時期に、諸司・諸国から蔵人所に直納されるようになる。詳論は後日を期したい。
(15) たとえば蔵人所が管理・保管していない調布・信濃布・綿や多量の銭などは、基本的に内蔵寮が出蔵した。「天暦蔵人式」童相撲条(『侍中群要』第八、童相撲所引)、『新儀式』修御諷誦事ほか参看。
(16) 『西宮記』巻二、正月下、内宴所引。本史料については拙稿「宮中の「所」と所々別当制」(『平安時代の天皇と官僚制』東京大学出版会、二〇〇八年、初出は一九九七年)でも扱っていたが、今回、一部理解を改めた。
(17) 延喜内蔵式39宴会文人条、同40内宴儲料条、「天暦蔵人式」内宴事条。
(18) 「天暦蔵人式」行幸日条(『西宮記』巻十、侍中事所引)。
(19) 『新儀式』行幸朱雀院召文人幷試擬文章生事、『九暦』天暦七年十月五日条ほか。
(20) なお内裏から一歩外に出れば、内蔵寮のほか、天皇の土地(勅旨田)を管理する勅旨所があった。勅旨所、およびこれと密接に関わる後院については後考を俟ちたい。
(21) 森田悌a「平安初期の内蔵寮について」(『平安初期国家の研究』Ⅱ、関東図書、一九七二年)、同氏b「平安中期の内蔵寮」(『平安時代政治史研究』吉川弘文館、一九七八年、初出も一九七八年)、古尾谷知浩「内蔵寮の出納体制」(同氏註(3)書、原型初出は一九九一年)、渡辺奈穂子「勅旨交易について」(『延喜式研究』五、一九九一年)。
(22) 虎尾俊哉編『訳注日本史料　延喜式』中(集英社、二〇〇七年)の内蔵式54諸国年料条、民部式下69勅旨交易条の各補注を参照(執筆はそれぞれ早川万年・黒須利夫、相曽貴志・堀部猛各氏)。
(23) 前註書の内蔵式54諸国年料条補注を参照。
(24) 玉井氏註(1)論文。
(25) 今江氏「「令外官」の一考察」(坂本太郎博士古稀記念会編『続日本古代史論集』下、一九七二年)。
(26) 検討にあたっては、玉井氏が作成された表(「別表(一)」)に全面的に依拠しつつ、これに若干の整理と知見を加えた表を再度作成した。別稿「平安時代初期の蔵人頭・蔵人　一覧」(『信州大学人文科学論集』五、二〇一八年)を参看。なお玉井氏は、『尊卑分脈』や諸家系譜の注記から推定される蔵人頭・蔵人についての表(「別表(二)」)も作成しておられるが、氏自身指摘されるように、典拠史料の性格もあいまって「かなりの誤差」が見込まれるため、本稿ではひとまずとりあげないこととした。

(27) 笹山氏「左右近衛府上級官人の構成とその推移」(『日本古代衛府制度の研究』東京大学出版会、一九八五年、初出は一九八四年)。
(28) 坂上氏「日・唐律令官制の特質」(土田直鎮先生還暦記念会編『奈良平安時代史論集』上、吉川弘文館、一九八四年)。
(29) 虎尾氏「律令官人制研究の一視点」(『律令官人社会の研究』塙書房、二〇〇六年、初出は一九八六年)。
(30) 早川氏『宣旨試論』(岩波書店、一九九〇年)、吉川氏註(6)論文など。
(31) 拙稿註(26)論文の表1、2を参看。
(32) 虎尾氏註(29)論文参照。なお中務省の次官を帯びる蔵人頭が天長年間を最後に消えるのは、玉井氏が注意を促されているように、これ以後、中務省の位置づけが低下するためと解される。
(33) 九世紀における内蔵寮の長官・次官の多くが、実際に、天皇在藩時からの近臣ないし能力ある良吏であったことについては、森田氏註(21)a論文を参照。
(34) 九世紀末以降、再度、昇殿記事が現れ出す。この間、昇殿がなかったとする理解もあるが、むしろ『公卿補任』の尻付作成に用いられた原資料の残存事情によるものであろう。
(35) 六国史における昇殿者の表記については、すでに古瀬奈津子氏が整理しておられるが(「昇殿制の成立」(『日本古代王権と儀式』吉川弘文館、一九九八年、初出は一九八七年))、「近習」「近習臣」「近臣」の違いに必ずしも留意されていないので、若干注意を要する。「近習」はしばしば「公卿」と並記されて現れるように、公卿(王卿)を含まず、中下級官人からなる集団である。これに対し、「近習臣」はそうした「近習」のほか、昇殿を許された公卿(王卿)たちをも含む集団を指す。そして「近臣」の語は、「殿上侍臣」とともに、後者の「近習臣」の意でほぼ用いられている。
(36) 渡辺氏「嵯峨院司の研究」(同氏註(1)書、初出は一九六五年)。
(37) 古瀬氏註(35)論文。なお氏は、延喜左右近衛式10次侍従昇殿条をもって、次侍従と殿上人の関係を論じておられるが、永田和也氏が指摘されたように、これは誤解であろう。永田氏「「次侍従」について」(『延喜式研究』一二、一九九六年)参照。
(38) 永田氏前註論文、吉川氏『天皇の歴史02　聖武天皇と仏都平城京』(講談社、二〇一一年)第五章。
(39) 「天暦蔵人式」逸文(西本氏註(10)論文、「蔵人式」新出逸文集成㉒㉛)。等第の概要については『日本国語大辞典』第二版「等第」項が簡にして要を得ている。渡辺直彦「蔵人所牒の研究」(同氏註(1)書)とあわせ、参照されたい。

(40)　蔵人所出納の等第に触れる「蔵人所承和例」逸文が存在する。古尾谷氏註(3)論文参照。なおこの逸文から、遅くとも承和年間までに出納が成立していたことも知られる。

(41)　ただし下級職員である出納・小舎人の分は、内蔵寮に准じた穀倉院から出給されることになっていた。等第における具体的な支給品や支給量に関しては、十世紀については「延喜蔵人式」ないし「蔵人所延喜例」より、また九世紀の一端については「蔵人所承和例」より知ることができる。古尾谷氏註(3)論文、西本氏註(10)論文参照。

　また十世紀には、蔵人頭・蔵人・殿上人に対して「内宴装束料」が、出納・小舎人に対して「夏衣服」料が支給されていたことも知られるが（註(39)で触れた「天暦蔵人式」逸文）、これらが九世紀まで溯るものであるかは未詳。

(42)　これに対し、次侍従の特別給与は基本的に大蔵省から支出されることになっており、律令一般財政のなかで処理されていた。大津透「節禄の成立」（『古代の天皇制』岩波書店、一九九九年、原型初出は一九八九年）、吉川氏註(38)書、第五章を参照。

(43)　いわゆる「蔵人所講書」の初見。十世紀以降の蔵人所講書については、『貞信公記抄』延喜十年十月二十九日条、『西宮記』巻十一、蔵人所講書ほか参看。

(44)　「寛平御遺誡」（『西宮記』巻十、殿上人所引）に次のようにみえる。

　又宗親・旧故・儒学・文人・能射、善二碁・管弦・歌舞一、可二召見一。縦三容供二奉遊宴一之類、惣令レ候二蔵人所一、常窺二臨時之喚一。

史料に散見する「蔵人所客座」とは、このような人々のための座のことであろう。『蔵人補任』などにみえる「非蔵人」とは、あるいはこれらの人々を指すか。

(45)　いわゆる「蔵人所客座勘問」の初見。蔵人所客座での勘問事例は十世紀以降も多い。『醍醐天皇日記』延喜七年十月十八日条、『貞信公記抄』天慶八年八月七日条ほか。渡辺直彦「除籍と蔵人所客座の喚問」（同氏註(1)書、初出は一九七一年）ほかも参照。

(46)　承和の変の際、廃太子の恒貞親王が剣四口を勅使に付して蔵人所に進上したのも（『続日本後紀』承和九年七月丙辰条）、そうした蔵人所の性格によるものだろう。進上された剣は、没官のうえ蔵人所に収納されたと考えられる。

(47)　玉井氏「平安時代の除目について」、同氏「『紀家集』紙背文書について」（ともに同氏註(1)書、初出はともに一九八四年）。

(48)　ここでは『禁中方名目抄校註』下、人体篇、職事から引載した。同書は近世中期の有職故実家、速水房常（一七〇〇―一七六九）の著。近藤芳樹『標注職原抄校本』（安政元年（一八五四）序）別記にも同文が引かれる。なお『禁中方名目抄校註』は、現在、写本・刊本が確認できず、ひとまず改訂増補故実叢書本によった。

(49) 真文説は、和田英松『官職要解』初版、森田悌「蔵人所についての一考察」(『日本古代官司制度史研究序説』現代創造社、一九六七年)、渡辺氏註(1)論文、玉井氏註(1)論文。偽文説は、和田英松『官職要解』訂正増補五版(以降、修訂版も同じ)、亀田氏註(3)論文、三橋広延「〔一条紹介〕『類聚国史』(その二)」(『国書逸文研究』一七、一九八六年)など。

(50) 吉岡眞之「類聚国史」(皆川完一ほか編『国史大系書目解題』下、吉川弘文館、二〇〇一年)参照。

(51) 近年、吉江崇氏がこの文の真偽考証に呻吟され、最終的に、「逸文と認めた上で議論を進める方が生産的」という判断を下されて、これに依拠されながら独自の議論を展開しているが(同氏註(1)論文)、やはり従いにくい。『類聚国史』の逸文と偽文については、三橋広延「〔覚書〕『類聚國史』逸文一覧」、同氏「〔一条紹介〕類聚国史」(それぞれ『国書逸文研究』六、一五、一九八一年、一九八五年)も参照。

(52) 『公卿補任』弘仁元年巨勢野足、弘仁二年藤原冬嗣、弘仁十四年清原夏野、天長十年朝野鹿取の各尻付。なお承和六年の百済王勝義尻付に「弘仁元正－蔵人」とみえているが、初期蔵人の在任期間がおおむね一―三年であることを踏まえると、「元」は「六」の誤写である可能性が高い。早く市川久編『蔵人補任』(続群書類従完成会、一九八九年)が「六年」の誤写と判断している。

(53) 岩橋氏註(3)論文、亀田氏註(3)論文、今江氏註(25)論文。

(54) 『平城宮出土墨書土器集成』Ⅱ(奈良国立文化財研究所史料第三一冊、一九八九年)。

(55) 橋本義則「奈良時代における歴代天皇の御在所の歴史的変遷」(『平城宮発掘調査報告』XⅢ、奈良国立文化財研究所学報第五〇冊、一九九一年)、吉川聡「文献資料より見た東院地区と東院庭園」(『平城宮発掘調査報告XⅤ、奈良文化財研究所学報第六九冊、二〇〇三年』)。

(56) 直木氏「奈良時代の蔵人」(『奈良時代史の諸問題』塙書房、一九六八年、初出は一九五八年)。

(57) 第二九二次調査(一九九九年)および第三八一次調査(二〇〇五年)において、SK9608Aのすぐ東側から一八メートル四方の総柱建物跡が発掘されているが、この建物の性格をめぐっては、現在のところ楼閣宮殿説と倉庫説とが並立している。

(58) 吉川氏註(2)論文。

(59) 常御殿に昇殿が許される男性は、その後も基本的には蔵人と殿上人だけであった。なお男性の蔵人が成立する以前、内裏の物品を管理・保管していたのは女蔵人であったと憶測されるが、証明が難しい。女蔵人の初見はこれまで『内裏式』とされてきたが(吉川真司「平安時代における女房の存在形態」〔同氏註(2)書、初出は一九九五年〕)、早く『内裏儀式』五月五日観馬射式にみることができる。そこでは単に「蔵人」と表記されていることが注目される（こうした表記は『延喜式』も同じ）。

(60) ただし本稿で述べてきたように、蔵人所はその後も物品の管理・保管を担い続けた。角田・亀田両氏は、蔵人が管理していた物品を校書殿の図書に限定して推定されていたが、もっと広く、納殿の物品全体を管理していたことは本文で述べた通りである。

(61) 角田氏註(3)論文、森田氏註(49)論文。

(62) 目崎徳衛「薬子の変」（『王朝のみやび』吉川弘文館、一九七八年、初出は一九七〇年）、渡辺氏註(1)論文など。

(63) 目崎氏「政治史上の嵯峨上皇」（『貴族社会と古典文化』吉川弘文館、一九九五年、初出は一九六九年）。なお日本の朝覲行幸が「君臣秩序」に基づくものではなく、あくまで「家族的秩序」によるものであったことは、次の三点より証される。第一に、臣下にあたる太皇太后（母后）に対しても天皇が拝覲すること、第二に、仁明天皇の朝覲行幸が、基本的に実の父母である嵯峨上皇と嘉智了太皇太后とに対してのみ行われ、同時期に存在していた淳和上皇には一度しか行われなかったこと、第三に、朝覲行幸の理念が「孝敬」（父子秩序）にあるとされ、「忠」（君臣秩序）とはされていなかったこと、である。第一、三の点については『続日本後紀』嘉祥三年正月癸未条を参看。なお註(6)拙稿では、関連して嵯峨上皇が「臣」と自称したことにも関説していたが、金子修一氏より誤認であることをご教示いただき、今回削除した。すぐ後に述べる「家人之礼」の存在も金子氏のご示唆による。

(64) 「家人之礼」については、尾形勇『中国古代の「家」と国家』（岩波書店、一九七九年）第四章を、中国の朝覲については、春名宏昭「平安期太上天皇の公と私」（『史学雑誌』一〇〇―三、一九九一年）、尾形氏同論考を参照。

(65) 目崎氏註(63)論文。

(66) 長山泰孝「古代貴族の終焉」（『古代国家と王権』吉川弘文館、一九九二年、初出は一九八一年）、義江明子『日本古代の氏の構造』（吉川弘文館、一九八六年）。

(67) 笹山晴生「平安初期の政治改革」（『平安の朝廷』吉川弘文館、一九九三年、初出は一九七六年）、加茂正典「大嘗祭〝辰日前段行事〟考」（『日本古代即位儀礼史の研究』思文閣出版、一九九九年、初出は一九八三年）、橋本義則「平安京の成立と官僚制の変質」（『岩波講座日本歴史』四、二〇一五年）ほか。

(68) 拙稿註(16)論文。

平安時代の壺切

石田実洋

一　壺切研究の問題点

壺切とは、平安時代前期以降、天皇より皇太子に下賜されるのが通例となった護身剣のことである[1]。だが、壺切については、これまで本格的な研究はほとんどおこなわれておらず、関連史料の基本的な史料批判すら十分におこなわれていないのが現状といえよう[2]。しかるに、概説書・一般書などにおいては、平安時代中期の政治史の文脈の中などで壺切に言及するものも多い。また、事典の類では、江戸時代中期に滋野井公麗が著した『禁秘御抄階梯』に依拠した記述が多いように見受けられるが、基本的な点で誤解や不正確な記述が目立つように思われる。

例えば、日本国語大辞典では、「つぼきり-の-ごけん【壺切御剣】」の項に、

皇位継承のしるしとして東宮に代々伝承される宝剣。醍醐天皇が皇太子の時、藤原基経が献上した剣を、父の宇多天皇が授けたのに始まるという。

とあり、典拠史料として『御湯殿上日記』大永七年（一五二七）十二月二十六日条と『槐記』享保九年（一七二四）九

月七日条を掲げている(3)。「皇位継承のしるし」とするのは明らかに誤解、あるいは説明不足である。「次期皇位継承者たることのしるし」とした場合でも、壺切を下賜されなかったことが確実であったり、下賜されたことが確認できない皇太子も少なくないから、なお問題が残ろう。また、「しるし」という語をどのような意で用いているのか不明確であり、これも適切とはいえまい。さらに、掲げられた『御湯殿上日記』の記事は、皇太子に冊立されることなく皇位に即くこととなる方仁親王（正親町天皇）に壺切が下賜されたことを示す内容であって、本文と典拠史料とが対応していない。

次に、『日本史小百科〈天皇〉』の「立太子」の項において、壺切に関連した記述をみると、

> ところが寛平五年（八九三）敦仁《あつぎみ》親王（醍醐天皇）が皇太子になって初めて拝謁のため参内した際、宇多天皇が壺切《つぼきり》の剣を贈進し、さらに延喜四年（九〇四）保明親王の立太子に当り、醍醐天皇が勅使を遣わして皇太子にこの剣を授けて以来、立太子に際して壺切の剣を天皇から授与するのが常例となり、代々皇太子の護剣として伝受されて現在に至った。大正五年の立太子に際しても、「壺切ノ剣ハ歴朝皇太子ニ伝ヘ以テ朕カ躬《み》ニ迨《およ》ヘリ今之ヲ汝ニ伝フ汝其レ之ヲ体セヨ」との勅語と共に授与されたのである。壺切は、古い記録によると、関白藤原基経が家伝の名剣を宇多天皇に献上したものであるが、刃の長さ二尺五寸五分の鯰尾《なまずお》の野剣《のだち》で、海浦《かいぶ》（海浜の景をあらわした模様）の蒔絵《まきえ》の鞘《さや》におさめたという。その後、後三条天皇の治暦四年（一〇六八）内裏焼亡のとき、壺切も焼失したので鋳造した（一説に、刃は残ったので、鞘だけ新造したとする）と伝えられ、さらに江戸時代後《ご》光明《こうみょう》天皇のときまた火災にあったが、不思議にも刀身は完全に残ったので、その作りだけ新造したという。

とある(4)。概ね妥当な記述であるが、寛平五年の敦仁親王、および延喜四年の崇象親王(5)の例以来、「立太子に際して」天皇から授与するのが常例となったとする点には問題がある。後述するように、平安時代中期までは、皇太子冊立か

ら数箇月を経てようやく下賜された事例なども存するからである。

国史大辞典では、「つぼきりのたち　壺切太刀」の項に、

> 皇太子相伝の太刀。もと漢の張良の剣という説は取るに足りないが、そのほかにも藤原長良・同良房・同基経らの剣とする諸説があって一定しない。いずれにせよ藤原氏が自氏出身の皇太子の地位を安定させるため、皇位のしるしの神剣に倣って設けたものであろう。『西宮記』によれば、延喜四年（九〇四）醍醐天皇は保明親王を皇太子に立てる際、わが立太子のはじめ、父宇多天皇からこの剣を賜わったので、今これを皇太子に賜うと仰せられた、という。これが事実なら醍醐天皇立太子の寛平五年（八九三）創設されたことになる。代々の皇太子のうち小一条院には道長が妨げて献らなかったという。承久の乱ののち一時所在を失ったが、正嘉二年（一二五八）後深草天皇の皇弟恒仁親王（亀山天皇）の立太子の際、勝光明院の宝蔵から出現したので、後深草天皇立太子の折に用いた新造の太刀を廃し、再び旧来のものを用いることとし、以来今日に及ぶという。

とある[6]。ここでは「いずれにせよ藤原氏が自氏出身の皇太子の地位を安定させるため、皇位のしるしの神剣に倣って設けたものであろう」とする点が最も疑問に思われる。皇太子敦明親王（小一条院）のように、母が藤原氏であっても下賜されなかった例が存するし、母が藤原氏ではなくても下賜された皇太子も確認できるからである。

最後に、平凡社刊行の日本史大事典をみると、「壺切太刀　つぼきりのたち」の項に、

> 皇太子が相伝《そうでん》した皇太子位象徴の太刀。もとは藤原長良《ふじわらのながら》が所持していた名剣を実子の基経《もとつね》が宇田《うだ》天皇に献上したものである。八九三年（寛平《かんぴょう》五）四月、宇多天皇はこの剣を皇太子敦仁親王《あつぎみしんのう》（醍醐《だいご》天皇）に賜い、さらに九〇四年（延喜四）醍醐天皇が皇子保明《やすあきら》親王の立太子《りったいし》に際して授けて以来、立太子の時に天皇から授与されるのが例となった。以後代々の皇太子の護剣として相伝されていき、現在に至る。刃の長さ二尺《しゃく》五寸《すん》五分《ぶ》の鯰尾《なまずお》の野《の》

剣《だち》で、海浦《かいぶ》（海浜の景色を表した模様）の蒔絵《まきえ》の鞘《さや》に納めたといわれる。なお壺切の名の由来は不詳。後三条《ごさんじょう》天皇即位直後の一〇六八年（治暦《じりやく》四）十二月、里内裏《さとだいり》二条院《にじょういん》焼亡《しょうぼう》の際にこの太刀も焼失したので、新剣を鋳造したという。しかし承久《じょうきゅう》の乱《らん》後に紛失してしまい、再び新たな剣を造って相伝していたが、一二五八年（正嘉《しょうか》二）後《ご》深草《ふかくさ》天皇の時、皇弟恒仁《つねひと》親王（亀山《かめやま》天皇）立太子において勝光明院《しょうこうみょういん》の宝蔵から失われていた旧剣が発見されたため、新剣は廃され、もとの太刀が用いられることとなった。江戸時代に入り、後光明《ごこうみょう》天皇の時に再度火災にあったが、刀身は完全に残ったといわれ、これが今日に及んでいる。

とある。(7) 日本国語大辞典の「しるし」と同様、「象徴」という語がどのような意図で用いられたのかが不明確であり、この点は適切とはいえまい。寛平五年の敦仁親王、および延喜四年の崇象親王の例以来、「立太子の時に」天皇から授与されるのが例となったとする点に問題があることは、『日本史小百科〈天皇〉』の「立太子に際して」と同様である。

　これらの事典類の記述の問題点をまとめると、

　壺切の旧所持者・献上者などを誰に比定するか。

　皇太子冊立あるいは立太子儀と壺切下賜との時期的関係に対する認識。

　壺切を皇太子の地位にあることの「しるし」、あるいは「象徴」などとすることの可否。

　壺切と藤原氏との関係。

といった諸点に、再検討の余地があるように思われる。

　細部は捨象し比較的大きな問題と思われる点を指摘したが、このような現状をふまえ、以下本稿では、こうした諸点に対し、基礎となる関連史料ついて再検討した上で、愚見を述べてゆきたい。

二　壺切の由来

壺切の由来に関して基礎となるのは、前田家巻子本『西宮記』巻第八、臨時乙、東宮行啓の裏書、および『扶桑略記』巻第二十二、宇多院下の寛平元年正月十八日条にみえる、『宇多天皇宸記』寛平元年正月十八日条の逸文である。まず、『西宮記』の裏書から掲げると、

寛平元年正月御記云、大丞相（藤原基経）奏云々、昔臣父有名剣、世伝斬壺、但有二名、田邑（文徳）天皇喚件剣賣陰陽師、即為厭法埋土、于時帝崩、陰陽師逃亡、是見鬼者也、而不知剣所在、彼陰陽師居神泉藬（苑）、爰推量其処、掘覔徒得此剣、抜所着剣令覧者、是也、光彩電耀、自（目カ）驚霜刃、還納言（衍）室云々、今候東宮剣、若此歟、

とある。次に、『扶桑略記』は、室町時代後期の写本である、三条西家旧蔵の尊経閣文庫本によって掲げると、

正月十八日、太政大臣（藤原基経）奏云、昔臣父有名剣、世伝斯壺切、但有名、田邑（文徳）天皇喚件剣責（賣）陰陽師、即為厭法埋土、于時帝崩、陰陽師逃亡、是見鬼者之、而不知剣所在、彼陰陽師居神泉苑、爰推量其処、掘覔得此剣、抜所着剣令覧者、是也、光彩香（電カ）耀、自（目カ）驚霜刃、還納室、但事仰別当給（治）子云々、

とある。前者は、「寛平元年正月御記」と日付を闕くが、後者との比較から正月の十八日条と断定してよいであろう。後者は、四月二十七日条と五月戊午（二十八日）条とがこれに続いた後に「已上御記」とあり、前者との比較からも、この注記は引用した正月十八日条にもかかるとみられる。この両者は、『宇多天皇宸記』の同一の記事から派生したものであるとみて間違いあるまい。ただし、『西宮記』裏書の末尾に、「今東宮に候う剣は、もしくはこれか」とあるのは、寛平元年の時点では皇太子は立てられておらず、『宇多天皇宸記』の文章ではなく、この裏書の記主が付加し

たものである可能性が高い。

その内容は、ほぼ全体が藤原基経の上奏からなる。やや文意のとりづらい箇所もあるが、およそ次のように意訳することができるのではないだろうか。

①　太政大臣（藤原基経）の奏するところによれば、「臣の父」は名剣を有しており、世に伝えてこれを「斬壺」（あるいは「壺切」）といった。

②　この次に「但有二名」あるいは「但有名」とある一文は、筆者はその意味するところを理解できていないが、(8)恐らくここまでが、基経による壺切の説明であろう。以下、文徳天皇・陰陽師と壺切とに関わる伝承となる。

③　文徳天皇が「件の剣」をめして陰陽師に与え、陰陽師は厭法のためにこれを土に埋めた。

ここで留意したいのは、文徳天皇が誰から、あるいは何処から「件の剣」をめしたのか、必ずしも明確ではないことである。すなわち、文徳天皇がめし出す以前において、「件の剣」は誰の所有であったのかは、この文章からは決め難いように思われる。この時点ですでに「臣の父」＝基経の父の所有であったと理解するのが自然であるかのようにも思えるが、後文との関係をも考慮すれば、ここでいう「件の剣」とは、たんに①・②で説明したところの剣、といった意であって、文徳天皇がこの剣を誰から、あるいは何処からめしたのかは、ここでは問題にされていない、と解することも可能ではないだろうか。

④　しかるにこのとき、文徳天皇が崩御し、陰陽師は逃亡してしまう。この陰陽師は「見鬼者」であった。

山下克明氏によれば、ここでいう「見鬼者」とは、中国では「視鬼者」ともいい、「人に災いをなす鬼物の形状を看破する呪術者のこと」であって、その「見鬼者」たる「陰陽師に与えられたこの壺切の剣も鬼物を写し出し制圧する呪刀として、陰陽師の解除のために使用されたものと考えられる」という。(9)壺切が皇太子の護身剣として用いられていくことからすれば、非常に興味深い指摘であるが、結局のところこの陰陽師は、文徳天皇の護持に失敗してしまったのであり、そういった意味では、ここから壺切の護身剣としての性質を読み取ろうとするのは不適当かもしれない。

⑤ 剣の所在が不明となってしまったが、かの陰陽師は神泉苑にいたことから、その場所を推し量って掘り求めたところ、この剣を得ることができた。

⑥ 着したところの剣を抜いてみるに、眩いばかりの刃に驚かされ、またそのまま「室」に納めた。ここでいう「室」とは、岩田氏が指摘されたように、剣の鞘の意ととるのが妥当であろう。

ところで、⑤と⑥とは、その行為の主体が明記されていない。だが、文徳天皇が崩じ、まだ幼い清和天皇が践祚したばかりであることを考えれば、⑤のような行動を起こし得る人物は、自ずからしぼられてくるであろう。そしてそれは、「臣の父」＝基経の養父でもあった藤原良房以外には考え難いのではないだろうか。勿論、基経の実父長良も「臣の父」の候補となり得る。しかし、長良はすでに斉衡三年（八五六）に薨じており、文徳天皇が崩じ、清和天皇が践祚した天安二年（八五八）まで生存していない。このようなことから、本稿ではこの逸文にいう「臣の父」を、基経の養父である良房と考えておきたい。

⑦ 『扶桑略記』ではさらに、「但事仰別当給〔洽〕子云々」という一文がある。

これについて古藤氏は、『宇多天皇宸記』の地の文ととらえ、「宇多天皇が基経から聞いた壺切の由来を糸所別当洽子に聞かせ、覚えておくように命じたもの」と理解されている。だが、前掲の二つの史料から復原される『宇多天皇宸記』同日条が完全なものとは限らないであろうことを考慮しても、『宇多天皇宸記』の地の文とするには、「云々」の位置が問題となろう。ここでは「臣の父」＝基経の父に対しても敬語が使われているとみることが可能で、糸所別当に「仰」せたといっても、その主体は天皇には限定されまい。したがって、現状では、基経の奏した内容の引用がここまでであると考える方が自然ではないだろうか。

以上、壺切に関わる最も古い伝承を語る『宇多天皇宸記』寛平元年正月十八日条の逸文について愚見を述べてきたが、このように理解して大過なければ、壺切の旧所持者は藤原良房、さらに遡れば文徳天皇で、文徳天皇もこれを誰からかめしたのであり、自身が作成させたわけではなく、その先は不明、ということになろう。また、基経が宇多天皇に語ったというこの伝承は、壺切という名称や、皇太子の護身剣としての由来といったことを明示する内容とはなっていない。ここで基経が宇多天皇に奏上したのは、良房が壺切を所持するようになった由来に限られる、とみるのが妥当なのではないだろうか。

三　壺切の献上

壺切の献上については、これを物語る確かな一次史料は現存しないとみられる。ただし、早くは辻本直男氏が、『朝野群載』巻第一、文筆上、銘にみえる「御剣銘」を壺切の銘とみなしている[10]。いま、同書当該部分の最古写本である、國學院大學所蔵猪熊本によってその本文を掲げると、

御剣銘　　橘広相

剕鐘伝方、切玉成聞、氷刃一奮、酒壺旁分、

満匣龍水、繞腰暁星、斬夷都保、表名於銘、

件銘、広相作、覧昭宣公（藤原基経）、々献寛平（宇多）聖王、

となる。もし、この銘文を壺切のものと考えてよければ、橘広相が銘文を作成し、基経にみせた後、壺切そのものごと基経から宇多天皇に献じられた、ということになろう。皇位を継承した経緯などから、宇多天皇の践祚以前にこの剣が献上されたとは考え難く、また、広相は寛平二年五月に没しているので、仁和三年（八八七）八月から寛平二年五月までの間の献上とみられる。恐らくそれは、基経が壺切の由来に関する伝承を奏上した頃、すなわち、寛平元年正月十八日頃のことだったのではないか。

ただ、壺切に銘があったことを示す史料は、他に確認されていない。壺切がどのような剣であったのかをうかがわせる史料としては、伏見宮本『御産部類記』巻第三、冷泉院所引の「九条殿記」天暦四年（九五〇）七月二十三日条、すなわち、憲平親王（冷泉天皇）の立太子当日に関する記事に、「護御剣」が下賜されたことがみえ、

件剣、元是納宜陽殿也、刃長二尺五寸五分、鮫尾、鞘長二尺七寸五分、柄長五寸八分、金銀蒔絵、海鳧文浮津波鬘頭、以青消〔滑〕革装束三、有唐錦袋、

とある。この「護御剣」は、明示されてはいないものの、壺切のことと考えて間違いあるまい。また、壺切が一度焼失してしまった後の史料ではあるが、源師房の日記『土右記』の延久元年（一〇六九）五月四日条には、

早朝参御所、候御前数剋、申請之中、東宮壺切□〔剣〕□□野剣也、鞘蒔絵海図、有然〔龍カ〕（龍歟、）形、唐鐔□□□云々、是昔所見也、

とみえる。さらに、後鳥羽天皇が編んだ『世俗浅深秘抄』下には、

一、東宮護剣壺斬、蒔絵海浦、有如龍摺貝、装束青滑革、此事不見諸家記、延久御記許被註此旨、秘蔵々々、

とあって、これによれば、「延久御記」すなわち『後三条天皇宸記』にも、「蒔絵海浦、有如龍摺貝、装束青滑革」という壺切に関する説明があったことになる。(11) しかし、壺切に銘があったとする史料は見出せないのである。(12)

したがって、『朝野群載』にみえる「御剣銘」を壺切の銘とみなすには、この銘文自体を慎重に検討する必要がある。この点について、辻本氏は何の根拠も示されていなかったのであるが、近年、岩田氏によって初めて詳細な検討がなされた。各句の出典調査を中心とした大変綿密な検討で、本稿ではこれを全面的に再検証する用意はないものの、「酒壺旁分」という一句が壺切の名称の由来を示すものであり、「斬夷都保」という一句にも「その名を和歌における隠題のようにして詠みこんだ可能性は残るであろう」とする見解にしたがっておきたい(13)。

なお、古藤氏は、辻本氏の見解を肯定した上で、「基経が壺切を宇多天皇に献上し、天皇が橘広相に命じて銘文を作らせたと推定するのが素直な理解であるかもしれない。しかし、注記が全幅の信頼を寄せるに足りるかどうかは疑問で、壺切の由来を基経から聞いた天皇が広相に銘文を作らせたと推定することもできると考える」とする。だが筆者には、何故に「件銘、広相作、覧昭宣公、々献寛平聖王」とある部分を疑問視する必要があるのか、理解できなかった。また、これを素直に解すれば、広相がこの銘文を作成し、それを基経にみせ、基経が宇多天皇に献上した、ということになるのではないだろうか。作者が広相であるからといって、その作成を命じた人物を宇多天皇と考える必要はあるまい。つまり、壺切を宇多天皇に献上するに際し、基経が広相に銘文の作成を依頼した、と考えるのが、最も素直な解釈であろう。

四　壺切と皇太子

次に、壺切が天皇から皇太子に下賜されるようになった経緯についてみていこう。

ここで最も基礎となるのは、次の二つの史料にみえる『醍醐天皇宸記』延喜四年二月十日条の逸文である。すなわ

ち、前田家巻子本『西宮記』巻第二、正月下、大臣召の勘物には、

延喜四年二月十日、召左大臣《（藤原時平）》仰立太子宣命旨、（中略）召左大臣定坊官等、（中略）右大将藤原ゝゝ《（定国）》兼東宮《（春）》大夫、（中略）大将藤原ゝゝ奏、左大臣告曰、貞観故事、有御剣聞其使、以山蔭朝臣為之、云々、吾《（醍醐）》又次為太子初日、帝《（宇多）》賜朕御剣、名号切壺、遥存心、因以之告大将、則使左近少将定方持切壺剣、賜皇太子曰、吾為太子初、天皇賜此剣、故以賜之、定方奏復命、禄褂一襲、

とあり、尊経閣文庫本の『扶桑略記』巻第二十三、醍醐天皇の延喜四年二月十日条には、

十日、乙亥、保明《（崇象）》親王立皇太子、時年二歳、（中略）左大臣時平朝臣奏曰、貞観故事、有御剣、以山陰朝臣為使云々、吾《（醍醐）》又始為太子初日、帝《（宇多）》賜朕御剣、名号切壺、左近少将定方為使、持切壺剣賜皇太子、定方賜禄、褂一襲、

とある。「吾」とあるのが醍醐天皇としか考えられないことから、両者とも『醍醐天皇宸記』の逸文とみてよい。前者では明示されていないが、後者では、この条に続く同月の十三日条・十七日条の後に「已上御記」とあり、これは十日条にもかかる注記とみられる。

この『醍醐天皇宸記』逸文によれば、崇象親王が皇太子に冊立されたこの日、春宮大夫に任じられたばかりの藤原定国を介して、左大臣藤原時平より、貞観の故事では御剣のことがあり、その使者には山蔭朝臣を以てこれに充てた旨が奏上された。これを承けて醍醐天皇は、自分も皇太子となった初めの頃、宇多天皇より「切壺」と号する御剣を賜った旨を定国に告げ、左近少将定方を勅使として壺切を皇太子に賜った。その際、自分も皇太子となった初めにこの剣を賜ったので、これを賜うのだ、との旨を皇太子に伝えた、ということになろう。

ここで「貞観故事」とあるのは、貞観十一年（八六九）二月一日に貞明親王（陽成天皇）が皇太子に冊立された際のことを指す。ただし同時代史料では、皇太子貞明親王に護身剣が下賜されたことを確認できず、また、このときの

「御剣」が壺切であったのか否かは、この『醍醐天皇宸記』の逸文でも明示されていない。この点について所氏は、この「御剣」を壺切とし、国史大辞典の記述をも承けて、「もと初代摂政良房の所持していた名剣を「皇位のしるしの神剣に倣って」皇太子相伝の護身剣とすべく、外孫にあたる清和天皇の御代に献上したものであろう」とする。だが、前述の如く壺切が献上されたのは宇多天皇に対してである可能性が高い、と考えるならば、貞観の際の「御剣」は壺切ではなかったと考えざるを得ない。

したがって、壺切が天皇から皇太子に下賜された確実な初見は、寛平五年四月二日に、敦仁親王が皇太子に冊立された際のこととなろう。これは、『西宮記』の勘物においても『扶桑略記』においても、「為太子初日」のこととするが、冊立当日に下賜されたことを示す確かな史料はなく、前田家巻子本『西宮記』巻第十一、臨時戊、立皇后太子任大臣事の裏書にみえる『吏部王記』寛平五年四月十四日条の逸文に、

吏部記

（中略）

寛平五－四－十四－、新大〔太〕子（敦仁親王）参、天皇（宇多）御大床子、御倚子、大〔太〕子拝舞、天皇下坐簟上、内侍授禄、太子拝舞、謁尚侍、

次参中宮、有御禄、御装束一具、自内以亮被奉剣、

とあるのが、壺切とは明記されていないものの、これに当たると考えられる。『醍醐天皇宸記』逸文の「初日」を文字通りに皇太子冊立の当日と限定する必要はなく、先に意訳した如く、皇太子に冊立された初めの頃（のある日）といった、もっと広い意で理解すべきであろう。

そして、醍醐天皇より崇象親王に下賜するに当たり、「吾為太子初、天皇賜此剣、故以賜之」との言葉をも下されたのが、壺切を代々の皇太子に下賜するようになっていく契機となったと考えられよう。つまり、寛平五年に宇多天

皇より皇太子敦仁親王に下賜したのが初例ではあるが、代々の皇太子に下賜するのが通例となっていったのは、延喜四年に醍醐天皇より皇太子崇象親王に下賜されてからのことと理解しておきたい。

五　壺切の下賜と立太子儀

壺切の下賜について留意しておきたいのは、皇太子敦仁親王の事例もそうであったように、平安時代中期までは、壺切の下賜は、必ずしも皇太子冊立儀の当日ではない、という点である。

ここで、平安時代前期から中期までの事例を具体的に列挙しておこう。なお、すでに掲げてあるものについては、史料の掲出を略す。

①皇太子敦仁親王

寛平五年四月二日に皇太子に冊立されるが、壺切と推定される剣を下賜されたのは、同月十四日におこなわれた拝覲儀に際してであった。

②皇太子崇象親王

延喜四年二月十日に皇太子に冊立され、同日、壺切を下賜されている。

③皇太子憲平親王

天暦四年七月二十三日に皇太子に冊立され、同日、壺切と推定される剣を下賜されるが、伏見宮本『御産部類記』巻第三、冷泉院所引の「九条殿記」同日条には、

午三剋御南殿、儀式如例、具由在外記日記、(中略)未剋左大臣参入、依今朝召也、候御前、有坊官除目、(中略)

戌剋坊官亮雅信朝臣・少進守忠等令啓慶、大進遠規付女房令伝啓、（中略）此間勅使左近権中将良〔岑〕、義方朝臣令持護御剣参来、賜座於東渡殿令著之、鋪土敷一枚、円座一枚、義方朝臣捧剣着座、件剣、元是納宜陽殿也、刃長二尺五寸五分、鮫尾、鞘長二尺七寸五分、柄長五寸八分、金銀蒔絵、海鳧文浮津波鬘頭、以青消〔滑〕革装束三、有唐錦袋、左近少将伊尹伝取奉之、即令奏恐由、給禄、白大褂二領、勅使拝舞退出、

とあり、皇太子冊立当日の諸儀の中でも本宮儀の前後に、これを下賜されたことがわかる。

④皇太子懐仁親王（一条天皇）

永観二年（九八四）八月二十七日に皇太子に冊立されるが、国立公文書館所蔵『御脱屣記』所引の「野右記」同年九月九日条には、

参殿、次参内、（中略）被遣御剣号壺切云々、於青宮、御使右近少将信輔、有被物、白合褂、信輔朝臣自持御剣参彼宮、帯刀・箭頗無便宜、若令持出納伝取可奉歟、未得先例、如何、

とあり、壺切の下賜は皇太子冊立儀から十二日後のことであったことがわかる。

⑤皇太子敦成親王（後一条天皇）

寛弘八年（一〇一一）六月十三日に皇太子に冊立されるが、壺切の下賜はそれよりも約四箇月後のこととみられる。すなわち、『御堂関白記』同年十月十日条には、

従内裏（三条）東宮（敦成親王）被渡流代御剣、御使公信朝臣、於殿上賜禄、大褂一重、亮知章取之、小舎人賜疋〔絹〕見、

とあるが、ここにみえる「流代御剣」は、明証はないけれども、「壺切」と考えてまず間違いあるまい。

⑥皇太弟敦良親王（後朱雀天皇）

寛仁元年（一〇一七）八月九日に皇太弟に冊立されるが、壺切の下賜はその十四日後の同月二十三日のこととなっ

た。この事例に関する史料は、まとめて後掲する。
⑦皇太子貞仁親王（白河天皇）
延久元年四月二十八日に皇太子に冊立されるが、壺切の下賜はその五日後の五月四日のこととみられる。その論拠となる『土右記』同日条はすでに掲げたが、残念ながら闕損箇所が多く断定はできない。ただ、壺切の下賜はこの日のこととなったと推定してまず間違いあるまい。

以上をまとめると、壺切の下賜は、①敦仁親王の事例では、皇太子冊立の十二日後に行われた拝覲儀に際してであり、②崇象親王の例では皇太子冊立の当日、③憲平親王の例では立太子当日の本宮儀に合わせて、④懐仁親王の例では皇太子冊立の十二日後、⑤敦成親王の例では皇太子冊立の約四箇月後、⑥敦良親王の例では皇太子冊立の十四日後、⑦貞仁親王の例では皇太子冊立の五日後に、いずれも御剣勅使を差遣しておこなわれている。この間、他に、皇太子に冊立されたものの、壺切が下賜されたことを確認できない事例が九例存する。

さて、右掲の七例の中、皇太子冊立の当日に下賜されているのは僅かに二例のみである。貞仁親王の例はまだ五日後であるが、十日以上、さらには約四箇月も経ってからの事例まで含め、「立太子に際して」あるいは「立太子の時に」下賜されたというのは、不正確といわざるを得ないのではないだろうか。つまり、この時期の壺切下賜は、決して立太子儀の一環としておこなわれていたとはいえない。

宗仁親王（鳥羽天皇）以降の例においては、皇太子冊立当日の本宮儀に合わせ、御剣勅使を東宮に差遣して壺切を下賜することがほぼ定着していったのであるが、それでも、御剣勅使は確かに本宮儀に合わせて差遣されているものの、決して本宮儀の中で壺切下賜がおこなわれているわけではなく、あくまで本宮儀の前から本宮儀終了後にかけて、本宮儀とは別におこなわれていることがわかる。[14]したがって、このかたちが定着して以降も、壺切の下賜は、完全には立太子儀の一環となり得なかったのではないだろうか。

また、もし壺切が、皇太子であることの「しるし」あるいは「象徴」といった性格のものとして広く認められていたのであれば、皇太子冊立儀の中で、とまではいわないまでも、少なくとも立太子儀の一環として皇太子に下賜されるべきものとされたのではないだろうか。壺切下賜があくまでも立太子儀とは別におこなわれているのは、そもそも壺切の本質が、皇太子たることの「しるし」・「象徴」などとまではいえないものであったことを示すと考えられる。

このことをよく示しているのは、壺切が下賜されなかったことが確実な、長和五年（一〇一六）正月二十九日冊立の皇太子敦明親王の例であろう。同親王は、寛仁元年八月九日に皇太子を辞退し、代わって敦良親王が皇太弟に冊立されるが、その十四日後の同月二十三日、敦良親王に壺切が下賜される。これについて、『御堂関白記』同日条には、

参大内、此日春宮庁初、別納東対東面、従内（三条）御剣渡、件御剣代々物也、而未渡前坊、候大内也、亮右近中将公成爲勅使御前持来、大夫取之奉、余（藤原道長）伝取置枕上、

とあり、『小右記』同日条には、

左大将教通卿云、今日従内（後一条）奉遣御剣於青宮、号切壺、須被奉前太子（敦明親王）、而前摂政怯而不奉、是東宮御護歟、見延喜御記、

とある。さらに『左経記』の同日条では、

申二剋被渡壺切御剣於東宮、件御剣、須御譲位日被渡東宮也、而有事障、于今未被渡、置納殿、而間東宮辞退後、今日被度新宮、頗似有霊感、

となっているが、これらの史料によって、敦明親王には皇太子冊立後も壺切が下賜されていなかったことが確実といえよう。

ここに掲げた三つの史料のうち、これまで最も注目されてきたのは、『小右記』の記事である。敦明親王に壺切が下賜されなかった理由について、『御堂関白記』にはその記述はなく、『左経記』では「須御譲位日被渡東宮也、而有

事障、于今未被渡」とするのみであるのに対し、『小右記』では明確に、「須被奉前太子、而前摂政悋而不奉」と藤原道長の意向によるものとしているのである[15]。

もう少し詳しくこの経緯をみておくと、敦明親王は、父三条天皇が譲位し、後一条天皇が受禅した長和五年正月二十九日に皇太子に冊立されている。道長と頻繁に対立していた三条天皇が、敦明親王の皇太子冊立を自らが譲位する条件としたと推定されており、三条上皇が翌寛仁元年の五月に崩御してしまうと、その約三箇月後には敦明親王が皇太子を辞退し、敦良親王が皇太弟に冊立されることになる。ここで、敦明親王が皇太子に冊立されてから一年半弱は三条上皇がまだ健在であったことも考慮すると、もし壺切が皇太子であることの「しるし」・「象徴」と位置づけられていたのならば、いくら幼少の後一条天皇のもとで摂政となっていた道長といえども、これを後一条天皇のもとに留めておくことは不可能だったのではないだろうか。その行為は、敦明親王が皇太子であることを真正面から否定するものとなってしまうからである。逆にいえば、摂政道長の意向にて敦明親王に壺切が下賜されなかったのであるとすれば、少なくとも三条上皇にとっては、そのようなことがあったとしても、敦明親王が皇太子であることに何等影響はない、というのが壺切に対する基本的な認識であったとみるべきではないだろうか。

この『小右記』の記事では、さらに「是東宮御護歟、見延喜御記」とあることが注目される。『小右記』の記主藤原実資は、壺切が皇太子の護身剣であることすら確言できずにいるのであり、公事や故実に詳しかったとされる実資ですらこの程度の認識であったのだとすれば、当時の朝廷内における壺切の認知度は、非常に限られたものであったのではないだろうか。「見延喜御記」とあるのは、すでに逸文を掲げた『醍醐天皇宸記』延喜四年二月十日条のことを指すと推定されるが、もし実資がこれしかみていないのだとすれば、実資自身の祖でもある良房・基経に所縁のある剣だ、という認識すらもっていなかった可能性がある。

壺切についての認識といえば、『左経記』が「譲位日」に壺切が渡されるべきであった、としているのも、本稿で確認できた七例のうち、五例までが皇太子冊立の当日ではないことからすれば、認識不足といえるかもしれない。(16)そもそもこの皇太弟敦良親王の例自体、皇太子冊立の当日ではなくその十四日後に下賜されているのであり、『左経記』の記主源経頼は、その理由については何も説明していない。

なお、この『左経記』の記事に、「頗似有霊感」とあるのをどのように理解すべきか、現在の筆者には断案がない。諸賢の御教示を仰ぎたい。

以上、要するに、平安時代中期までの壺切の下賜は、必ずしも立太子儀の一環としておこなわれたとはいい難く、したがって、壺切は、決して皇太子たることの「しるし」・「象徴」と位置づけられるようなものではなかった。この段階では、立太子儀における壺切下賜の位置づけは、非常に限られたものであった、といわざるを得ないのではないだろうか。

また、下賜されなかったことが確実な敦明親王の事例によれば、この時期までの壺切は、朝廷内においてその性格、あるいはその存在意義を十分に認識されていたとはいえない可能性まで考えられよう。

六　壺切と藤原氏

ところで、敦明親王の他に、尊仁親王（後三条天皇）についても、皇太子に冊立されながら壺切を下賜されなかった、とする史料が存する。すなわち、大江匡房の言談を書き留めたものとされる『江談抄』の類聚本系の写本には、

剣ハ壺切、但壺切焼亡歟、未詳、件剣ハ累代東宮渡物也、而後三条院東宮之時、廿三年之間、入道殿不令献給

云々、其故ハ、藤氏腹東宮之宝物ナレハ、何此東宮（尊仁親王）可令得給乎云々、仍後三条院被仰之様、壺切、我持無益也、更ニホ
シカラスト被仰ケリ、サテ遂ニ御即位後コソ被進ケレ、是皆古人所伝談也云々、

とある。後三条天皇が皇太子であったとき、「入道殿」は壺切を献じなかったが、その理由は、壺切は「藤氏腹東宮之宝物」なのであるから、藤原氏を生母としないこの皇太子にはその必要がない、というものであったというのである。同書の古本系の写本でも、京都国立博物館所蔵の神田喜一郎氏旧蔵本に、

剣ハ壺切、但壺切焼亡歟、未詳、件剣ハ累代東宮渡物也、而後三条院東宮之時、廿三年之間、入道殿不令献給
云々、其故ハ、藤氏腹東宮ノ宝物ナレハ、何此東宮（尊仁親王）可令得給乎云々、仍後三条院被仰之様、壺切、我以无益也、更ニホ
シカラスト被仰ケリ、サテ遂ニ御即位後ニソ被進ケル、是皆古人所伝談也云々、

と、類聚本系とほぼ同じテキストがみえる。[17]

この伝承は、匡房は後三条天皇にも直接仕えていたにもかかわらず、末尾に「是皆古人所伝談也云々」とあることからして不審であるが、藤原頼通はこういった説話集などでは通常「宇治殿」と称されており、「入道殿」と称されることはまずないにもかかわらず、後三条天皇が皇太子であった時期では、この「入道殿」に当たるのは頼通以外に考え難い、といった疑点がある。[18]

これに関連して、ここにみえる「後三条院」は、本来「故三条院」とあるべきところを誤写されたものとする説もある。[19]しかし、これが後三条天皇ではなく三条天皇に関する伝承であるとすると、三条天皇の母は藤原超子であるから、藤原氏を外戚としない皇太子には壺切が渡されなかった、というこの伝承の骨格そのものがゆらぐことになる。

もっとも、後三条天皇に関する伝承であるとしても、伏見宮本『東宮御元服部類記』巻第四、尊仁親王所引「土右記」の永承元年（一〇四五）十一月二十二日条に、

今明物忌也、然而依有可申辰剋被参殿、仰云、来廿六日東宮（尊仁親王）御元服延引、来月十九日吉云々、是大嘗会斎月無被行大小諸事之例者、仍所延引也、只今夜彼宮入御内裏昭陽舎者、（中略）戌剋参東宮、閑院、（中略）亥終許出東門、（中略）自西洞院北上、従大炊御門西折、入陽明門（註略）到左衛門陣下、自御入御昭陽舎、陣中所司敷筵道、宰相中将持御剣壺切前行、

とあり、皇太子時代の後三条天皇、すなわち尊仁親王が立太子翌年に、閑院にあった東宮から内裏の昭陽舎に行啓した際、「宰相中将」（藤原能長）が「御剣壺切」を持って前行する場面があったことがわかる。したがって、「藤氏腹東宮」ではなかったため、皇太子尊仁親王には壺切が下賜されなかった、とする説は成立し得まい[20]。

承久の乱頃の成立とされる『続古事談』の巻第一、王道后宮にも、

東宮ノ御マモリニツホキリト云太刀ハ、昭宣公ノ太刀也、延喜（醍醐）ノ御門儲君ニオハシマシケルニ、奉ラレタリケルヨリ伝ハリテ、代々ノ御マモリトナルナリ、後三条院東宮ニ立給時、後冷泉院ヨリワタサレサリケリ、後冷泉院ウセ給テ後、モトメイテヽ、大二条殿（藤原教通）関白ノ時、後三条院ニタテマツラレケリ、立坊ノ後廿余年ワタサレテヤミニキ、今位ニツキテ後、トヽメラレストモアリナムト、世ノ人申ケリ、後三条院オホセラレケル、神璽・宝剣ヱウナリシカトモ、廿余年スキニキ、何カクルシカラントテトヽマリニケリ、其後ホトナク二条内裏ノ火事ニヤケニケリ、身ハカリノコリタリケルニ、ツカ・サヤヲ作リテクセラレタル也、

と、『江談抄』と類似した主張がみられる。ここでは、恐らく後三条天皇が皇太子であった年代を考慮してであろう、『江談抄』の「入道殿」に代わって、「大二条殿」すなわち藤原教通が登場する。だが、この主張自体が多くの矛盾をはらんでおり、史実とはみなし難いことは前述の如くである。

その内容はともかくとして、こうした伝承が早くも平安時代後期に出現することは、注意を要するであろう。もっ

とも、『江談抄』には「但壺切焼亡歟、未詳」とも記されていたように、壺切に対する認識の曖昧さこそが、こうした言説が流布し得る下地となっていたといえるかもしれない。(21)

むすびにかえて

本稿では、平安時代の壺切の基本的な性格について、筆者なりに可能な限り関連史料の史料批判をおこなった上で考察してきた。ここでその結論をまとめ直すことはしないが、諸賢の御批正を仰ぐことができれば幸いである。また、御剣勅使の差遣が立太子当日の本宮儀に合わせておこなわれるようになった、平安時代後期以降の実例などについては、筆者も編修に当たった『皇室制度史料　儀制　立太子　二』を御参照いただきたい。(22)

壺切の位置づけが飛躍的に上昇したのは、明治二十二年（一八八九）におこなわれた嘉仁親王（大正天皇）の立太子儀のときである。このときは、壺切の下賜こそがすなわち皇太子の冊立であるかの如く、非常に高く位置づけられた。まさに、皇位に対する三種の神器に比すべきような位置づけである。ただ、この位置づけがほぼ継承されたのは、大正五年におこなわれた裕仁親王（昭和天皇）の立太子儀の一度だけで、明仁親王（今上天皇）・徳仁親王の立太子に際しては、また壺切の位置づけは低下している。しかし、嘉仁親王・裕仁親王の立太子儀における位置づけの高さが、その後の研究などにおける壺切の評価に大きな影響を与えたのではないか、と推測されよう。

注

（1）この剣は、「壺切」の他に「切壺」・「壺斬」・「斬壺」などとも表記されるが、本稿では、引用の場合などを除き、最も一般的と思われる「壺切」に統一する。

(2) 説話集の類にみえる壺切に関する研究を除けば、所功「「壺切御剣」に関する御記逸文」（『歴史読本特別増刊・事典シリーズ〈第21号〉日本「日記」総覧』（新人物往来社、一九九四年）所収）・古藤真平「日記逸文から読み取れること―『宇多天皇御記』の壺切由来記事の考察から―」（倉本一宏編『日記・古記録の世界』（思文閣出版、二〇一五年）所収）・岩田芳子「『朝野群載』所収「御剣銘」考」（『国語と国文学』九四―三、二〇一七年）などが注目される。以下、所・古藤・岩田氏の見解はこれらの論考による。

(3) 日本国語大辞典 第二版 編集委員会・小学館国語辞典編集部編集『日本国語大辞典 第二版　第九巻』（小学館、二〇〇一年）。第一版の発行は一九七二年。

(4) 児玉幸多編『日本史小百科〈天皇〉』（東京堂出版、一九七八年）所収。当該項目は橋本義彦氏の執筆。

(5) 保明親王は、立太子の時点では崇象が諱であったことが確実で、その後、皇太子のまま薨去するまでの間に、どの時点かは不明であるが諱を保明と改めている。

(6) 国史大辞典編集委員会編『国史大辞典　第九巻』（吉川弘文館、一九八八年）所収。当該項目は黛弘道氏の執筆。

(7) 下中弘編『日本史大事典　第四巻』（平凡社、一九九三年）所収。当該項目は詫間直樹氏の執筆。なお、「宇田《うだ》天皇」とあるのは誤植であろう。

(8)『江談抄』の古本系の写本である醍醐寺所蔵『水言鈔』には、壺切について、

又被命云、壺切、昔名将剣也、張良剣云々、雄剣ト云ハ僻事也云々、資仲所説也、

との記述があり、同書類聚本系の写本でもほぼ同様の内容である。しかるに、古本系の写本の中でも尊経閣文庫本の『江談抄』には、

壺切ハ、昔名持剣也、長良剣云々、融剣止云僻事也云々、資仲正〔所〕説也、

とある。この両者を比較してまず気付くのは、「張良」と「長良」、「雄剣」と「融剣」とが音通とみられることであるが、その他の大きな違いとして、『水言鈔』の「将」字が尊経閣文庫本では「持」字となっていることと、『水言鈔』の「所」字が尊経閣文庫本では「正」字となっていることが挙げられる。このうち後者は、文意よりして「所」字を採用すべきであろう。前者は、何故かこれまで『江談抄』の注釈書などでもほとんど触れられていない相違点であるが、字形が類似していることからみて、恐らくは匡

房の言説が文字化されて以降、一方が他方に誤写されたと考えられよう。その場合、写本の成立年代の順とは逆になるが、尊経閣文庫本にみえる「持」字が本来あるべき文字であり、これが誤って「将」字とされたことから、長良・源融よりも「名将」に相応しく、音通でもあるとして、張良と「雄」字とが採用された可能性もあるのではないだろうか。

このように、尊経閣文庫本『江談抄』の方がテキストとしてより古態を留めている可能性も考えられるとすれば、『宇多天皇宸記』寛平元年正月十八日条の逸文にいう「有二名」・「有名」の「名」と、尊経閣文庫本『江談抄』にいう「昔名持剣」の「昔名」との関連が気になるところである。

(9) 山下克明「陰陽道と護身剣・破敵剣」(同『平安時代の宗教文化と陰陽道』(岩田書院、一九九六年)所収)。

(10) 辻本直男「壺切の御剣」(『刀剣美術』三九六、一九九〇年)。

(11) ただし、『世俗浅深秘抄』下の「此事不見諸家記、延久御記許被註此旨」という記述は、『九条殿記』逸文および『土右記』の記事から明らかなように、訂正を要する。

(12) 江戸時代の写本ながら、管見の限りでは前近代において唯一、壺切とされる剣を図示したものとみられる京都大学総合博物館所蔵の『壺切御剣図』(一巻、勧修寺家文書(目録化史料)のうち、一五九八。仮番号A三七一)においても、この剣に銘があったことは確認できない。なお、現在の壺切も無銘のようである。

(13) 岩田氏の示された訓読文に対し、筆者はその時制についてやや違和感をいだいている。また、干将・鏌鋣の故事に関連して、『江談抄』において、「僻事」としながらも、壺切を「雄剣」とする説が引用されていることをどう評価するのか、といった点などに、さらに追究する余地があるように思われる。ただ、本文で述べたように、現在の筆者には岩田氏の見解を全面的に再検証する用意はなく、今後の課題としたい。

(14) 『西宮記』・『北山抄』には、壺切や御剣勅使に関する記載はみられないのに対し、『江家次第』では、本宮儀に合わせて、あるいは「御対面日」に、御剣勅使を差遣して壺切を下賜することとされている。この『江家次第』の記載は、本文に逸文の一部を掲げた『九条殿記』の記事を基礎として、これを補訂した如き内容となっているのであるが、これは天暦四年に冊立された皇太子憲平親王の事例、つまり皇太子冊立当日の本宮儀に合わせて下賜された例である。一方、『江家次第』成立の前後を問わず、「御対面日」に壺切が下賜されたといえる事例としては、寛平五年の敦仁親王の事例、すなわち、皇太子冊立の十二日後におこなわれた拝覲儀に際して下賜された例以外には見出せない。

（15）「恡」字には「吝」字などと同様の意もあり、この『小右記』の一文は、前の太子すなわち敦明親王に奉るべきであったが、前の摂政すなわち道長がおしんで奉らなかった、と解釈できる。
（16）念のために付言しておくが、本文で述べたように、敦明親王は三条天皇が後一条天皇に譲位したその日に皇太子に冊立されており、この『左経記』の記事に「譲位日」とあるのは、皇太子冊立の日というのに等しい。
（17）『江談抄』の諸本については、吉岡眞之「尊経閣文庫所蔵『江談抄』の書誌」（前田育徳会尊経閣文庫編『尊経閣善本影印集成44　江談抄』（八木書店、二〇〇八年）所収）等参照。
（18）平安時代中期を扱った説話などにおいては、たんに「入道殿」といえば通常は道長を指すことが多い。
（19）星野恒「歴世記録考」（同『史学叢説第一集』（冨山房一九〇九年）所収）の「土右記」の項（この部分は一八九〇年に草されたものという）や、松浦辰男「壺切御剣之事」（『史学会雑誌』一九、一八九一年）・河内祥輔「大江匡房の後三条天皇伝」（『神道大系月報』一〇一、一九九一年）・中丸貴史「『江談抄』壺切剣に関する一考察―書かれた口伝をめぐって―」（学習院大学大学院『日本語日本文学』創刊号、二〇〇五年）等参照。
（20）星野恒「歴世記録考」の「土右記」の項（前掲）が、このことを指摘した早い例であろう。
（21）本文で論及しなかった言説の中では、東山御文庫本『斎王記』に、

又後三条春宮におはしましたるとき、つほきりといふ剣ハ、代々の春宮の御まほりなるを、宇治殿のもとにとりをきて、在藩之時たひ〳〵めしけれとも、まいらせさせたまはさりけれハ、やすからぬ事におほしめして、すきさせ給ける、（アキマヽ）くらヰにつかせ給ひて、最前に又めしけれは、さすかに勅定をハそむかれすして、なましゐにとりいてゝなむ、まいらせられにける、

とあるのが注目される。ただ、同書はまだ、小倉慈司「東山御文庫本『斎王記』について」（義江彰夫編『古代中世の史料と文学』（吉川弘文館、二〇〇五年）所収）で紹介されたばかりであり、編者や成立時期といった基本的な点すら十分に明らかにされておらず、この壺切と藤原氏との関係についての言説にしても、その位置づけが難しい。
（22）宮内庁書陵部編『皇室制度史料　儀制　立太子　二』（宮内庁、二〇一七年）。

信濃梨考
——特産物生産と貴族社会——

増渕　徹

はじめに——藤原実資と信濃梨——

正暦元年（九九〇）一二月二八日、藤原実資は円融院に信濃梨を一折櫃献上した。円融院は同年一一月から体調がすぐれず、飲食を満足に受け付けない状態が続いていたが、一二月下旬には悪化し、服薬の傍ら、春日社での仁王経転読や朝廷での修法の回復祈願が行われた(1)。実資も見舞いに小柑子・栗・薯蕷を献上し(2)、二八日の信濃梨は病状の悪化に対応しての二度目の見舞いであった。実資は円融天皇の蔵人頭を務め、その後は後院別当として院務に従事しており(3)、その関係からすると実資は自身で持参したかったのであろうが、生憎と院が物忌であったため物品のみを送付することになったようである。

『医心方』（巻三十　食養篇　五菓）の記載では、梨は概して薬用としての評価に乏しかったようである。同書は、胸中の痞えや熱気の解消に、あるいは熱創治療の貼付薬として効果があるとする先行医書の教説を載せるが、他方、梨

（梨子）は体内を冷やす食物で、薬用にならぬばかりか、健康に悪影響を与え、慢性の病気の悪化につながるとの教説も載せている。柑子は熱気の鎮静、あるいは痰を消す効果があり、栗（栗子）は胃腸病の治療や体力回復に、薯蕷も栄養補給や強壮に効果があるとされるが、これらが一括して送進されているところからすると、治療薬としてというよりも、「飲食難ㇾ受」き状態の改善と体力の回復とを願って送達したものと解したほうがよいのかも知れない。(4)

ところで『小右記』には、梨に関する記事が十数箇所にみえる。先ずはそれらを挙げてみよう。

a　正暦元年（九九〇）一二月二八日条「昨今院御物忌。仍不ㇾ能二参入一。今日令ㇾ奉二信濃梨一折櫃一」

b　寛弘二年（一〇〇五）正月六日条「信乃梨・棗・未煎・署預（薯蕷）給ㇾ陣。御斎会畢日陣料也」

c　寛弘八年（一〇一一）正月一三日条「梨・棗・未煎・署預（薯蕷）給ㇾ陣。明日上達部料也」

d　長和二年（一〇一三）正月五日条「梨・棗給ㇾ府。未煎中将雅通可ㇾ給之由示遣先了。雅通兼二丹波守一。已彼国土産。仍前日所ㇾ示耳」

e　長和三年（一〇一四）正月一三日条「梨・棗給ㇾ府。明日陣料。味煎・署預（薯蕷）事、便云三属丹波中将雅通二」

f　寛仁三年（一〇一九）正月一三日条「梨・棗・未煎・署預（薯蕷）等給ㇾ陣。明日上達部・上官等料也」

g　治安三年（一〇二三）正月八日条「梨・棗・署預（薯蕷）・味煎給ㇾ陣。十四日料」

h　万寿四年（一〇二七）正月一二日条「梨・棗・未煎遣ㇾ府。右近衛府十四日陣料也」

i　万寿四年（一〇二七）八月一九日条「池上大僧正寄二和歌一首一。即奉二返歌一耳。和歌亦付二廻脚一、幷給ㇾ梨」

j　万寿四年（一〇二七）八月二〇日条「去夕納ㇾ梨樝子今朝返奉之。納ㇾ糒加二和歌一」

k　長元二年（一〇二九）九月七日条「律師（良円）申時許来云、座主（慶命）昨日太重、今日頗宜。梨于（子）・薑

等被レ求由律師相示。仍件両種送ニ律師許一。為レ令ニ伝送一也」

l　長元二年（一〇二九）九月九日条「山座主平損、自筆書被レ送ニ中納言（資平）許一。昨梨于（子）・薑等事被ニ悦送一之」

m　長元四年（一〇三一）正月二日条「今日関白饗。梨切ニ四面一推合食之、有レ便。下官前日所レ申。自今以後以レ之為レ例歟」

n　長元四年（一〇三一）正月一三日条「梨・棗・未煎・署預（薯蕷）給レ府。十四日料」

o　長元四年（一〇三一）正月一五日条「中納言（資平）来云。去夕陣儲最好。就レ中今年所々饗無ニ信乃梨一。此梨尤優。又署預（薯蕷）粥美」

以上のうちiとj、kとl、nとoはそれぞれ一連の記事であるから、計一二例の梨関係記事が記されていることになるが、これらのうち八例が正月一四日の御斎会結願日の料とされていること、その品目が梨・棗・薯蕷・未煎の四種にほぼ固定されていることは注意される。『北山抄』（巻一　年中要抄上、巻九　羽林抄）によれば、御斎会結願後に参内した公卿たちは一旦右近衛府の陣に着し、右近衛中将以下の官人が彼らに三献の酒肴を勧め、その後に殿上に移動して内論議が行われることになっていた。前後する故実書『西宮記』（正月上　御斎会）と『江家次第』（第三）も同一の手順を記す。両書では三献の後に湯漬と薯蕷粥を調進するとされており、oの記事はこれに関連するものと思われ、そう解すればこれら八例にみえる梨・棗・署預（薯蕷）・未煎はこの右近衛府の陣での酒肴の食材として調進されたとみてよい(5)。

実資がこれらの物品を右近衛府に送進したのは、この間彼が一貫して右近衛大将であったことによると考えられるが、先ずはその背景やこうした行動のもつ意味について検討してみよう。

一　特産物の調進とその意味

前出の記事で注意したいのは、a（正暦元年）・b（寛弘二年）・o（長元四年）の記事で、実資が単に梨と表記せず、わざわざ「信濃（乃）梨」と記している点である。特に長元四年の記事から推測すれば、正月の御斎会結願日の饗用に実資の許から送進された梨が信濃梨であったことは確実で、あるいは『小右記』記載の梨は基本的に信濃産の梨であったとみてよいのかも知れない。

梨は信濃国の特産物の一つで、延喜式に梨子・干棗・姫胡桃子・楚割鮭の貢進が規定されており（宮内省　諸国例貢御贄条）、例貢分の梨一荷（八籠・計五六〇顆）が一〇月に、別貢分の三荷（二四籠・計一六八〇顆）が一一月に貢進され、贄殿に収められて供御に用いられることになっていた（内膳司　年料御贄条）。延喜宮内式に梨の貢進が規定されているのは他に因幡国だけで、もう少し範囲を拡げても甲斐国の「青梨子」（諸国例貢御贄条・大膳式諸国貢進菓子条）がみえるにとどまり、その意味でも梨は信濃国を特徴づける物産の一つであった(6)。棗（干棗・大棗）も因幡（宮内式）・備前・阿波（ともに典薬式）などにみえるのみで、しかも信濃国の貢進量は最大であり、梨同様に信濃国を代表する産物の一つであったとみてよい。

これらはいかなる事情で実資により右近衛府に送進されたのだろうか。それを推測する材料がd・eの記事である。当時の右中将は道長の息頼宗であったが、実質的には権中将の源雅通を指揮して実資は右近衛府の執務を遂行していた。dの記事は、梨と棗は自分のところから送進したものの、未煎については雅通に指示して彼のところから支給させたとするものである。雅通が丹波守を兼任しており、未煎が丹波の産物として知られていたことが背景にあった。丹波国が未煎を産出することは、諸国例貢御贄に甘葛煎を出すことになっていることからも明らかである。(7) eの記事も同様に味煎（未煎）と薯蕷について雅通に調進させたことを示す。なお、未煎（味煎）については、『小右記』長和五年（一〇一六）正月一四日条にも「今夕陣設未煎（味煎）・署預（薯蕷）不足由、将曹正方申。先日示三遣丹波中将許一、所レ送之未煎乏少者。仍給二未煎一瓶・署預等一」とあり、雅通に指示して調進させたものの現場が不足を訴えたため、自邸から追加して送付している。この記事からすると、これら右近陣での饗宴用の食材を揃えるのは右大将実資の責任であったこと、また実資の私邸にはこれらの物品がある程度は蓄積されていたことが判明する。

雅通は道長の舅雅信の孫で敦成親王家別当を務め、人脈としては道長家と親密であり、実資との間に主人と家司・家人に類する主従関係を示す記事を見出すことはできない。すなわち実資と雅通とは右近衛府の長官・次官の関係にとどまっており、とすると未煎と薯蕷は右近衛府の長官・次官という上司下司の関係を通して調達されたことになる。

饗宴の用物が特定の人物（官職）に割り当てられていた例は他にもみえる。長元二年（一〇二九）四月一六日、実資は家司宮道式光を介して甥の権中納言・左兵衛督経通に大柑子と橘を送達した。賀茂祭の祭使・舞人・陪従の饗料であったが、それは八方探しても調達できないと経通が泣きついてきたからであった。ここからこれらの物品の調達が経通の担当であったこと、また用立てを援助する義務を実資が感じていたことが推測される。

当時の中央財政が実質的には受領が請け負う諸国からの定例納入物を基軸として、行事所・蔵人所などの召物や臨時の賦課、公卿や受領への割当（配分）や彼らの個人的奉仕など、必要に応じて設定された多様な賦課方式により成り立っていたことは既に多くの研究が明らかにしている。国家的な仏事体系の頂点に位置する御齋会も同様で、上卿や行事弁を中心とする行事所が主導して執行され、その用度は御齋会召物として諸国に割り当てられたものと公卿たちから供出される加供の物品とから確保された(8)。

当該期の日記からも、御斎会行事所の存在は『小右記』長和元年（一〇一二）九月二日条に明らかであり、寛弘八年（一〇一一）一一月一八日条では「御斎会物不レ可レ召二両国一」（両国は一条天皇の葬送に参列した藤原実成が守を務める美作国と、藤原朝経が権守を務める備中国）とあって、国召の方式により物品が調達されていた。実資家の加供については、長和二年正月一二日条に「米卅五斛二斗、餅二種」とあり、「近江」の記載があるところから近江国から調達されたらしい。但し加供が米と餅であるところからすると、恒例となっていた梨（信濃梨）は行事所の指示による加供には含まれず、それとは異なる分担物として調達されたとみるべきであろう。

他方、雅通を指揮しての未煎等の調達については、佐藤泰弘の指摘が注意される(9)。佐藤は一一世紀以降の朝廷の用途調達の基本は召物にあり、「召」とそれに対応する奉仕を行う関係（依存の構造）が広汎に存在していることを指摘するとともに、その関係は親族・主従・上司下司などの多様な局面を通じてつくられ、それらが相互に関係する多元的な社会構造に繋がっていることを指摘した。この「召 ― 奉仕」関係は、実資の命で下位の公卿や受領が物品を進上する行動としてあらわれ、『小右記』の中では「仰付」「示」「云遣」などの表現で記される。d・eはまさにその表現を含む記事であり、これら四種の物資が朝廷の召物と同様の方法で実資の責任の下に調進されたものであることを示している。

ところで、御齋会結願日の右近衛陣での饗宴用の物品の調進には、右大将としての実資の責任と名誉とがかかっていた。それを示すのがoの記事で、実資の許を訪れた中納言資平の言をわざわざ日記に記した態度にあらわれている。一家の身贔屓が含まれているとしても、ここには何らかの事情で信濃梨の入手が困難になっている中、その調進を実現しえた実資への賞賛があらわれているとみるべきであろう。資平の言を聞いた実資の会心が眼に浮かぶようである。

特定の行事の実施やそこでの役割の完遂が、貴族社会において個人の存在を強く印象付け、あるいは権威の表象として機能したことは、藤原道長家の法華三十講を事例に遠藤基郎が指摘している。(10) 遠藤は、多数の貴族社会の構成員を当該行事に参加させることによって自身の権威を誇示する一方、奉仕する受領の名を逐一日記に記載することにあらわれているように、受領の奉仕という財源を掌握していることを確認・示威する行為であるとして、法華三十講は王朝社会に向けられた道長の「政治的文化的優位性の誇示」を目的とした作業であると意義付けた。

他家が調達できない中で長元四年（一〇三一）の右近衛陣での饗宴に用意された信濃梨は、小野宮家の代表たる実資の力量と権威とをあらためて認識させたであろう。資平もその縁戚に繫がることを名誉と感じたに相違ない。些細な事柄ながら、右近衛陣の料物調達も道長家の法華三十講と同様の意味を有したことになる。

さて、梨をめぐる他の史料にも眼を向けておきたい。万寿四年の記事（i・j）は深覚からの和歌の贈答に対する返礼として梨を送った記事である。長元二年の記事（k・l）は重病の天台座主慶命の求めに応じて梨と薑とを送ったものであり、体力の回復につながる一種の薬効を期待してのものであろう。このように、梨は大切にすべき他者との贈答品として、あるいは重い病者への特別の見舞い品として用いられることもあった。些か興味深いのはmで、関白頼通家の新年の饗での梨の食べ方を実資が指南したとするものである。「四面を切りて推し合わせ」とあるから手に持って食したのであろうが、実際にどのような形態に整えたのかはわからない。実資は事前にこの食べ方を提案したが、これが先例となることを期待したところからすると、ひそかに誇るところがあったのだろう。(11)

未煎（味煎）についても若干検討しておこう。未煎の性格について推測できる記事は、『小右記』長和三年（一〇一四）正月二五・二六日条である。二五日の夜、藤原頼祐から実資の許に「父（伊祐）朝臣太危急、試可レ嘗二味煎一」との連絡が入り、実資は「返下報明日可二求送一之由上」したが、翌二六日に訪れた頼祐は「父讃岐守太不覚、所レ憑已少」

と報告し、そこに歎息の色を認めた実資は急ぎ味煎を頼祐に付して送り届けた。親族の末期に近い段階で、効力の有無に確信はもてないながらも藁にも縋る思いで要望する貴重品が味煎であった。

『尊卑分脈』によれば、頼祐の祖父（伊祐の父・為頼）は藤原為時の兄弟で、彼らの母は右大臣定方の娘（藤原実頼の妻の姉妹）であった。こうした家同士の関係もあろう、為時は実資の家人であったと推測されているが、頼祐の危篤を実資に伝えるとともに味煎を要求し、実資もそれに応えざるを得なかったということは、伊祐・頼祐父子も為時同様実資に家人として仕えていたと推測される。(12) 実資が未煎を送付したのは、家人からの要請に対する主人としての対応であった。特産物には、このように主従関係に介在する特別な物品という性格もみられる。

ところで、贄として梨と並んで名がみえながら、果実類の中で『小右記』にみえないものに姫胡桃子がある。胡桃が信濃国を特徴づける産物の一つであったことは、『今昔物語集』（第二八巻三九話）「寸白、信濃守ニ任ジテ解ケ失セル語」に示されている。寸白が化身した信濃守が境迎の儀に伴う饗宴で、虫下しにも用いる胡桃汁をすり入れた酒を強引に飲まされて溶けてしまうという話であるが、胡桃づくしの膳の理由を尋ねた守に在庁官人は、この国には胡桃の木が多く守本人や館の勤務者の食膳にもよく用いる食材であると説明した上で、「コノ国ニハ事ノ本トシテ新任ノ守ノ坂向ノトキニ、三年過タル旧酒ニ胡桃ヲ濃ク摺リ入レテ、瓶子ヲ在庁ノ官人ガ持チテ守ノ御前ニ参レバ、其ノ酒ヲ食ス事定レル例ナリ」と主張する。

説話ではあるが『今昔物語集』の話には、受領の赴任の際の「境迎」の儀の饗宴においては地元の特産が提供され、受領がそれを食する慣例があったことが反映されているのであろう。受領入境後の最初の饗宴においては、受領の食べ残しを在庁官人たちが食して、新たに関係が結ばれたことを確認する慣行があった。(13)『今昔物語集』の説話は、『朝野群載』国務条々にある、国例を尊重すべきとする規定を髣髴とさせる話でもあるが、(14) 胡桃が大王に提供される食材に由来する贄として扱われたことには、この説話と関連して象徴的な意味があろう。地域の特産物を提供することと、それを食することを通して、新任の守と在地勢力の代表者である在庁官人との支配・被支配の秩序が確認される、それが境迎の儀における饗宴のもつ意味であり、地域を特徴づける産物を食することは、そうした政治的秩序を双方に認識させる重要な一階梯となりうるものであった。ここにおいて地方の特産物がもっている意味は、地域を特徴づける物産というだけの単純な意味ではない。

以上、実資による信濃国の特産物の利用法をみると、院司（別当）としての院への見舞いの進物、右近衛大将としての右近衛府での行事に必要な物品の分担、特別な人物への返礼、家人の要求に対する主人としての対応として使われていた。そして、それらを送られる方も、長元四年正月一五日条のように特定の行事に伴う饗宴にふさわしい物品として認識していた。特産物は、特定の関係者の間で特定の意味をもつ物資として授受されるものであり、またそのようなものとして使用されることが期待されていた。そしてそれを安定的に確保することが、その個人や個人が属する家の権威意識と強く結びついていたのである。

二　一〇世紀末〜一一世紀初期の信濃守の補任とその変遷

以上にみたように、特産物が貴族社会における関係性を担うとすれば、『小右記』に戻れば、なぜ実資が信濃梨や棗を入手できたのか、あるいは誰が実資の許に信濃国の特産物を送付したのかが問題として浮上する。摂関期において中央の権門貴族（院宮王臣家）と受領が主従関係にあり、保護と奉仕により結びついていたことは多くの研究が物語るところであり、そこから考えれば信濃国の受領として補任された人物群が先ずは検討の対象となろう。

『長野県史』は、藤原忠平以来その子孫と信濃国は深いかかわりをもつようになり、一〇世紀末頃の信濃守は小野宮家と密接な関係をもっていたが、頼忠没（永延三・九八九）後はその関係が途絶え、代わって源済政以降は道長・頼通家の家司（文脈上は家人も含めて）が受領を歴任することを指摘している。[15] 大きな動向としては異論はないが、ただ、もう少し詳細に観察できないであろうか。

一〇世紀末～一一世紀前期の信濃守としては、兼官としての権守を除き一五人の人物が確認される（表参照）。一〇世紀末の藤原陳忠・永年・永平が小野宮家と関係の深い人物である点、[16] 長保年間後期に補任されたと推測される源済政以降の信濃守のほとんどが藤原道長の家司・家人で占められている点は『長野県史』の指摘の通りである。問題は『長野県史』が言及していない、両者の間に位置する中原致時・佐伯公行・藤原伊祐の三人であるが、[17] このうち伊祐は前節でみたように父子二代にわたる小野宮家（実資家）の家人と判断してよい。中原致時は実資に志として桑糸を送進したり、[18] 実資の嵯峨遊興に伊祐とともに同行したりした記事がみえ、[19] これも実資の家人の可能性が濃厚である。

佐伯公行の場合は、その性格は些か複雑である。『尊卑分脈』によれば公行の娘は藤原伊祐の妻となっており、ここからは小野宮家の家人の系譜に繋がる可能性があるが、但し公行は妻を通して道隆家（中関白家）とも関係があった。[20] 他方、『権記』長徳四年（九九八）八月二七日条には「今日有二小除目事一。（中略）従四位下佐伯朝臣公行為二播磨介一。先任二信濃一。居三箇年、任中勘公文、亦有二可レ治聞一之中、有二従レ院度々所レ被レ申云々」とあり、除目に際して東三条院詮子からの再三の口添えがあったことが記されている。公行が藤原為光（師輔の息）の娘から八千石で一条院を購入し、それを詮子に献上したのはこの前後の時期で、同年十月にはそこに道長が滞在しており、[21] この頃既に道長に接近する姿勢を露わにしていた。以上を検討すると、かつては小野宮家の家人に近い存在であった公行は、頼忠の死の頃から中関白家に接近し、次いで長徳年間頃からは道長に密接する旗幟を鮮明にして活動したと考えられる。

表 一〇世紀末〜一一世紀初頭の信濃守

人名	任期	任期関係史料	備考
藤原陳忠	天元五（九八二）頃	（小）天元五・三・一一条「（藤原近子）信濃守陳忠妻」 （権）長保四・三・一四条「故信濃守陳忠」	
藤原永年	永祚元（九八九）以前	（小）永祚元・一二・七条「前信濃守永年」	実資の「舅」
（藤原永平）	（不明）	『尊卑文脉』	永年の弟。他の記事なし
藤原伊祐	長徳四（九九八）以前	（権）長徳四・一〇・四条「藤原伊祐　散位　信濃」	（小）正暦元・八・一五条「式部丞」。実資家人か
佐伯公行	長徳四（九九八）以前	（権）長徳四・三・一四条「佐伯朝臣公行為播磨介、先任信濃、居三年」	娘は藤原伊祐の妻 （権）播磨介補任は東三条院の口添
中原致時	長徳四（九九八）〜 長保三（一〇〇一）か	（権）長徳四・三・二一条「施薬院別当致時朝臣任信濃守、未補其替」 （地下家伝）正・五任、（外記補任）正月任 （権）長保五・一二・二五条「奉前信濃守致時朝臣申文」	（小）長保元・一〇・一五条で見任
源　済政	長保四（一〇〇二）〜 寛弘元（一〇〇四）	（権）長保四・三・一〇条「信濃守済政朝臣来、示明日赴任之由」 （権）寛弘元・一一・七条「信乃守済政辞退、佐光任、小除目也」（辞任）	道長家家司・敦成親王家家司
藤原佐光	寛弘元（一〇〇四）〜 寛弘五（一〇〇八）か	（権）寛弘元・一一・七条（補任）	（御）寛弘二・正・九条、（小）寛弘二・四・二一条で見任 （権）寛弘五・五・二五条で見任 道長家地子所家司、妹は「殿のふる人」（紫式部日記）
藤原公則	長和元（一〇一二）〜 長和五（一〇一六）か	（御）長和元・八・一一条「有除目事…信濃公則」（補任） （小）寛仁元・九・一条（藤原公則の受領功過定）「読信濃国勘解由勘文」	（小）長和三・二・二一条で見任 道長家家司（舎人長）、施薬院使、道長近習
源　道成	寛仁元（一〇一七）〜か	（御）寛仁元・一〇・七条「信濃守道成献馬六疋」（見任）	（御）寛仁二・四・一五条、九・一四条、（小）寛仁二・一二・二五条、寛仁三・正・一四条で見任。道長家人
藤原惟任	治安元（一〇二一）か〜 治安三（一〇二三）か	（小）治安元・七・二五条「信濃守惟任」（見任）	（左）治安二・一一・一二条、（小）治安三・四・二三条、三・一一・一条で見任。頼通家司
大江保資	万寿元（一〇二四）〜 万寿四（一〇二七）か	（勘仲記）万寿元・正・二六任	（小）万寿四・五・八条、四・五・二四条で見任

主な出典は（小）小右記、（御）御堂関白記、（権）権記、（左）左経記

時期的にみて、一条院の購入に用いた資産は信濃守の在任期に蓄積されたものである可能性が高いと言えよう。

以上の検討からは、一〇世紀末までは信濃守の補任権は小野宮家の強い影響下に置かれていたが、頼忠没後には小野宮家の覇権が動揺し、どうやら長保四年（一〇〇二）あたりを境にしてほぼ完全に道長の手に掌握されたことになる。以後の信濃守は道長の信頼厚い家司で占められた。信濃守に補任された道長家の家司受領は済政以来四人を数えるが（権守を除く）、四人もの家司が受領を務めた国は外国では他になく、道長にとって信濃守の人事が重要な関心の対象であったことが推察される。

道長が信濃守の補任権を掌握しようとした狙いのひとつは、従来指摘されているように信濃国からの馬の確保にあろう。『御堂関白記』には信濃守からの道長への多数の貢馬が記されているが、信濃国には多数の官牧が存在し、これらの官牧からの貢進馬はそれを披露し分配する駒牽の儀礼を通して政治的な意味を濃厚に帯びていた。特に信濃駒牽は、諸国からの貢馬の駒牽が一〇世紀を境に廃絶していくなかで、唯一中世前期まで続くことが指摘されている。[22]

長保三年八月一六日に行われた信濃駒牽は、道長政権下におけるこの儀礼の意味を考えるうえで示唆的である。雨模様の天候と夜間であることを理由に出御を渋る一条天皇に対し、道長は「近年不レ被レ行ニ此儀一、猶可ニ出御一」と強要し、一条の出御を実現したが、これが一条即位後の初めての駒牽への天皇出御であった。信濃駒牽への一条の出御は寛弘元年（一〇〇四）と同三年にも確認されるが、後者の場合は遅刻してきた道長は天皇の後方に位置して儀式を見た。道長は「有下可レ候ニ御簾内一之仰上」るが故の行為と記すが[23]、少なくとも参列者は天皇の背後に近接して道長の姿を目にしたことであろう。

長保三年の駒牽は、一条と定子の間に生まれた敦康親王が彰子の御所に移御した（八月三日）直後に行われた。敦康は彰子の後見を受ける立場になったわけであるが、これは敦康が伊周から切り離されることをも意味した。[24]この段階で敦康は一条の皇統を伝えうる唯一の皇子であったが、これを機に敦康は道長家の籠中の存在ともなった。その直後に、信濃駒牽という王権儀式が、道長の強い指導の下で天皇出御の形式で復活したことになる。

馬関係の行事では、道長邸の競馬行幸も注目される。最初の競馬行幸は寛弘三年で、一条からの提案であったと道長は記す。道長邸の競馬行幸は武徳殿や後院での競馬を摂関家私邸で再現するもので、私邸で王権を再現する行事であり、王権に密着し、公事執行上で他の公卿に超越した地位にあることを示す政治的効果を生むものとされる。[25]寛弘三年の信濃駒牽で御簾内で天皇の後方に位置した道長は、その一月後に私邸への競馬行幸を行わせ、そこでも自身が王権儀式の執行を命ずる側に位置することを見せつけたことになる。

当該期におけるこうした駒牽や競馬行幸の推移をみると、王権に関わる儀礼を天皇と摂関が共同で行うのだという道長の志向が見えてくるのではなかろうか。それをあからさまに示した初例が長保三年の信濃駒牽で、覇権の確立とそれへの自信を示したのが寛弘三年の信濃駒牽と競馬行幸であり、こうした馬関係の王権儀礼の掌握を保証する装置が信濃守の補任であったとは言えまいか。

ところで、以上のように信濃守の補任権が道長に掌握されていたとすると、諸官司や他家の用意が難しいなかで実資が信濃梨を調達しえた長元四年の事例は、受領からの貢進という観点からの説明は難しいことになる。そこで浮上するのは、信濃国に所在する小野宮領あるいは居住する家人的存在から送進されてきたとする可能性である。

『小右記』長和三年（一〇一四）一〇月二三日条は、洗馬牧司の忠明（姓不詳）が駒一疋・牛一頭・胡籙一腰・大壺等を貢進してきたことを記す。この駒は翌二四日、恪勤を賞すべく允懐なる人物に給された。[26]牧監ではなく牧司とあり、また牧司は高田牧などにも存在が確認されるから、洗馬牧は小野宮家の所領の牧で、忠明はその管理者であったとみてよい。長保年間以降に『小右記』にみられる信濃梨は、おそらくはこうした関係を軸として実資の許に送達されてきたものであろう。

信濃国の事例からは、地方の特産物の集約と分配は、時として王権に関わる行為と共通する特別な意味をもつものであったことがみえてこよう。信濃梨や丹波の土産の未煎に端的にあらわれているように、地方特産物は貴族社会における相互の関係性を担う産物であるとともに、その関係を都鄙間の構造として成立させる媒介として機能するものでもあったことになる。

摂関期は王権とそれに密着する摂関家を中心とする特権的な貴族集団が形成されて権力を分有し、多数の中下級貴族・官人層がそれにぶらさがる政治構造が成立するが、地方特産物の集約と分配もこの構造に対応する物流のあり方であった。もちろん米に代表される通貨と同等の性格をもつ生産物は、消費のため、あるいは行政とその機構を保障する財源として機能すべく、京を中心とした物流構造の骨格として構築された。それと並行して、地方特産物を軸とする、貴族間の政治的秩序を維持する仕組みに関連する物資調達のルートがあり、そこにおける流通は、地方の特定の生産物を権威・権力の象徴として集約・分配していく政治的な行為に伴う現象として存在したのである。但し両者は、生産が増大した結果として生じた余剰品が自生的に流通するのではない点において、また流通の主たる担い手が受領やその郎等、中央貴族の家人などであり、中央と地方を結ぶ政治的支配の幹線が同時に流通の幹線を兼ねているという点において、共通する性格をもつものであったと言える。

おわりに――平安後末期への見通しとして――

以上、信濃国の特産物を素材に、摂関期における特産物の意味とその流通について検討してみた。主に『小右記』

の記述の範囲内に限定された拙い検討に終始し、先行研究をなぞっただけの結果に留まった感もある。

国家と地方の支配構造上での関係を検討する鍵としての地方特産物にいち早く注目したのは網野善彦である(27)。網野は『新猿楽記』の四郎君の記述を材料に、受領の請負う官物の品目が「諸国土産」として位置づけられる物産と考えられること、そこから中世における賦課体系が交易・流通を前提として成立していた可能性を検討する必要性を強調した。近年では北日本や南西諸島での考古学的調査の進展もあって、それぞれの特産品の流通が次第に拡大することや、それらが貴族社会における身分標識などの特殊な意味をもつ物資として機能したことなどが解明されてきている(28)。

摂関期の物流にみられる性格は、それ以降の平安後期に向けての物流の発展を、生産力の上昇に基づく現象の表出としてのみ考えるのではなく、貴族政権の構造的変化に伴う生産と流通の再編成という動きとの関連から捉えていく必要があることを示唆している。その点で注目される事例が、考古学的調査によって明らかになりつつある、琵琶湖北岸にある塩津港の一二世紀における変化である。

国道バイパス工事に伴う限定的な範囲の調査ではあるが、塩津港は一二世紀において杭列や柵の設置、礫や土砂の投入によって、幾度にもわたって湖側に向かって埋め立てが行われた経過が明らかになった。ほぼ一世紀の間に埋め立てられた湖岸は、四〇メートルほども前進している。調査区からは幅員三～四メートルの道路跡や区画塀・建物の跡、井戸等が検出されており、造成された部分が施設を伴う空間として利用されていたらしいこともわかってきた(29)。これよりさきに調査された大川西岸からは神社の遺構が検出され、周辺から物資の安全輸送を起請する大型木簡が多数出土しているが、その中心の年代は一二世紀後期である(30)。遺跡の評価は今後の調査報告書の刊行を俟たねばならないが、現在までに発表されている調査成果は、一二世紀の恐らく中期～後期に塩津港の施設が次々と拡充され、急速に港湾機能の充実が図られたことを窺わせる。この現象は生産の発展を基本にもたらされたものであろうが、背景には一二世紀における荘園公領制の確立と、それに伴う中央の求心力の増大と中央と地方の緊密化、中央と地方を結ぶ流通幹線の発展があるだろう。

延喜式規定（主税式　諸国送漕功条）では、若狭国を除く北陸道諸国の税物は、陸上交通によるのでなければ海上を敦賀まで運ばれ、敦賀から陸路で塩津へ、塩津からは大津に船で送られ、そこから京に搬入されることになっていた。(31)一一世紀後期に編まれた『新猿楽記』には、受領の郎等四郎君が諸国から調達してきた物産の中に、越前錦・能登釜・若狭椎子・越後鮭といった北陸諸国の特産物が記されている。この中の能登釜については、『今昔物語集』（二六巻一五話）に、能登国の「くろがねのあらがね」（原料鉱物となる鉄鉱石か）を採掘して国衙に納入している人物が佐渡に渡って金を採掘しようとした話が載せられており、同書が編まれた頃には特産物化した能登釜生産が国衙権力下に編成されていたのみならず、その生産に関わる技術者集団の活動が多様化しつつあった様相が示されていると言えよう。他方、鳥羽院政期を中心として一二世紀には多数の荘園が立荘され、北陸においてもその傾向は顕著であったし、全国的に郷・保などの国衙領の設定や再編も進んだ。こうした動きと併行して発展した知行国制の下で、政権を構成する中央の権門貴族と地方とが、一方では権門に仕える目代・受領・在庁官人・荘官など多様な職位をもつ人間集団として、他方では彼らにより支配・管理される国衙領・荘園などとして、前代よりも緊密に、きめ細かく結ばれることになった。その結果として物流の拡大が達成され、物流幹線上に位置する津などの結節点の充実と機能の強化が必要とされた。一二世紀における塩津港の変化はこうした現象の一例と考えられる。

摂関期の物流が北東北・北海道から南西諸島におよび、さらにその外側との交流も重要な意味をもっていたことは既に指摘されているが、平安後期にはその再編成も試みられた。藤原清衡が中尊寺草創に際して白河関から外浜に至る経路に一町毎に笠塔婆を建立した前提に、従来の日本海沿岸～北海道渡島半島ルート、太平洋沿岸～北海道太平洋岸ルートに加えて、内陸交易ルートが存在した可能性が想定されているし、(32)少なくともこの笠塔婆の経路は平泉を経由していることからして、白河～平泉～外浜のルートが奥州藤原氏の支配の骨格として機能する連絡線として編成されたものであることは明らかであろう。他方、平清盛が大輪田泊を修築するなど瀬戸内海航路を整備し、宋人の来航を図ったのは、大宰府管内から畿内に至る海運網の再編成と掌握のためであったろう。

塩津港遺跡で興味深いのは、越前国境に近い長浜市西浅井町沓掛の深坂地蔵に、越前守平重盛が敦賀から塩津までの運河建設を企図したものの断念し、その代わりに祀ったとの所伝があることである。平治の乱後に実権を掌握した清盛は、長男重盛を越前守に、弟経盛を若狭守に配して北陸の入口を抑えた。先の伝承には敦賀―塩津の物流ルートの重要性が背景にあるが、そもそも敦賀は渤海との交流拠点が設置されたように国際貿易港としての性格ももち、一〇世紀以降も藤原為時と朱仁聡との交流に知られるように、宋商人の来航もみられた。敦賀を経由して塩津に運ばれてくる物資には、北陸諸国の特産物だけでなく、さらなる北方や大陸からの特殊な物資を含む可能性もあった。そこに注目すると、清盛の航路整備は大宰府管内～瀬戸内海～京（畿内）に留まるものではなく、さらに琵琶湖～敦賀（北陸）に至る物流幹線を自身の権力下に編成し、この両端を結節地域としてその外側との交流の成果を独占する企図の下に行われたものであった可能性も考えられるのではないだろうか。

注

（1）『小右記』正暦元年（九九〇）一二月一六日、二四日、二六日、二九日の各条。

（2）『小右記』正暦元年一二月一七日条。

（3）補任の年月日は不明ながら、『小右記』永祚元年（九八九）三月六日条には「（円融）院別当如レ元宣旨可レ下由有二仰事一」とあり、同書正暦元年九月三日条にも「被レ下二院別当還着及昇殿宣旨等一之由」とあって、ともかく正暦元年一二月には実資は円融院の後院別当であった。

（4）『小右記』長和二年（一〇一三）四月一〇日条には、同様に「煩二瘧病一飲食不レ受」という状態に陥った右大臣顕光が、実資に柑子と橘の分与を請うたことが記されている。

（5）貴族日記にも同様の記述がみられ、『九暦』天暦三年（九四九）正月一四日条・天徳四年（九六〇）正月一四日条でも、御斎会の終了後に公卿たちは右近衛陣に移動しており、とくに前者の記事は「延喜御時例也、儲二酒肴一」とする。饗宴における酒肴と料理との関係も、『小右記』長和二年正月一四日条では一献・湯漬・二献と続き、『中右記』康和五年（一一〇三）正月一四日条では三献の後に湯漬と薯蕷粥を据えている。若干の順序の相違はみられるものの、故実書や日記からは、御斎会結願日の儀式の手順は一〇世紀中期以降は基本的には変化がなく、同様に右近陣での饗宴の基本的な手順はほぼ固定し、提供物もその方向に向かっていたとみてよかろう。

儀礼に用いる果実類の固定化の例としては、新造の邸宅や宅舎に移徙する際に食する五菓をあげることができる。門等で陰陽師による反閉を行った後に宅・舎に入り、五菓を食し、酒盃に移るという手順は早くからほぼ固定しているが、実資の場合、寛仁三年（一〇一九）一二月二一日の五菓は生栗・搗栗・柏（栢）・干棗・橘で「当時美名物」であり、長元五年（一〇三二）一一月二六日には松実・栢・栗・干棗・柘榴（石榴）であった（以上『小右記』）。同様の事例をみると、松子（松実）・干棗・李・桃・啓栗（啓は衍字か）（『後二条師通記』寛治六年（一〇九二）七月一〇日条）、松子・栢・桃・李・カチ栗（『殿暦』永久三年（一一一五）七月二一日条）、松・栢・棗・桃・李（『殿暦』永久五年七月二日条）となっている。一方、鎌倉期に成った『拾芥抄』（飲食部）は五菓を李・杏・棗・桃・栗とした上で、「一説、松子・棗・石榴・橘・栢、近代用之、又説、柑・栢・栗・柿・梨」と記すが、『仙洞御移徙部類記』永仁六年（一二九八）六月二三日記事も『拾芥抄』の五菓と一致し、とくに「若無者美名菓用之」とする。完全には一致しないのは、実資が「当時美名物」とし、永仁六年記事が「若無者美名菓用之」と記すように、収穫時期や保存可能期間あるいは食材としての利用形態などの点から、自ずとある程度の幅をみておく必要があるからだろうが、師通・忠実期の同じ七月の三例がほぼ一致するところをみると、同一時期に用いる五菓の範囲はほぼ固まりつつあったと言えるだろう。中世につながる摂関家の故実は師実・忠実が確立したと見做されるが（末松剛「摂関家の先例観」『平安宮廷の儀礼文化』吉川弘文館　二〇一〇年）、この五菓の例もほぼこれに対応する事象と言ってよいと思う。なお、新宅移徙に伴う五菓嘗については、繁田信一「新宅移徙と陰陽師」（『陰陽師と貴族社会』吉川弘文館　二〇〇四年）でも論じられている。

（6）出土遺物の観点から見ると、梨関係木簡の報告例はあるものの、地方からの貢進物と明確に判断できるものは現在の段階では確認できないと言ってよさそうである（奈良文化財研究所　木簡データベース参照）。

（7）『倭名類聚抄』（飲食部　酥蜜類）では、未煎について千歳蘽（千歳蘽汁）として解説を加え、「千歳蘽　本草云、千歳蘽汁、味甘平無毒、（中略）和名阿末豆良、本朝式云甘葛煎」と記す。これによれば未煎（味煎）は、阿末豆良（甘葛）から採った汁を煮詰めて製造したものであった。また、延喜式（諸国例貢菓子）によれば、甘葛煎は丹波を含む一九国と大宰府から貢進される。

（8）海老名尚「宮中仏事に関する覚書」『学習院大学文学部研究年報』四〇　一九九三年。また『西宮記』（正月上　御斎会）にも、御斎会について「官行事行㆓本供㆒、公卿家々依㆓行事所廻文㆒勤㆓加供㆒」とある。

（9）佐藤泰弘「平安時代における国家・社会編成の転回」『日本中世の黎明』京都大学学術出版会　二〇〇一年。

（10）遠藤基郎「摂関家仏事の展開」『中世王権と王朝儀礼』東京大学出版会　二〇〇八年。

（11）忠実は梨や柿の食べ方について、手を以て食し、手で持ったところは食べ残すと語っており（岩波新日本古典文学大系『富家語』（二一二段）一九九七年）、切る作業については語っていない。ここからすると、少なくとも実資の指南は忠実に受容される先例とはならなかったと言えようか。抑々忠実は、菓子を箸で食するのは見苦しく、多くは手で食するものとしている（『富家語』（一七段））。

（12）告井幸男「摂関期貴族階級の社会構造」『摂関期貴族社会の研究』塙書房　二〇〇五年。なお『小右記』には、実資が阿波守として赴任の挨拶に訪れた伊祐に小禄を与えたり（寛弘二年（一〇〇五）二月二五日条）、家司の石作忠時を派して母を亡くした頼祐を弔問する（万寿四年（一〇二七）二月一二日条）等の記事がみえるが、こうした行動は家司・家人に対する主人の行動としてよくみられるもののひとつである。また、寛弘二年二月二九日には大宰大弐藤原高遠は伊祐の所有する邸宅桂宮から出立したが、主人やその近親者に邸宅を提供するのも、家人の行動の一例である。

（13）境迎の儀礼については、森公章が先行研究を踏まえて簡便に整理している（森公章『日記で読む日本史11　平安時代の国司の赴任『時範記』をよむ』臨川書店　二〇一六年）。

（14）『長野県史』（通史編第一巻　原始・古代）第五章第二節　一九八九年。

（15）『長野県史』（通史編第一巻　原始・古代）第五章第二節。

（16）『小右記』天元五年（九八二）三月一一日条には「以藤原近子為内侍信濃守陳忠妻」とあり、当時陳忠が信濃守であったこと、妻が円融天皇の皇后遵子（頼忠女）の内侍に補任されたことが記されている。当該記事から陳忠が天元～永観年間（九七八～九八四）頃の信濃守であったことがわかるが、通例皇后宮職や中宮職、東宮坊、後院司などは、その主人あるいは出身家と関係の深い人物群から主要職員が構成される傾向があり、そこからは陳忠が頼忠家（小野宮家）系統の人脈に属していた可能性が推測される。なお、『尊卑分脈』によれば陳忠は大納言藤原元方の息で（この点からも九条家系統には属しにくかったではあろう）、甥（兄致忠の子）の保昌は実資家の家人であると同時に道長家の家司でもあった。

(17)　中原致時以前の各信濃守の在任期間は詳細にはし難く、とくに公行と伊祐の先後関係の判断は難しい。公行は『権記』長徳四年（九九八）三月一四日条に「前信濃守」とみえる。他方伊祐は『小右記』正暦元年（九九〇）八月一五日条に式部丞とみえ、『権記』長徳四年一〇月四日条には五節舞姫を献上する殿上人として「近江介当任」の則忠とならんで「散位　信乃」と記されている。史料からは両者の先後関係は不明とするしかないが、公行が東三条院詮子に一条院を献上したのはより優位な官職への補任を期待してのことで、三年という中途の時期で信濃守を離任したことがそれと関係しているとすれば、ここから伊祐・公行の補任順が想定できるかもしれない。

(18)　『小右記』長保元年（九九九）一〇月一五日条。

(19)　『小右記』長保元年九月一〇日条。

(20)　寛弘六年（一〇〇九）二月に摘発された中宮彰子・敦成親王・左大臣道長に対する呪詛事件では、その首謀者として公行の妻が名指しされた。公行の妻は高階成忠の娘光子で、姉妹の貴子は道隆の妻で定子・伊周・隆家の母であった。なお、当該事件については『権記』寛弘六年二月一日・四日・五日・二〇日の各条、及び『政事要略』所収寛弘六年二月八日罪名勘申参照。

(21)　『権記』長徳四年一〇月二九日条。

(22)　『長野県史』（通史編第一巻　原始・古代）第四章第三節。なお、『山梨県史』（通史編一　原始・古代）第七章第五節　二〇〇三年でも同様の説明がなされている。

(23)　『権記』寛弘三年（一〇〇六）八月一六日条、及び『御堂関白記』同日条。

(24)　倉本一宏『一条天皇』吉川弘文館　二〇〇三年。

(25)　中込律子「摂関家と馬」『平安時代の税財政構造と受領』校倉書房　二〇一三年。

(26)　『小右記』には他の記事がなく不明な人物だが、告井幸男「実資家の所領」（前掲『摂関期貴族社会の研究』所収）は、允懐を元懐とし、実資に仕えた僕従とする。

(27) 網野善彦「『新猿楽記』の「諸国土産」について」日本思想大系月報62 一九七九年。

(28) たとえば北日本については、鈴木琢也「北日本における古代末期の北方交易—北方交易からみた平泉前史—」『歴史評論』六七八 二〇〇六年、同「北日本における古代末期の交易ルート」『古代中世の蝦夷世界』高志書院 二〇一一年、等があり、列島の南北両境域の特産物生産についての近年の研究を整理したものに、三上喜孝「「境界世界」の特産物と古代国家—北方・南方世界との交流—」『歴史と地理—日本史の研究—』二一七 二〇〇七年、がある。また、蓑島栄紀『「もの」と交易の古代北方史 奈良・平安時代の日本と北海道・アイヌ』勉誠出版 二〇一五年、は、クロテン等の個別物産の意味を追及し、興味深い視点を提示している。他方、南西諸島に対しては、近年の考古学的調査の成果が当該地域の歴史的位置付けに大きく影響を与えていることは記憶に新しい(池田榮史編『古代中世の境界領域 キカイガシマの世界』高志書院 二〇〇八年、等)。

(29) 塩津港遺跡現地説明会資料 二〇〇六・二〇〇七・二〇〇八・二〇一二・二〇一五・二〇一六年の各年版 滋賀県文化財保護協会。

(30) 塩津港遺跡現地説明会資料 二〇〇六年版 滋賀県文化財保護協会。『木簡研究』三〇・三一・三五号。

(31) 延喜主税式(諸国送漕功条)。本条では、塩津から大津に運ぶ経費として、一石当たり米二升の運賃と米一升の屋賃(倉庫料のこと)、挟杪(船頭のこと)六斗・水手(水夫)四斗の労賃を設定している。屋賃が塩津〜大津間の船賃として記述されていることを考えると、塩津に一旦物資を滞留するための倉庫群があり、そこに貯積するための経費を認定しているのが延喜式規定の趣旨と解してよいと思われる。

(32) 鈴木琢也前掲注(28)二〇一一年論文。

『時範記』の一背景

佐々田　悠

はじめに

平安時代後期に活躍した実務官僚、平時範が欠員の生じた因幡守に任命されたのは承徳二年（一〇九八）七月九日のことであった。ところが、時範が実際に京を出発したのは翌三年二月九日である。任国に着いたのは六日後の二月十五日であった。任命から出発まで七ヶ月もの空白があり、この出発の遅れは目を引く。

周知のように、平時範の因幡国への下向、そして任国での活動は、九条家本・東山御文庫本に発見された彼の日記『時範記』(1)によって広く知られ、一躍平安時代の受領研究を豊かなものとした。その内容は『朝野群載』巻二十二所収の国務条事(2)が記す受領のマニュアルとよく照応し、また任国における国司神拝の史料としても重要である。すでに青木和夫氏らの要を得た解説があり(3)、国司の交替や祭祀制度などの諸方面から検討が加えられている(4)。しかし、こうした言わば一般的な受領研究から少し離れて、当時の朝廷や平時範が直面していた状況について考えた場合、なお検討すべき問題が残されているように思う。このことは時範の下向遅延とも無関係ではなく、ひいては『時範記』が記す典型的な受領像についても、多少の再考を促す部分があるように思われる。
以下本稿では、平時範が朝廷において果たした役割に目を配りつつ、『時範記』が記す因幡国下向の背景を探ってみたい。

一　弁官兼国

天仁元年（一一〇八）官職を辞して出家した時範は、翌二年二月に五十六歳で死去した。時範と同時代を生き、『朝野群載』の編纂者としても知られる三善為康は、著書『拾遺往生伝』巻下―十四に時範の往生を取り上げ、その官歴を次のように記している。

正四位下右大弁平朝臣時範者、前尾張守定家朝臣之長男也。生㆓累葉奉公之家㆒、歴㆓繁花勝㆑人之官㆒。所謂近㆓竜顔㆒奉㆓鳳銜㆒、帯㆓三官㆒歩㆓一朝㆒。屢到㆓数州之府㆒、遂昇㆓大弁之極㆒。

この評言を導きに、時範の官歴を確認しておきたい。(5) まず「累葉奉公の家に生まれ」とあるように、時範の家系（高棟流桓武平氏）は数代に渉って摂関家の家司を務めたことで知られる。時範自身は関白藤原師通の家司として尽くし、承徳三年（一〇九九）師通が急逝すると、関白を継いだ息男忠実に仕えた。(6) 次の「竜顔に近づきて鳳銜を奉じ」は天皇の側近くに仕えて伝宣を事としたこと、すなわち蔵人を務めたことを意味しよう。時範は蔵人左衛門尉から叙爵を経て兵部少輔・勘解由次官などを務め、寛治四年（一〇九〇）三十七歳にして五位蔵人に補せられた。(7) なお、当時朝廷には落飾した壮年の白河法皇と若き堀河天皇がおり、時範は寛治五年に堀河の准母媞子内親王（のち郁芳門院）の立后に伴って中宮権大進となり、永長二年（一〇九七）には中宮篤子内親王の大進となっている。(8) 続く「三官を帯びて」は三事兼帯、すなわち五位蔵人、弁官、衛門佐（検非違使佐）という要職を兼務することの表現で、極めて高い実務能力が求められた。時範は嘉保元年（一〇九四）四十一歳の時に右少弁、さらに右衛門権佐（のち左衛門権佐）を兼ねるに至っている。(9)「しばしば数州の府に到り」は、永保二年（一〇八二）の越中守、少し空いて承徳二年の因幡守、そして康和五年（一一〇三）近江守となったことに対応しよう。(10)そして「大弁の極みに昇る」とあるように、時範は康和元年に右中弁となり、嘉承元年（一一〇六）五十三歳にして右大弁に昇任したのである。(11)大中弁は参議への昇任が見通せる重要なポストである。時範自身は公卿に届かなかったものの、以後この中流貴族の家系が弁官家として発展していく基礎を築いたと言える。

以上、先行研究に基づいて時範の官歴を概観した。因幡守に任命された承徳二年時点の時範は、関白藤原師通の家司を務めつつ、三事兼帯かつ中宮大進として仕えるという極めて多忙の身であったことが知られる。因幡守任命に伴って五位蔵人、左衛門佐は退任したものの、右少弁や中宮大進は旧のままで、他には防鴨河使を兼ねていた。

時範の因幡守任命については、『中右記』承徳二年七月九日条の除目聞書に「因幡守平時範、兼右少弁中宮大進任中一」とあり、欠員に対する臨時の除目であったこと、「任中一」すなわち任期内に勘済した旧吏任中の第一という名目で選ばれたことが分かる。(12)前回の任命は永保二年の任越中守まで遡るから、実に十年以上経過している。この度の任命は頃合いであったと言えよう。同じく実務に秀で、参議に昇って勧修寺流発展の礎をなした藤原為房（時範とは従兄弟の関係にある）もまた、三事を兼帯していた寛治四年に加賀守に任じられ、五位蔵人・左衛門権佐を辞して翌年下向している。(13)為房の任加賀守は時範が五位蔵人となる直接の契機でもあった。しばらくして時範も似た官途を辿っており、ここに当時の有能な実務官僚の典型的な姿をうかがうことができよう。(14)

さて、為房・時範ともに弁官の兼国であったが、遥任ではなく実際に任国に赴任する受領であった。したがって、建前としては任官後一定期間以内に赴任して、現地で交替政を行わなければならない。『朝野群載』巻二十二諸国雑事上、国務条事の第十九条に

外官任訖、給レ假装束。近国廿日、中国卅日、遠国卌日。除二装束・行程一之外、百廿日為レ限。分為二六分一、四分付領之期、一分所執之程、一分為二繕寫署印之限一。分付受領、過二其定限一、解二却見任一、幷奪二俸料一云々。

とあるように、赴任のための装束假（因幡国は近国の二十日）に行程日数、そして分付受領にかかる百二十日以内に交替しなければ、解任などの処罰を受けることになっていた。右のうち、装束假は假寧令13外官任訖条に由来し、交替限に関わる罰則は『延暦交替式』『類聚三代格』に収める延暦～天長年間の官符に、百二十日の内訳は寛平七年（八九五）七月十一日太政官符に基づくもので、『延喜交替式』十・十二・十三条の内容とほぼ同じである。[15] 右の規定は任国への赴任・常駐が通例であった八・九世紀を通じて整備されたものと言えよう。ただし、実際には九世紀後半に国司の受領化が進む一方、赴任を避ける、または遅らせる傾向が生じ、その傾向は時代をおって顕著になることから、[16] 十一世紀も末に右の処罰規定が厳密に運用されていたとは思われない。嘉承二年七月二十四日、堀河天皇の崩御に際して侍臣に素服を賜うことがあったが、『中右記』に

但此中太宰帥匡房卿、丹波守季房朝臣、加賀守敦兼朝臣、本任神拝以前也。仍不レ給二素服一。甚有二憂色一。

とあり、また『為房卿記』には「依レ未レ赴二任国一、不レ賜二素服一」とあって、神拝＝赴任以前のものは素服に預からなかったという。[17] 依然として問題視されてはいたが、赴任しないままの国司が少なからず存在したことが知られる。

さて、右に赴任＝神拝との理解がうかがえるように、このころの受領は任国に常駐せず、任中に一度は下向して神拝するもの、という認識が主流である。国司の初任神拝は着国の象徴的な儀式として十世紀に一般化するが、その行為が任国支配の実質に関わる重要な意味を持ち得るものであったことは、神拝の場が郡司らの利田請文の起請を伴っ

たことからもうかがえる。(18)弁官を本官とする為房や時範は当然長期の赴任はできなかったが、繁忙の身にあっても任中の下向＝神拝を墨守し、現地で合意形成を為すことは、彼らのような実務官僚にとっての要諦であっただろう。

為房の加賀下向は、寛治四年六月五日の任命から一年余り経った、翌五年六月十五日のことであった（『後二条師通記』）。右に挙げた交替期限をかなり過ぎており、明年を任初年とする計歴が認められたものと思われる。(19)一方の時範は、冒頭に述べたように承徳二年七月九日の任命後、翌三年二月九日に進発する（『時範記』）。為房ほどではないが、こちらも期限を過ぎて年を超しており、佐々木恵介氏の言うように、同じく計歴を認められた可能性が高い。(20)しかし、その下向遅延は決して計画的なものではなかった。『時範記』承徳三年二月八日条に次のようにある。

今度不二罷申一。去年罷申、出門之後進発之日、俄以延引之故也。

時範は承徳二年のうちに罷申を済ませ、出門してまさに出発しようとしていたという。去年のうちであれば、交替期限内であった可能性もある。それを何らかの事情で急に延引せざるを得なかったのである。出発当日の中止、さらにそのまま年を越し、二月まで遅れたのには余程の事情があったに違いない。それは一体何であったろうか。

二　造宮と大垣修造

前述のごとく、当時の時範の多忙ぶりは想像に難くなく、下向遅延の原因として彼の職務に何らかの問題が生じた可能性が考えられる。(21)例えば、時範が大進として使えた中宮の不予が挙げられる。『中右記』承徳二年十月二十六日条などによれば、この日未時より中宮篤子内親王の御悩が重く、以後三十日まで続いたという。ちょうど白河院肝いりの女御苡子の入内のころであり、邸内は加持祈禱に入内と慌ただしかった。時範に生じた不測の事態とは、直接的にはこの急な病であった可能性がある。

しかし、仮にそうだとしても、このことのみで翌年二月まで延引したとは思われない。むしろ注目されるのは、時範が行事弁として関わっていた内裏造営である。

天徳四年（九六〇）の内裏焼亡以後、平安宮はたびたび火災に見舞われていた[22]。天喜六年（一〇五八）二月、前年に新造したばかりの内裏や中和院、八省院が焼亡する。再建は後三条天皇の代に本格化し、延久三年（一〇七一）八月に内裏が、翌四年四月には大極殿がそれぞれ落成した[23]。しかし、永保二年（一〇八二）七月、再び内裏および中和院が焼け落ちると、その後はなかなか再建に至らなかった[24]。俄に動き出したのは嘉保三年（一〇九六）のことである。四月、宮城使の補任があり、右中弁の藤原宗忠が左宮城使に任じられた（『中右記』四月二十一日条）。修理左右宮城使は延久の再建時に置かれたもので、宮城大垣や中隔大垣の修造を職掌とし、諸国に割り当てた料物の収納や返抄発給などの実務に携わったことが知られる[25]。今回も行事所では手の回らない築垣の実務を担ったと考えられる。以降、『中右記』には国司の分担や免除に関する個別事案が見えるようになる。翌承徳元年（一〇九七）十二月には造内裏の行事定があり、ようやく行事所の陣容が定まった（『中右記』十二月二十日条）。上卿に権大納言民部卿の源俊明、行事官に参議左大弁の藤原季仲、左中弁蔵人頭の源師頼と当の平時範、そして史に小槻祐俊という顔ぶれである。同二年正月には造宮事始、四月には棟上へと進む（同正月二十四日・四月十日条）。そして康和二年（一一〇〇）六月十九日、ついに完成した内裏へ堀河天皇が遷御する（『殿暦』）。

以上の流れから明らかなように、承徳二年は内裏造宮がまさに開始されており、行事弁の時範にとって最も手のかかる時期であったと言えよう。事実、十一月には時範を含めた行事官で造営状況を二度巡検している[26]。一方、中隔大垣の修造についても、同年に具体的に準備が進み、十一月には築造が開始されるなど、こちらも佳境であった。ただし、そこには負担をめぐって様々な思惑が絡んでいた。そして時範は、この中隔の問題にも深く巻き込まれることになったのである。以下、詳しく見ていきたい。

中隔大垣の修造は、宮城使の設置が示すように延久の例に倣って進められた。『中右記』承徳二年四月二十三日条に次のようにある。

早旦参二結政一。（中略）頃而大夫史参会。相共廻二見中隔大垣一之處、北面頗全、西面所々全、南北〔幷〕東皆破。（中略）参二左府一献二覧中隔大垣注文一。件垣所当十四个国中、相二分左右一被レ付二宮城使一之由、見二延久三年宣旨一。然者今年有二造宮一。耳〔可〕レ令レ催二築国々一旨、従レ官注申也。①従二去永保二年七月内裏有レ事一以後、及二當任国司一、分二充前後司一可レ令二修築一也。先例彼国司等功課定時官雖レ放二返抄一、有二造宮一時所レ令二修築一也。（中略）次参内。件事等且又取二御気色一、下二知大夫史一了。②永保二年以後及二當任国司一、依二任限之長短一充二丈尺之多少一者。

人が集まらずに結政が流れたこの日、左宮城使の宗忠は大夫史小槻祐俊とともに中隔大垣の破損状況を検分した。祐俊は前記のごとく造宮行事史である。その後、左府源俊房のもとに参上、中隔大垣修造の注文を進め、延久三年宣旨に倣って対象の国々を左右の宮城使に分けて管轄させることなどを諮った。そして関白師通、前関白師実の沙汰を経て堀河天皇に奏聞し、下知している。注目されるのは、内裏が焼亡した永保二年から当任まで、功過定を経た前司を含めて対象としていることである（傍線部①）。また、任限の長短によって負担に差等を設ける方針も示されている（傍線部②）。

右に言うように、前後司による分担という方式は延久の例に遡る。『朝野群載』巻二十八諸国功過所収、延久四年正月の淡路前司中原師平の功過申文に「一　中隔西面垣、起レ自レ南、北行、卅丈」との項目がある。そこには

内四丈者、任二　宣旨一、造二築件垣一既畢。又依二同（延久）三年月日　宣旨一、前後司相分卅丈内八丈作料絹二百十

六四、米一百卌九斛、進二納右宮城所一、請二返抄一畢。

とあり、前司師平が実際に修造したのは一部で、得替後に出された延久三年宣旨によって負担を後司と相分したこと、その負担は料物に改められ、宮城所に納めて返抄を請ける仕組みであったことが知られる(27)。料物を前後司に割ることで、交替を挟んでも確実に築垣に繋げたわけである。今回の修造でもこの方式が踏襲されたと言ってよいが、永保二年からの十六年間、数代に渉る受領に遡って分散させることは例になく、注目される。

造内裏を広く諸国に課すことは天徳四年から、宮城大垣の修造については十一世紀初頭から見えて次第に恒常化し(28)、国司の求めに応じて一国平均役として課された事例も知られる(29)。それらが任国において臨時加徴となったことは小山田義夫氏の研究に詳しい(30)。加徴が過大となれば尾張国郡司百姓等解のごとく深刻な問題を生じよう。而して負担を分散させれば当任の加徴は抑えられる。右の承徳の例では延久度よりも分散の度合いがかなり広く、国というより受領たち個々が対象である。数代遡る前司への賦課は、任国への加徴に結びつかない。言うなれば、受領たちがかつて任国で蓄積した収入から拠出させようとするものであったと言えよう。

さて、『中右記』によれば、右の修造方針とともに、造興福寺など他の所課のある国司の負担免除が俎上にあがっている（四月二十三日・二十八日・二十九日条）。宗忠は上層部に諮りながらこれらを処理し、四月二十八日には中隔大垣の左宮城方に丈尺を打たせ、各国司に割り当てる際の目星を定めた。こうして事前の準備が整い、やや間が空いて十一月五日にようやく築始となっている。ところが、この築始の前後から一つの変化が生じる。俄に白河院の関わりが顕著となるのである。法皇からの度々のお尋ねにより、前後司の任期や歴名などが求められ、頭弁源基綱を介して大垣注文が提出された（十一月四日・五日条）。そして十一月八日には次のような沙汰が下されるのである。

頭弁送二書状一云、中隔大垣不レ依二期有無一、不レ知二公文済否一、只依二延久例一、任二今度支配旨一可レ令二修補一者。申二承了由。

「期の有無に依らず、公文の済否を知らず」とは、文意としては当任に限らず、また勘会を終えている者も含むことを指すだろう。つまり国司であった者はみな負担することになるが、これは前記四月の内容と基本的に同じである。それではこの時法皇が改めて沙汰を下したのはなぜか。第一に、本件が法皇の関知するところであると表明する意味があろう。法皇は近臣の負担を把握しておく必要があり、一方で召物に対捍することもあった院司受領らも、法皇の沙汰であれば負担を受け入れたはずである(31)。第二に、「延久の例」が強調される一方で、「任限の長短」による負担差等への言及がないことに注意したい。あるいはこの「期の有無」は期の長短を含意し、それに依らないことをも示すのではなかろうか。既述の延久三年宣旨では任期による差等を設けず、前後司に等分したらしいことも考慮される。法皇が改めて沙汰を下したのは、差等配分を定めた四月の勅定に対する異議を含んでいる可能性がある。

以上、中隔大垣の修造は承徳二年四月に具体的な内容が示され、十一月に築始となったこと、しかし同時に負担の割り振りに法皇の干渉が及んでいることを見てきた。さて、ここに問題が生じよう。この年七月に因幡守に任じられた時範は、当任としてこの負担を負わなければいけないのだろうか。負うとすれば、前司との配分はどうなるのであろうか。

二　前司長実

因幡前司は藤原長実である。その家系は北家魚名に遡り、魚名の左遷以来、長く公卿を出すことは叶わなかったが、父の修理大夫顕季は、母親子が白河院の乳母であったこともあって信任厚く、俄に頭角をあらわした(32)。各国の受領を歴任して富を築いた顕季は、康和六年（一一〇四）ついに従三位に昇る。[33] 長実もまた父同様に院の寵愛を受けた。応徳二年（一〇八五）十二月に僅か十一歳で叙爵、寛治五年（一〇九一）正月に院分により十七歳で兼因幡守となり、二期目の任終年にあたる承徳二年（一〇九八）の七月、突如守を辞し、翌年正月に尾張守となった。[34] 長実が因幡守を辞したことにより、時範は臨時除目で任命されたのである。

因幡守を辞したころの長実は、正四位下で左兵衛佐、中務権大輔を務め、また父同様に白河院司を務めていた。父代に続く典型的な院近臣であり、彼のような存在が院司受領の若年化をもたらすことになる。長実は後年参議そして権中納言にまで登り詰めるが、宗忠はこの昇進を「非二才智一、非二英華一、非二年労一、非二戚里一、世間頗有二傾気一歟」とし、長実の死に際しても「未四曾有三無レ才之人昇二納言一」と評している。[35] 一方の時範は、当時四十五歳前後であり、宗忠が「兼二三事一人、耀華勝レ人」と記したように、[36] 有能な実務官僚として堀河天皇および関白師通に親しく仕えていた。当時は成長した堀河と師通による政治が機能しており、白河院との摩擦が目立つようになる。白河院の威光に頼る若き長実と堀河院・師通の信任を得た叩き上げの時範という対比が浮かび上がる。その長実から時範へ因幡守が引き継がれた。

両者の交替はどのように行われただろうか。知られるように交替政では新司が赴任し、諸公文および官舎官物を前司から分付受領する建前であった（国務条事第二十条）。したがって、現地での勘検が必須であり、新司の下向後に双方の目代によって実務が執り行われたらしい（国務条事第十八条）。しかし、前司が在国せず、新司も下向が遅れることで勘検は形骸化する。新司は前使を派遣して現地を押さえるようになり、また上野国交替実録帳の例から類推されるように、十一世紀には在京のまま帳簿上で引き継ぐことも可能になったと考えられる。[37] こうして次第に本来の意義は失われたが、引き継ぎ証明たる不与解由状は功過定の必須要件であり続けたから、交替政は依然として重要であった。問題の長実について言えば、任期中もほぼ在京しており、実際に赴任したかは不明である。[38] また『時範記』には長実の目代らしき人物は見えず、現地での交替政に関する記述も見られない。一方で、佐々木恵介氏が指摘するように、『中右記』承徳二年十二月十七日条に長実の功過定を記すことが注目される。[39]

　後聞、因幡前司長実、功課被レ定。左大弁読レ帳、清書上卿新右衛門督雅俊卿。

功過定は本任放還を前提とするから、これより前に長実の交替政は完了していたはずである。この時点で時範は進発しておらず、長実も在京していた。したがって両者の交替政は現地での勘検を伴わず、京において処理されたことが明白である。

それでは在京での交替政とはどのようなものであったか。ここで想起されるのは弁済使である。十世紀半ばには受納官司と結託した弁済使の活動が確認される。[40] 彼らは済物の弁済や公文勘会、納所の出納などを担った在京の目代と言うべき存在であり、その管理する物資は受領の得分とも不可分であったと考えられる。因幡国の場合、まさに長実の時に「成二因幡公文一之弁済使」を務めた検非違使府生経則なる人物が知られる（『中右記』元永二年十二月二十九日条）。[41] 経則は「数代之因幡弁済使」であったというから、時範の代にもその任にあった可能性が高い。各種の公文は彼の手で整えられ、国元からの物資もその管理下にあっただろう。長実から時範への交替政は、実際には彼のもとで処理された部分が少なくなかったと思われる。

話を戻すと、長実が功過定を迎えるために、当然のことながらそれ以前に自己の負担を納め、返抄を得ていなければならない。問題の中隔大垣についてもまた然りである。『中右記』によれば、果たして右の八日前、十二月九日に中隔大垣に関する長実の申文が内覧に供されており、長実側から当該負担に関する何らかの申請が出されたことが知られる。そして十二月十二日条には次のようにある。

夕方参レ院、付二国明朝臣一申二因幡前司長実朝臣中隔垣事一。聞食了。相二分全損所一、可レ相二宛前後司一者。

九日の中文を受けてであろう、この日宗忠は法皇の許に参り、長実の中隔大垣負担について申し上げたのである。それに対する法皇の裁定は、「全損所」を前司長実と後司時範とで「相分」せよ、というものであった。これにより長実の責任範囲が明確にされ、おそらく弁済使を介して勘会が済み、直後の功過定が可能になったのだと思われる。

さて、右の裁定は前後司が負担するという原則に基づくように見えるが、実際には長実に極めて有利な内容であったことは疑いない。長実は国宛が明らかになった後の任終前に辞しており、負担軽減を狙った可能性もある。そもそも四月に示された「任限の長短」という基準に照らせば、長実は二期八年に相当する負担が妥当であった。それが十一月の法皇の沙汰によって覆され、右では後司の時範にも負担が分散されたのである。法皇が大垣の負担に高い関心を寄せていたのは、こうした近臣優遇の観点から理解できる。

一方の時範はそのあおりを受けた形である。右にいう「相分」は、延久の例からすれば等分を示し、それ相応の負担が時範にも求められただろう。このことが時範に与えた影響は非常に大きかったはずである。彼が下向寸前であったことからすれば、すでに一度弁済使のもとで交替政を済ませ、物資の割り振りなども定めていた可能性が高い。それがここに来て変更になったわけで、そうであれば交替政もやり直しであろう。さらに大垣の料物が新たに賦課されたことは重大で、下向までに任国と各種の調整を要したはずである。

以上縷々述べてきたが、その要点は、承徳二年四月に定められた中隔大垣の国宛に対して、その負担に関する法皇の介入、前司長実との相分裁定という新司時範に直接関わる事柄が同年冬に俄に生じており、それは下向を仕切り直させるに充分な重大な内容ではなかったか、ということにある。時範が下向を延引した原因は、直接的には中宮の不予であった可能性もあるが、下向が翌年二月までずれ込んだのは、それに続く造宮事業の進展、そして大垣負担に関する白河院の予期せぬ干渉にこそあったと考えたい。

ちなみに、長実の功過定が行われた十二月十七日には除目があり、弁官がみな昇任した（『中右記』）。時範も右少弁から左少弁に転じたが、この時、為房の息である左衛門権佐藤原顕隆が二十八歳で右少弁となっている。顕隆はやがて院近臣として権勢を誇るのであり、以後白河院政が本格化していくこの時期の趨勢が知られよう。

四　木工允季兼

承徳二年（一〇九八）冬に生じた出来事によって、時範は造宮の行事弁として、かつ中隔大垣の修造を担う因幡守として、二重の意味でこの度の造宮に責任を負うことになった。幾つもの職務を兼ねるなかでようやく下向した時範には、国宛の料物を進納するという新たな役割が加わったのである。そしてこのことは、受領としての時範の評価にも僅かに関わってくると思われる。

周知のように受領の利権と下向とは密接な関係がある。摂関期で言えば、尾張守藤原元命や道長の家司藤原惟憲らの下向に伴う収奪が著名である。郎等を介した支配は国内有力層と対立し、苛政上訴を引き起こした。それが十一世紀半ば以降見えなくなるのは、上訴を受ける朝廷側の対応の変化もあるが、受領と国内勢力との関係性が成熟し、国例などによる折り合いがつけられたという側面が少なくない(42)。国内では在庁官人制が成立し、一方で受領の側は年少のものが増えていく。

『時範記』について言えば、在国期間が短いこともあって在庁官人と摩擦を生じた形跡はない。代わりに時範が手にしたのは介や郡司らから貢がれた馬である。承徳三年三月二日の国務始、八日の国見を終えると、九日に「品治郷司政茂貢㆓引出物馬二疋㆒」とあるのをはじめとして、以後二十七日に国府を出発するまで、在庁官人からの貢馬が計十件、二十二疋ほど見られる。青木和夫氏が述べたように、馬には多くの貢物が付属したと想像され、受領の富をなしただろう(43)。とは言え、これらは言わば付加的な役得であって、受領の私富形成の主たるものではあるまい。より重要なのは次の三月一日の記事である。

今日朔幣也。以㆓保清朝臣㆒為㆑使令㆑参㆓惣社幷宇倍宮㆒。遣㆓木工允季兼㆒始㆓勝載㆒。

二月二十六日に神拝を終えた時範は、三月一日に朔幣を行うとともに、木工允季兼に「勝載」すなわち船への荷積みを命じた。国務始は翌二日であり、それに先だって作業を始めていることが注目される。積荷には当然時範の得分が含まれたはずであり、これこそ下向に伴う収益の具体的な姿と言えよう。ただ一方で留意すべきは、こうした積荷はまず各種の済物をなす官物となるものであろうし、これまでの検討を是とすれば、そこに大垣の料物が含まれていた可能性もある。右記事については、青木氏をはじめ、早々に得分が荷詰めされているとして時範の受領ぶりを見出す傾向があるが、一面的と言わざるを得ない。むしろ得分を含む官物がすぐに荷積みできるように、受領と在庁官人との間で諸々の合意が定まっていたことを評価するべきであろう。今回は大垣の料物を調達するという名目もあって、早くに勝載を始めるべく申し合わせていたのかもしれない。

さて、その料物であるが、前記のように延久度の淡路前司の例では絹・米であった。重貨を含む料物を運京するのであれば海路の方が有効である。右で物資の運搬に船を用いたのも、あるいはそのためであったかもしれない。因幡国は通常陸路で（時範の下向・帰洛も陸路である）、延喜主計式上の貢調規定にも海路はないが、主税式上の諸国運漕雑物功賃に「因幡国 卅六束。但海路米一石運京賃、稲十四束五把三分。」とあり、海路での運京もあり得た。国府や宇倍宮の近くには法美川が流れ、北上して三嶋社の辺で千代川と合流して日本海にそそぐ。河口は『因幡堂縁起絵巻』において薬師如来像が出現したとされる賀留津であり、賀呂社が存在した。時範は神拝に際して法美川を船で下って三嶋社・賀呂社に幣を捧げており（『時範記』承徳三年二月二十六日条）、これは国府からの海路に繫がる主要なルートであっただろう。今回勝載された物資も同様の経路を辿ったものと思われる。

最後に、以上の検討を踏まえて、時範が勝載を命じた「木工允季兼」について述べておきたい。季兼という人物の詳細は明らかにし得ないが、青木氏の指摘するように、いわゆる有官の従類で、時範が京から連れてきた腹心の部下とするのが有力な解釈であろう。(44) ただその官職が木工允であることは、これまでの行論と絡んで若干の検討を要する。上島享氏によれば、木工寮や修理職は独力で大規模な造営を行うことはなかったが、多くの工匠を抱え、十世紀後半からの内裏造営においても重要な殿舎を担当するなど、一定の役割を果たし続けた。(45) 内裏造宮は行事所が指揮したことは前記の通りであり、行事弁の時範は木工寮とも緊密に連携していたことだろう。とすれば、木工允季兼と時範との関係性は造宮という職務を通じて形成された可能性がある。公的な上下関係を前提とした私的な結び付きによって、下向に随従したと考えられる。その彼に大垣の料物を含むかと思われる物資の勝載を命じているのも、当然と言えば当然の采配であろう。言わばそれは、京での造宮という職務の延長上にあったのである。

おわりに

以上、『時範記』が記す因幡国下向の背景について、派生する問題とともに考えてきた。従来取り上げられているように、『時範記』が受領の赴任や神拝の詳細を伝える重要な史料であることは言を俟たないが、本稿では前後の文脈の中において見ることを重視した。その結果、下向遅延の背景に承徳二年に始まる内裏造営事業があり、結果として国宛の料物を担う意味が付加されたことが知られた。また随所において、白河院による院政が本格的に展開する前夜の様子がうかがわれた。冗長に渉った本論の結論はこの二点に尽きる。

在国わずか四十日余り。四月三日夜に帰洛した時範は、すぐさま師通、師実のもとに参上した。五日にも再び主人父子を訪れるが、時範はさらに白河院のもとに参っている（『時範記』）。前日に女御苡子の死産のことがあり、見舞ったものかと思われる。ただその際には、法皇の裁定によって藤原長実と相分した大垣料物のことにも話は及んだであろう。あるいはこの日の主眼は、無事に調達して帰京したことの報告にあったのかもしれない。

なお、時範は康和二年（一一〇〇）七月二十日の造宮叙位により従四位上となり、さらに翌康和三年十月に右宮城使となっている。

注

（1）早川庄八「時範記　承徳三年春」、同「時範記　補遺」、宮崎康充「時範記　承徳三年夏」、同「時範記　永長二年冬上」（『書陵部紀要』第十四・十七・三二・三八号、一九六二・一九六五・一九八一・一九八七年）。早川担当分は、同氏『日本古代の文書と典籍』（吉川弘文館、一九九七年）に再録。以下、特記のない限り、『時範記』の引用はこれらによる。他の写本・逸文については、木本好信氏の一連の業績がある。同氏「『時範記』と平時範」（『平安朝日記と逸文の研究』桜楓社、一九八七年、初出一九八五年）、「『時範記』（1）～（4）」（『甲子園短期大学文化情報学科研究報告』二～五、二〇〇七～二〇一〇年）。

（2）佐藤信監修『朝野群載　巻二十二　校訂と注釈』（吉川弘文館、二〇一五年）による。

（3）青木和夫『古代豪族』（『日本の歴史』第五巻、小学館、一九七四年）。土田直鎮「国司の神拝」（『奈良平安時代史研究』吉川弘文館、一九九二年、初出一九六八年）も参照。

（4）『時範記』に関説する研究は多いが、ここでは以下を挙げるに留める。阿部猛「国司の交替」（『日本歴史』第三三九号、一九七六年）、伊藤邦彦「諸国一宮・惣社の成立」（『日本歴史』第三五五号、一九七七年）、水谷類「国司神拝の歴史的意義」（『中世の神社と祭り』岩田書院、二〇一〇年、初出一九八三年）、佐々木恵介「受領と日記」（山中裕編『古記録と日記』下巻、思文閣出版、一九九三年）、村井康彦「国庁神社の登場―惣社の系譜」（『日本研究』第十二集、一九九五年）、森公章『平安時代の国司の赴任』（臨川書店、二〇一六年）。森著書は『時範記』および関連事項の読解であり、本稿でも参考にしたところが多い。

（5）以下、時範の官歴と生涯については、宮崎康充「平時範に関する覚書」（『書陵部紀要』第四一号、一九九〇年）による。ほかに、吉田靖雄「平時範・實親父子の生涯と信仰、附心覚―十二世紀往生人の家系―」（『歴史研究』〔大阪教育大学〕第二一号、一九八三年）、森公章『平安時代の国司の赴任』（前掲注（4）著書）も参照。

（6）時範の名は『後二条師通記』応徳元年（一〇八四）二月二十五日条に「家司時範」と見えて以来、同書や忠実の『殿暦』に散見する。

（7）『為房卿記』寛治四年六月五日条（『大日本史料』第三編第一冊八六二頁）、『職事補任』堀河院五位蔵人の項。

（8）順に『後二条師通記』『中右記』寛治五年正月二十二日条、『中右記』永長二年（承徳元）正月三十日条。

（9）『時範記』寛治八年（嘉保元）六月十三日条（『大日本史料』第三編第三冊三六五―三六八頁）、『中右記』同日条、同十二月十七日条、『弁官補任』嘉保元年。三事兼帯については、宮崎康充「三事兼帯と名家の輩」（『日本歴史』第六二六号、二〇〇〇年）参照。

（10）順に『為房卿記』永保二年五月一日条（「越中守進発」とあるのが時範にあたる）、『中右記』承徳二年七月九日条、同康和五年十一月一日条（藤原隆時と相博）。

（11）『本朝世紀』康和元年十二月十四日条、『弁官補任』康和元年・長治三年。

（12）受領の補任方式については、玉井力「受領巡任について」（『平安時代の貴族と天皇』岩波書店、二〇〇〇年、初出一九八一年）参照。

（13）『為房卿記』寛治四年六月五日条（前掲注（7）参照）、『後二条師通記』寛治五年六月十五日条。

（14）為房と勧修寺流の「家風」については、橋本義彦「勧修寺流藤原氏の形成とその性格」（『平安貴族社会の研究』吉川弘文館、一九七六年、初出一九六二年）。

（15）交替式各条の内容の成立については、早川庄八「交替式の基礎的研究」（前掲注（1）著書所収、初出一九六八年）。

（16）『北山抄』巻十吏途指南、国司下向早晩事など。山口和翁「受領の赴任をめぐって」（井上辰雄編『古代中世の政治と地域社会』

雄山閣出版、一九八六年）。
(17)『為房卿記』同日条（『大日本史料』第三編第九冊四一三頁）。この記事については、土田直鎮「国司の神拝」（前掲注(3)論文）参照。
(18)水谷類「国司神拝の歴史的意義」（前掲注(4)論文）。利田請文の意義については、網野善彦「荘園公領制の形成と構造」（『日本中世土地制度史の研究』塙書房、一九九一年、初出一九七三年）が起請田との関係を示し、佐藤泰弘「国の検田」（『日本中世の黎明』京都大学学術出版会、二〇〇一年、初出一九九二年）が田数控除を介した国司と郡司・荘園の合意形成として捉えたことが重要である。神拝に関する近年の成果としては、井上亘「国司就任儀礼の特質」（『ヒストリア』第一六七号、一九九九年）が就任儀礼としての淵源を論じ、小原嘉記「国衙の儀礼と政務」（『年中行事・神事・仏事』生活と文化の歴史学第二巻、竹林舎、二〇一三年）が交替時の官舎巡検に神拝（巡拝）の起源を求め、渡辺滋「受領による任国統治―誓約儀礼としての「神拝」―」（『契約・誓約・盟約』生活と文化の歴史学第六巻、竹林舎、二〇一五年）が文学資料を含め具体例を博捜しており、参考になる。
(19)『北山抄』巻十吏途指南、計歴事。臨時の任官で、装束行程が明年に及ぶ場合などの措置であるが、結果として一年の調庸を失う弊害が生じた。
(20)佐々木恵介「受領と日記」（前掲注(4)論文）一六五―一六六頁。
(21)先行研究では、佐々木恵介「受領と日記」（前掲注(4)論文）は時範の職務との関係には慎重であり、森公章『平安時代の国司の赴任』（前掲注(4)著書）は中宮の不予に言及するものの不明としている。
(22)火災の背景については、上島享「大規模造営の時代」（『日本中世社会の形成と王権』名古屋大学出版会、二〇一〇年、初出二〇〇六年）。
(23)順に『康平記』（定家朝臣記）『扶桑略記』『百練抄』天喜六年二月二十六日条、『扶桑略記』『百練抄』延久三年八月二十八日条、同四年四月三日・十五日条。
(24)『扶桑略記』『百練抄』永保二年七月二十九日条。同年中の再建は炎旱により停止されており（『百練抄』同年八月十七日条）、以後しばらく造宮のことは史料に見えない。
(25)詫間直樹「延久度造宮事業と後三条親政」（『書陵部紀要』第四〇号、一九八九年）。
(26)『中右記』承徳二年十一月十四日・二十日条。なお、翌三年は女御苡子の懐妊により造宮作事が一時中断されたが、時範帰京後の四月十九日に再開され（『本朝世紀』）、以後、内裏巡検のことが見える。『時範記』承徳三年四月十九日・六月九日・同十四日条。
(27) 詫間直樹「延久度造宮事業と後三条親政」（前掲注(25)論文）一三―一六頁。「筑後国交替実録帳」（『鎌倉遺文』五八七六号、八巻二七四―二七九頁）に「宮城大垣」に関する「延久三年五月　宣旨」が見え、その内容は中隔大垣の宣旨とほぼ同じと考えられる。
(28) 大津透「雇役から臨時雑役へ―摂関期の造営体制―」（『律令国家支配構造の研究』岩波書店、一九九三年、初出一九九一年）に詳しい。
(29) 大垣修造の一国平均賦課は長元四年（一〇三一）に、造内裏役は長久元年（一〇四〇）に遡る。上島享「一国平均役の確立過程」（前掲注(22)著書所収、初出一九九〇年）、同「大規模造営の時代」（前掲注(22)論文）参照。
(30) 小山田義夫「造内裏役の成立」（『一国平均役と中世社会』岩田書院、二〇〇八年、初出一九六三年）。
(31) 棚橋光男「行事所―院政期の政治機構―」（『中世成立期の法と国家』塙書房、一九八三年、初出一九七八年）二九―三〇頁。
(32) 以下、顕季・長実ら末茂流の院近臣については、橋本義彦「院政政権の一考察」（前掲注(14)著書所収、初出一九五四年）、河野房雄「権中納言藤原長実」「非参議藤原顕季」（『平安末期政治史研究』東京堂出版、一九七九年、初出はいずれも一九六一年）。
(33) 『公卿補任』康和六年条、藤原顕季尻付。『中右記』康和六年（長治元）正月二十九日条には「受領卅年相続不断」とある。
(34) 『公卿補任』保安三年条、藤原長実尻付。なお、『中右記』では寛治六年までは「（左）兵衛佐」、寛治七年以降は「因幡守」として見えることが多い。
(35) 順に『中右記』大治五年（一一三〇）十月五日条、同長承二年（一一三三）八月十九日条。長実の異例の昇進とその理由については、河野房雄「権中納言藤原長実」（前掲注(32)論文）に詳しい。
(36) 『中右記』承徳二年四月十六日条。
(37) 佐々木恵介「受領と日記」（前掲注(4)論文）一七二頁。上野国交替実録帳（不与解由状）については、『群馬県史　資料編四』「史料解説」、『同　通史編二』「「上野国交替実録帳」にみる地方政治」（前沢和之氏執筆、群馬県、一九八五・一九九一年）。
(38) 『中右記』によれば、因幡守となった寛治五年にたびたび舞人として見え（同年二月十一日条ほか）、同七年七月二十八日には昇殿を許されている。以後、院の使や取り次ぎなど院司として散見する（承徳元年二月十六日条、同二年七月七日条など）。
(39) 佐々木恵介「受領と日記」（前掲注(4)論文）一七二頁。

（40）勝山清次「「弁済使」の成立について」（『中世年貢制成立史の研究』塙書房、一九九五年、初出一九七五年）、北條秀樹「平安前期徴税機構の一考察」（『日本古代国家の地方支配』吉川弘文館、二〇〇〇年、初出一九七八年）、寺内浩「弁済使の成立過程」（『受領制の研究』塙書房、二〇〇四年、初出一九九八年）。
（41）『中右記』同日条は、宗忠の息である因幡守宗成の公文勘会において返抄が抑留された件の詳細を記したもので、検非違使府生経則は過去の経験から事情に通じた人物として宗忠の尋問に答えている。森公章『平安時代の国司の赴任』（前掲注（4）著書）一七五—一八三頁参照。
（42）佐藤泰弘「国の検田」（前掲注（18）論文）、渡辺滋「受領による任国統治」（前掲注（18）論文）。
（43）青木和夫『古代豪族』（前掲注（3）著書）二八三—二八四頁。
（44）青木和夫『古代豪族』（前掲注（3）著書）二八六頁。
（45）上島亨「大規模造営の時代」（前掲注（22）論文）三〇九—三一五頁。

Ⅳ　アジアのなかの律令法と史料

日本古代戸籍の源流・再論

小口雅史

はじめに

周知のごとく、正倉院文書中には、紙背文書として偶然伝来した八世紀の古代戸籍が含まれている。日本古代史研究のための重要な基本史料として、すでに膨大な研究史が存在している。

ただそうしたなかにあって、その制度的淵源については、日本の律令法の法源と関係してふれられることはあっても、具体的な書式の由来については、戸令自体に書式の詳細が規定されていないこともあって、必ずしも明確になっているわけではない。(1)

筆者は、かつて在ベルリンの吐魯番文書コレクションの研究に長期間にわたって比較的自由に従事する機会を与えられた際に、(2)そのなかに含まれる戸籍類の原本調査を精力的に行い、その成果の一端をすでに概括的に示したことがある。(3)

ただ近年、この問題と関わる新史料がいくつか発見されたこともあり、それらをふまえて、あらためて日本古代戸籍の源流について、やや立ち入って再検討してみたいと思う。

一　日本古代戸籍の書式

現存最古の日本古代戸籍としては、大宝二年（七〇二）の御野国戸籍（図1にその一部を掲げた。(古)一—1）[4]と、同年の筑前国をはじめとする西海道戸籍（図2に筑前国戸籍の一部を掲げた。(古)一—97）とがあるが、一見して明らかなように、同年の戸籍でありながら、両者にはその記載様式に大きな差異があることが知られている。

御野国戸籍では、戸別の記載は、冒頭の、政戸（戸内の課丁数に基づく三等評価）・戸主姓名・戸口集計からなる集計部分と、戸の等級（戸の資産に基づく九等評価。冒頭のみ）、続柄・（姓）名・年齢・丁中記載を、一行に三人ずつ、男性を先に女性を後にまとめて記載した歴名とからなっている。一方、西海道戸籍では、戸別の記載は、夫婦とその間の子供という組み合わせを基本に、一人一行で記載され、末尾に戸口の集計部を置き、さらにその戸の受田額を記載している。

西海道戸籍の様式は、養老五年（七二一）の下総国戸籍（図3にその一部を掲げた。(古)一—219）にも受田額記載を除きそのまま踏襲されているので、こちらが大宝令が想定していた戸籍の様式であって、以後に続かない御野国戸籍の様式は、

上政戸国造族石足戸口十三 正丁二 兵士二　少丁三 小子二　緑児一　并十　正女二 緑女一　并三
下々戸主石足年卅三 兵士　戸主兄国足年卅四 正丁　嫡子安倍年六 小子
戸主弟高嶋年廿七 兵士　嫡子八十麻呂年二 緑児　戸主弟久留麻呂年廿五 正丁
次大羆年廿 少丁　次広国年十九 少丁　次友乎年十八 少丁
戸主甥奈世麻呂年十 小子　戸主母国造族麻奈売年卌七 正女　戸主妻国造族志祁多女年卅二 正女
大羆児阿尼売年二 緑女
中政戸国造族豊嶋戸口廿九 正丁三 兵士一　少丁二 小子二　緑児一　并九　正女七 次女一　少女二 小女四　緑女三　并十七
正婢一 小婢二　并三

図1　大宝2年御野国戸籍

戸主卜部乃母曾、年肆拾玖歳、　正丁　課戸
母葛野部伊志売、年涞拾肆歳、　耆女
妻卜部甫西豆売、年肆拾涞歳、　丁妻
男卜部久漏麻呂、年拾玖歳、　少丁　嫡子
男卜部和哿志、年陸歳、　小子　嫡弟
女卜部哿吾良売、年拾陸歳、　小女
女卜部乎哿吾良売、年拾参歳、　小女　上件二口、嫡女、
従父弟卜部方名、年肆拾陸歳、　正丁
妻中臣部比多米売、年参拾涞歳、　丁妻
男卜部黒、年拾涞歳、　少丁　嫡子
男卜部赤猪、年拾陸歳、　小子
男卜部乎許自、年弐歳、　緑児　上件二口、嫡弟、
女卜部比佐豆売、年拾捌歳、　次女
女卜部赤売、年拾参歳、　小女
女卜部羊売、年玖歳、　小女
女卜部麻呂売、年壱歳、　緑女　上件四口、嫡女、

凡口壱拾陸
口壱拾弐不課（口二小子　口一緑児　口二丁女　口一次女　口四小女　口一緑女　口一耆女）
口肆課（口二正丁　口二少丁）
受田弐町弐段陸拾歩

図2　大宝2年筑前国戸籍

甲和里戸主孔王部小山、年肆拾捌歳、　正丁　課戸
妻孔王部阿古売、年伍拾弐歳、　丁妻
妾孔王部小宮売、年参拾捌歳、　丁妾
男孔王部忍羽、年弐拾弐歳、　正丁　兵士、嫡子、
男孔王部忍秦、年涞歳、　小子　嫡弟
男孔王部広国、年伍歳、　小子
女孔王部大根売、年弐拾涞歳、　丁女　嫡女
女孔王部古冨根売、年拾玖歳、　次女
女孔王部若大根売、年拾伍歳、　小女
女孔王部刀自売、年参歳、　緑女
女孔王部小刀自売、年弐歳、　緑女
従父妹孔王部小宮売、年参拾捌歳、　丁女
従父妹孔王部宮売、年肆拾歳、　丁女
姪孔王部手子売、年参拾弐歳、　丁女

合口壱拾肆
口壱拾弐不課（口二小子　口六丁女　口一次女　口一小女　口二緑女）
口弐課（口一兵士　口一正丁）

図3　養老5年下総国戸籍

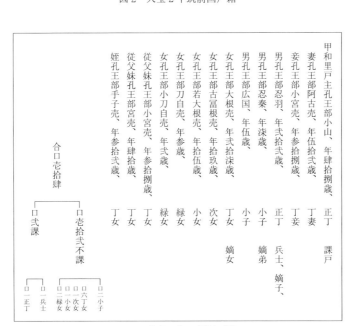

浄御原令制下の戸籍の様式を踏襲したものではないかとされてきた。

一方で陸奥国戸口損益帳や多賀城跡出土戸籍抜書木簡、（多賀城市）山王遺跡出土漆紙文書の検討により、御野国戸籍の様式が陸奥国においても採られていたことが判明し、御野国型は、単に御野国のみの独自様式ではなく、「東山道型」とも呼ぶべき東山道の戸籍の様式として把握できることが指摘されている。[5]

この日本古代戸籍の書式をめぐる「東山道型」と「西海道型」の前後関係については、近年、太宰府市国分松本遺跡から出土した「嶋評戸口変動記録木簡」[6]（図4）によって、「東山道型」の書式が、浄御原令制下の書式であることはほぼ確実となった。

この木簡の年代は、表面の「評」表記と、裏面にみえる天武十四年（六八五）冠位「進大弐」記載によって、天武十四年正月以降大宝元年三月までのものと断定されている。その木簡において、表面の二行目に少なくとも成人男子三人が「次」の字を挟んで続けて書かれているわけであるが、御野国戸籍でも同じように「次」字によって続けて書かれている。両者の書式が類似していることからすれば、この木簡が発見された西海道においても、大宝令施行以前には、「東山道型」の書式が用いられていたこともほぼ確実となった。[7]逆に言えば、大宝律令の制定・施行にともなって、戸籍の書式が「西海道型」に変わったということになる。

そこで次に、それぞれの書式の淵源について検討してみることとする。

・「嶋評　戸主建ア身麻呂戸又附去建□〔アカ〕×
『嶋□□〔戸カ〕　政丁次得□□〔万呂カ〕兵士次伊支麻呂政丁次×
　占ア恵□　□川ア里占ア赤足戸有□□×
　小子之母占ア真□〔廣カ〕女老女之子得×
□□□□』　穴凡ア加奈代戸有附□□□□□〔建ア万呂戸カ〕占ア×
　□□
・「并十一人同里人進大弐建ア成戸有　戸主□〔建カ〕×
同里人建ア咋戸有戸主妹夜乎女同戸□□〔有カ〕×
麻呂損戸　又依去同ア得麻女丁女同里□□〔人カ〕×
白髪ア伊止布戸〔損〕　二戸別本戸主建ア小麻呂□×

図4　太宰府市国分松本遺跡出土「嶋評戸口変動記録木簡」

二　唐代の戸籍の書式

日本古代の律令法が、中国より移入されたものである以上、それに関わるさまざまな仕組みの多くも、先行する古代中国より移入されたものであることは言うまでもない。

もちろんその一方で、日本古代国家が中国から律令制を継受する際に、多くの場面で日本社会に根ざした固有法的な世界がそこに影響を与え、日本的に変質している部分があることも確かである。

しかしながら各制度の表面的な部分には、概して母法の在り方が反映されていることが多いと考えられる。戸籍の表面的な書式においても、戸籍制度を創出したのが古代中国である以上、直接にその影響を強く受けているはずである。

その古代中国の戸籍制度については、はやく池田温氏による的確で分かりやすい「概観」が「録文」とともに公刊されている(8)。

それによれば、旧中国を通じとくに顕著な現象は、中央集権的官僚機構に支えられた歴代諸王朝が、整備された登録制度をもち、戸口や田土の文書による把握に努め、相当な成績をあげたことにあるとされ、秦漢以来の諸王朝は公定された戸籍制度を有し、版図内の全住民を一人残らず登録するたてまえであったという。漢以来の諸王朝が残した数千万から億以上に達する世界に比類稀な厖大な戸口統計も、この徹底した登録主義にもとづく戸籍制度を前提として可能となった。二千年以上前において、千二百万戸を超え六千万人になんなんとする全国統計をなしとげた行政能力は、ローマ帝国の市民センサスが六百万人以下であったのに比し、驚嘆に値するものであるという。しかもその信憑性が極めて高い点も重要である。

しかし史籍を伝存する中国では、編纂史書の素材となった原史料は早くに湮滅するのが通例で（日本とは逆の状況である）、かつては籍帳についても間接的知見にとどまっていた。ところが二〇世紀以降現在に至るまで、内陸アジアの考古学的調査によって籍帳類の実物が相次いで発見されることとなり、日本の正倉院伝来のものとは異なり出土品であるが故に「断簡零葉」であることが多いけれども、具体的実例を示す史料の価値は大きく、古代中国の社会経済史研究に大きな革新的成果をもたらしてきた。租税制においても田制においても、編纂史料では分からない細部にわたる実例が明らかにされてきているという。

池田氏が編纂した籍帳関係のこの「録文」集は、斯界に大きな学問的恩恵をもたらした。本稿でもそれに依拠しながら、ベルリン滞在中に得た実物に即しての知見や、その後に発見された籍帳類を加味して、若干の研究史整理を試みてみたい。

まず唐代を中心とした古代中国戸籍の書式については、はやく土肥義和氏によって、先行研究を踏まえた上で、関連諸規定が現存戸籍にどのように反映しているのかという観点から整理がなされている。(9) 土肥氏の作成した戸籍一覧をもとに、本稿に関わる範囲で再整理した表1・2を併せて参看されたい。

以下、土肥説を箇条書き的に確認しておく。

（1）戸籍の紙縫部柱書および官印の捺押

『唐会要』巻八五籍帳、『冊府元亀』巻四八六邦計部戸籍に引く開元十八年十一月勅文に、

諸戸籍三年一造。起正月上旬、県司責手実計帳、赴州依式勘造、郷別為巻。総写三通、其縫皆注某州某県某年籍。州名用州印、県名用県印、三月三十日納訖。（以下略）

とあって、戸籍の紙縫部に柱書を加え、そこに官印を押捺することになっていた。

表1・2掲載の現存唐代戸籍中では、①紙縫背面に柱書し捺印したものと、②紙縫戸籍面に柱書し捺印したものとに分かれるが、開元四年以前の戸籍には紙背部に、開元十年籍以後には紙表部に柱書および押印の存したことはほぼ明確である。なお戸籍の紙縫柱書を紙表・紙背のいずれの面に記入するかについての細則は現存しない。

（2）戸籍の大字使用

・唐代戸籍では年齢及び応受田額を示す数字は全て大字を使用。
・これら以外については、天授三年（六九二）ころ以前は常（小）字（表1・2）。
・証聖元年（六九五）籍または聖暦元年（六九八）籍または大足元年（七〇一）籍以後は大字。
※敦煌…大足元年籍以後は已受田額・地段田額が大字に、それ以外は大暦四年（七六九）手実に至るまで常字。
※吐魯番…開元四年（七一六）籍以後、戸籍に記される字はすべて大字。おそらく天授三年籍から大足元年籍の間に大字使用開始か。
ただし土肥論文執筆時点では知られていなかった表2の「池田録文16」に、早く貞観十四年（六四〇）手実に大字使用例がある。

官印捺押	大字使用 年齢	田積	給田記載	戸等注籍年次	備考
○	○	○×	○		課戸見輸
○	○	○×	○		課戸見不輸
○	○	○×	○		課戸見輸
	○	○×	○	○	租記載有
	○	○×	○	○	租記載有
	○	○×	○	○	租記載有
		○×	○		
	○	○×	○		
		○×	○		
○	○	○×	○	○	不課戸
○	○	○×	○	○	
○	○	○×	○		課戸見不輸
○	○	○×	○	○	課戸見輸

表1　唐代沙州（敦煌郡）敦煌県戸籍一覧

池田録文*	土肥一覧**	戸籍名	年代	文書番号	紙縫部柱書
3	ⓐ	唐沙州燉煌県龍勒郷籍	7世紀後半	S. 6343	
4	ⓑ	周大足元年沙州燉煌県効穀郷籍 a	701	P. 3557	背
4		周大足元年沙州燉煌県効穀郷籍 b	701	P. 3669	
5	ⓒ	唐先天二年沙州燉煌県平康郷籍 a	713	P. 2822	背
5		唐先天二年沙州燉煌県平康郷籍 b	713	羅振玉旧蔵	
5		唐先天二年沙州燉煌県平康郷籍 c	713	羅振玉旧蔵	
6	ⓓ	唐開元四年沙州燉煌県慈恵郷籍（抄録）	716	P. 3877	背
7	ⓕ	唐開元十年沙州燉煌県懸泉郷籍（草案）a, a′, b	722	P. 3898	
7	ⓔ	唐開元十年沙州燉煌県懸泉郷籍（草案）c	722	P. 3877	
8	ⓖ	唐開元十年沙州燉煌県莫高郷籍（草案）	722	P. 2684	
9	ⓗ	唐〔開元年代〕沙州燉煌県籍（草案）	8世紀前半	S. 6298	
10	ⓘ	唐〔開元年代〕沙州燉煌県籍（草案）	8世紀前半	S. 5950	
11	ⓙ	唐〔開元年代〕沙州燉煌県籍（草案）	8世紀前半	Дx0476	
12	ⓚ	唐天宝三載燉煌郡燉煌県神沙郷籍	744	P. 163	表
13	ⓛ	唐天宝六載燉煌郡燉煌県効穀郷籍	747	S. 4583	表
14	ⓜ	唐天宝六載燉煌郡燉煌県龍勒郷都郷里籍 a	747	P. 2592	表
14		唐天宝六載燉煌郡燉煌県龍勒郷都郷里籍 b, c	747	P. 3354	
14		唐天宝六載燉煌郡燉煌県龍勒郷都郷里籍 c 末	747	羅振玉旧蔵	
14		唐天宝六載燉煌郡燉煌県龍勒郷都郷里籍 c 末	747	S. 3907	
15	ⓝ	唐大暦四年沙州燉煌県懸泉郷宜禾里手実	769	S. 514	表

*池田註(8)前掲書録文番号　**土肥註(9)前掲論文一覧表番号

（3）給田記載の書式（三七六―七頁、図5）[10]

・已受田額・未受田額の記載位置が、敦煌と吐魯番とで、あるいは造籍年次によって異なる。

・記載位置については、次第に上方から書き起こす傾向にある。

・天宝期以後、次第に簡素化。戸口統計の消滅と関係するか。

（4）戸等の注籍年次

・先天二年（七一三）籍以後は大暦四年手実に至るまで必ず戸等記載がある。

・戸等記載規定は武徳令にはもちろんのこと、大足元年以前にも存在しなかった。

以上のように、戸等記載や大字使用

の変化の画期は武周期にあり、この時期が戸籍作成上の転期となったという。そしてこの時期の改修の結果が開元期の戸籍の書式に引き継がれることになるというのが、土肥氏による唐代戸籍の書式についての見解の概要である。

三　唐代以前の戸籍の書式

次に、この唐代戸籍の書式の特徴を、唐代以前の戸籍の書式と比較してみる。少し前までは、そのために必要な唐代以前の籍帳類はほとんど残っておらず、わずかに西涼建初十二年（四一六）籍（三七八頁、図6にその一部を掲げた）[11]と、西魏大統十三年（五四七）計帳（三七八頁、図7にその一部を掲げた）[12]のみが知られている程度であった。

その後、ベルリンの吐魯番文書コレクションのうち、終戦後もソ連（ベルリンから疎開中に接収されたらしい）の管理下

官印捺押	大字使用 年齢	田積	給田記載	戸等注籍年次	備　考
	○	○	○		
○	○	×	○		
	○	×	○		
	○	×	○		則天文字
	○	×	○		（不課戸）／則天文字
	○	×	○		則天文字
			○		則天文字
	○				則天文字
	○		○		則天文字
					則天文字
	○				則天文字
		×			則天文字
○			○		
			○		
○		○	○		
	×	×	○		
○	○	○	○	○	課戸不輸
○（背）		○	○		
○？		（○）			布租記載有
○	○	○	○	○	
○		○	○		
○		○	○		
	○				
	○	（○）		○	不課戸
			○		部曲
	○				
○		○	○		
		○	○		

表2　唐代西州（交河郡）戸籍一覧

池田録文*	土肥一覧**	戸　籍　名	年　代	文書番号	紙縫部柱書
16		唐貞観十四年九月安苦咖延手実	640	新疆博	
17	②	唐西州高昌県籍	7世紀後半	S. 4682	
18	①	唐西州籍	690以前	Ch1052	
19		周載初元年一月西州高昌県張思別・王隆海・寧和才戸手実	690	新疆博	
20	③	周〔天授三年？〕西州籍	692頃	書道博	
21	⑤	周〔大足元年？〕西州籍		書道博	
22	⑥	周〔大足元年？〕西州籍	701頃	大谷5059	
23	⑦	周〔武后時代〕西州籍	689～705	大谷8073	
24		周〔武后時代〕西州籍	689～705	大谷5448	
25		周〔武后時代〕西州籍	689～705	大谷4824	
—		周〔武后時代〕西州籍***	689～706	M12-1a, b	
—		唐西州大足元年？點籍様***	701頃	M151-2d	
26	⑧	唐西州高昌県籍	7･8世紀交期？	大谷5143	
27		唐西州籍	7･8世紀交期？	大谷4452	
28	④	唐西州高昌県籍	7･8世紀交期？	Ch1815	
29		唐神龍三年西州高昌県崇化郷點籍様	707	新疆博	
30	⑨	唐開元四年西州柳中県高寧郷籍	716	東博・書道博	背
31	㉒	唐西州籍	8世紀初期？	大谷8090	
32		唐西州籍	開元初年？	大谷3272	
33		唐西州高昌県順義郷籍	開元初年？	大谷5452	背
34		唐西州柳中県承礼郷籍	開元初年？	出口常順	背
35	⑩	唐開元十年西州高昌県籍	722	Ch1212	表
36		唐開元十年西州高昌県籍	722	Ch3810	表
37	⑪	唐開元十三年西州籍	725	大谷3291	
38	⑫	唐開元十三年西州籍	725	Ch1433	
39	⑬	唐開元十六年西州籍a	728	OR8212-632	表
	㉑	唐開元十六年西州籍b, c	728	大谷8088･8110	表
40	⑭	唐西州高昌県順義郷籍	開元年間	Ch2405	表
41	⑰	唐西州高昌県籍	開元年代？	大谷8069	

に置かれていた一箱の文書の存在が明らかになった。それは一九八〇年代にやっとソ連から旧東ドイツのライプツィヒ民族学博物館に返還されたものの、整理されることなくそのまま放置され、東西ドイツ統一後にようやくベルリン・ダーレムのインド美術館（当時）に戻ることとなり、その後、ベルリン国立図書館にて整理され、旧来の吐魯番文書コレクションに合体された。(13) ベルリンの吐魯番文書コレクションのうちの世俗文書については、簡便なカタログ(14)も刊行されている。

そしてそのなかに、五胡時代の戸籍としては二例目になる、北涼承陽二年（四二六）の年紀を有する高寧県籍(15)（Ch6001、三七九頁、図8）が含まれていることが明らかになったのである。(16) 図6と図8を並べてみればすぐ分かるように、両者の書式はよく似ている。また本文中に「承陽二年十一月籍」とあることは、この小さい断片が戸籍の一部であることを強く示唆している。(17)

○		○	○		
		○	○		
○		○	○		
○		○	○		
○	○				
	○		○	○	
	○				
		○	○	○	
○?		(○)			
			○		
			○		
	○		○		
		○	○		
		○	○		
			○		
			○		
		○	○		
		○	○		
		○	○		
			○		
		○	○		
		○	○		
○			○		課戸不輸
○	○	○	○	○	課戸不輸
○	○				
○	○				
	○				
	○				
	○				
	○				
○		○	○		
	○	○	○		
	○				

42	⑱	唐西州高昌県籍	開元年代？	S.6090	
43	⑲	唐西州高昌県籍	開元年代？	大谷 1051	
44	⑮	唐西州柳中県高寧郷籍	開元年代？	大谷 8064・8065	表
45	⑯	唐西州柳中県籍	開元年代？	大谷 8070	表
46	⑳	唐西州籍	開元年代？	大谷 1404	表
47	㉓	唐西州籍	開元年代？	大谷 4034	
48	㉓	唐西州籍	開元年代？	大谷 3408	
49	㉓	唐西州籍	開元年代？	大谷 3409	
50	㉓	唐西州籍	8世紀前期？	大谷 4517	
51		唐西州籍	8世紀前期？	大谷 5468	
52		唐西州籍	8世紀前期？	大谷 5468	
53		唐西州籍	8世紀前期？	大谷 5161	
54	㉜	唐西州柳中県？籍	8世紀前期・中期？	Ch1649	
55	㉛	唐西州籍	8世紀前期・中期？	Ch468	
56		唐西州籍	8世紀前期・中期？	Ch1234	
57		唐西州籍	8世紀前期・中期？	Ch3457	
58	㉓	唐西州籍	8世紀前期・中期？	大谷 1054	
59	㉓	唐西州籍	8世紀前期・中期？	大谷 4046	
60	㉓	唐西州籍	8世紀前期・中期？	大谷 5139	
61	㉓	唐西州籍	8世紀前期・中期？	大谷 3279	
62		唐西州籍	8世紀前期・中期？	大谷 3872	
63		唐西州籍	8世紀前期・中期？	大谷 4942	
64		唐西州高昌県？籍	年次未詳	出口常順	
65	㉕	唐〔天宝年代〕交河郡蒲昌県？籍	747～758	Ch1034	
66	㉔	唐天宝九載交河郡 籍	750	大谷 4158	
67	㉗	唐〔天宝年代〕交河郡 籍	747～758	大谷 8068・8063	○
68		唐〔天宝年代〕交河郡 籍	747～758	大谷 3249	
69	㉙	唐〔天宝年代〕交河郡 籍	747～758	OR8212	
70	㉙	唐天宝九載交河郡 籍	750	OR8212	
71	㉘	唐〔天宝年代〕交河郡 籍	747～758	大谷 3822	
72	㉘	唐〔天宝年代〕交河郡 籍	747～758	大谷 3821	
73	㉖	唐〔天宝年代〕交河郡 籍	747～758	Ch50	
74	㉚	唐〔至徳二載？〕交河郡戸口損益帳？	757？	Ch1455	

*池田註(8)前掲書録文番号　**土肥註(9)前掲論文一覧表番号（図5参照）

***拙稿「マンネルヘイム断片コレクション中の戸籍様文書等について」（嵐義人先生古稀記念論集『文化史史料考證』2014）

A	西魏計帳A種文書（図7参照）	㋑応受田六十六畝 ㋺卌六畝已受 ㋩十五畝麻 ㊁廿畝正 ㋭一畝薗 ㋬卌畝未受
B	①西州七世紀後期籍（柳中県？）	□年拾伍歳　小女　㋩ ㋺卌　歩　已　受㊁ ㋑応受田　□畝　㋭卌歩居住園宅 ㋬□畝二百歩未受□
C	②高昌県七世紀後期籍	㋩一十畝永　業 ㋺一十畝卅歩　已　受 ㋑応受田壱頃弐拾壱畝　㋭卅歩居住園宅 ㋬一頃一十畝二百歩未受
D	ⓐ敦煌県七世紀後期籍	㋩廿　畝　永　業 ㋺卅二畝已受　㊁十二畝口分 ㋑合応受田壱頃壱畝　㋭ ㋬六十九畝未受 女谷施年拾肆歳　小女
E	③西州天授三年？籍（六九二）	㋩五　畝　□（永）業 ㋺五　畝　卌　歩　已　受 ㋑応受田　畝　㋭卌　歩　居　住　園　宅 ㋬□　歩未受

土肥註(9)前掲論文一覧表参考）

続いて四世紀に遡る、前秦建元二十年（三八四）の、承陽二年籍と同じ高寧県籍[18]の存在も明らかになった（三八〇頁、図9）[19]。これまた概観する限り（段組みは一段多いが）建初十二年籍や承陽二年籍と似たような構造をしている。

これら四〜五世紀の三点の戸籍類は、關尾氏がすでに論じているとおり、細かい点で相違がある。例えば建初十二年籍には居住地記載（塢）があるが、承陽二年籍にはそれがない[20]。あるいは丁中制も明らかに異なる。建初十二年籍には丁中制は男性のみにみられるが、その前後の時代の戸籍である建元二十年籍と承陽二年籍には女性にも丁中記載がある。これらは民衆支配の違いに関わる問題である。これまた建元二十年籍は、三段目にかなり豊富な内容の記載があり、他の二戸籍とは

cf.	④西州六九五年ないし六九八年籍	㋑[応受]田陸拾壹畝　㋺[拾]畝肆拾歩已[受]　㋩[拾]畝永[業]　㋭肆[拾]歩居住[園宅]　㋬伍拾畝[弐]伯歩未[受]
F	ⓑ敦煌県大足元年籍	㋑合応受田壹頃参拾壹畝　㋺肆拾肆畝已受　㊁廿三畝口分　㋩廿畝永業　㋭一畝居住園宅　㋬八十七畝未受
G	⑨柳中県開元四年籍	㋑応受田伍拾壹畝　㋺肆畝肆拾歩已受　㋩肆畝永業　㋭肆拾歩居住園宅　㋬肆拾陸畝弐伯歩未受
H	ⓓ敦煌開元四年籍稿	㋑合応受田壹頃伍拾壹畝　㊁十六畝口分　㋺参拾渋畝己受　㋩廿畝永業　㋬一頃一十四畝未受㋭
I	ⓚ敦煌県天宝三載籍	㋑合応受田捌拾弐畝　㋺弐拾弐畝已受　㋩廿畝永業　㋭二畝居住園宅　㋬六十畝未受
J	⑱交河郡天宝籍	㋑応受田壹頃陸畝　㋺陸畝肆拾歩受　㋩陸畝永業　㋭肆拾歩居住園宅　㋬玖拾玖畝弐伯歩未受

図5　現存唐代戸籍の応受田・已受田・未受田の記載位置（①〜，ⓐ〜は，

まったく異なった様相を呈している。とくに四段目に土地売買・転移関係の記載があるのに注目される。これまでは關尾氏が指摘したように、五世紀の戸籍には「各種の受田額や地段の詳細など均田制期の戸籍に通有な記載がなく、均田制が施行されていた形跡はまったく認められないのである」とされてきた。均田制そのものではないが、今後この地方で土地売買が行われていることの意味も検討する必要があろう。

ただ本稿は書式に限って比較を行っている。それらの問題はしばらく置くとして、書式の問題に立ち返りたい。

土肥氏が唐代戸籍の書式の特徴としてあげた、(1)戸籍の紙縫部柱書および官印の捺押については、前記三点の戸籍にはみられない。

（前　欠）
仙?妻趙年十七
仙?息女宮年一
建初十二年正月籍
敦煌郡敦煌県西宕郷高昌里兵裴晟年六十五
息男醜年廿九
醜男・湊年廿五
湊妻馬年廿九
□（丁男二）
次男□（二）
女口□（二）
凡口四
居趙羽塢
建初十二年正月籍
敦煌郡敦煌県西宕郷高昌里散陰懐年十五
母高年六十三
丁男□（一）
女（口二）□
凡口□（三）
居趙羽[塢]
建初十二年正月籍

図6　西涼建初12年籍

（前　欠）
戸主劉文成己丑生年参拾究　蘯寇将軍　課戸上
妻任舎女甲午生年参拾肆　台資妻
息男子可乙卯生年拾参　中男
息男子義丁巳生年拾壱　中男
息女黄口水亥生年仵　小女　凡口七不課
- 口五不税
  - 口四男
    - 口二中年十三已下
    - 口二小年七已下
  - 口一小女年五
- 口二台資権税令課
  - 一丁男
  - 一丁妻

息男子侯辛酉生年涞　小男
息男黄口甲子生年肆　小男
計布一匹
計麻二斤
計租四石
- 二石五斗　輸租
- 一石五斗折輸草三囲

計受田口二
- 一丁男
- 一丁妻

応受田六十六畝
- 卅六畝已受
  - 十五畝麻
  - 廿畝正
  - 一畝薗　二分未足
- 卅畝未受

一段十畝麻　舎西二歩　東至舎　西北至渠　南至白醜奴
一段廿畝正　舎東二歩　東至侯老生　西至舎　南北至渠
右件二段[戸][主]文成分　麻　正　足

図7　西魏大統13年計帳

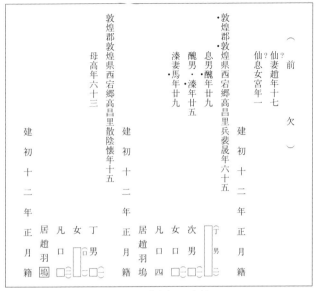

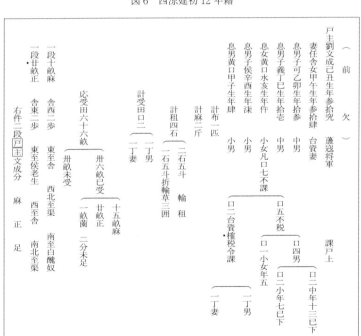

〔前　欠〕
凡
承陽二年十一月籍
丁男一
丁女一
小女二
□凡口四
□承陽二年十一月籍
老男二
凡口二
承陽二年十一月籍
〔後　欠〕

図８　北涼承陽２年籍

（２）戸籍の大字使用についてであるが、前秦建元二十年籍、西涼建初十二年籍、北涼承陽二年籍の残存部分はすべて常字である。土肥氏が推測したように、年齢記載ですら常字を行用しているので[21]、事例の追加もあることから、この時代には大字は使用されなかったとみてよい。西魏大統十三年計帳（各戸別記載であるA種文書と、多くの戸について項目別に集計しているB種文書が貼り継がれている）になると、やはり土肥氏が指摘しているように、「B種文書は細目記載に常字を用い、それらを集計した項目はおおむね大字を行用しており、他方、A種文書は年齢を大字で書写する以外はすべて常字を用いている」ので、五胡時代の戸籍に比して西魏計帳文書の方が、より唐代戸籍の大字書式に近いことになる[22]。

（３）給田記載の書式については、やはり土肥氏が、西魏計帳A種文書が、現存唐代最古の戸籍とされる西州籍（Ch1052、図５）に酷似しているとし、唐代初期の戸籍が西魏計帳A種文書の系譜にあることを述べている[23]。

一方、唐以前の戸籍に特徴的な戸口数集計部分については、唐代以降記載されなくなるようである[24]。この問題は日本の戸籍の書式の淵源を考えるとき重要な論点となる。

また西魏計帳に特有な租調賦課記載については、前後の籍帳に例をみない[25]（表３）。

(前欠)
[　　　]　[　　]三　埽塢下[　　　]
女々弟素年九新上　凡口八　得猛季常田四畝
素女弟訓年六新上　西塞奴益富年廿入李雪
廣婢巧成年廿新上
勲男弟明年三新上　舎一区
明男弟平年一新上　建元廿年三月藉
高昌郡高寧県都郷安邑里民張晏年廿三
叔聰年卅五物故　奴女弟想年九　桑三畝半
母荊年五十三　晏妻辛年廿新上　城南常田十一畝入李規
叔妻劉年卅六　丁男二　得張崇桑一畝
晏女弟婢年廿物故　丁女三　沙車城下道北田二畝
婢男弟隆年十五　奴丁男三　率加田五畝
隆男弟駒[年　　]　[小女二]　[舎一区]
駒女弟[□年　　]　[小男二]　[建元廿年三月藉]

図9　前秦建元20年籍

表3　曾我部静雄氏による分類

	給田記事	戸口数集計	租調賦課
西涼		○	
両魏	○	○	○
唐	○		

四　正倉院戸籍の書式との比較

これまでの考察で、日本古代の戸籍の書式の淵源を考える材料が調った。いよいよ本題である。

本稿第一節で触れたように、正倉院文書中には、ともに大宝二年の年紀をもちながら、それぞれ書式が大きく異なる御野国（東山道）型と西海道型の戸籍が存在する。そして御野国型の方が古い書式であることはすでに触れた。

早く曾我部静雄氏は、この両形式を中国古代戸籍の書式と比較するという視点を提供してくれていた。[26] とくに注目したのは、西海道戸籍における戸口数集計部の存在である。西海道戸籍には戸別記載の末尾に各戸毎の口数総計や、その戸内の課口・不課口数や明細を示す表があるが、これは本稿第三節で触れたように、唐代戸籍にはみられないもので、むしろ西魏大統十三年計帳A種文書の間接的な影響が認められる（養老五年下総国戸籍も同様）。御野国戸籍にも戸口数記載はあるが、そこでは各戸の冒頭に男女を区別して文章化して記載している。これにはむしろ西涼建初十二年籍の影響を想定できるという。[27] そこで曾我部氏は、御野国戸籍の源流を西涼に、西海道戸籍の源流を西魏に求めることとなった。

つまり大宝・養老年間の戸籍における二つの異なった様式の存在は、いずれも唐代以前の中国の戸籍制度が、大宝律令制定以前にすでに、しかも複数回にわたって日本に流入していたと考えざるをえなくなる。時系列的にいえば、西涼時代の型式がまず日本に伝来し（御野国型戸籍）、ついで西（両）魏時代の型式が伝来した（西海道型戸籍）という。[28]

こうした見方はかつては概ね了解されていたものと思われるが、近年、漢簡や三国呉簡などと戸籍との関係という新しい視点が提起され、[29] また日本でも第一節で触れた戸籍と関わる木簡の出土もあって、古代中国の新出戸籍なども含めて、あらためて検討し直す必要が出てきた。

西海道型戸籍の書式については、西魏大統十三年計帳と酷似しているので、その影響下にあるという点で異論はないと思う。[30] 問題はそれに先行する、より古いと思われる御野国型戸籍の書式の淵源である。

曾我部氏が御野型書式の淵源を西涼籍に求めたのは達見であるとは思うが、細かい議論をすれば違いも目立つところである。いずれも三段組みであるとはいえ、御野型歴名部は各段三名（一名につき人名と年齢と丁中がセットで一要素を構成する。それが三セットで一行となる）、西涼籍では中段が歴名（戸主との続柄と人名と年齢がセット）、下段が集計部（および居住地）である。つまり西涼籍では段ごとに読んでいくものが御野型では行ごとに読んでいく書式である。これは曾我部氏の研究以後に発見された北涼籍でも前秦籍でも基本的に変わらない。[31]御野型と西涼籍とで書式が同じだと言うことの意味は、戸籍全体に含まれている要素、すなわち人名と続柄と年齢と丁中のセット、および戸ごとの男女別丁中別集計が共通するという点にある。

この点については、近年注目されるようになった紙媒体の籍帳に先行する簡牘による人員管理においても同様である。

長沙走馬楼三国呉簡中の名籍と御野国型戸籍の書式との類似性について、もっとも詳細な論を提起した小林洋介氏は、両者が「同じ三段組のレイアウトをもつ帳簿である」ことから筆を起こすが、[32]長沙走馬楼三国呉簡は基本的に西涼籍と同じで、一行に三名が並ぶことはほとんど無い。[33]同じ三段組みでも西涼籍と御野型とで組みが違うのと全く同じ関係である。

もっとも小林氏は、御野型（および太宰府市国分松本遺跡出土木簡）の書式において、第一節で触れたような「次」字による既述の家族との関係を書く方式が、長沙走馬楼三国呉簡や西涼籍でみられる、続柄を戸主とではなく前行との関係で記す方式との親近性を示唆している。西涼籍の書式が簡牘に由来する書式であるという論点は、これまでも繰り返し指摘されてきたことであり、[34]もちろん異論はない。小林氏はまた長沙走馬楼三国呉簡と御野国戸籍とを繋ぐものとして、さらに「吏民籍」中の戸品と御野国戸籍中の特徴的な記載である三政戸・九等戸との関係をも示唆している。

これらの特徴は、書式そのものとして、どこまで強調できるのかやや疑問ではあるが、両者の関係性を検討する上では一つの素材であろう。

一方、井上亘氏は、西海道戸籍を西魏計帳の影響を受けたものとする点では通説と同じであるが[35]、御野国戸籍については、それらとは大きく異なり巻頭の集計部と各戸の集計行・戸口記載からなるという、集計部を前に置く点に特徴があるとし、それを計帳的役割を補完する「差科簿」的なものとみて、その淵源を中国というよりは吉備白猪屯倉[36]の「田部の丁籍」（欽明天皇三十年紀正月朔条）以来の系譜によるのではないかとしている[37]。そのように解釈すれば、西海道型とは異なり女性よりも男性を先に書くことや、冒頭に集計部がくることが整合的に理解できると考えるわけである。

もちろんこの見解は一案であり傾聴に値するが、ただ屯倉の丁籍の伝統をどこまで評価できるか分からない状況下でもあり[38]、御野国型書式の男女別丁中別については、単純に西涼籍（現在では北涼籍、さらに前秦籍と類例が増えた）の直接の影響とみる方が分かりやすいのではないか。

なお大宰府を擁する軍事的要地である西海道においては、男女をまず分け、冒頭に集計部がくる御野型書式の方が利便性が高いはずであるのに、なぜあえて夫婦と子供の組み合わせを基本にし、受田額まで記載する西海道型を採用したのかが疑問になるが[39]、これは律令制継受時における何らかの事情があったのであろうか。おそらく律令田制の継受にも関わる興味深い問題であるが、後考を俟ちたい。

ところで井上氏は一方で、これまでみてきたような古代中国における籍帳の発達過程をふまえて、計帳が戸籍から派生したという重要な結論を導き出している[40]。ただし周知のように日本古代において計帳と戸籍の作成をめぐる諸関係については、困難な問題を抱えた長い研究史があり、いまだに確説はない状況であると言ってよい。

本稿第一節でふれた太宰府市国分松本遺跡出土木簡が前提としていた戸籍を御野国戸籍に極めて近いものとみる坂上氏は、その議論を発展させて、西海道戸籍は書式においては唐風化が進んでいるが、戸籍のもとになった情報としては、御野国戸籍の方が唐での造籍作業を採用していたとみるべきだという重要な結論を導き出している。結果として大宝令制下の造籍制度としては六月の計帳手実とは別の、年末の戸籍手実の提出（あるいはそれと同等の調査）をともなっていたことも明らかにした。(41) あるいはこの問題が西海道型書式採用とも関わるのかもしれない。

むすびにかえて

以上、これまでの議論をあらためて整理してみたところ、結論的には、旧稿と同じく、御野型の書式は前秦〜北涼籍の影響下にあり、西海道型の書式は両魏期の書式の影響下にあるとみてよいように思う。本稿はあくまで書式のみの考察であり、戸籍による民衆支配の実態などについては、すべて今後の課題として、研究史を含めてあえて触れなかった。

また旧稿では、これらに関係して隋唐以前の諸制度が周辺諸国に与えた影響（憶測ないし仮説）にも触れたところであるが、それらについての詳細も機会をあらためることとし、とりあえずここで擱筆することとしたい。

註

（1）養老戸令19造戸籍条に「依式勘造」とあり、『令集解』戸令23応分条には「養老五年籍式」がみえるが、具体的な書式は不明である。

（2）その詳細については、拙稿「古代アジア世界の東と西：在ベルリン吐魯番文書と正倉院文書の語るもの―その研究の歴史と一断面―」（『国際日本学』二、二〇〇五年）で述べた。

（3）拙稿註(2)前掲論文、同「トゥルファン文書から見た古代世界の東と西―隋唐以前の諸制度が周辺諸国に与えた影響をめぐって

―」（『環東アジア研究センター年報』一、二〇〇六年）。本稿で「旧稿」と称するものはこれらを指す。

それらの旧稿では、吐魯番出土文書が日本古代史研究にはたす役割として、それぞれが同じく中国の律令制の影響を受けた東端と西端の辺境地域であって、比較史的に重要な意味があることを前提に、この籍帳比較研究のほかにも、①書風の問題、②ＡＭＳ放射性炭素年代測定の応用の可能性、③均田制関係文書・契約文書・売買文書の比較研究等が可能であることを簡単に触れている。

（4）『大日本古文書（編年文書）』第一巻一頁をこの様に略記する。以下同。

（5）平川南「出土文字資料と正倉院文書」（『古代地方木簡の研究』吉川弘文館、二〇〇三年。初出は一九九九年）。またそれ以前に岸俊男は、陸奥国戸口損益帳（(古)一305）が御野型と同じ形式に属することを指摘していた（同「律令制の社会機構」「いわゆる「陸奥国戸籍」の残簡」『日本古代籍帳の研究』塙書房、一九七三年。初出は一九五二年、一九五六年）。杉本一樹氏もその見解を支持しているが（同「編戸制再検討のための覚書」『日本古代文書の研究』吉川弘文館、二〇〇一年。初出は一九八四年）、一方でその界線の引き方などのレイアウトについては、むしろ西海道型戸籍に近いことも指摘している（同「律令制公文書の基礎的観察」同前掲書。初出は一九九三年）。

（6）坂上康俊「嶋評戸口変動記録木簡をめぐる諸問題」（『木簡研究』三五、二〇一三年）。

（7）以上、坂上康俊Ａ「大宝令以前の戸籍・計帳制度―嶋評戸口変動記録木簡出土の意義」（『学士会会報』八九八、二〇一三年）、同Ｂ「太宰府市国分松本遺跡出土木簡について」（『考古学ジャーナル』六四九、二〇一三年）、同註(6)前掲論文。

（8）池田温「概観」（『中国古代籍帳研究―概観・録文―』東京大学東洋文化研究所・東京大学出版会、一九七九年）。

（9）土肥義和「唐令よりみたる現存唐代戸籍の基礎的研究（上）（下）」（『東洋学報』五二―一、二、一九六九年）。

（10）土肥註(9)前掲論文一〇七頁〜一〇九頁。

（11）池田註(8)前掲書録文一号。

（12）池田註(8)前掲書録文二号。

（13）西脇常記「ソ連から返還された文書―非仏典文書について―」（『ドイツ将来のトルファン漢語文書』京都大学学術出版会、二〇〇二年。初出は一九九七年）。

（14）Nisiwaki Tsuneki, *Chinesische und Manjurische Handschriften und Seltene Drucke III Chinesische Texte Vermischten Inhals aus der Berliner Turfansammlung*, Stuttgart: Franz Steiner Verlag 2001.

(15)　番号が他の文書と懸け離れているのは、後になって整理されてコレクションに合体された文書であるからである。

(16)　北涼の「承陽」年号については、關尾史郎Ａ「「承陽」備忘―『吐魯番出土文書』箚記再補―」（『東洋史苑』五〇・五一、一九九八年）、同Ｂ「ベルリン所蔵、「北涼承陽二年十一月戸籍」初探」（『在ベルリン・トルファン文書の比較史的分析による古代アジア律令制の研究』科研費報告書〈課題番号一七三二〇〇九六〉、研究代表：小口雅史、二〇〇八年。初出は二〇〇六年）に詳しい。北涼の公文書にこの年号が使用されたことの意味は大きい。

(17)　關尾註(16)ＡＢ前掲論文に詳しい。また本間寛之氏もこの地域における人民把握の歴史のなかでこの文書に注目している（同「麹氏高昌国における人民把握の一側面」『史滴』二八、二〇〇六年）。

ただ、筆者がベルリン国立図書館において初めてこの小さな断片を手に取ったときには、戸籍と断定するのに若干のためらいも感じていた。理由の一つは仏典らしき文章が書かれた背面に罫線があったからである。通常なら罫線がある面が表であり、廃棄後に裏面が使用されるはずである。戸籍に関わるメモではないかというのがその感想であった。ただその後、裏面に罫線を後に引く事例らしきものに、サンクトペテルブルクのロシア科学アカデミー東洋写本研究所における調査（Дx08519、拙稿「在サンクトペテルブルク・ロシア科学アカデミー東洋写本研究所蔵世俗文書補訂―關尾史郎氏紹介の戸籍様文書・水利文書を中心に―」『法政史学』八五、二〇一六年）で接したことから、この問題は一応解決した。また辻正博氏から、裏面に後に罫線を引く場合には、表面に引く場合とは異なり、余白が小さい傾向があるのではないかとの指摘も受けた。たしかにこの二例とも罫線の外側の余白が狭いようにみえるが、このケースでは紙の横辺が必ずしも生きていないようにもみえる。

あと後世の造籍行為が正月から三月までであることから、「十一月籍」というのも気になるが（關尾註(16)Ａ前掲論文註⑳でも触れられている）、この時代の造籍規程が不明な以上、こだわっても仕方ないであろう。ちなみに日本の戸令では造籍は十一月からである（養老戸令19造戸籍条）。

またもう一点、關尾氏も本間氏も触れていることであるが、断片上辺に確かに墨痕が存在する。關尾氏は「第七行と第八行の上方にかすかに墨跡が認められる」とし（關尾註(16)Ｂ前掲論文）、本間氏は「写真を見ると上部にも墨痕があり、少なくとも第六～七行の上に「十」のような文字の跡が見える」とする。本間氏が「十」としたのは写真の陰を見誤ったものと思われ、実際には横画のみである。これをもって両氏は、上段に他の戸籍同様、人名が記載されていたものとするわけであるが、実は墨痕は、厳密に言うと第六行と第七行の行間（本間氏の指摘が正しい）、および第七行と第八行の行間上方である。つまり上段の墨痕は下段と

（少なくともこの二箇所については）位置的に対応していない。もっとも後者は下段の空白部分上方なので無視すべきであろう。もちろんこの時代の戸籍は、上段と下段の記載内容が行単位でもともと対応していないので、気にすることはないのではあるが、形式および記述内容についてはいろいろな可能性を考える必要があるのかもしれない。

(18) じつはCh6001を「高寧県籍」とするのは、出土地からの類推である（關尾註(16)B前掲論文）。紙背が再利用される場合、表面の内容と出土地は直接は関係しないことは言うまでもない（拙編著『北方世界と秋田城』六一書房、二〇一六年）。この点について關尾氏は「たしかに文書の出土地は必ずしもその作成地と一致するわけではないが、戸籍のような基礎的な公文書は廃棄でもされないかぎり、移動する可能性は小さいと思われるので、本文のように考えた。本戸籍は、複数以上作成されたはずの同年の戸籍のなかで、県衙に保管されていたものとするのが最も妥当なところであろうか」とする。

なお前秦建元二十年籍の紙背は『論語』の写本であるが、「戸籍としては早い段階で廃棄され、写本として四九年間のうち長期に保存されたと考えられる」という（室山留美子・穴澤彰子「吐魯番北涼文書の作成、保存、再利用、廃棄、埋納過程に関する一考察」『都市文化研究』一一、二〇〇九年）。

(19) 洋海一号台地四号墓出土。榮新江「吐魯番新出《前秦建元二十年籍》研究」（『中華文史論叢』八八、二〇〇七年）。

(20) 關尾註(16)A前掲論文では、「塢」は記載されないのが通例で、西涼建初十二年籍の方が特殊であるとしたが、前秦建元二十年高寧県籍に「塢」がみえる。

(21) 土肥註(9)前掲論文（上）一〇二頁。

(22) 土肥註(9)前掲論文（上）一〇三頁。土肥氏は続けて、西魏大統十三年計帳A種文書は、丁中老寡小、課戸・不課戸の別、戸口名、年齢、戸等、公課、給田（本文で次に触れる）、地段四至記載、紙縫押印といった記載項目が唐代戸籍に類似することから（ただし公課は唐代戸籍にみえず、紙縫押印は本計帳にみえないので誤りか）、戸籍とみるか計帳とみるかで論争のあるこの西魏大統十三年計帳が、いずれにせよ西魏の戸籍の様式を伝えるものとみている（土肥註(9)前掲論文（上）一一三頁）。

(23) 土肥註(9)前掲論文（上）一〇六頁。

(24) 曾我部静雄「西涼及び両魏の戸籍と我が古代戸籍との関係―附、課役問題の現状―」（『律令を中心とした日中関係史の研究』吉川弘文館、一九六八年。初出は一九五七年）三六八頁。ただし曾我部氏が力説するような「唐代戸籍には戸口数の集計が記載されたものは一例もない」とする点については検討の余地がある。例えば唐神龍三年（七〇七）「西州高昌県崇化郷點籍様」（池田註

（8）前掲書録文二九号）参照。
（25）曾我部前掲註（24）論文。ただし唐代籍帳類にも若干租税公課に関係する記載は散見する。表1・2備考参照。
（26）曾我部前掲註（24）論文。なお日中戸籍を比較したものとしては、概説的なものであるが平田耿二「解説―古代の戸籍（二）～（六）―」（『戸籍時報』三四九～三五三、一九八七年）、およびそれに全面的に依拠した久武綾子「古代の戸籍―日本古代戸籍の源流をさぐる」（『愛知教育大学研究報告』四〇〈芸術・保健体育・家政・技術科学編〉一九九一年）もある。
（27）ただし御野型にみえる戸等制は、武周以前の戸籍では西魏B種計帳文書だけにみえるものである。
（28）曾我部氏はさらに、日本では新しい書式が伝えられたときに、それにしたがって改めたところと改めなかったところとがあって、結果として両様式が併存することになったとみているが、この点についてはすでに第一節でふれたように、併存というよりは、御野国型から西海道型に変化していったということになる。
（29）井上亘「中国籍帳と御野国戸籍」（新川登亀男・早川万年編『美濃国戸籍の総合的研究』東京堂出版、二〇〇三年）、小林洋介「正倉院籍帳と長沙走馬楼三国呉簡」（『史観』一五三、二〇〇五年）。
（30）ただし井上亘氏は、日本の籍帳にみえる男女丁中別の集計が唐の戸籍にないことから、その原型を西涼籍に求め、さらに三段型式の下段の余白に集計をおく点も、西涼籍の特徴に対応するとして、この西涼籍の書式が、西魏計帳を経て日本に伝来し、日本で発展したとみている。井上註（29）前掲論文四二二頁。また小林氏は、戸の集計や田地記載が歴名のあとに図式化される書式は、「平面を縦横無尽に使用できる紙ならではの新たな表現形態である」としている。小林註（29）前掲論文六頁。
（31）前秦籍は、西涼籍を三段構成と考えれば、四段構成になる（図9）。その三段目に、本来二段目に来るべき人名などの要素が二行だけはみ出してきている部分がある。
（32）小林註（29）前掲論文二頁。
（33）井上註（29）前掲論文では、一行に三名記される実例として、わずかに漢簡中の「燧長名籍」（永田分類Ⅰイc）などをあげるが（同論文四一八頁も参照）、三国呉簡以降にはみられないとする（四二七頁）。小林氏自身も歴名三段書きについて「「吏民籍」には一部にしかみえない形式」であるとして、そのこと自体は認めている（小林註（29）前掲論文五頁）。
（34）池田註（8）前掲書、井上註（29）前掲論文四二一頁ほか。
（35）ただし西魏計帳が西涼籍の影響を受けているとみる点は独自の見解である。註（29）参照。

(36) 井上氏は、中国において西魏計帳出現以前に西涼籍に戸口集計があるのと同じ関係を日本でも見出そうとしているわけである。
(37) 井上註(29)前掲論文四二六頁。
(38) 井上氏自身「『丁籍』から御野国戸籍へと展望する卑見には、なお論証困難な多くの課題が残されている」としている通りである（井上註(29)前掲論文四二九頁）。
(39) 坂上註(7)B前掲論文一七頁、同註(6)前掲論文一七一頁ほか。
(40) 井上註(29)前掲論文四二三頁。
(41) なお坂上氏は「日本の計帳の特徴であるホクロやアザなどの記載」が「唐の計帳手実には無」いことを問題としている（註(7)B前掲論文一六頁）。これについては、小林氏が長沙走馬楼三国呉簡を素材に繰り返し触れているように、古くは身体特徴を記載したものがあったので（小林註(29)前掲論文）、それらとの関係をも検討する必要があるかもしれない。

古代日本の名簿に関する試論

佐々木恵介

はじめに――中田薫「「コムメンダチオ」と名簿捧呈の式」の意義と問題点――

現代社会で名簿といえば、個人情報が集積されたデータベースといった性格を持つのに対して、前近代社会、とくに古代・中世の名簿のなかに、それとは大きく異なるものが存在するのはよく知られている。そして、そのような名簿についての代表的、古典的な研究が、中田薫「「コムメンダチオ」と名簿捧呈の式」(1)であることも、また周知の事実である。

中田氏の研究の意図は、西欧中世社会に存在した土地恩給制と家人制とからなる、いわゆる狭義の封建制（封建的主従関係）と、日本の中世社会におけるそれとの類似性を指摘するところにあり、その類似性が主従関係を結ぶ際の契約にも及んでいるとするものであった。その要旨は、大略以下の通りである。

西欧中世社会において、私人間に主従関係が結ばれる際の契約はコムメンダチオと呼ばれ、それは①授手の式（従者となる者が自己の両手を組合わせて、これを主君の手中に置く）、②宣誓の式（従者となる者が主君に対して、忠実に奉仕することを宣誓する）、③贈与授受の式（主君が従者に対して武器・乗馬などを贈与する）の三段階からなっていた。このうち、最も重要な意味を持つ①は、古代ゲルマンに源を発するもので、自己の独立を放棄して他人の権下に身を委ねることをあらわす所作であった。

このコムメンダチオに対応するものとして、日本では平安中期に名簿捧呈式という主従関係設定にあたっての行為が存在した。名簿は名符・名籍・名謁などとも記され、「みゃうぶ」「なつき」などと訓まれており、また二字と呼ばれることもあった。名簿が捧呈されるのは、人の弟子となる時、人の従者となる時、敵に降伏する時の三つの場合に限られており、それは、源重之が藤原済時に名簿を捧呈した際の歌である「みちのくの　あたちのま弓　ひくやとて君にわが身を　まかせつる哉」（『後拾遺和歌集』巻十六）に端的に示されているように、托身を意味する行為であった。

このように中田氏は、コムメンダチオにおける授手の式と名簿捧呈式とは、その意味という点ではまったく同じ儀礼だったとされているのである。ただし一方で氏は、名簿捧呈式が日本固有のものではなく、中国から輸入された慣習であるとし、人に教えを乞う場合や、人の知遇を得たい場合に、漢代には刺（木簡）、後漢以後には名紙・門状などと呼ばれたものを進呈していた事例を紹介している。

以上のように中田氏の研究は、名簿がどのような場合に捧呈され、それはどのような意味を持つのか、その起源はどこにあるのか、などといった点について、豊富な事例を紹介しながら説かれており、今から一〇〇年以上前に発表されたものではあるが、現時点でも名簿に関するもっとも包括的かつ基本的な研究としての価値を失っていない。しかし同時に、その後の研究ですでに指摘されている(2)ことも含めて、さまざまな問題点や課題が存在するのも事実である。

第一に、中田氏は名簿捧呈を封建的主従関係を結ぶ際の儀礼として、西欧中世社会のコムメンダチオと対置しているのであるが、名簿の捧呈という行為そのものと封建的主従関係との結びつきについては、甚だ不明確だといわざるを得ない。名簿が捧呈される場合として挙げられた事例の多くは、平安時代の貴族社会でのものであり、そこで結ばれる関係に、土地の恩給という要素が含まれるとは考えられないし、逆に典型的な封建的主従関係があらわれるとされる鎌倉時代以後の武家社会では、名簿の捧呈より簡略な見参の儀礼が行われるようになったとの指摘も、中田氏自身によってなされている。さらに、名簿捧呈は中国で行われていた慣習を輸入したものだとされているのだから、少なくとも名簿の捧呈と封建的主従関係の形成とが一対一で結びつくものでないことは明らかであろう。近年では、封建制あるいは封建的主従関係という概念そのものに、さまざまな面から疑義が提出されている点も考慮すれば、(3)ひとまず名簿と封建的主従関係とは切り離して考えるべきだと思われる。

第二に、右のように名簿捧呈と封建的主従関係を切り離して考えるとしても、なぜ名簿の捧呈が「君にわが身をまかせ」ることになるのかという問題がある。換言すれば、名簿捧呈が行われていた時期の社会のなかで、名とはどのようなものだったかという問題である。これについては、すでに中村吉治氏が律令制以前の氏族制社会における名との関係で考察を加えられているが、(4)もう少し平安時代の名簿に記された名（姓名）に即して考える必要があると思う。

第三に、中田氏が名簿の実例を挙げるなかで、(5)右のような意味での名簿とは別個の性質を持つものとして、考察の対象から外された名簿の問題がある。具体的には、氏爵の申請の際に用いられる名簿の例を挙げて、これらの叙位または除目の時に、候補者または推薦者から提出される名簿は、托身の証として使用される名簿とは性質が異なるとされている。中田氏が、この種の名簿を考察の対象から外されたのは、氏の関心からすれば後述するように当然の処置ともいえるが、一方で平安時代の日記や儀式書にこの種の名簿が頻繁に登場するのもまた事実である。したがって、これらの名簿を考察の対象から外したのでは、当時の名簿の性格全般を検討することはできなくなるだろう。

右のような中田氏の研究の問題点や、そこから導き出される課題をふまえ、本稿では、以下のような順序で検討を進めていきたい。まず、中田氏が検討の対象から外された叙位・任官に関わる名簿についてみていく。これについては、すでに別稿で叙位・任官の申請方式という視点から若干の考察を加えているので、(6)ここではそれらの名簿の性質が、むしろ中田氏が検討の対象とされた名簿に連なるものであることを明らかにしていきたい。次に、中田氏が言及されなかったタイプの名簿、とくに官司内での下僚から上司に提出される名簿についてみていくことにする。そのうえで、最後に中国の刺あるいは名紙といった書類とも比較しつつ、あらためて古代日本の名簿の特徴を考えていきたい。

一　叙位・任官に関わる名簿

まず、叙位・任官に関わる名簿について、これまで別稿で指摘したことをまとめておく。

叙位・任官の申請に名簿と呼ばれた書類が使用されるのは、叙位では年爵・氏爵、任官では年官があり、成功による叙爵や任官でも名簿が使われる場合が多い。(7)これらの名簿は、その文面上の形式によって二つに分類できる。その第一は、叙位・任官を希望する者の位姓名、希望する位階・官職、簡単な申請文言、年月日、叙位・任官希望者を推挙する者（個人あるいは機関）の名が記されているものである。例えば『大間成文抄』第一、当年給の、

正六位上嶋田朝臣種忠
望㆓山城・美濃等国目㆒、摂津権少目、
右当年給、以㆓件種忠㆒所㆑請如㆑件、

長保元年（九九九）正月廿八日左大臣正二位藤原朝臣道(8)―

という名簿がこれにあたり、年官・年爵・氏爵の申請はもっぱらこの種の名簿で行われている。第二は、第一の形式には存在する簡単な申請文言と叙位・任官希望者を推挙する者の名が記されていないタイプの名簿である。ここでは、『大間成文抄』第七、所々奏から、その直前に記されている大間書の一行もあわせて引用する。

『諸寺申名簿書例』
内舎人正六位上藤原朝臣行貞円宗寺申、

円宗寺申、
正六位上藤原朝臣行貞

望二内舎人一、
承保三年（一〇七六）正月廿日(9)

一行目の『諸寺申名簿書例』は『大間成文抄』の注記、二行目は大間書の抜き書き、三行目の「円宗寺申」は、蔵人によって付された袖書である。この形式の名簿は、成功による叙爵・任官に多く用いられており、また臨時給――十世紀後半から出現し、臨時の年給とはいえ実質的には成功に異ならないとされる(10)――の申請文書にも第二の形式の名簿が用いられた(11)。

さてこれらの名簿のうち、第一のタイプは、その文面から、推挙者が叙位議・除目議の場に提出したことが明らかだが、第二のタイプも、その袖書などから、叙位・任官希望者本人ではなく推挙者が提出したものであると考えてよい。すなわち当然のことではあるが、どちらの名簿も叙位議・除目議では推挙状としての機能を果たしているのであって、中田氏が托身の名簿とは性格が異なるとされたのは、その限りにおいて至当な判断だといえる。

しかし、これらの名簿、すなわち叙位・任官申請文書がどのような経緯で叙位議・除目議の場に提出されたのかに注目すれば、別の見方も可能となる。叙位議・除目議の場に名簿という名の申請文書が提出される前提として、叙位・任官希望者から推挙者への名簿の提出が想定できるからである。例えば第一のタイプの名簿については、すでに別稿で掲げたように、(12)長保元年十二月、藤原実資の「僕」である平維幹が、花山院の年爵による叙爵を希望した際、実資を通じて花山院に叙料とともに名簿を提出したとする『小右記』の記事がある。また第二のタイプの成功に関しては、同じく『小右記』長元三年（一〇三〇）八月二十七日条の、

造八省・豊楽院行事所申栄爵者四人（藤原言良・丸部礼用・源良親・伊福部孝行）、名簿給二大内記孝親朝臣一、仰下可レ作二位記一之由上、（国用位記、但礼用・孝行等二人外階、）

という記事がある。成功を募った造八省・豊楽院行事所から、叙爵を望む者の名簿が右大臣実資に提出され、実資はこれを内記に下して国用位記の作成を指示したとするものである。行事所が新たに名簿を作成した可能性を全く否定はできないものの、藤原言良以下の四名が行事所に提出した名簿が、そのまま実資に、いわば転送された可能性のほうがより高いと考える。もっとも、叙位議・除目議の場に提出される名簿形式の申請文書すべての場合に、叙位・任官希望者から推挙者に名簿が提出されたわけではなく、款状、すなわち自身の功労等を記して推挙を求める文書が出されることもあったし、(13)逆に希望者から推挙者へ名簿が提出された後、推挙者からは請奏形式の申請文書が叙位議・除目議の場に提出されることもあった。(14)今述べた、希望者から推挙者に款状が提出され、推挙者はそれをもとに名簿形式の申請文書を除目議に提出するという例は、希望者と推挙者の間柄が既知のものであること、(15)一方、平維幹の年爵申請の場合、維幹は主人の実資を介して花山院に名簿を提出していることなどを勘案すると、希望者から推挙者に名簿が提出されるのは、その時点で両者の間に一定の関係が構築されていない場合であると推測できる。

以上のように、叙位・任官を希望する者が、その推挙をある者（個人または機関）に依頼する際、両者が未知の間柄である場合に、希望者から推挙者に名簿が提出されることがあった。この名簿には、「望二栄爵一」「望二某官一」など、

名簿を提出した者の特定の希望が記されていた可能性もあるので（ただし断定はできない）、中田氏が説く托身の名簿と同一の性質を持つとは言いがたいが、叙位・任官の推挙といういわば恩恵を得ることを目的として、希望者が推挙者と一定の関係を結ぶために提出するという点では、共通する部分があるとの評価も可能だろう。

なお、この種の名簿がいつ頃から存在するのかは不明だが、関連を検討すべき史料として、正倉院文書中に、『大日本古文書』が「氏名闕貢進文」と名付けた次のような文書がある。

道守朝臣三虎左京八条四坊

宝亀四年（七七三）九月廿八日[16]

この文書は、道守朝臣三虎自身が写経所に提出した可能性もあるが、写経所の経師等は、しかるべき人物が貢進、すなわち推挙するのが一般的だったから、三虎から貢進者（推挙者）に提出された文書が、そのまま貢進者から写経所に提出された可能性も充分に考えられる。そうだとすれば、この史料は、文面も提出の方式も、平安時代の成功による叙爵申請とほぼ同じだということになる。もちろん、勅授叙位の申請と経師の貢進とを同列に論じることはできないが、本節で検討した名簿の存在が、奈良時代まで遡る可能性を示す史料として注目しておきたい。

二　官司の下僚が上司に提出する名簿

次に、官司内で下僚がその上司に対して名簿あるいは見参を奉るという事例をみていく。

『吏部王記』延長八年（九三〇）十二月十九日条に、

台忠以下来進二見参一、辞二重不レ受レ慶之由一還、[17]

とあり、これは前々日の除目で、『吏部王記』の記主重明親王が弾正尹に任命されたのをうけて、忠以下が親王のもとを訪れ、見参を奉ったが、これを辞退したという記事である。また、『左経記』寛仁四年（一〇二〇）三月二十八・二十九日条には、

　二十八日　有㆓直物㆒、其次可㆑有㆓小除目㆒云々、余有㆑障不参、
　二十九日　早旦、兼㆓任内蔵頭㆒之由云々、又長門元隆朝臣任云々、余官被㆑召云々、及㆓午剋㆒、寮官人已下雑色已上来向奉㆓見参㆒、[18]

とあって、二十八日の小除目で内蔵頭に任命された源経頼のもとに、翌日内蔵寮の官人が来て見参を奉っている。このような例は、官司の長官ばかりではなく、『親信卿記』天延元年（九七三）四月十九日条[19]では、十七日に右衛門少尉となった平親信に対して、右衛門府の物節以下が見参を奉っており、『小右記』長和五年（一〇一六）二月十九日条には、前年十月二十八日に弾正少弼に任命された実資の養子資頼が、弾正台に初参した際、台の下部が見参を奉ったとある。このように、新任の上司に下僚が奉るものは、「見参」と記される場合が多いのであるが、「名簿」と表現される場合もある。『殿暦』康和五年（一一〇三）八月十七日条は、宗仁親王の立太子、その坊官除目のようすについて記述した後、

　余任㆑傅、属義保以下有㆓名簿㆒、大属先例無㆓名簿㆒云々、仍不㆑進歟、[20]

と記している。すなわち藤原忠実が東宮傅に任命され、属（少属ということか）以下は忠実に名簿を奉ったのに対して、大属は先例によって奉らなかったという。この名簿が、これまで掲げてきた史料にある見参と同一のものであることは間違いなく、新任の上司に下僚が奉るものは、見参とも名簿とも称されたことがわかる。

　ここまでの事例は、新任の上司に対して下僚が見参または名簿を奉るというものだが、反対に新任の下僚が上司に

名簿を奉る場合もあった。その例として、『権記』長保三年（一〇〇一）正月二十九日条の次のような記事がある。

依二忌日一不二参内一、差二季随朝臣一、奉レ送二右近将監源実仲名簿於大将殿一（実資）[21]

この年の県召除目は正月二十二日から二十四日にかけて行われており、その数日後の記事ということから考えて、源実仲という人物がこの時の除目で右近将監に任命されたため、『権記』の記主藤原行成が、季随朝臣[22]を使者として、その名簿を右近衛大将藤原実資のもとに送ったと解することができる。源実仲は他に所見がないが、行成に縁のある者と推測される。

これらの見参あるいは名簿が、具体的にはどのようなものだったかという点については、『兵範記』久寿三年（一一五六）二月五日条[23]が参考となる。同年正月二十七日、藤原忠通の嫡男正三位左近衛中将基実は、権中納言となり左衛門督を兼ねた。二月五日には、鳥羽法皇・後白河天皇をはじめとする諸所に拝賀が行われたが、それに先立ち、兵部省からは基実の督補任の由を左衛門府に通達したいわゆる兵部充文[24]がもたらされる一方で、召使十人が「見参文」を捧げるため参上した。この召使は、『延喜式』巻十八、式部上の「凡太政官召使者、省取下散位年卅九已下有二容儀一者上」[25]とある太政官召使のことで、新たに権中納言となった基実に対する儀礼と考えられる。その「見参文」について『兵範記』は、

和気助吉　　同　助安　　宗岡包延
和気吉里　　大宅国吉　　宗岡重清
藤井包次　　和気清方　　紀　包清
同　助包
　日下助吉加レ名、有二懸紙一、不レ入レ筥進之、

と、その書式を掲げている。すなわち召使十人の姓名が列挙され、日下にはおそらくその最上臈と思われる和気助吉が署名するというものだった。この書式が一般的だったかどうかは不明で、例えば前掲の『殿暦』の記事で、属以下は名簿を奉り、大属は奉らなかったとあることなどからすると、一人ずつの名簿の場合もあった可能性も考えられよう。

下僚が見参あるいは名簿を奉るという行為によって結ばれる両者の関係は、現代の企業や官庁における、少なくとも建前上のそれとはかなり異なるものだった。筆者は以前、摂関期の近衛府の政務運営を、『小右記』によって検討したが(26)、そこで、長年右近衛大将をつとめた藤原実資が、手結や相撲節の還饗、御斎会竟日の右近陣饗などの右近衛府の行事で、近衛府官人の饗料や禄を自家から支出していることから、大将の家政と近衛府の財政とが結びついていることを指摘した。そのような関係が存在するなかで、新任の上司に対して下僚が見参・名簿を奉るという行為は、職制上の上下関係を超えた個人的、人格的な結合関係を結ぶことを意味したと考えられる。

以上のような、官司の下僚が上司に対して提出する見参・名簿の初見については、かなり時代を遡る可能性がある。左に掲げるのは、奈良県明日香村の飛鳥池遺跡から出土した木簡である。

・官大夫前白　田□〔人カ〕連奴加　加須波□〔人カ〕鳥麻呂
　　　　　　　□〔文カ〕田取　小山戸弥乃
・以波田戸麻呂　安目　汗乃古
　野西戸首麻呂　大人　阿佐ツ麻人□留黒井
　　　　　　　　　　　　(257)×28×3　019(27)

木簡の下端は欠損しているが、文字情報は失われていないらしい。「官大夫」はここでは一定官職以上の官人を指し、

「前白」の下に表裏にわたって七名列挙された人物は、飛鳥池工房で働く工人とみられる。また、「官大夫の前に白す」という書き出しは、七世紀末から八世紀初頭の藤原京時代の木簡によくみられるものである[28]。この木簡について市大樹氏は、「官大夫」を飛鳥池工房内部にある各種部署の責任者に対する尊称とし、この木簡を「官大夫」のもとに持参した者（木簡に記された工人本人の場合もある）が、用件を口頭で上申した可能性を指摘されている[29]。たしかに、いわゆる「前白」木簡では、「前白」の後に上申する内容が記されることが多いから、このような解釈も充分可能だろう。しかし、逆にそうであるからこそ、「官大夫」に上申した内容は、十一名の工人の名そのものであったと考えられないだろうか。もしそのように考えることが可能であれば、この木簡は、前に掲げた『兵範記』の「見参文」と同じ役割を果たす文書、すなわち新任の「官大夫」に対して、その部下となる工人が奉った見参（名簿）、あるいは飛鳥池の工房で新たに働くことになった工人が「官大夫」に奉った見参（名簿）とみることができる。憶測にわたる部分が多いが、右のような可能性を考えておきたい。

　これまで、叙位・任官の申請にあたり希望者が推挙者に提出する名簿、官司内で下僚が上司に提出する名簿をとりあげて検討を加えてきた。これらの名簿は、互いに未知の者の間で、身分・地位の低い者から高い者に提出されるという点で、中田氏が説く托身の名簿と共通する性格を持つが、名簿の提出によって結ばれる関係は、托身というよりもう少し広い意味に捉えたほうがよいように思う。また上記二種類の名簿は、いずれも八世紀、あるいはそれ以前から存在した可能性があり、古代日本における名簿の本質的性格（というものがあったとして）を考えるうえで注目すべきものである。

三　中国の刺・名紙と日本の名簿

最後に中国の刺・名紙などと呼ばれる書類と比較して、古代日本の名簿がどのような特徴を持つのかを考えてみたい。

冒頭で紹介したように、中田薫氏も、教えを乞う場合や知遇を得たい場合、相手に刺や名紙といった書類を差し出す慣習が中国にあり、日本の名簿はその影響を受けたものだとしている。また岸本美緒氏は、中国における名刺（刺・謁・名紙・名帖）の歴史を古代からたどりつつ、とくに明清期の士大夫層の交際に用いられた名帖に焦点を当て、その形状や、自分の名の上に記す「晩生」「侍生」などの「自称」に、彼らの複雑な人間関係が表現されているとされている。(30)

一方、前漢から晋の時代にかけての古墓からは、多数の謁・刺と呼ばれる木簡・竹簡が出土し(31)、それらについての研究も進められているが、ここでは呂静・程博麗氏の論考(32)によって、その特徴をみていきたい。両氏によれば、謁は前漢から三国呉時代にかけての墓から出土し、長さ二一・五～二四・八センチ（漢代の一尺）、幅六・〇～九・五センチのやや幅が広い板状の木簡で、両面に墨書がある。記載内容については、第一に拝謁に関わる人員（受謁者、拝謁者及びその使者）に関する情報すべてが記録され、第二に用語はきわめて丁寧であり（これは受謁者の地位が拝謁者より低い場合でも該当する）、第三に拝謁の儀礼ごとに個別に作成されるといった特徴がみられる。一方刺は、三国時代から晋時代にかけての墓から出土し、長さは謁とほぼ同じだが、幅は三・〇～三・五センチと細長く、墨書は通常表面のみに一行で記載される。記載は三段構成で、第一段は差出（拝謁者）の本籍・姓名＋「再拝」を基本形に、差出の官職や「弟子」などの自称が加えられる場合があり、第二段は「問起居」、第三段は差出の本籍・郷里・字が記される。これらの刺は、同じ墓から同一の名刺が複数枚出土することから、現在の名刺と同じような使われ方をしていたらしいこと、ただし同一墓から複数の形式の名刺が出土する場合があり、拝謁対象の地位・身分によって使い分けがなされていたことなどがわかるとする。謁・刺の形状・内容の違いは、その背景にあるそれぞれの時期の社交儀礼のあり方を反映しており、拝謁者・受謁者の官職の記載の有無（刺ではある場合とない場合がある）や、刺では字（あざな）が重要な構成要素となっていることから、公的な社交儀礼から私的なそれへという変化が読みとれるという。なお、本稿の関心によって謁から刺への変化について一つだけつけ加えると、相手に自分の情報を知らせることのなかで、名（字も含む）を知らせることの意味が、相対的に高まったという点を指摘できるのではないかと思う。

さて、このような刺が、紙に記される名紙、さらには紙の形状や色、自称などに工夫を凝らした名帖へと変化を遂げていくわけであるが、次に本稿が対象とする時代に並行する中国の名紙について、円仁の『入唐求法巡礼行記』から事例を紹介する。(33) まず、会昌五年（八四五）五月十四日条には、以下のような記述がある。

十四日、早朝入二京兆府一、請二公験一、恐无二公憑一在レ路難レ為歟、（中略）左神策軍押衙銀青光禄大夫検校国子祭酒殿中監察侍御史上柱国李元佐因レ求二帰国事一、投相識来近二二年一、情分最親、客中之資、有レ所レ闕者、盡能相済、（下略）

この時期、円仁は武宗による「会昌の廃仏」の渦中にあり、長安で帰国の途を探っていた。その折、唐の高官李元佐という人物にさまざまな便宜を図ってもらっていたのだが、彼との間柄を表現した箇所に、「投相識来近二二年一、情分最親」とある。「投」は「投刺」のことで、「通刺」などの表現と同じく、刺（名紙）を渡すことを意味し、その結果、この二年間ほど、「相識」で「情分最親」という間柄になったというわけで、「投（刺）」が親しく交際するきっかけになっていることがわかる。

もう一つは、その約二ヶ月後、同年七月九日条である。

齋時、到二漣水県一、県属二泗州一、（中略）縁二楚州訳語有レ書、付二送漣水郷人一、所レ嘱下令二安存一兼計二会留鉤一之事上、仍到レ県、先入二新羅坊一、坊人相見、心不二慇懃一、就二惣管等一苦覓二識認一、毎レ事難レ為、隅崔暈第十二郎、曾為二清海鎮兵馬使一、在二登州赤山院一時、一度相見、便書レ名留、期云、和上求法帰国之時、事須下将二此名祇〔紙カ〕(34)一到中漣水上、暈百計相送、同往二日本一、相期之後、其人又帰到二新羅一、遇二国難一、逃至二漣水一住、今見便識、情分不レ疎、（下略）

円仁は長安から洛陽を経て汴水を下り、揚州に到って、そこから山東半島へと北上しながら、さらに帰国の方途を探っていた。楚州の北方、漣水県に赴いた折、逗留の許可を求めて新羅坊に行き、保証人になってもらおうとしたところ、うまくいかなかった。ところが、以前登州赤山院で知遇を得た崔暈が、この時漣水県に在住しており、便宜を図ってもらったという記事である。そこでは、崔暈は赤山院で会った時、円仁に名前を書いた「名紙」を渡し、帰国の際にはこの「名紙」を持って漣水に来てくれれば、私が便宜を図ってともに日本に行きましょうと語ったとある。この「名紙」は、おそらくもし円仁が漣水に行った時、崔暈が不在であれば、紹介状のような役割を果たすことを想定して円仁に渡したと考えることができ、現在の名刺に通じる機能も持っていたと考えられよう。

このように唐代には、前代の刺と同様、人と人が交際を始める時、名紙を渡す（「投刺」「通刺」）という慣習が存在したが、そのような慣習が日唐間を往来した僧侶や遣唐使等を通じて日本にもたらされた可能性は充分に考えられる。しかしそれでもなお、唐の名紙と日本の名簿には無視できない違いがあった。その違いが鮮やかに示されている史料を、最後に紹介したい。次の史料は、万寿三年（一〇二六）六月、宋商周良史と関白左大臣藤原頼通との間で交わされた交渉に関するものである。

中将（藤原資平）云、宋人良史欲レ及二解纜一、而献二名籍于関白一、民部卿（源俊賢）所レ伝歟、懇望二栄爵一、続労桑絲三百疋、若無二朝納一、帰二本朝一、戊辰年明後年帰参、可レ献二錦・綾・香薬等類一、件良史母本朝人也、関白返二続労解文一、給以二黄金三十両一云々、

（『小右記』万寿三年六月二十六日条）

去年宋国商客劉文中、與二史書等一、副二名籍一、勘二先例一、万寿三年六月廿四日資房記云、今日関白殿遣二唐人返事一、先レ是大内記孝信承レ仰作レ之、件唐人献二名籍於相府一、申二請当朝之爵一、而被レ納二彼籍一、不レ被二叙爵一、只作二此仰書一、副二砂金卅両一遣之、件唐人大宋人、母当朝之女也云々、

被二関白左丞相尊閤厳旨一云、商客周良史如二上状一者、父是大宋之人、母則当朝之女也、或従レ父往復、雖レ似二随陽之鳥一、或思レ母稽詣、可レ謂二懐土之人一、令〔今カ〕通二其籍一、知二志之至一、沙金卅両、附二便信一還、雖レ顧二軽尠一、古〔弔脱カ〕人駿骨之意也者、厳旨如レ此、悉之、

万寿三年六月　日　　　権弁章信奉

周良史旅館

（『宇塊記抄』仁平元年（一一五一）九月二十四日条）(35)

まず小右記の記事からみると、周良史が日本を離れようとする時、「名籍」を関白頼通に奉って「栄爵」を望み、あわせて「続労の桑絲」を贈ってきたとある。「若無二朝納一」云々は、これでは不足ということであれば、いったん本国に帰ってもっと多くのものを献上したいという意味だと思われる。しかし頼通は、周良史の「続労解文」（献上品の目録）を返却して叙爵申請を却下すると同時に、黄金を良史に与えたというものである。『宇塊記抄』（『台記』）に引用された「資房記」（『春記』）の記事も『小右記』と同内容で、より詳しくなっている。まず周良史の申請に対して、名籍を受け取ったうえで、叙爵は行わなかったことが明記されている。次に、周良史に与えた黄金三十両に副えられた

「仰書」（御教書）の文面が引用されている。その内容は、「周良史の書状によれば、良史の父は宋の人、母は日本の女性とのことである。父の往復に従うのは、太陽の動きに従って飛ぶ鳥のようであり、また母が日本に留まって去らないことを思いやるのは、祖国を懐かしむ人というべきである。今、名籍を通じて（提出して）、その志を知るところとなった。返礼として砂金三十両をこの書状とともにお贈りする。返礼としてはわずかなものであることを恥ずかしく思うが、賢人（周良史のこと）のことを思うという趣旨であるので受領してほしい」というものである。

このやりとりを周良史の側からみると、日本の叙爵申請の方式に従って、日本政府を実質的に代表する関白頼通に、「続労」（年爵でいえば叙料）を副えて名籍（＝名簿）を提出しているのだが、一方の頼通は、名籍を受け取るものの、これを叙爵申請の名籍とは解さずに、仰書に「通二其籍一」とあるように、良史が頼通に交際を申し込むための行為とみなし、返礼に砂金を贈っているのである。すなわち、中国人である周良史は、日本の慣行に基づいて名籍を提出し、日本人である頼通は、これを中国的な「通刺」とみなしたことになる。なお、頼通が周良史の叙爵申請をこのような形で断ったのは、叙爵によって宋の人間が日本の天皇と君臣関係を結ぶことにより、日本と宋との外交関係（当時国家間の正式な外交関係は存在していないが）に問題が生じるのを防ごうとしたためだと考えられる。(36) ともかく、このやりとりからは、日本で名簿を出すことの意味と、中国で名紙を出すことの意味の違いが鮮やかにあらわれているとともに、日本の貴族と中国の商人はそのような彼我の違いをしっかりと認識していたことがわかるのである。

結びにかえて――名簿を奉ることの意味――

本稿では、古代日本の史料にみられる名簿のうち、叙位・任官に関わる名簿、官司内で下僚から上司に奉られる名簿について検討を加え、さらに中国の刺・名紙といった名簿と類似する書類との比較を試みた。

中田薫氏は、日本における名簿の捧呈は、托身を意味する行為だとされたが、今回検討した名簿を含めて考えると、古代日本の名簿は、地位・身分が相対的に低い者が、未知の上位の者に対して、便宜を図ってもらうことを依頼したり、保護を受けたりする際に、自分の名を記して提出する書類であるとすることができよう。すなわち、古代日本における名簿の提出は、中田薫氏が説かれたよりも、かなり広い意味を持つ行為として理解すべきではないかと思う。また、未知の相手に対して提出するという点では、中国の刺・名紙と共通する性格を持つが、中国では地位・身分の上下にかかわらず、いわば双方向的に刺・名紙が取り交わされるのに対して、日本の名簿は下位の者から上位の者へと、一方通行的に、まさに捧呈される点が大きな特徴である。したがって、未知の相手に自分の名を木片や紙に記して渡すという行為そのものは、中国の影響を受けて成立したものだが、提出することの意味はかなり異なっていた。そこには、『万葉集』冒頭の雄略天皇の歌にみえる「名告（なのり）」の基底にある意識[37]が反映されているとみることも可能だろう。

そのような古代日本における「名」の意味との関係や、本稿で取り上げられなかったその他の多くの名簿についての包括的な考察は今後の課題として、ひとまず擱筆することとしたい。

註

（1）中田薫「「コムメンダチオ」と名簿捧呈の式」（初出一九〇六年、『法制史論集　第二巻』〈岩波書店、一九三八年〉所収）。

（2）中田氏以後、名簿について言及した研究としては、大饗亮「平安時代の私的保護制度」（初出一九六一年、『封建的主従制成立史研究』〈風間書房、一九六七年〉所収）、中村吉治「封建的主従関係成立期の儀礼」（初出一九七二年、『日本封建制の源流　下』

〈刀水書房、一九八四年〉所収）、服藤早苗「転換期における王権と元服―身分秩序の転換―」（初出一九八八年、『家成立史の研究―祖先祭祀・女・子ども』〈校倉書房、一九九一年〉所収）などがある。

(3) 森本芳樹「封建制概念の現在―第二回日英歴史家会議に向けて―」（初出一九九八年、『比較史の道―ヨーロッパ中世から広い世界へ―』〈創文社、二〇〇四年〉所収）、保立道久『歴史学をみつめ直す―封建制概念の放棄』（校倉書房、二〇〇四年）など。

(4) 中村吉治氏註(2)前掲論文。

(5) 中田氏が名簿の実例としてあげられているのは、大同四年（八〇九）空海が最澄に奉ったとされているもの、保延五年（一一三九）源為義が覚鑁に捧呈したとするものの二点であるが、いずれも近世の随筆等からの引用で、内容・形式ともに信をおきがたい。

(6) 拙稿「任官申請文書の類型とその系譜」（『聖心女子大学論叢』一一六、二〇一一年、以下拙稿A）・「正倉院文書中の経師等貢進文について」（『正倉院文書研究』一二、二〇一一年、以下拙稿B）。

(7) 『大間成文抄』（吉田早苗氏校訂本〈吉川弘文館、一九九三・四年〉）に掲げられた任官申請文書のうち、どのような任官の場合に名簿が使用されているかについては、拙稿A七五頁の表2「任官申請文書の類型と任官の種類」を参照されたい。

(8) 吉田早苗氏校訂本四四～五頁。なお、「望二山城・美濃等国目一」の下の「摂津権少目」は、この人物を摂津権少目に任官したことを示す執筆大臣による注記である。

(9) 吉田早苗氏校訂本四一五頁。

(10) 時野谷滋『律令封禄制度史の研究』（吉川弘文館、一九七七年）・尾上陽介「内給所について」（虎尾俊哉編『日本古代の法と社会』〈吉川弘文館、一九九五年〉所収）。

(11) 例えば、『大間成文抄』第一、臨時給（吉田早苗氏校訂本八一頁）には、次のような名簿が掲げられている（一行目は蔵人による袖書）。

東宮傅藤原朝臣臨時申、
正六位上平朝臣信賢
望二大宰大監一
寛弘七年二月十四日（一〇一〇）

(12) 拙稿B五六頁。『小右記』長保元年十二月九・十一日条。『小右記』の引用は大日本古記録本による。

(13) 拙稿A八四頁。

（14）　拙稿A八一～八三頁。なお、十世紀以後の史料から確認できる任官申請のルートを拙稿A八六頁に掲げたので、あわせて参照されたい。

（15）　拙稿A八四頁で引用した長保五年（一〇〇三）正月十一日付の款状には、これを提出した内蔵有満という人物が、自身について「有満参二仕殿下一以来、奔営之役無レ論二昼夜一」云々と述べており、この文書が旧三条家本『北山抄』（藤原公任自筆稿本）の紙背として伝わっていることから考えて、内蔵有満は款状の提出先である藤原公任の家人であったことが明らかである。

（16）　『大日本古文書』（編年文書）二二―二一五頁。続々修四〇―三。紙背は宝亀六年（七七五）正月から始まる奉写一切経所食口案（『大日本古文書』二三―二三五～七頁）に再利用されている。なお、拙稿B四九頁に写真版を掲げているので参照されたい。

（17）　『西宮記』（新訂増補故実叢書本）巻六、十二月荷前事裏書所引。

（18）　『左経記』の引用は増補史料大成本による。

（19）　『親信卿記』の引用は陽明叢書による。

（20）　『殿暦』の引用は大日本古記録本による。

（21）　『権記』の引用は史料纂集本による。

（22）　参議藤原安親男。『権記』にしばしば登場し、藤原道長の家司でもあったが、同時に行成の家人だった可能性もある。黒板伸夫「藤原行成家」の家政と生活基盤」（初出一九九一年、『平安王朝の宮廷社会』〈吉川弘文館、一九九五年〉所収）参照。

（23）　『兵範記』の引用は増補史料大成本による。

（24）　兵部充文については、拙稿「古代における任官結果の伝達について」（笹山晴生編『日本律令制の展開』吉川弘文館、二〇〇三年）参照。

（25）　新訂増補国史大系本四八七頁。

（26）　拙稿「『小右記』にみる摂関期近衛府の政務運営」（笹山晴生先生還暦記念会編『日本律令制論集　下』吉川弘文館、一九九三年）。

（27）　奈良文化財研究所『飛鳥藤原京木簡一―飛鳥池・山田寺木簡―』（吉川弘文館、二〇〇七年）第一号木簡。以下、木簡に関する所見は同書による。

（28）　東野治之「木簡に現われた「某の前に申す」という形式の文書について」（『日本古代木簡の研究』塙書房、一九八三年）。

(29) 市大樹『飛鳥の木簡』(中公新書、二〇一二年)一二九頁。
(30) 岸本美緒「名刺の効用―明清時代における士大夫の交際―」(木村靖二・上田信編『地域の世界史10　人と人の地域史』山川出版社、一九九七年)。
(31) 出土した謁・刺のうち、秦漢時代の釈文の一部は、李均明『秦漢簡牘文書分類輯解』(文物出版社、二〇〇九年)に収録されている。
(32) 呂静・程博麗、江村知朗訳「漢晋時期における名謁・名刺についての考察」(『東洋文化研究所紀要』一六〇、二〇一一年)。
(33)『入唐求法巡礼行記』の引用は、小野勝利『入唐求法巡礼行記の研究』(鈴木学術財団、一九六四~九年)による。
(34) 前註書によれば、この箇所は「名秖」とするが、前文の「便書名留」という部分から考えて、「名紙」の誤りとみてよい。
(35)『宇塊記抄』の引用は、『大日本史料』二―二三、万寿三年六月二十六日条による。
(36) 石上英一「古代国家と対外関係」(『講座日本歴史2　古代2』東京大学出版会、一九八四年)。
(37) 名簿と「名告」との関係については、すでに中村吉治氏の指摘がある(註(2)前掲論文)。

慶州仏国寺重修文書の予備的考察
——古代中世東アジア古文書研究にむけて——

三上喜孝

はじめに

筆者の関心は、古代の記録技術が、中国や朝鮮半島からどのような過程を経て受容されたかという点にある。近年は韓国各地の遺跡から古代木簡が数多く出土するようになり、木簡の検討を通じて古代の朝鮮半島における記録技術との比較が可能になってきている。

紙の文書については、豊富な文書群である日本の正倉院文書に関しては周知のように研究が蓄積されている一方で、古代の朝鮮半島においては、同時代の紙の文書がほとんど残っておらず、その実態は明らかではない。正倉院に残る華厳経論帙内貼文書（いわゆる「新羅村落文書」）(1)や、佐波理加盤文書(2)などが、同時代の新羅の文書としてわずかに知られるほどである。

そうした中、仏国寺釈迦塔の解体修理過程で見つかった「重修文書」(3)は、一一世紀の高麗時代のものではあるが、比較的まとまった資料であり、古代朝鮮半島の記録文書作成の実態を考える上できわめて有益な資料群である。

これまで日本史の分野では、仏教史的な関心から、釈迦塔から見つかった「无垢浄光陀羅尼経」の受容という観点で注目されることはあったが、[4]「重修文書」については、内容が難解なこともあり、あまり注目されることはなかった。だが日本の古代中世の文書、とりわけ帳簿や記録といった広義の文書との比較という観点からこれに注目すると、きわめて豊富な情報が含まれていることがわかる。そこで本稿では、古代の日本と朝鮮の文書の比較研究を進める前提として、仏国寺の重修記についての基礎的事実を紹介し、今後の研究への素材を提供したい。

なお、重修記の釈文については、国立中央博物館、大韓仏教曹渓宗『仏国寺釈迦塔遺物02　重修文書』(二〇〇九年)に紹介されており、研究も進められているが、[5]日本史の分野ではあまりなじみのない史料でもあり、今後の研究に資するためにも、本稿の後半ではあらためて整理した形で釈文を提示する。

一　仏国寺重修文書の発見と整理

まず、仏国寺重修文書の発見と整理の過程について簡単にみておきたい。[6]

一九六六年、慶州の仏国寺の西三層石塔の解体補修工事の過程で、舎利を含む多くの遺物とともに、相当量の墨書紙片が発見された。保存状態が悪く、すぐに公開することができず、長期間の復元作業を経たのち、二〇〇五年九月に一般に公開された。

この墨書紙片は、高麗時代前期の一〇二四年と一〇三八年の石塔重修についての内容を記録したものと当初は報道されたのみで、その後もこの文書の具体的内容は一般には公開されなかったが、二〇〇七年三月に、一〇二四年文書の内容の一部を検討し、石塔で発見された「无垢浄光陀羅尼経」が新羅時代ではなく高麗時代に製作された可能性があることが報道されたことが契機となり、具体的な内容が知られるようになった。報道により「无垢浄光陀羅尼経」の製作時期に対する議論が起こったことで、文書を所蔵する国立中央博物館は一〇二四年文書の判読文と写真の一部を一般に公開した。

そして二〇〇七年一〇月、一〇二四年文書と一〇三八年文書の全体の内容が完全に一般に公開された。文書が発見されてから、実に四〇年ぶりに、その全貌が明らかになったのである。

以下では、国立中央博物館、大韓仏教曹渓宗『仏国寺釈迦塔遺物02　重修文書』の復原案にしたがい、①一〇二四年「无垢浄光塔重修記」、②一〇三八年「西石塔重修形止記」、③一〇三八年「仏国寺塔重修布施名公衆僧小名記」の三つの文書（本稿では、これらの文書を合わせて便宜的に重修文書と呼ぶことにする）について、全体を概観し、その基礎的なデータの提示と若干の検討を行いたい。

二　一〇二四年文書と一〇三八年文書との関係

三種の重修文書は、いずれも西側の「釈迦塔」から発見されたが、このうち一〇三八年の「西石塔重修形止記」と、同年の「仏国寺塔重修布施名公衆僧小名記」については、釈迦塔の重修のさいの記録であることは間違いない。これに対して、一〇二四年「无垢浄光塔重修記」でいう「无垢浄光塔」は、西石塔をさすのではなく、東側の「多宝塔」をさすと考えられている。一〇三八年の西石塔の重修記には、一〇二四年の重修について言及がみられない点、一〇二四年文書にみえる、「仰蓮台、花蕊、筒柱、須弥、花焔、流皇、天皇、獅子、第石」などが、多宝塔の各部分の形態と対応していると考えられる点などがその根拠である。すなわち、「西石塔」と「无垢浄光塔」はそれぞれ、「釈迦塔」「多宝塔」に対応しているのである。

ではなぜ、「西石塔」（釈迦塔）に、「无垢浄光塔」（多宝塔）の重修記が入っていたのであろうか。この点に関してはいくつか説がある。一つは、この文書が、西石塔の重修記を作成する際に、先例として参照されたためではないか、とする説である。(7)「无垢浄光塔重修記」は、一〇二四年の重修当時に作成された原文書ではなく、後代に書写された可能性がある。文書作成当時の国王として生存していた顕宗を、死後の廟号で記していること、本来別の文書であった施主者名簿が同一紙に書かれていること、などがその根拠である。一〇二四年文書が書写されたのは、一〇三八年の西石塔重修のさい、一四年前の「无垢浄光塔」の重修過程を参考にする必要から、わざわざ書写され、重修作業が終わったのち、「西石塔」の重修記とともに、石塔の中に納められたのではないかというのである。

もう一つは、何らかの理由で「无垢浄光塔」（多宝塔）の舎利孔にあった遺物の一部が、「无垢浄光塔重修記」を含め、一〇三八年の改修工事の際に西石塔（釈迦塔）に奉安されたとみる説である。「西石塔重修形止記」が「无垢浄光塔重修記」を参考にしたにしては、記載様式があまりにも違いすぎることや、実際に西石塔（釈迦塔）から出土した遺物の中には、「无垢浄光塔重修記」の記載と一致するものもみられることを根拠に、「无垢浄光大陀羅尼経」や「无垢浄光塔重修記」を含めた、舎利荘厳具の一部が、何らかの理由で無垢浄光塔（多宝塔）から西石塔（釈迦塔）に移されたのだとする。(8)この点については、さらなる検討が必要だろう。

三 「仏国寺无垢浄光塔重修記」の概要

次に、一〇二四年「仏国寺无垢浄光塔重修記」の構成と記載内容について、盧明鎬氏の整理にもとづいて、簡単にみておきたい(9)（アラビア数字は、文書の行番号を示す）。

この重修記の後半部分に連貼された47行目から99行目については、前半の重修記とは、やや内容が異なる。99行目に「右之為形止以使内乎事是在」（右のように形止〈＝事の顚末〉を書いた次第である）とあるが、これは、ほぼ同時期の「浄兜寺五層石塔造成形止記」（顕宗二二年、一〇三一年）の末尾に「右如随願為在乎事亦在」（右の如く願う次第である）とあるのと類似し、内容的にも、改修工事の準備段階である二月一七日よりも前の布施の記載からはじまり、舎利が安置される前日の三月一三日までの、ほぼ毎日の財物の出納や「齋」について記録されており、盧明鎬氏は「重修記」の後半部分を「形止記」に相当する部分ではないかと推定している。

ただし、形止記とは「事の顚末を記録したもの」という意味であり、前半部分も形止記の内容に相当するとも考えられることから、本来はこの文書全体が「重修形止記」と呼ばれるものであった可能性はないだろうか。後述する一〇三八年「仏国寺西石塔重修形止記」がほぼ同じ構成をとっていることも注意される。

以上をふまえて、本重修記の構成を盧明鎬氏の整理にしたがってまとめてみると、次のようになる。

01　表題：重修記作成年月（大平四年三月日）の記載。

02〜05　仏国寺の開創のいきさつと顕宗一五（一〇二四）年に至る歳月の経過。

06～10　大平二年（一〇二二年、顕宗一三年）正月から重修に必要な物資と労働力の準備。
10　大平四年（一〇二四年、顕宗一五年）二月一七日、塔解体作業がはじまる。
11～14　二月一八日　石塔の舎利を収取して金堂庭中に移し供養が行われる。
14～17　石塔内の舎利荘厳具についての記載。
17～19　節石など、壊れた塔の部材を作り直す。
19～28　三月一四日　舎利を安置する前に、儀式とそれに伴った献納が行われる。
29　舎利齋、嘆啼齋。
29～31　安東都護撫事へ舎利を安置する由を報告する。
31～33　午時、大行道の礼を行い舎利を安置、その後の儀式が行われる。
31～35　舎利監当・大徳競旻等が安置結果を確認する。
36　大平四年甲子三月記
37～46　重修にかかわった役員の署名。
47～48　表題
49～77　（二月一七日前）着工前の準備過程の献納。
78～79　二月一七日、一八日の出納など。
79～81　二月一九日、二〇日の出納など。
81～84　（二月二一日頃）塔解体（完了）した日に虹などの微験が現れる。
84～86　二月二二日、二三日　出納、舎利前供養。

86〜89　二月二四日　出納等。
89〜91　二月二七日　出納。
91　二月二八日、二九日　山神説経初向齋。
92　三月一日、二日、三日、四日、功徳天齋、出納、山神説経等。
93〜95　三月五日、六日、七日、出納等、山神説経廻向齋。
95　三月九日　出納。
96　三月一〇日　雨、三月一一日　出納。
97〜98　三月一三日　出納。
99　結語
100　原（靖宗四年（一〇三八）に書写者が添加した語）

これによると、塔の解体修理がはじまる大平四年（一〇二四年、顕宗一五年）の二年前、顕宗一三年の正月から重修に必要な物資と労働力の準備が行われたという。こうした物資や労働力は、周辺の「慶州蔚州永州等州県」から徴発された。調達された物資は「□穀三百五十余石麻三百卅余过水鉄雑鉄合四百余斤」とあり、穀・麻・鉄などであった。おそらくこれらは、当時のこの地域において物品貨幣のような機能を果たしていたものと思われる。

大平四年二月一七日から、塔の解体修理が始まる。翌一八日、石塔の舎利を収取して金堂庭中に移し供養をおこなった。重修記には舎利荘厳具についての具体的な記述がみえる。

約一ヶ月後の三月一四日に石塔に再び舎利を戻す儀式が行われるが、舎利の安置にともない、僧侶たちが香や鏡などを献納したことが記録されている。

舎利安置の儀式まででいったんこの記録は終わり、「太平四年三月」の年紀が記されたあと、この重修にかかわった役人の署名が並ぶ。

先に述べたように後半の47行目以降には、二月一七日の着工前における布施の献納の状況、着工後の財物の出納状況などが記録されている。

四 「仏国寺西石塔重修形止記」の概要

次に、一〇三八年「仏国寺西石塔重修形止記」の構成と記載内容について、先の「重修記」と同様に、行を追いながら簡単にみておきたい。

01 表題：太平一八年（一〇三八、靖宗四年）正月（一次重修完了予定始点または二次重修着工始点）
02〜05 重修動機：塔創建以来の大規模災害が靖宗代にあった。
05〜08 靖宗二年（一〇三六）六月二一日、大地震による被害。
仏国寺及び西石塔の被害。
崩れかけた西石塔に支え棒を当てる。
08〜17 復旧工事進行中にまた地震が起き、再度重修準備。
一〇三六年八月　大梯左右積復旧。

一〇三七年　早□　下仏門西狭積行廊修理。
一〇三八年一月　再び地震による被害。
国の支援もなく、檀越もないため、弥力三会棟梁を結成して、財物を集めて重修準備に入る。
～一月二四日、縄などを用意。

17～38　石塔解体工事
一〇三八年一月二四日～二七日　初期準備工事及び相輪部の盆覆までを解体。
　二八日～二九日　徳支と輪旨大柱を仮設、斗頂石（露盤）解体。
一月三〇日　石塔三層（上層）塔と二層の屋蓋石解体。
　舎利と舎利荘厳具等奉安物を蔵堂に集める。
二月一日　石塔一層（下層）の屋蓋石解体。
二月二日　金堂台石と月蓋石解体。
二月三日～四日　雨

38～67　石塔再造立過程（舎利の再奉安まで記録）
二月五日　地台復元。
二月六日　雨
二月七日～一二日　石築郭、月蓋石、一層、二層造立。
一層の工事をしたとき、大縄が破損して再度作る。
二月一三日　舎利再奉安。

68〜83　舎利を安置する施献の儀式の貢献。
84〜87　追日齋小名　舎利再奉安の日ごろに行われた齋の布施者名簿。
88〜96　役員名簿

以上の記載を時系列的にまとめ直すと、以下のようになる(10)。
一〇三六年六月二一日　地震により寺の建物が損壊した。
一〇三六年八月〜一〇三七年　補修工事を行う。
一〇三八年一月　二度目の地震が起こり、西塔がふたたび損壊した。仏国寺の寺主、三綱などが協議をして、寺の弥勒三会棟梁の主管で工事を行うことを決定した。
一〇三八年一月二三日頃　西石塔を補修するための支持台を用意する。
一月二四日〜二六日　石塔を補修するための資財を準備した。
一月二七日〜二九日　石塔の相輪部を解体した（二七日に盆覆、二九日に頂石を解体、二九日に仏国寺僧侶の初七日）。
一月三〇日　西塔三層（上層）と二層を解体した。この過程で、その中に入っていた舎利とさまざまな奉安物を発見（当時仏国寺の都監であった大師楚岡が奉安物を確認）。発見した舎利とさまざまな奉安物を、蔵堂に集めて供養した。
二月一日　石塔一層（下層）を解体した。
二月二日　石塔一層金堂の台石と月蓋石を解体した。
二月三日〜四日　雨が降って作業が中断した。
二月五日　地台を復元した。

二月六日　雨が降って作業を中断した（僧齋があった。二七日）。
二月七日～一二日　石塔復旧作業を進行した。九日頃に月蓋石を復元し、一一日から一二日にかけて、一層と二層を復元した。
二月一三日頃　舎利奉安が行われた（僧侶の三七日）。

一〇三八年の釈迦塔重修が、その二年前の地震による損壊がきっかけであること、二度目の地震により再び損壊し、寺の「弥勒三会棟梁」が主体となって重修が行われたことなどが記され、地震による損壊とその復旧作業の様子がわかる資料として興味深い記述を含んでいる。

五　「仏国寺塔重修布施名公衆小名記」の概要

「仏国寺塔重修布施名公衆小名記」も西石塔（釈迦塔）の重修にかかわる文書である。靖宗四年（一〇三八）に釈迦塔を重修したときに布施をした人々の名簿であり、七八行が確認できる。

前項の「形止記」に付属する文書と考えられるが、「形止記」とは別途に「小名記」を作成したのは、個人の布施者が多かったことによると思われる。

顕宗一五年（一〇二四）の「重修記」の8行目に、慶州・蔚州・永州などの各県から多くの物資や労働力の支援を受けていることがみえることを先に述べたが、一方で靖宗四年（一〇三八）の「西石塔重修記」にはそれがみえない。二度にわたる地震の被害を受けつつも、国の公的な支援や檀越もなく、仏国寺主を中心に協議をして自主的に「弥力三会棟梁」を結成して、財物を集め重修準備に入ったとみられる。そのため、個人の布施者たちに頼らざるを得なかったのである。

内容は、大きく二つの部分に分かれる。まず2〜65行目「已上」までは「小名記」の一次記録にあたる。注目されるものとして、13行目の「縁譲和上」は、「西石塔重修形止記」23行目の「初七日齋」に登場する「縁譲」、同58行（二月一二日）の三七日齋に登場する「縁譲」と同一人物である。

縁譲僧は、一月二二日、重修工事中の着工直前に亡くなったと思われるが、「小名記」に名前が登場するということは、これらの記録が縁譲の生前、つまり着工前の名簿である可能性を示している。

「无垢浄光塔重修記」では、49〜77行目が、着工前、二年にわたる準備過程の布施者の名簿にあたることをすでに述べた。「西石塔重修形止記」にはこれに該当する名簿がみられないが、西石塔の場合も一回目の地震が起こった靖宗二年六月二一日以降、準備に入り、靖宗四年一月の着工に至るまで継続して準備が進められたと考えられ、「小名記」の前半65行目までの名簿は、このときの布施者の名簿に該当すると考えられる。

66行目以降は、大縄が破損したという記事と、それにともなう布施者の名簿がみられる。これは、二月一三日に舎利が安置される直前の二月一一日〜一二日ごろのことであることが「西石塔重修形止記」からわかり、この部分は、そのときに書かれたものと思われる。

「西石塔重修記」にみえる布施者名簿は、68〜83行目の「舎利を安置する施献儀式の貢献」と、84〜87行目の「追日齋小名」等、舎利奉安前に二つの儀式に布施をした名簿を別途整理したものである。「小名記」は、これらの儀式と並列的に、布施者名簿を記していったのである。

布施者の名簿に付随して、実際に献納した布施の物品や数量が記録されており興味深い。

おわりに──重修文書研究の展望──

本稿では、東アジアにおける帳簿文書研究を進めていく前提として、高麗時代の仏国寺重修文書についての全体的な概要と基礎的なデータを、できるだけわかりやすい形で提示することにつとめた。先学の研究に対して不十分な理解にとどまってしまったかも知れず、この点は引き続き検討していきたい。

本文書と同時代のものとして、大平一一年（一〇三一年）正月四日の日付をもつ「浄兜寺五層石塔造成形止記」があり[11]、両者の比較研究も今後の課題である。これらの記録には吏読が多用されており、難解だが国語学的にも豊富な事例をふくむ資料群である。

また、これらの文書群には、布施物や献納物など、実にさまざまな物品が登場している。本文書の記録部分について、試みに「无垢浄光塔重修記」と「西石塔重修形止記」にあらわれる布施物、献納物を表1・2にまとめてみたが、物品貨幣と思われるものや、工芸品、食料に関する記載、さらにはその数量表現など、実にバラエティーに富んでいる。これらの物品名（「食」と「米」、「太」（＝ダイズ）、「木麦」（＝ソバ）など[12]）や数量表現（「刀」＝「升」など）の特徴などにも注目するなど、基礎的な分析をさらに進めていかなければならない。さらには石塔の解体修理に関する記述からは、当時の技術水準について検討することも可能であろう。

このように仏国寺の重修文書は、古文書学、宗教史、社会経済史、技術史、美術史など、さまざまな観点から考察することが可能である。高麗史の史料としても貴重であるばかりでなく、正倉院文書をはじめとする日本古代の古文書や帳簿類との比較研究の際にも有効ではないだろうか。そうした研究が進むことを期待したい。

表1　「仏国寺无垢浄光塔重修記」にみえる献納物

大徳兢旻	大豆一石小豆一石生鉄三斤
大徳致英	斧一
大徳業賢	食□□
大徳釈雄龔	鉄二條
大徳位廉	木麦□石火槽二條
大徳想応真	麦三□
大徳処岡	米五斗小豆一石甃一斗生鉄／ 二斤
大徳行安	食一石
大徳孝元	木麦一石
大徳元漢	布一疋木麦一石
大徳恵日	布十五尺
恵宗和尚	食一石生鉄一片
目賢僧	食一石
釈中僧	米□／斗生鉄二片
法孝僧	木麦一石
□僧	□□尺生鉄九
×宗僧	米一石小豆五斗布一巻布□□ 油七合
伐貞僧	米一斗
彦雄僧	馬一疋
嵩英僧	食一石長刀一生鉄一斤
寺□廉僧	小豆三斗
務哲僧	食一石
貞均僧	食一石
範良僧	食一石
居雄僧	木麦三斗
保賢僧	太一石小豆五斗

務雄僧	小豆一石
智際僧	小豆一石食四石
務□僧	小豆十斗金一片
範英僧	木麦五斗
邦彦僧	木麦一石
戒仏僧	食一石米□斗
正緑僧	木麦一石
弘業僧	太一石食□□
□能僧	木麦一石
得英僧	木麦一
…僧	米五斗太一石
躭周僧	小豆……
…僧	布十五尺
戒日僧	米一石
道□僧	米一斗
澄彦僧	小豆三斗
芮等僧	米□／□
密業僧	米一斗
弁応僧	米一斗
□保僧	米三斗
範仏僧	食五斗
含□□	米一斗
玄真僧	米三刀
彦井僧	小豆一斗
均暹僧	米一斗小豆三斗
英京僧	□□斗
暹律僧	木麦三斗
嵩与	米一斗

有承僧	米一斗
縁齊僧	布十五尺
□□僧	米一斗
得仏僧	単袴一
真由僧	食一斗
□□僧	□□一丁
□□僧	鉄一斤
□□僧	小豆一石三斗生鉄六斤
含真僧	布一疋
釈之僧	木麦三□
□□僧	木麦一斗
澄密僧	黄綾臼衣□
新寺主淵観和尚	大牛一首
□□僧	単長衫一
岡良寺主李光	米一石小豆五斗
慶外貞福	米五刀
□聖棟梁	食一石
範魚寺光応	布一一疋
光海外丹越	墨一丁
柒田□□□僧	単袴一
興元寺僧正	生鉄二斤
当寺今勿達奴	食五斗
大内婢	
…□霑寺主	米五斗
同寺積福奴	
安東大都護副使	米一
新寺譲休僧	布一疋鹿角…
鵠寺主	布一疋

表2「仏国寺西石塔重修形止記」にみえる舎利安置の際の献納物

大師行安	納……□一封
大徳範英	納青琉璃珠一乳香一封下梨勒一个苻子一个
元承僧	納踏…
邦彦僧	生羅二尺
令範僧	納紫羅一尺
哲賢僧	納紫羅一尺
□………	…服子一
慶観僧	納五色珠□…
	□珠一貫
…□僧	納乳香一封
家人貴内女	納紫……□一
寺僧英漢	納父母矢□………／紫綾巾一
家人積名女	納珠一貫
…伊女	珠一貫
孝丹女	珠一貫
正哀女	納珠一貫
大師正均	納乳香一封骨香
大師位英	納骨香一封生波香一封
	……封蓓莎一封臘茶一封
日賢僧	納紫羅篩一
成法………	
智林僧	納白丹香………□服子一
大徳崇英納	寶篋陀羅尼経
	无垢浄光陀羅尼経一巻
	…一大水青珠一
貞均大徳	骨香一封
故首座僧雄	納…………蓋具
重大師致英	納乳香一…
…□渓納	乳香一封白但香一封
月面村富好娘	納錦帒一
…□勿召史	納珠卅个
法同僧	納……珠一令封
亘賢僧母仲富女	納飾串乳香
□□僧	□□一封
釈元僧	納骨香一封
明…	…生波香一封
融一僧	納金溥三片骨香一封

注

（1）野村忠夫「正倉院より発見された新羅の民政文書について」『史学雑誌』六二―四、一九五三年、川添武胤「新羅国官文書の作成年次について」『大和文化研究』一〇―九、一九六五年、旗田巍「新羅の村落―正倉院にある新羅村落文書の研究―」『朝鮮中世社会史の研究』法政大学出版局、一九七二年、初出一九五八～一九五九年、武田幸男「新羅の村落支配―正倉院所蔵文書の追記をめぐって―」『朝鮮學報』八一、一九七六年、宋浣範「正倉院所蔵「華厳経論帙内貼文書」（いわゆる新羅村落文書）について」『東京大学日本史学研究室紀要』七、二〇〇三年、尹善泰「新羅村落文書研究の現状」新川登亀男・早川万年編『美濃国戸籍の総合的研究』東京堂出版、二〇〇三年。

（2）鈴木靖民「正倉院佐波理加盤付属文書の基礎的研究」、同「正倉院佐波理加盤付属文書の解読」ともに『古代対外関係史の研究』吉川弘文館、一九八五年、平川南「正倉院佐波理加盤付属文書の再検討」『日本歴史』七五〇、二〇一〇年、李鎔賢「佐波理加盤付属新羅文書の検討」鈴木靖民編『日本古代の王権と東アジア』吉川弘文館、二〇一二年。

（3）国立中央博物館、大韓仏教曹渓宗『仏国寺釈迦塔遺物02　重修文書』（韓国）二〇〇九年。

（4）勝浦令子「東アジアの『無垢浄光大陀羅尼経』受容と百万塔」速水侑編『奈良・平安仏教の展開』吉川弘文館、二〇〇六年、同『孝謙・称徳天皇』ミネルヴァ書房、二〇一四年など。

（5）「仏国寺重修文書」にかかわる主な研究としては、本稿で取りあげるもの以外に、管見のかぎり次のようなものがある。安承俊「仏国寺無垢浄光塔重修記の初歩的検討—解読を中心に—」『新羅史學報』（韓国）九、二〇〇七年。金台植「釈迦塔（無垢浄光塔）重修記に対する初歩的検討」『新羅史學報』（韓国）九、二〇〇七年。千惠鳳『新羅刊行の『無垢浄光大陀羅尼経』と高麗重修文書の研究』汎友社（韓国）、二〇一三年。また、「仏国寺重修文書」を取りあげた企画展図録として、以下のものがある。仏教中央博物館・仏国寺『仏国寺釈迦塔　舎利荘厳具』二〇一〇年。国立慶州博物館『高麗時代の慶州』二〇一六年。

（6）崔鉛植「〈仏国寺西石塔重修形止記〉の再構成を通した仏国寺石塔重修関連内容の再検討」『二〇〇八年韓国木簡学会第一回定期発表会　仏国寺釈迦塔出土〝墨書紙片〟と舎利荘厳』韓国木簡学会、二〇〇八年。

（7）崔鉛植前注論文。

（8）盧明鎬「釈迦塔から出た重修文書の連結復原と判読」（注（3）書所収）。

（9）盧明鎬前注論文。

（10）崔鉛植注（6）論文。

（11）武田幸男「浄兜寺五層石塔造成形止記の研究（Ⅰ）—高麗顕宗朝における若木郡の構造—」『朝鮮学報』二五、一九六二年、盧明鎬ほか「浄兜寺五層石塔造成形止記」『韓国古代中世古文書研究（上）　校勘訳注編』ソウル大学校出版部（韓国）、二〇〇〇年。

（12）物品の名称については、高麗時代の沈没船木簡にみえる記載も参考になろう（橋本繁「沈没船木簡から見る高麗の社会と文化」

『古代東アジアと文字文化』同成社、二〇一六年)。馬島一〜三号船から発見された木簡にみえる物品の記載の多くが食品で、最も多いのが穀物であった。米は精米具合によっていくつか呼び方が使い分けられており、精米したものは「白米」、籾殻がついたものは「正租」、中程度に精米したものは「中米」、米以外の雑穀として「太」(ダイズ)「豆」、「粟」、「木麦」(ソバ)、「皮麦」(オオムギ)などがみられる。

〈仏国寺重修文書釈文〉

1　仏国寺无垢浄光塔重修記

大平四年歳次甲子三月日月含山瑜伽業／仏国寺无垢浄光塔重修　記
右塔開刱為白乎事之段新羅第…／十五代　景徳大王朝相公大城角干
亦　王矣則位天寶元年壬午元成立／為白乎矣　恵恭大王矣代良中沙
□成立為白教事是置在亦天寶元…／壬午元高麗　太祖神聖大王元第
…代　顕宗元文大王已只至乎大平四年／…子已只引乎二百八十五年〈王代暦良中□〉
…………………………／…………………………………………

07 …遂于大平二年壬戌正月日元寺依……／……□□□是等□当寺僧衆………
08 □令是白分慶州蔚州永州等州県□／□穀三百五十余石麻三百卅余过水鉄
09 雑鉄合四百余斤乙集乎分工匠乙良…／□寺成造大匠等乙界官了中白受分
10 当寺依止工巧僧人乙合了大平四年甲…／二月十七日吉日擇定為塔破分須弥下
11 是白乎矣仰蓮臺花蕊筒柱了中…／……利為白置在教如乙十八日辰時亦中下
12 是白良金堂庭中良中邀是白□／…□火雑菓等三十三種乙以供養作
13 □□□寺□院良中邀是白毎日／……□花燈燭乙以供養為白内分□□□□

14 □□□□□□□……□□…………／……………………………………………
15 是教矣臺錦刀冬音一銅鍍金盒…／…錦刀冬音一无垢浄光陀羅尼経……
16 九偏全金瓶一随錦帒一　舎利八軀／…鍍金函一随錦刀冬音一无垢浄光陀羅
17 尼経一巻随錦帒一右之安蔵為白置／…教弥碎折去有如節石乙良長寿寺
18 筒石一寺南川石一乙寺僧衆乙以□／□分盆覆花焔流皇天皇師子等石
19 乙良東山東面柒田院東筒石／乙取良刻造為在分三月十四日　舎
20 利□□白乎矣前□止不動為………／……□寺依止大徳澄出亦□□□

21 □□□□□□□……………／……………………
22 寶篋陀羅尼経龍脳一封丁香一…／□香一封青木香一封生波香一封……
23 一封胡料一封銅含子一青絹服子一…／依止大徳釈雄納像露合子一金溥□片
24 銀溥一片乳香一封骨香一封丁香…／封下梨勒一个蠟香茶一封寺依止僧
25 釈元納祿羅繡袂服子一寺依止僧…／□納錦帒一骨香一封小石塔十二寺
26 依止大徳正均納乳香一封寺依止□…／僧納骨香一封明表僧納下梨勒二个

骨香一封石塔二木塔一真賢僧納…／…勒一个石塔一崇英僧納骨香一封□
………………□…□□□…／……□積置姫納鏡一紅羅繍帒一
寶以舎利齋嘆啼齋食各三味　□／□供三百面都護使良中安
舎利由上為白遣在公事繁多為□／寺名公釈徳戈只正細兮安為白遣由
上為白於為出納為教在等仍于午時／良中大行〻乙以安為白遣三迊行道為
白分　舎利乙良白象乙餝分東／□念上是白分香花童子二乙飾分
南西北念上是白良伎楽乙以慶喜／…白内分　舎利監当大徳兢旻大徳
□□大徳楚岡都監大徳□□……／…………………………

□□□審是分□□□亦在
大平四年甲子三月………／　　記
三綱典
都監大徳…／□　副都監範良　副監状英史崇凡
大官典
典座貞／………　史縁齊僧
都色典

大徳………／……□□□□………
左右徒典
均空僧　□…／僧　史通業　保暹僧
伯士　大匠天厳寺然／…僧　岡良寺李光僧

46 当寺邦彦僧亦／…匠是等為使内亦在
47 舎利下是白遺寶條糧食乏為□……／………□　仏門了中題施文乙出………
48 ……………………／…………………………………………
49 大徳兢旻大豆一石小豆一石生鉄三斤□…／致英斧一大徳業賢食□□大徳
50 釈雄龔鉄二條　大徳位廉木麦／…石火檣二條　大徳想応真麦三□
51 大徳処岡米五斗小豆一石豋一斗生鉄／二斤大徳行安食一石大徳孝元
52 木麦一石大徳元漢布一疋木麦一石／大徳恵日布十五尺　恵宗和尚食一石
53 生鉄一片目賢僧食一石釈中僧米…／斗生鉄二片法孝僧木麦一石智□
54 □□□……□□□□……／……□僧□□尺生鉄九□□
55 ×宗僧米一石小豆五斗布一巻布□…／油七合　伐貞僧米一斗彦雄僧馬一疋
56 嵩英僧食一石長刀一生鉄一斤寺／□廉僧小豆三斗務哲僧食一石貞均僧
57 食一石　範良僧食一石　居雄僧木…／三斗保賢僧太一石小豆五斗務雄僧
58 小豆一石　智際僧小豆一石食四石　務□／僧小豆十斗金一片　範英僧木麦五斗
59 邦彦僧木麦一石戒仏僧食一石米…／斗正縁僧木麦一石　弘業僧太一石食□…
60 □能僧木麦一石　得英僧木麦一…／……□□□僧□□□□□□□……
61 ……………………／…………………………………
62 僧米五斗太一石躲周僧小豆……／……僧布十五尺戒日僧米一石　道□…
63 米一斗澄彦僧小豆三斗芮等僧米…／…　密業僧米一斗　弁応僧米一斗　□
64 保僧米三斗範从僧食五斗含□／□米一斗玄真僧米三刀彦井僧小豆一斗

65 均遅僧米一斗小豆三斗英京僧…／…斗遅律僧木麦三斗嵩与米一斗
66 有承僧米一斗縁齊僧布十五尺…／…僧米一斗　得厶僧単袴一真由僧食一斗
67 □□僧□□一丁□□僧鉄一斤…／…僧小豆一石三斗生鉄六斤□□僧

68 生鉄一□□□□□□……／………………………………
69 含真僧布一疋釈之僧木麦三…／□□僧木麦一斗　澄密僧黄綾臼衣□
70 新寺主淵観和尚大牛一首　□／□僧単長衫一　岡良寺主李光米
71 一石小豆五斗慶外貞福米五刀／□聖棟梁食一石　範魚寺光応布一
72 一疋光海外丹越墨一丁　柒田…／□僧単袴一　興元寺僧正生鉄二斤
73 当寺今勿達奴食五斗大内婢……／…□霑寺主米五斗同寺積福奴
74 ……□□………………………／□安東大都護副使米一□……

75 新寺譲休僧布一疋鹿角……／……□□………………
76 鵠寺主布一疋　已外州県／…姓乙以具録為了乎在ホ以十方
77 仏菩薩証明
78 二月十七口寶以衆酒一旬十八日／赤粥大豆醎寺上里名公和尚師酒三□
79 菓子十物十九日赤粥大豆寺依…／大徳釈雄酒二旬菓子七物廿日雑食
80 大豆寺仲里酒二旬菓子十物／…□輪於乙村主為棟梁白粥赤粥齋
81 ………………………………／……□□□菓□物塔破日□□

82 東岳領頭元墨雲亦満□…／□大動為了尒雨下為賜亦虹立賜乎矣北岳神
83 筒南末梓界水出筒山腰着／了立在亦晴化為賜分申時亦中電為

84 賜亦在分廿二日寶條料廿三…／寺上里名公和尚師　舍利齋兼衆酒
85 菓進教矣　舍利前供味飦長□／□羅白飦花瓶三山菓廿物供白遣
86 右供味菓子等乙衆良中酒□／并以進在分寶以赤粥大豆廿四日□□
87 □宗僧雜食保賢僧大豆醎…／……□□……………………

88 □□□□□□□□□□□□□□□／□□□□□□□酒寶大豆□□□□
89 姓等酒二旬菓子五物賓子村……／…□酒一旬菓子七物二十七日寶大豆
90 仇知莊別教使酒一旬菓子□／物月面村所巴枝村酒一旬菓五物
91 賓子村遊宅村等酒一旬菓子…／物二十八日二十九日山神説経初向齋三月
92 一日功德天齋二日寶料三日山…／説経大半日齋四日寶料智際僧
93 酒二旬菓子十物五日寶料六…／□料七日山神説経廻向齋寶□

94 ………………□……／………□……………………………
95 巴等酒二旬菓子十物九日□…／……家人小車乙達大豆醎寶酒□□
96 十日雨下十一日寶料史ホ□／…女酒二旬菓子十物寶以酒菓子
97 十二日寶料亘廉僧大豆醎□／□言側女酒二旬菓子十物南石村
98 百姓酒二旬菓子六物十三日…／條料寺慶日僧酒二旬菓子十六物
99 右之為形止以使内乎事是／在
100 原

2　仏国寺西石塔重修形止記

01 大平十八年歳次戊寅正月日東京留守官／月含山仏国寺西石塔重修形止記

02 右塔重修向事之段新羅第三十五代／　景徳大王矣第一相公大城角干亦
03 王矣則位天寶元年壬午元開刱□…／教事是在亦未畢為教第と中退教
04 在等以太子是賜　恵恭大王矣……／□已訖成立為教事是在乙高麗国
05 徳宗行剛大王矣代以至乎矣悪□…／…在如賜亦大平十六年丙子六月廿一日
06 辰時元地動為教矣仏門南大梯□／□階積亦退墮在弥下仏門……

07 廊積元東向行廊副舎廊間積□□…／□西辺石塔亦傾墮如加賜乙□……
08 亦雑木乙運輸為支是分救白良□□／…□白内良同丙子年八月分良中大梯
09 左右積乙良本如修理為分丁丑年早／…下仏門西狭積行廊並可修理重慶
10 在分大平十八年乙以連次地動為教臥乎／…在而為　国修理義无在沙余了又前
11 丹那酬恩義僧无乎等用良寺主□……／…□公蔵議為当寺　弥力三会棟梁
12 ……………□□………／………乙良納入令是白良於□………

13 ……………………………／……………□……………
14 ……□□□□□……………／……左右待一入量木造束縄□□
15 ……□上椋上麻〈□一計二百卌一………〉……／…受為分葛乙良僧衆乙以菜取□
16 ……九□束縄作成是在亦早朝元……／……　天衆乙以助乎成是教在遂于毎
17 ……□這已訖造成為在分廿四日……／…□手芸別請僧寶條料二時盤味
18 ……□以指使内在分衆僧寶條………／…□已畢斫入為在乎矣衆僧寶□
19 ……紘上等盤味上同廿六日□……／…□作竕為乎矣紘上等盤味………
20 ………□………寶以飵啼………／…□遺名公卅余□□□□□……

□□……□□□……□…………／…盆覆乙以下是白分寶酒……
……手芸等七十夕長麦供□分塔□……／…□大豆醎廿八日飦嘆啼供為白………
……□植分堗徳支立是在分…………／…廿九日寺縁譲僧矣初七日齋□□
……□輪旨大柱四立是在分…………／…□使内遣斗頂石下是白在分卅日飦
……□塔上層石四面各六尺…………／乎矣暁日元雨下小ㇳ為教等以
……助教可為…………………／…□弘幸僧酒一旬進在分同層筒柱
石……………………………／……□□□□是白乎矣同□□

□為白遣同時寺都監大師楚岡大…／……典壇官等蔵形止審是白□□
銅鍍金金堂一坐四面銘蘭草蓮…／□脚臺堂内銅鍍金仰蓮花坐一
青琉璃瓶亦中安舎利四十七軀赤□／□香四裹珠卅九个鍮中二小木塔
十五右之安為白置在教分同時亦中風／震起為賜分舎利乙良蔵堂了中邀是
白三寶塔寶別丹越乙以連次供……／□在分第二層筒柱石広三尺七
寸厚二尺下是白在分手芸等廿人□□…／□分二月一日飦嘆啼供為白遣下層………
四面方各八尺厚二尺七寸下是白欲□□／…村僧衆三百余人是遣在□…………

不得為去乎ホ用了奴人壮為五十余乙加／□下是白乎事是在分三寶以酒□□
進在分下層金堂石方広四尺□……／…尺三寸下是白内在分二日飦嘆啼初層
金堂臺石四下是白遣月蓋石□／…分手芸賢秀僧亦紘上等菜外時長麦
供為在分三日飦嘆啼早朝元雨…／…賜ホ以作事不得四日雨下作事不得五
日飦嘆啼地臺元正是在分六日…／…副留守僧齋雨下事作不得七日石築郭
丹越僧齋寺範仏僧酒□……／……□大師仏僧白粥雑食供養為□

41 ……………………………………／……………………………□□□□□……

42 ……□了中邀……………………／………………………□□……

43 ……卅物香燈三乙排当為…………／………□為白在分右菓物乙□……

44 ……□酒二旬進在分月蓋石□…………／…□云大師忌日齋長明燈棟梁李……

45 ……旬進在分十日寶針嘆啼□…………／……忛知范処奥卌寶以二時料……

46 ……寺仲里名公和尚師蔵　舎利…………／……酒菓進教矣　舎利前形止……

47 ……十五造花十朶盤味雑菓……………／…物花蓋花概額板供献……

48 …………………………□…／…□□衆酒□旬進在分□………

49 …□分十一日寺南里名公和尚□………／□兼衆僧酒菓進白乎矣……

50 …納燈十香器十二茶器…………／……菓菜蔬并百十五物花蓋……

51 …□雑花廿朶綾羅疋帛□…………／…器合五百余乙以路字法□□三迊

52 行道為白在分初層金堂…………／在分同日束縄悪去乎ホ用僧……

53 □了中乞集了束加成是…………／……□元僧母矣忌日齋供□……

54 ……寶條齋□□□……………／…□□□□第二層……

55 ……………………………………／…………………………………………

56 ……………□□………………／……三寶襲盤味雑菓等□……

57 供養為白遣三迊行道為白分□□……／…乎事是在　故大師燈出房亦襲盤

58 味山菓以別供養為賜亦在十三日□／□大師行安舎利前二味供献五菓并寺縁

59 讓僧第三七日齋家人処奥寶以二時料□／寶以百味以供為白在分寶條百味以供為白教

60 在分慶外学生成福白餅二合供□□／□分釈琳僧酒饋菓并衆僧指使内在分居光僧
61 家人処奥大豆醎供為在分
62 舎利安蔵為白乎矣前物不動為白………／□鍐是白乎矣寺依止僧英漢亦銀鐘
63 乙作成是分鍐是白乎於為乞議為慶□………／□暹等乙以成是乎銀三両五刀以作□□
64 内鐘一外鐘一蓋具紅綾服子一入香…／……　大徳承密布卅尺大徳嵩□………
65 大徳甫賢米一斗　大徳徹郁布二疋　戒／……金八刀　戒甫上布一疋　慶観……
66 一疋　智琳上布一疋　膺暹上布一……／……銀金一目　東京副留守監館
67 金一両二目
68 舎利安為白乎施献供　大師行安納……／…□一封　大徳範英納青琉璃珠一乳香一封
69 下梨勒一个苻子一个　元承僧納踏……／□　邦彦僧生羅二尺　令範僧納紫
70 羅一尺　哲賢僧納紫羅一尺　□…／………服子一　慶観僧納五色珠□……
71 ……………………………／……………………………□……
72 ……………………………／……………□一　小刀伊女納□
73 ……□珠一貫　□………／…□僧納乳香一封　家人貴内女納紫
74 ……□一　寺僧英漢納父母矣□………／紫綾巾一　家人積名女納珠一貫勿
75 ……伊女珠一貫　孝丹女珠一貫………／……正哀女納珠一貫
76 大師正均納乳香一封骨香……／…□　大師位英納骨香一封生波香一封
77 ……封蓿莎一封臘茶一封………／……　日賢僧納紫羅篩一　成法……
78 ……□□　智林僧納白丹香……／…□服子一　大徳崇英納寶篋陀羅尼経

79 ……无垢浄光陀羅尼経一巻　……／……一大水青珠一　貞均大徳骨香一封　大徳……
80 ……□一封　故首座僧雄納……………／……蓋具　重大師致英納乳香一……
81 ……□渓納乳香一封白但香一封　…………／……□一封　月面村富好娘納錦帒一
82 ……□勿召史納珠卌个　法同僧納………／……珠一令封　亘賢僧母仲富女納飾串乳香
83 □□□僧□□一封　釈元僧納骨香一封　明……／……生波香一封　融一僧納金溥三片骨香一封
84 ………　追日齋小名　大徳□……………／……□味　大師業賢供二味　融業僧供□味
85 ……□……□……□…………／………□　大徳甫賢供二味　李□……

86 …………………………／……………□□……
87 徳納青珠一个寺下村大内女納珠一□……／………□女珠卌二个
88 　三剛典
89 　　都監大師楚岡　□／……融一　副監智嵩　史釈樞
90 　大官典　典座弘□……／……　史釈生僧
91 　塔寶典　釈之僧　………／……　棟梁僧嵩漸
92 　左右徒典　弘幸僧□□／僧　恵心僧　寛哲僧

93 伯士　寺依止大徳目賢　寺依止僧／□□　賢秀僧　邦彦僧　覚玄僧
94 　紘上　弘漢僧　心良僧　……／……
95 　手芸　真縁僧　玄信僧　□／□僧　英璨僧　秀英僧　慶玄僧
96 　　智縁僧　得良僧　□／□僧　貞幸僧

3 仏国寺塔重修布施名公衆僧小名記

01 …平十八年戊寅正月日　仏国寺塔／……布施名公衆僧小名記
02 寺主重大師均業生羅二疋□……／…□米一石麦一石
03 重大師智英小平卅尺　大師□□／米一斗　大師正均食二石
04 大師楚嵒食一石　大師位□……／…　大師幸安大牛一疋
05 大師孝元食一石　大徳□………／…　大徳目賢食五斗

06 …徳馱高食一斗　…………………／……………大徳釈忠布卅尺
07 …徳彦雄食一石一斗　大徳………／…石　大徳攀英食五斗
08 □徳炬雄食一石　大徳□……／…□石　大徳梵亮食一石
09 大徳亘廉食一石　大徳□……／…石　大徳嵩英食一石
10 大徳普賢食一石麦三斗米……／　大徳淵郁食三石　大徳億英食……

11 □徳梵英食一石　大徳躰……／………　大徳旭乗食一石　大徳………
12 □食五斗　大徳元漢食一石……／……□二斗　大徳霊保食一石麦五斗
13 大徳恵日食一石　縁譲和上……／……□宗和上布卅尺融一上麦一斗
14 □賢上食三斗　純貞上金……／……□上米一斗　悳月上食二斗
15 □暹上食五斗　釈□□………／………□上麦一斗　定日上麦二斗

16 □□上食一石　□…………／…………石　彦質上塩十斗
17 計仙上食十斗　計張上食………／………□卅尺　融業上米二斗麦□□
18 単然上食二斗　純宏上食□…／　□□上食五斗米一斗宏岳上食十斗

19 光哲上食二斗　蔵英上食□…／□信上食五斗　宏業上米三刀
20 含栄上麦一斗　玄秀上米……／法珠上食一斗　智嵩上食一斗

21 晃基上米一斗　仙悳上麦一斗／…□上米一斗　忠元上麦一斗
22 恵忠上米一斗　戒真上米……／…□上麦二斗　周元上食一斗
23 掬含上食一斗　玄表上食……／…賢上食一斗　釈令上食一斗
24 玄岊上食一斗　漢月上食……／…□上食一斗　躰雄上食一斗
25 秀厶師米一刀　心弁上米……／………□一斗　元素上生羅半疋

26 □□□□…………………………／…………………斗　□齊上食一斗
27 □昌上食一斗　計保上………／…………食一石　英漢上食一石
28 □真上食一石　均安上食一…／……上食二斗　玄位上米五刀
29 証云上米五刀　僧祚上白布……／□嵩上食一斗　詵暹上食一斗
30 成法上食一斗　定成上食二斗／……上食二斗　理真上食二斗
31 □応上食二斗　均道米三刀／…□上食一斗　法炬上食一斗

32 □乾上食一斗　幸嵩上米□…／…□上米二刀　弘乾上食一斗
33 融石上米二刀　恵漢上食□…／……上米四刀　淵悟上麻一把
34 玄彦上米一刀　真元上米一…／…□師米一刀　梵交師米三刀
35 □育上米一刀　海範師米……／…慶米三刀　金密上食一斗
36 □暹上食三斗　孝行上食……／…□上米一斗　福源上食一斗
37 □□上米□□　□□…………／…………□□棟梁学春布□

38 尺　均暹上米一斗　恵譲□………／……上米一斗　正明上食一石
39 釈志上食三斗　由乗上麦……／…□上食二斗　明表上食一石
40 慶規上食一石　範厸上食五…／…融上食一斗　芳彦上食一石
41 掬厸上食一斗　炬光上食一斗／…□上食一石　霊範上食三斗
42 真明上米一斗　為成上食五…／…賢上麦三斗応傷上小豆二斗

43 □占上麦一斗　乗表上小………／……麦一石　□□□□……
44 真賢上米一斗　延慶上米……／□暹上米一斗　慶日上麦一斗
45 証修上麦二斗　訦均上小豆……／…□上麦一斗　計元上麦一斗
46 妙厸上食一斗　応真上食……／□称上米一斗弘漢上食一斗
47 暹彦上食一斗　演真上………／□真上食一斗日賢上食一斗

48 □□□□………□………／………□□□尺義承上食□□
49 □悟上米三刀　智□…………／……□上米一斗　延豈上布卅□
50 □朔上食一斗　釈樞上米……／…□上米三刀　海嵩上米三□
51 真応上米三刀　宏哲上食一□／……上米三刀　香保上食一斗
52 □道上米三刀　含日上米□…／…□上食一斗　英璨上麦一斗
53 □恵上麦一斗　光乗上食一□／…□上食一斗　教雙上食一斗

54 正暹上食一斗　悳成上米三…／……上食一斗　弘貿上米一斗
55 宏石上食一斗従道上食……／…□上米一斗　今旦寺主幸太布卅尺

石仏寺彦応上大四斗　同藪………／…米五刀　均範上米二刀　彦秀米………
□悟上米三刀　運成師米三刀……／……□刀　釈真上米三刀恵英師□………
□学師米三□　□□……………／…………貿山師米二刀漢厶師米………

□□師米二刀　新月師米…………／………□刀　玄日師米二刀釈周米………
□英師米二刀　慶昌師米二刀…／……米三刀　忠賢米二刀学秀米三刀
圭晏師米二刀　漢嵩師米二刀…／……米二刀　祐行師米二刀弘月師米二刀
珠寶師米二刀　琳乾師米二刀…／……米一刀　海心師米一刀周元上米一刀
同寺李月和尚供舎利齋條□…／……□隆袈裟一領紬厳赤一紬
裳一細汗衫一随絹服子一　□／………麦五斗　証秀上父母食各二斗□

已上　　大縄破為去乎等…／……石塔棟梁嵩石示齋尚□
良中勧受為名公碩徳衆…／……納為賜乎麻等物色
衆都納入麻卅过三把　真縄紲…／……　家人衿
春表麻一把　今勿高麻一…／………麻一把　今存召伊女麻二把
多今麻一把　有叱頓女麻…／………□麻一把　奉純縄一良

□□□………□……………／…………□麻二把　夫ホ高女麻□□
□水夰車縄一良　金□………／………□支哀女麻一把　祥達麻一把
□達麻一把　尉剛縄一良……／……□縄一良大内女縄一良奉謙夰麻
□把　巴只達夰麻一把哀衣□……／…　金奐紲一良　香吉紲一良
秀嵒紲一章　文林寺正□……／…良　書筒達高麻一把証暹上麻

75 □把　長只村玉光麻一把　同村…／……一把　家人村武矣女麻一把
76 □□□□□□□□□□…………／………女麻一把………□……□……□……
77 寺下村大内女母居ホ女願食一石父僉□願…／……父願米一斗　大内女米一斗
78 寺英漢僧父戸長位英　母大内……／……鉄五斤八両

納棺・埋葬儀礼の復原的考察
――トゥルファン出土随葬衣物疏を中心に――

稲田奈津子

はじめに――大唐元陵儀注の「白素版」――

中国唐代の皇帝である代宗の喪葬儀礼について記した史料「大唐元陵儀注」の中に、次のような場面がある。

時至《いた》らば、司空は梓宮を引《みちび》き西階より升り、大行皇帝の西に置き、首を南とす。七星版を梓宮の内に加え、其の合《まさ》に版下に施すべき者は、並びに先に之れを置く。乃《すなわ》ち席褥を版上に加え、黄帛の裹《つつ》みを以て仰甍に施し、日月星辰龍亀の属を画きて蓋に施す。衣及び六玉を陳《なら》ぶ。斂《おさ》め訖りて、中官の事を掌る者は大行皇帝を奉じて梓宮に即《つ》く。内所由は先に白素の版を以て、応に梓宮内に入るべき一物以上を書し、名を称《とな》え進めて梓宮に入れ、然る後に蓋を加う。事畢りて、覆うに夷衾を以てす。

（『通典』巻八五・礼四五・凶礼七・喪制之三「大斂」）

大暦十四年（七七九）に歿した代宗は、死後数日を経たこの日、太極殿において納棺（大斂）されることになる。代宗の遺体は小斂の衣で何重にも包まれた状態で、太極殿の中央に頭を南に向けて寝かされている。決められた時刻になると、司空の引率で梓宮（棺）が西階より殿上に運び込まれ、遺体の西に置かれる。屍汁をきって遺体の保存状態を維持するため、棺にはまず灰炭を入れ、七星版（北斗七星の形に穴を穿った板）が敷かれる。その上に席褥（むしろ）を敷き、仰甍（平瓦）を黄帛で包んで枕とする。棺蓋の裏側には日月星辰龍亀などを描いた布が貼り付けられる。棺の中には大斂の衣や六玉を連ねた組紐が配置され、担当の中官（宦官か）が遺体を納める。内所由が、あらかじめ棺内に入れるべき物品を書き連ねた「白素版」を読み上げ、それに従い棺に物品を納めていく。すべて納め終わると棺の蓋が閉じられ、その上から夷衾がかぶせられる、といった内容である。(1)

中国皇帝の喪葬儀礼は、記録を残すことが憚られたため、ほとんど史料が残されていない。そのなかにあって「大唐元陵儀注」は、代宗の喪葬儀礼のために用意された儀注が『通典』に部分的に引用されることで残された、大変貴重な存在となっている。前掲引用部分も、納棺の儀式について詳細に記したものとして、他に見られない情報を多く含んでいる。

さて、納棺儀式の最後に登場する「白素版」であるが、棺内に副葬した品々を書き上げた白木の板ということになろう。このように副葬品を書き上げた同時代の資料として思い浮かぶのは、「随葬衣物疏」である。その多くを出土したトゥルファン地域の古墓群に関しては、正式報告書が出されていない場合がほとんどで、情報収集自体が困難な状況にあるが、それにも拘わらず、断片的な報告を収集・整理した貴重な研究成果が蓄積されており、(2)その上で記載内容に関する議論も活発になされている。

随葬衣物疏の多くは、その記載内容から前後に大きく二分することができる。前半部には、副葬品の物品名と数量を列挙した「物品目録（物品リスト）」が記される。対して後半部には、副葬品に対する被葬者の所有権を主張する内容や、被葬者が無事に冥界へ辿りつけるよう地下の神々に命じる内容などからなる、「付加文言（付帯文言）」が記されるのが一般的である。(3)無味乾燥な物品目録である前半部に比べると、後半部の付加文言には道教や仏教の思想の反映も見られるなど、当時の他界観を知ることのできる興味深い内容となっている。そのため従来の研究では、主に後半部に注目した議論がなされてきており、前半部の物品目録については、そこに記された物品の同定やその文化的意義を問うものが主で、喪葬儀礼との関わりという視点からの分析は十分にはなされてこなかったように思われる。貴重な事例整理とともに、儀礼との関わりにも注意されている小田義久氏の研究においても、「(衣物疏は)恐らく葬送の際に遺体の前で読みあげられた儀式用の文書であったと思う」「衣物疏は死者を墓に埋葬する儀式の時、死者の前で読みあげられ、その後に遺体に附したり、あるいは頭のところに置かれて埋葬された文書であろう」との見通しが示されるにとどまっている。(4)

しかし前掲の「大唐元陵儀注」の記述を参照すれば、納棺の儀式に際して、白素版に列記された副葬品の物品名がひとつひとつ読み上げられ、その読み上げる声に従って棺の中に物品が次々と納められてゆき、最後に棺の蓋が閉じられる様子が、具体的に描き出されているのである。随葬衣物疏を伴う墓葬においても、同様の儀礼がおこなわれていた可能性は十分に想定できよう。そこで本稿では、随葬衣物疏が実際の儀礼のなかでどのように使用され、どのように安置されることで現代に残されたのかという視点から、物品目録の部分を中心に改めて検討を加えていくことで、儀式書などの文献史料が遺されていない地域・時代の喪葬儀礼を復原するための足掛かりとしていきたい。

一　読み上げの儀礼段階――賵方・遺策から白素版・随葬衣物疏へ――

前述の「大唐元陵儀注」に登場する白素版について、来村多加史氏は「『儀礼』「既夕礼」にみえる「賵方」「遺策」

の礼を襲ったもの」と評価されている。(5)『儀礼』既夕礼「賓賵・奠・賻・贈及代哭為燎之事」の項目には、以下のような記述がある。(6)

兄弟は賵《ぼう》し奠《てん》して可《か》なり。知る所は則ち賵すれども奠せず。死を知る者は贈《ぞう》し、生を知る者は賻《ふ》す。賵を方に書するに、若《も》しくは九、若しくは七、若しくは五なり。遣を策に書す。

いよいよ葬列を出すという日の前日、死者や喪家に対して、親族や知人から様々な物品が届けられる。届けられる物品にはいくつかの種類があり、賵は車馬など葬送を助けるためのもの、贈は死者の玩好したもの、賻は貨財など喪家を助けるためのもので、奠は食物など死者へのお供えの品である。引用部分では、賵は親族と知人の双方から受けるが、奠は親族からのみ受けること、また知人といっても、死者を知るものは死者のための贈を、遺族を知るものは喪家のための賻をおくることを述べている。

続けて、「賵を方に書するに」云々といった記述があるが、この部分に付けられた鄭玄注には、

方は板なり。賵・奠・賻・贈の人名と其の物とを板に書く。板ごとに、若しくは九行、若しくは七行、若しくは五行

としており、また「遣を策に書す」には、

策は簡なり。遣は送るのごときなり。蔵すべき所の物の茵以下を謂う

と注している。また賈公彦疏には、次のようにある。

聘礼記に云わく、「百名以上は策に書き、百名に及ばざれば方に書く」と。賓客の贈物は名字少なきを以て、故に方に書く。則ち尽く死者に遣わし送る。明器の等、幷びに死者に贈る玩好の物は名字多し、故に之を策に書く。

つまり、ここでは賵方と遣策という、二種類の物品目録の存在が論じられている。賵方は、賵・奠・賻・贈として

親族・知人からおくられた品物の具体的な物品名を、提供者の人名とともに書き連ねたものであり、幅広の板である方牘に九行または七行・五行で記され、全部で百件には及ばないとする。もう一方の遣策は、喪家の用意する明器類を書き上げたもので、細い竹簡を編綴した簡策に書かれており、件数は百件を超えるとする。賵方には喪家を助けるための賻なども含まれてはいるが、死者のための贈などもあわせて記入されており、賵方・遣策ともに随葬衣物疏につながる「随葬品リスト」としての性格を持っていることは明らかである。

これらは葬日の発引（墓所へ向けて葬列を出すこと）に際して、読み上げの儀式がおこなわれる。『儀礼』既夕礼「読賵読遣」には以下のようにある。

主人の史、賵を読むことを請う。筭《さん》を執《と》るもの従う。柩の東に前束に当って西面す。哭《こく》すること毋《なか》れと命ぜざれども、哭する者相止《あいや》む。唯《ただ》主人・主婦のみ哭す。燭は右に在りて南面す。書を読む。筭を釈《お》けば則ち坐す。卒《お》われば、哭することを命ず。燭を滅す。書と筭とは、之を執りて以て逆に出づ。公の史、西方より東面す。哭すること毋れと命ず。主人・主婦皆哭せず。遣を読む。卒われば、哭することを命ず。燭を滅す。出づ。

喪家の私臣である史が、柩の東側で燈火をたよりに賵方に記された物品名とその数量を読み上げ、その脇で助手が算木を使って物品の数量を数え上げる。それが終わると、今度は公史が柩の西側に立ち、やはり燈火のもとで遣策を読み上げる。賵方に記された物品を算木で数えることについて、鄭玄注には、

必ず筭を釈くは、其の多きを栄とす

としており、親族や知人から多くの賵・奠・賻・贈などが届けられたことを、喪家として栄誉とする気持ちを表現しているのである。また公史が遣策を読み上げることについて、同じく鄭玄注では、

公史は、君の礼書を典《つかさど》る者なり。遣は入壙の物なり。君が史をして来て之を読ましむるは、其の礼の正しきを得

て、以て終りを成さしむるなり

としており、喪家の用意した入壙の物、つまり墓穴に納める明器類を記した遣策については、君が公史を派遣してこれを読ませることで、礼の整った儀式で最期を終えさせるとしている。

本稿で注目したいのは、目録を読み上げる儀礼段階と、その後の目録の行方である。前述のように『儀礼』では発引時に賵方・遣策を読み上げているが、この時すでに遺体を納めた棺は蓋をして飾り付けられ、柩車に載せられている状態であり、読み終えた賵方・遣策が棺内に入れられることはない。このあとの葬列や埋葬時には賵方・遣策に関する記述は無く、最終的にどのように処理されたのか明確にはされないが、おそらくは墓室内に棺を納めた際に、様々な副葬品とともに墓室内に安置されたのではなかろうか。これに対して「大唐元陵儀注」では、納棺の際に白素版が読み上げられ、その後に棺に蓋をしている。白素版もこの後の場面には登場せず、その行方は明確ではないが、(7)読み上げの儀礼段階を勘案すれば、棺内の遺体の側に納められたと見るのが妥当ではなかろうか。実際、トゥルファンで発見される四〜七世紀の随葬衣物疏は、「遺体の胸前衣内やあるいは遺体の枕もとなどで見出され(8)」ている。

賵方・遣策から衣物疏へという随葬品リストの展開については、劉安志氏が示唆に富む研究を発表されている。(9)その指摘は多岐にわたるが、本稿の関心にかかわる部分としては、前漢の武帝期を画期とする随葬品リストの性格の変化がある。劉氏によれば、それまでは「賵方」「遣策」の名にふさわしく、多様な物品についての記載があったものが、以後は「衣物疏」「物疏」「小物疏」などと題され、記載される物品も衣服など身のまわりのものに限定されていく。そして、この点については洪石氏の研究が参考になるとする。

洪氏は、武帝期以前の墓では棺外の頭箱や辺箱において発見される随葬品リストが、以後は棺内から発見されるようになる事実を指摘した上で、これは単葬から合葬へという墓葬習俗の変化に伴うものであるとする。つまり、棺の内外の副葬品がすべて墓主一人の所有に属する段階から、棺内のものは個人所有であるが、棺外のものは合葬者の共同所有となる段階へと変化したとして、それに伴い随葬品リストも、棺内外のすべての副葬品を記したものから、棺内の衣服などに限定して記述されるようになるとしている(10)。

劉氏は、「賵方」「遺策」から「衣物疏」「物疏」「小物疏」への変化は、まさに洪氏の指摘する随葬品リストを安置する場所の変化により説明できるとする。つまり、棺外に置かれ、墓室内のすべてのものを記録した段階から、棺内に置かれ、棺内に納められた衣服や身のまわりのものだけを記録した段階へと、随葬品リストの内容が、その安置される場所に応じて変化しているというのである。

これを、随葬品リストの読み上げがおこなわれる儀礼段階の変化とあわせて考えてみよう。『儀礼』においては、車馬や明器を含む多様な物品が書き上げられた賵方・遺策は、納棺後の発引時に読み上げられ、埋葬に際して墓室内に安置されたと想定される。しかし、合葬の習俗が広まると、随葬品リストには棺内の個人所有物のみを記すようになり、安置場所も棺内に変化する。そのため読み上げの儀式も、「大唐元陵儀注」に見えるように納棺時に変化したものと推測できる。読み終えた随葬品リストは棺内の遺体の側に安置された上で、棺の蓋が閉じられたのであろう。喪葬儀礼の変化と遺物の出土状況の変化とが有機的に結びついていることのわかる、興味深い事例ということができよう。

二　道士の納棺儀礼

次に、劉安志氏も随葬衣物疏に関する研究の中で注目されている興味深い史料を紹介したい。唐初の道士である朱法満の撰になる『要修科儀戒律鈔』の巻一五・一六に収められた朱法満編『道士吉凶儀』[11]は、小林正美氏によれば、梁の道士である孟景翼と孟智周が編纂した『喪礼儀』を基本にしており、梁代の道士の喪礼儀式について知ることのできる希有な内容となっている。[12]その中の「入棺大殮儀　第五」には、以下のような記述がある。

大殮の時に至りて、香湯を須《もち》いずして洗浴し、衣冠帯を著すること斎時の服飾の如くす。先《ま》ず朱臈の棺に石灰・梓木の七星板・笙簟・雞鳴枕を安んじ、使四人は衾を扛《あ》げて棺中に内《い》れ、伝・策を以て左に置き、符・鏡を右に置き、少しく頭辺に近くす。旧来は随身の経法を内に安んじ、鬲子に前《さき》んじて中に堅く之を安んず。今は棺外の頭の別案に之を盛るも亦た好《よ》し。仍ち大殮の奠を設くるの法は、生時に進める所の食を随い用う。先ず席を尸の西に鋪き、奠を席に進め、果菜の祭文を上《たてまつ》る。云々、竟らば哭す。祭記は、祭食を粮罌の中に収め、棺頭に安んず。旧《ふる》くは白素を以て移文を書す。今の人は紙書するも亦た得。先に随身し佩帯するを前に条し、次に送終の物を後に置く。

道士の移文、

謹んで某州郡県郷里観舎の男女官三洞弟子某甲の受くる所の経法の札目を条すること、左の如し。（中略）[13]

謹んで三洞弟子某甲の経法を将て自ら随えて塚に入るる札目を条す。

百八十戒文、仙霊二官録、真文、佩策、符印等。

右の件、随身して棺中に入る。

上清経某巻、七伝某巻、五法、佩帯、及び上清の諸佩文。

右の件、合わせて一函若干巻、随身して塚中に入れ、供養す。

謹んで三洞弟子の随身する寒夏の衣裳、及び紙筆等の札目を条す。

某衣、某物。

右の件、随身して棺中に入る。

硯、筆、紙、手巾、墨、書刀、奏案、香鑪。

右の件、随身して塚中に入る。

合わせて経法と衣物と、条の如し。

維《ここ》に某年太歳甲子某月朔某日、天老移して（中略）直符使者に告す。今三洞弟子の某州郡県郷里の男生某甲年如干《じょかん》有り、今月某日某時、生期の報尽き、奄然として捨化し、魂は天府に昇り、形は地居に入る。（後略）

ここには納棺の儀式の手順が事細かに記されている。まず遺体を沐浴させて衣服を着けておく。棺の底に石灰・七星板・笙簟を敷いて鶏鳴枕を置き、遺体を衾ごと持ち上げて中に納める。頭部の周辺に伝や策、符や鏡といった道士にとって重要な品々を添え、経法も旧来は棺内に安置したが、今では棺外の別案に置くこともあるという。奠は死者が生前食したものを用い、遺体の西側に設けた席にお供えし、祭文を読み終わると声をあげて泣く。

移文は、旧来は「白素」に書されたが、今では紙に書くこともあるとし、その記載順序は、まず遺体が身につけるものを、ついで死者を送るためのものを記すという。そして以下、具体的な移文の文例が示される。

文例によると、移文は物品目録から始まる。まず死者が伝授され伝授した経法について記録したあとに、棺内・墓内に副葬する経法類、棺内に入れる衣服や身のまわりの品々、墓内に副葬する文房具などの品々を、それぞれ列記する。ついで、天老が地下の神々に「移」の形式で、冥界へ向かう死者を妨害することを禁じる文言が続いている。劉安志氏は、こうした文言がトゥルファンの随葬衣物疏と類似することから、この移文が「先秦両漢以来の遺策・衣物疏の基礎の上に発展してきたものであることがわかる」と指摘されている[14]。

旧来は移文を「白素」に記したが、今は紙に書くとしている点は、「大唐元陵儀注」の「白素版」が古い形式を残しており、そこからトゥルファンの随葬衣物疏のような紙製へと発展していったことを物語っている。おそらくは中原でも、一般的には紙製の衣物疏が用いられるようになり、そのために遺物としての残存例が少ないのであろう。また物品目録の部分は、道士であるから経法に関する記述が先行するのは当然として、まずは棺中に納める衣服類が、ついで棺外に副葬する品々が記されている点で、喪葬儀礼の進行に合わせた記載の順序と言うことができる。

三　随葬衣物疏からみる納棺手順

随葬衣物疏は、トゥルファン地域出土品に限っても、現在までに七〇点弱の事例が報告されており、ほとんどが紙製で、その年代は四～七世紀に及んでいる。先学も指摘されているように、その記載内容は時期によって変化が見られ、五世紀以前の前期と六世紀以後の後期とに大きく二分することができる。

侯燦氏が端的に整理されているように、前期は「写実的な性質をもつ随葬物品のリストであり、初歩的な死者の冥福への祈りを有する墓葬文書」であるのに対し、後期には「死者の冥福を祈るのが主たる用途になる」[15]。劉安志氏は、宗教的色彩が薄く物品名と数量のみを記す前期の衣物疏は漢代以来の流れを汲む存在であるのに対し、後期には仏教的要素や地下神仙があらわれるなど宗教的色彩が濃くなり、またその書式も南方からの影響を受けて「移文」が用いられるようになることを指摘している[16]。一例をあげてみよう。

北涼縁禾六年（四三七）翟万随葬衣物疏[17]（63TAM2:1、表の12）

「故」路緋結髪両枚　「故」銀導一枚　「故」帛練覆面一枚

「故」帛尖一枚　「故」緕尖一枚　故帛絹袷一枚　「黒索一枚」　故帛練衫一領

故帛練両當一領　故帛練襦一領　故帛練小褌一立
故帛練大褌一立　故帛練袴一立　故帛練帬(裙)一立
故懐袖蹹臼嚢各一枚　故手爪嚢一枚　黄金千斤
手中黄糸三丈　銅銭自副　故銅機郭一具
「故帛絹単衣一領　故帛練枕一枚　故帛絹被一領　故帛練
褥一領」
兎毛千束　故帛練袜一量　故紺鞾一量
色帛千疋　故黄桑棺一口　手板一枚
縁禾六年正月十四日、延寿里民翟万去天
入地、謹條随身衣裳物数如右。時見左
清(青)龍右白虎、前朱雀後玄武。
田並條。

前期に属する翟万の随葬衣物疏であり、完形である。冒頭から物品名と数量が列記されており、その内容は被葬者の衣服や身のまわりの持ち物が中心となっている。一部、「黄金千斤」などの明らかに架空の記述も含みつつも、基本的にはすべて実用的・現実的な物品名と数量で構成されていると見てよかろう。末尾の付加文言には年月日と翟万を埋葬したこと、翟万の随身衣裳物は以上の目録のとおりであることを、四神を保証人として記しており、冥界でこれらの物品が不当に奪われないようにするための呪術的な意味合いをもつと考えられる。とはいえ宗教的色彩は比較的薄く、前半の物品目録自体に大きな意味があったことが窺える。

高昌建昌四年（五五八）張孝章随葬衣物疏[18]（72TAM169: 32）

建昌四年戊寅歳二月甲子朔九日壬申、
禅師法林、敬移五道大神。仏弟子張孝章、
持仏五誡、専修十善、今於高昌城内家中
命過。経渉五道、幸不呵（可）留。今有朱衣籠冠
□（一）具、帯物具、白練衣褌一具、玉屯（豚）一雙、庄（装）飾具、
細錦面衣一枚、□□脚靡一雙、帯物具、鶏鳴
枕一枚、庄（装）飾□□錦縁蓐（褥）一具、孝経一巻、
硯嘿（墨）紙筆一具、錫人十、弩牙一具、盾一枚、五穀各
一升、鐵鏡・巾箱・櫛枇・手巾・刀子一具、金銭三百、
銀銭五百、大錦百張、綾・羅・絹・綺各百匹。若欲
求海東頭、覓海西辟（壁）、急々如律令。時人張堅
固、李定度。攀天糸万々九千丈。

後期になると付加文言の内容が充実してゆき、被葬者が生前は熱心な仏教徒であったことを強調したり、彼が冥界へ行くのを地下の神々が阻まないよう願うなど[19]、宗教的色彩が濃くなる。物品目録についても同様で、玉豚・孝経・錫人・五穀・攀天糸などは後期になって頻繁に登場してくる品々である。玉豚は豚の形をした玉で、死者の両手の中に握らせる「握」として使用する。錫人は鉛人とも記され、殉葬を表現したとされる鉛製の小さな人形、五穀は冥界への賄賂とも死者の飢餓を慰めるためともされる穀物類で、これらは敦煌の鎮墓瓶にも見られる物品である[20]。攀天糸

は、死者が天によじ登るための糸と解釈されている。(21) トゥルファン古墓の出土品の中には、鉛片を切り抜いた人形や五つの小袋に入れられた穀物など、錫人や五穀らしきもの、あるいは木製の握などは一部見つかってはいるものの、玉製ではない玉豚、「攀天糸万々九千丈」といった表現など、漢人的文化への憧憬からの虚構性も指摘されている。(22)

後期の随葬衣物疏については、以上のように宗教的・呪術的な性格が強く見られることから、従来はそれを墓中に納めることで冥界に届けようとする、いわば冥界へのメッセージとしての側面が強調されてきたように思われる。しかし、少なくとも前期のものに関しては、そうした性格は薄く、前述のように、むしろ実用的・現実的な物品目録としての役割が重視されていたようであり、喪葬儀礼のある段階において使用される道具、儀式用のアイテムとしての性格を読み取ることも可能ではなかろうか。前期の随葬衣物疏をもう一つ例示してみよう。

西涼建初十四年（四一八）韓渠妻随葬衣物疏(23)（63TAM1: 11、表の5）

故紫結髪□□□（故）縺（練）萩頭□
□故縺（練）覆面一枚　故幘一枚　故絹小衫
□故縺（練）襦一領　故絹小褌一立
□故縺（練）袴一立　故生絹裙一立
□衣一領　故縺（練）靺一量　故鞾一量
故碧絓□□鑯（機）郭一具　故手中黄糸□
兔豪萬束　黄金千両　正帛糸絹百匹　故懐袖
蹹臼嚢各一枚　故絹毯一領　故絹被一□（領）
黄松棺□□　故木疏一枚

建初十四年八月廿九日、高昌郡高縣都郷孝敬里民
韓渠□（妻）□命早終、謹條随身衣裳雑
物如右。時見左清（青）龍右白虎。書物数前朱□（雀）
后玄武。□□要。急々如律令。

右端と上端に欠損があって読み取れない部分もあるが、前掲の翟万随葬衣物疏とあわせて見ていくと、物品の記載順序に一定の傾向を読み取ることができる。つまり、遺体の身に着ける衣服・装飾品について、冒頭には頭部に関連するもの（結髪・覆面・尖・幘）、ついで上半身（衫・両当・襦）、下半身（褌・袴・裙）、足部（袜・鞾）の順に記載されており、いずれも内側に着けるものから外側に着けるものへ、整然と記されていることがわかる。衣服類の次には、遺体に添えられる象徴的・呪術的物品がまとめて列記されており、袋類（手脚爪嚢[24]・懐袖嚢・蹹臼嚢）や兎豪・黄金・弩機郭などがあり、最後に遺体全体を覆う被・褥が記され、それらすべてを納める棺で締めくくられる、という具合である。表は、前期の随葬衣物疏二〇点について、それぞれの物品目録部分において主要品目が登場する順位を示したものである[25]。若干の前後はあるものの、基本的にはほぼすべての事例について、同様の傾向を見て取ることができよう。

このことは何を意味しているのであろうか。前述のように、これら随葬衣物疏は「遺体の胸前衣内やあるいは遺体の枕もとなどで見出され」ており、納棺の際に棺内の遺体に添えられたことが推測される。したがって読み上げの儀式がおこなわれたとするならば、それは納棺の段階であったことになる。「大唐元陵儀注」の記述を参考にすると、目録に記された物品が一点一点読み上げられ、それに応じて棺内に衣服や副葬品を納めていく様子を想定することができよう。もちろん、納棺の段階では遺体にはすでに衣服が着せられた状態であったであろうから、実際にその場で下着から着せることはせず、すでに着用している衣の裾を整えていく程度であったかと想像されるが、儀礼に参加す

※は追記

6	7	8	9	10	
420	423～	425	～433	～433	
スタイン Ast. ii. 1. 016-019	66TAM59: 2	75TKM96: 17	2006TSYIM4: 8	2006TSYIM4: 4	
—	—	宋伴妻隗儀容（女）	趙貨妻？（女）	趙貨（男）	物品の内容
	1, 2		1		束髪の髪飾り
			2		両股の笄（かんざし）
			3		梳，櫛
			6	4	眼上を覆う布，幎目
1		1, 2	4, 5		尖頂式の胡帽
4	4		9	7	単衣の肌着
			8	6	袖無しの短衣
	5	4	7	5	短身の中着
					短身広袖の上着
6	6, 7	6, 7	13, 14	9, 10	したばかま，肌着
			12		はかま，ズボン
	8	5	10, 11	11	スカート
16			15		足袋，靴下
17	16※		16	13	くつ
	11, 12	10	19	12	手足の爪を入れた小袋
12		9	17		懐や袖に物を入れるための小袋
14	15※	11	18		蹴鞠の小袋か
9			20	14	寝衣，衾
			21		敷物
11					筆，筆先
10		12※			—
		14			弩
					—
					随葬衣物疏か

表　随葬衣物疏（前期）における主要物品の登場順位（1）

	番号	1	2	3	4	5
	年代	384（461）	384～	384～	386	418
	文書番号	吐魯番考古記（カラホージャ旧城中発見）	59TAM305: 8	59TAM305: 17	橘文書 68	63TAM1: 11
物品名	被葬者	—	（女）	（男）	劉弘妃（女）	韓渠妻（女）
頭　部	結髪	2	1	1	5（頭括髪）	1
	釵		2			
	疏（木疏）	5				
	覆面（面衣）	3	4	2		3
	尖		5			
上半身	衫（小衫）	6	7			5
	両当					
	襦	4				6
	褶					
下半身	褌（小褌・大褌）	7, 8	8, 10	4		7
	袴（大袴）		9			8
	裙		11			9
脚　部	袜（靺・脚袜・襪）		12	6		11
	履（鞮・理）		13	7		12
袋　類	手脚爪嚢（手爪嚢・脚爪嚢・手爪歯肆嚢・指爪嚢）		18	8		
	懐袖嚢（懐右嚢・懐祐嚢・懐友嚢・淮右嚢）		15	9		19
	蹹麹嚢（蹹臼嚢・蹹臼・蹹舊嚢・合究嚢・答久嚢）		14			20
全　身	被	9	19			22
	褥					
その他	兎豪（兎毛）	12			4	16
	黄金				3※	17
	弩機郭（□鏃郭・銅機郭）					14
	棺（黄松棺・黄桑棺・白木棺）					23
	疏（木疏・手板）					24

※は追記

16	17	18	19	20	
442〜（491-501頃）	458	5c中頃	477〜	480〜	
75TKM99:16	79TAM383:1	2004TAM408:17	97TSYM1:5(b)	75TKM90:19	
符長資父母	武宣王沮渠蒙遜夫人彭氏（女）	令狐阿婢（女）	（女）	阿苟母（女）	物品の内容
		1, 2, 4, 5		3	束髪の髪飾り
		3, 6		4	両股の笄（かんざし）
3				5	梳，櫛
5		7		6	眼上を覆う布，幎目
1			7	2	尖頂式の胡帽
		8, 16	4	8	単衣の肌着
		15			袖無しの短衣
	12（襦裙）	19, 20		7	短身の中着
7			5		短身広袖の上着
8, 9		9, 11			したばかま，肌着
10	11	12			はかま，ズボン
6	12（襦裙）	17, 21, 23	3	10	スカート
		34		14	足袋，靴下
12	13		1	16	くつ
22	21, 22	28			手足の爪を入れた小袋
		30		13	懐や袖に物を入れるための小袋
		32, 38		15	蹴鞠の小袋か
15	29	25		17	寝衣，衾
	30			18	敷物
19		36		19（狐毛）	筆，筆先
20		37	8		—
					弩
	34				—
	32				随葬衣物疏か

表　随葬衣物疏（前期）における主要物品の登場順位（2）

	番号	11	12	13	14	15
	年代	436	437	～442	442 (491-501)	442～
	文書番号	66TAM62: 5	63TAM2: 1	75TKM96: 15, 16	75TKM99: 7	75TKM91: 3/1(b), 3/2(b)
物品名	被葬者	—	翟万（男）	宋伴妻翟氏（女）	張世容（男）	—
頭　部	結髪		1	1	1, 2	
	釵			3	3	
	疏（木疏）				4	
	覆面（面衣）		3		5	1
	尖	1	4, 5	5, 6	6	
上半身	衫（小衫）		8	7	8	
	両当	2	9		9	
	襦	3	10	9	10	
	褶					2
下半身	褌（小褌・大褌）	4	11, 12	10, 11	11, 12	3, 4
	袴（大袴）		13	12	13	
	裙	5	14	13, 14	14	
脚　部	袜（韈・脚袜・襪）		27	15	15	7
	履（鞋・理）	7	28	16	16	5
袋　類	手脚爪嚢（手爪嚢・脚爪嚢・手爪歯肆嚢・指爪嚢）	8	17		18	10, 11
	懐袖嚢（懐右嚢・懐祐嚢・懐友嚢・淮右嚢）	10	15		17	8
	蹹麹嚢（蹹臼嚢・蹹臼・蹹舊嚢・合究嚢・答久嚢）	9	16		19	9
全　身	被		24※		21	
	褥		25※		20	
その他	兎豪（兎毛）		26			
	黄金		18			
	弩機郭（□鐖郭・銅機郭）		21			
	棺（黄松棺・黄桑棺・白木棺）		30			
	疏（木疏・手板）		31			

る人々の意識の上では、遺体に一枚一枚、丁寧に衣服を着せていく様子が再現されていたのであろう。袋や兎豪などの小物類は、その場で実際に読み上げの声にあわせて棺内に納められ、最後に棺の蓋が閉じられたのである。

こうした納棺時における読み上げ儀式は、後期の随葬衣物疏についてもおこなわれていた可能性はあるが、物品の記載順序は前期のものに比べると格段に錯綜しており、前期のように整然とした表形式にまとめるのは困難なほどである。こうした点からも、後期には付加文言だけでなく物品目録についても、虚構性が増していることを再確認できる。

前期の随葬衣物疏を出土した古墓の中で、その調査結果が比較的よくわかる事例として、北涼承平十六年（四五八）武宣王沮渠蒙遜夫人彭氏墓（79TAM383）をとりあげたい。本遺跡については簡報が出されており、そこには図1のような発掘状況図が提示されている。(26) 衣物疏（79TAM383:13、表の17）は帛書されており、前半は破損が多く読めない部分も多いが、その中に登場する「鶏鳴枕」「脚遮」「剪刀」「尺」「熨斗」「鉛人」などは、それぞれ出土品の鶏鳴枕（79TAM383:3）・脚遮（79TAM383:4）・鉛剪刀（79TAM383:11）・鉛尺（79TAM383:15）・鉛熨斗（79TAM383:16）・鉛人（79TAM383:14）に対応するものと推測される。また小さな六十九匹の巻物状にされた象徴的絹織物（79TAM383:6）は、衣物疏の「雑綵絹九万九千九百九十九匹」「故綿九万九千九百九十九斤」に対応するのであろう。

衣物疏の末尾には、次のような記載がある。

北涼承平十六年（四五八）武宣王沮渠蒙遜夫人彭氏随葬衣物疏(27)（79TAM383:13、表の17）

（前略）

故帛絹被一領、裏縁自副

故帛練蓐（褥）一枚、池縁自副

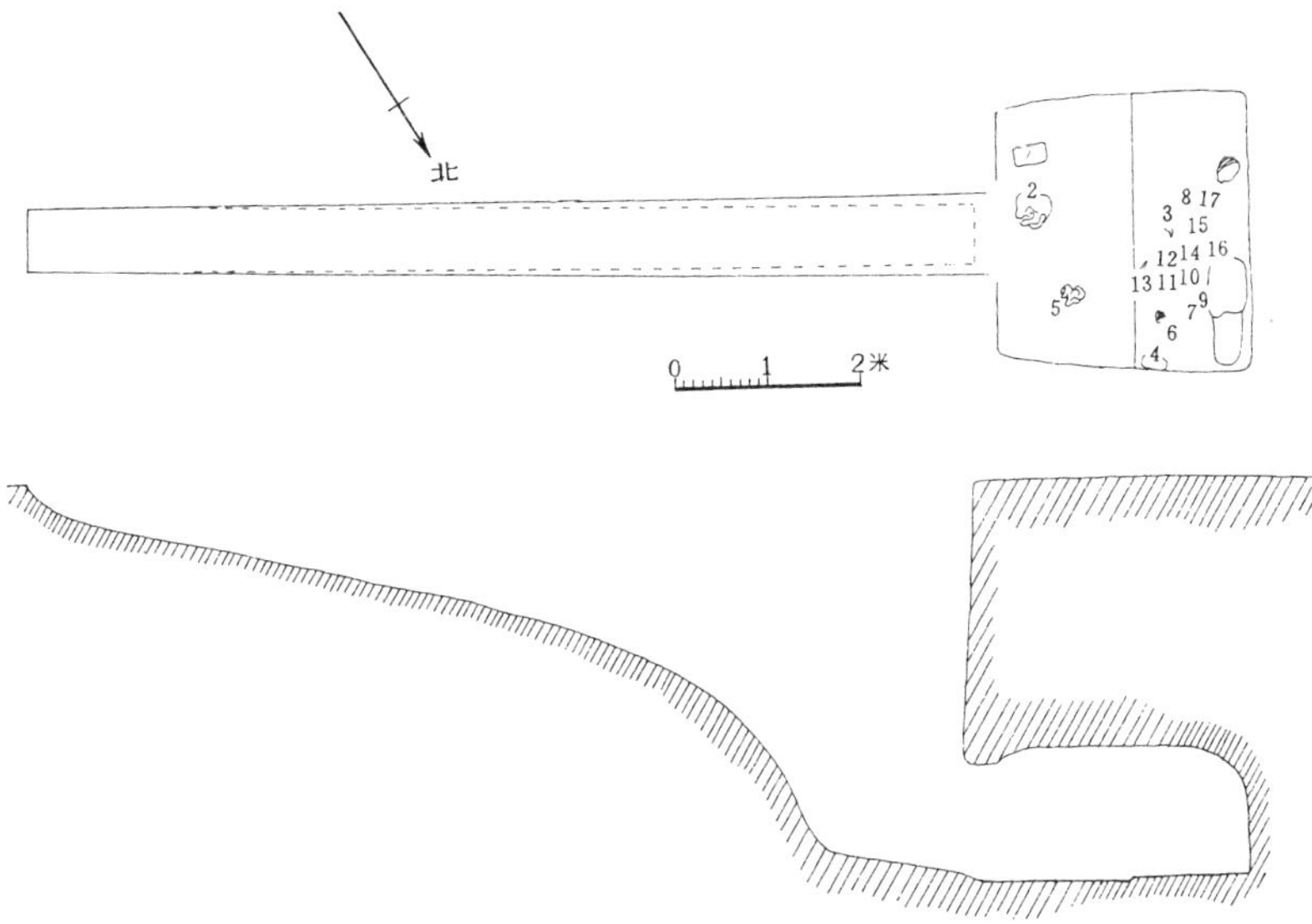

▲ 图二 79TAM383平、剖面图

1. 棉背心 2. 棉斗篷 3. 鸡鸣枕 4. 脚遮 5. 画像残片 6. 象征性丝织品69匹 7. 木梳 8. 木握手 9. 铜鱼形刀 10. 铅刀 11. 铅剪刀 12. 铜掏耳器 13. 衣物疏 14. 铅人 15. 铅尺 16. 铅熨斗

図1 武宣王沮渠蒙遜夫人彭氏墓 発掘状況図

故竹簞一枚、縁自副
故疏一枚
故霊牀一枚、□自副
故白木棺一口、柩明裏釘自副（銘）
大涼承平十六年歳在戊戌十二月庚子朔
十八日丁巳、大沮渠武宣王夫人彭、謹條
随身衣被雑物疏、所止経過、
不得留難、急々如律令。

棺内に様々な副葬品を入れた後、遺体全体を覆う帛絹被・帛練褥・竹簞が登場し、ついで「疏一枚」とあって、最後にこれらすべてを納める霊牀・白木棺を数え上げて、目録をまとめている。ここに出てくる「疏」について、従来の研究では「梳」と解し、櫛の意味で捉えている。実際、出土品の中には木梳（79TAM383:7）があり、妥当な解釈のようにも思える。しかし、文字自体は五行後の付加文言中の「疏」と全く同じであり、「随身の衣・被・雑物を条した疏」、つまりこの帛書された衣物疏自体を指している可能性は考えられないだろうか。

前掲の韓渠妻随葬衣物疏（表の5）の場合も同様で、物品目録末尾の黄松棺の次に「木疏一枚」が記されている。「疏」「木疏」を記す衣物疏は他にも多数あり、前期に限ってみても表の1・9・14・16・20に登場するが、これらはいずれも目録冒頭付近の頭部に関わる物品を記す位置に登場している。(28)その点からしても、末尾に突然「疏」が登場する上記二件は特異と言えるのである。

韓渠妻の衣物疏は紙製であって木製ではなく、この「木疏」が衣物疏を指すと解釈するのは無理があるかも知れない。しかし前掲の翟万随葬衣物疏（表の12）を参照するとどうだろうか。目録末尾に黄桑棺に続けて「手板一枚」とある。この「手板」も、その正体を明確にする証拠はないが、目録での記載順からすれば、明らかに上記の「疏」「木疏」と同様の機能を果たすものと考えてよかろう。随葬衣物疏は賵方・遣策に由来するものであり、本来は木（竹）に書かれたものであって、「大唐元陵儀注」でもこれに対応するものを「白素版」と表現している。とするならば、随葬衣物疏そのものや、あるいはそれを板に貼り付けたり挟んだりしたものを指して「木疏」「手板」などと表現することも、十分想定できるのではなかろうか。この想定が認められるとすれば、納棺儀式の最後に、死者へ捧げる最後の副葬品として、すべてを読み上げた随葬衣物疏を恭しく棺内に納める様子を、物品目録から読み取れるように思うのである。

四　法門寺舎利埋納儀礼と「衣物帳」

一九八七年、中国陝西省扶風県に所在する法門寺の塔跡から、唐代に埋納された舎利荘厳が発見された。(29) 篤く仏教を信仰した唐皇帝の懿宗は、咸通十四年（八七三）に法門寺の舎利を都に迎えて大々的な供養をおこなった。懿宗は同年のうちに歿するが、皇位を継いだ息子の僖宗の主導のもと、舎利は翌年正月四日に様々な施捨物とともに法門寺塔の地宮に戻される。しかし唐末の動乱の中で舎利の存在は忘れられ、そのおかげで現代の発掘調査により、唐代に埋納されたままの状態で発見されるという幸運に恵まれたのである。

地宮入口の隧道からは二枚の誌石が発見されており、一枚は「大唐咸通啓送岐陽真身誌文」、もう一枚は「監送真身使随真身供養道具及恩賜金銀宝器衣物帳」（以下、衣物帳）と題されている。前者は法門寺の略史に続けて咸通十四年の舎利供養の顛末が詳しく記され、後者は地宮に納められた施捨物の目録となっている。ともに舎利が再び地宮に埋め戻された咸通十五年正月四日の日付を記し、地宮奥部へと続く石扉を閉じ施錠した外から、石扉を塞ぐように立て掛けられていた。本稿で注目したいのは、物品目録たる後者の衣物帳である。

衣物帳は横一一三・五糎、縦六八糎の石板で、片面に一七〇〇余字が刻まれていた。冒頭には「監送真身使、重真寺より真身に随うべき供養道具、及び恩賜の金銀器物・宝函等、并びに新恩賜の金銀宝器・衣物等を到すは、後の如し」とあり、舎利奉還の担当官である監送真身使がもたらしたところの、重真寺（法門寺）から出した舎利供養道具、懿宗からの施捨物、および僖宗からの施捨物は次のとおりであるとして、以下はその具体的な物品の目録となっている。

物品目録は、氣賀澤保規氏の整理によれば、六グループに分けることができる。第一は「重真寺の将《も》ち到す物、七件」とあり、舎利供養に際して法門寺から都へ持ち出されたものとして、袈裟以下の七点の物品を記す。第二は「真身の内に到す後に相い次いで賜わり到す物、一百二十二件」として、懿宗からの施捨物一二二点を列挙する。ついで第三では「新たに恩賜し到す金銀宝器・衣物・席褥・幞頭・巾子・靴鞋等、共に七百五十四副枚領条具対頂量張」として、新皇帝である僖宗からの施捨物七五四件を記す（副枚領条具対頂量張は量詞）。第四では「恵安皇太后、及び昭儀・晋国夫人の衣、計七副」とあり、僖宗母の恵安皇太后と、同じく懿宗の皇后格にあったと推測される女性からの施捨物七件であり、第五では「諸頭の施し到す銀器・衣物、共に九件」とあって、僧尼や供奉官による施捨物九件がまとめて記される。以上の五グループの施捨物の物品名と数量を列記したリストを受けて、「以前、都《すべ》て計二千四百九十九副枚領張口具両銭字等」とし、その内訳を示した上で、次のような文章が続く。

　右、件の金銀宝器・衣物・道具等、并びに真身は、高品臣孫克政、臣斉詢敬、（以下、僧俗人名二十七名―省略）等、一一同《とも》に点検し、塔下の石道内に安置し訖んぬ。其の石記を鹿項内に安置す。咸通十五年正月四日謹みて記す。

続けて衣物帳は、第六グループとして金函一重以下の物品一一件を列記し、「已上、遍覚大師智慧輪が施す」と記している。氣賀澤氏はこの智慧輪こそが、今回の供養の陰の推進者であったと推測する。末尾には監送真身使ら舎利の送迎に携わった人々について述べられて締めくくっている。

さて、以上の六グループ九一〇件にのぼる物品を地宮に納める儀式を考える際に、前掲の「一一同に点検し、塔下の石道内に安置し訖んぬ」との文言は示唆に富む。ブッダの遺骨である舎利を、墓葬施設に範をとった地宮の中に納める作業は、まさに葬儀における納棺・埋葬に対応し、それを模した儀式であると言うことができよう。そうであるならば、納棺に際して随葬衣物疏が読み上げられたように、舎利荘厳の埋納に際してこの衣物帳が読み上げられ、その声に合わせて物品が地宮内へと納められていったと想定することも可能ではなかろうか。「一一同に点検し」は文字通り、奉還儀式を担当する僧俗二九名の眼前で、衣物帳に記された物品目録を一点一点読み上げてゆき、それに対応する物品をその場で地宮の内部へと納めていく、そうした儀式の様相を表現したものと考えたい。

先学の詳細な研究により、衣物帳に記された物品と、実際に発掘調査で見つかった遺物との対応関係が、かなり具体的にわかっている。そこで、もっとも多くの遺物が発見された地宮最奥の後室において、上記の六グループの施捨物がどのあたりから発見されたのかを確かめておきたい。図2は、発掘調査報告書に掲載された遺物分布図に加筆して、グループごとの区別を示したものである(30)。遺物分布図上で実際に確認できたのは、第二・三・五・六の四グループのみとなるが、これを見ると、まず中央に並べられたのは第二グループの懿宗施捨物であり、その脇に第三グループの僖宗施捨物が、上から重ねるように第五グループの僧尼・供奉官の施捨物が、最後に四隅に遠慮するように第六グループの智慧輪施捨物が配置されていることがわかる。この遺物配置からも、実際の埋納儀式において、衣物帳に記された目録の順序に従って、次々と物品が運び込まれる様子が鮮明に浮かび上がってくるだろう。

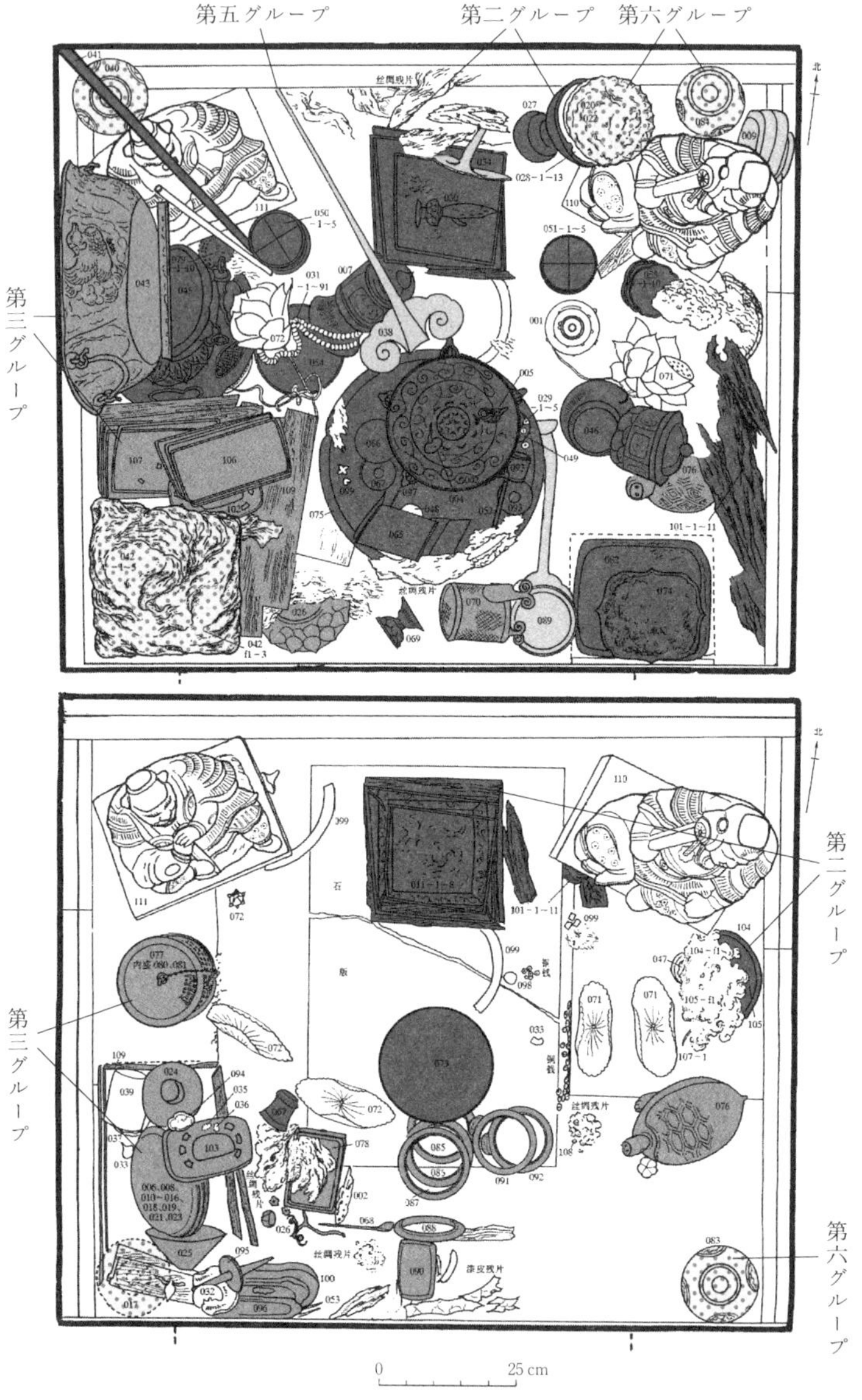

図２　法門寺地宮後室（FD5）遺物分布図（上：上層　下：下層）

第二グループ（懿宗）　第三グループ（僖宗）

第五グループ（僧尼・供奉官）　第六グループ（智慧輪）

おわりに

本稿ではトゥルファン地域出土の随葬衣物疏、特に物品目録の部分に注目し、『儀礼』や「大唐元陵儀注」に記される喪葬儀礼の手順や、そこで用いられるアイテムとの関連性を検討することで、納棺や埋葬の儀式の具体的な様相を復原できる可能性があることを論じた。またブッダの遺骨たる舎利の埋納においても同様の「埋葬」儀礼が存在したことを、法門寺出土の衣物帳を素材に読み取った。

長く続けられている儀礼であっても、その内実や意味合いは時代によって変化する。現代の我々にも経験的に予測される当然の事実であるが、それを史料の乏しい過去の儀礼において証明するには、式次第などの細かな外形的変化より推測していく他ない。本稿で論じた随葬衣物疏を例にとれば、前期と後期とでは明らかにその意味合いの変化を読み取ることができる。物品目録を読み上げること自体に重きが置かれた前期には、衣物疏はまず儀式の場に参加する人々に読み聞かせるための存在であり、『儀礼』を参照すれば副葬品を数え上げて喪家と死者の栄誉とする意識を見て取ることができよう。それが後期になると、虚構性を増した物品目録は読み上げには不向きとなり、また呪術的・宗教的な付加文言が発展してくることで、衣物疏は儀式の場のアイテムというよりは副葬のための存在となり、死者の安寧を祈って冥界の神々に届けるメッセージとしての性格が強調されるようになってくる。物品目録の分析からは、こうした儀礼の場における人々の意識の変化までをも復原できるのである。

本稿で論じた物品目録による儀礼復原は、もちろん喪葬儀礼に止まるものではない。最後に触れた舎利奉安もそうだが、各種の国家儀礼・仏教法会などにも応用でき、残存史資料の限られた時代・地域の様々な儀礼を復原することのできる可能性を秘めているであろう。

註

（1）金子修一主編『大唐元陵儀注新釈』（汲古書院、二〇一三年）、一二八～一三七頁（河内春人氏執筆部分）。ただし註釈（四三）（四五）は稲田の指摘による。

（2）本稿における随葬衣物疏の検討に際し、出土事例一覧や出典、釈文や年代比定など、もっとも基礎的な情報収集において依拠した文献を以下にあげておく。中国文物研究所・新疆維吾爾自治区博物館・武漢大学歴史系編／唐長孺主編『吐魯番出土文書』壹～肆（文物出版社、一九九二～六年）、侯燦・呉美琳「附録二　吐魯番晋—唐古墓出土随葬衣物疏」（『吐魯番出土磚誌集注』巴蜀書社出版、二〇〇三年）、關尾史郎「随葬衣物疏と鎮墓文—新たな敦煌トゥルファン学のために—」（『西北出土文献研究』六、二〇〇八年）、門司尚之「〝随葬衣物疏〟研究の現状と課題—その呼称問題を中心として—」（中央アジア学フォーラム報告資料、二〇一一年一二月）。

（3）池田温「中国古代墓葬の一考察—随葬衣物券について—」（『国際東方学者会議紀要』六、一九六一年）、白須淨眞「随葬衣物疏付加文言（死人移書）の書式とその源流—吐魯番盆地古墳群出土の随葬衣物疏の研究（一）—」（『仏教史学研究』二五—二、一九八三年）、荒川正晴「トゥルファン漢人の冥界観と仏教信仰」（森安孝夫編『中央アジア出土文物論叢』朋友書店、二〇〇四年）。

（4）小田義久「吐魯番出土葬送儀礼関係文書の一考察—随葬衣物疏から功徳疏へ—」（『東洋史苑』三〇・三一、一九八八年）、四三～四頁、五一頁。

（5）来村多加史『唐代皇帝陵の研究』（学生社、二〇〇一年）、三四二頁。

（6）以下、『儀礼』の項目名および引用は、池田末利訳註『東海大学古典叢書　儀礼Ⅳ』（東海大学出版会、一九七六年）、及び十三経注疏整理委員会整理『十三経注疏整理本11　儀禮注疏』（北京大学出版社、二〇〇〇年）による。

（7）「大唐元陵儀注」の「名を称え進めて梓宮に入れ」の部分について、読み終えた白素版自体を「進めて梓宮に入れ」ると読む可能性も考えられるが、「名を称え」たのに呼応してその物品を死者に奉り（「進め」）つつ棺に納めていく、と解釈すべきであろう。

（8）註(4)小田論文、四一頁。

（9）劉安志「中古衣物疏的源流演変」（『新資料与中古文史論稿』上海古籍出版社、二〇一四年、初発表二〇〇五・六年）。
（10）洪石「東周至晋代墓所出物疏簡牘及其相関問題研究」（『考古』二〇〇一年第九期）。
（11）『道蔵』第六冊（文物出版社・上海書店・天津古籍出版社、一九八八年）、九九六〜七頁。
（12）小林正美「天師道における受法のカリキュラムと道士の位階制度」（『唐代の道教と天師道』知泉書館、二〇〇三年）。以下の読み下しに際しても多くを学んでいる。
（13）亡道士が某師から伝授された経法と、亡道士が弟子に伝授した経法について記す。註（12）小林論文、八一〜二頁。
（14）劉安志「六朝買地券研究二題」（註（9）著書、初発表二〇一一年）。渡邉義浩編『第二回日中学者中国古代史論壇論文集 魏晋南北朝における貴族制の形成と三教・文学—歴史学・思想史・文学の連携による—』（汲古書院、二〇一一年）所収の林佳恵氏による日本語訳を参照した。
（15）侯燦「吐魯番晋—唐古墓出土随葬衣物疏綜考」（『高昌楼蘭研究論集』新疆人民出版社、一九九〇年、初発表一九八八年）、一六六頁。
（16）註（9）劉論文。
（17）註（2）『吐魯番出土文書』壹、八五頁。釈文中の「 」は追記を示す。物品名の頭に付けられた「故」は、その物品が故人の所有に属することを示す。註（3）池田論文参照。
（18）註（2）『吐魯番出土文書』壹、二〇七頁。
（19）劉安志「従泰山到東海」（註（9）著書、初発表二〇〇七年）。
（20）町田隆吉「敦煌出土四・五世紀陶罐等銘文について—中国古代における葬送習俗に関する覚え書き—」（東京学芸大学附属高等学校大泉校舎『研究紀要』一〇、一九八六年）、高国藩「古敦煌民間葬俗」（『学林漫録』一〇、一九八五年）、關尾史郎『もうひとつの敦煌〜鎮墓瓶と画像磚の世界〜』（新大人文選書7、高志書院、二〇一一年）、五八頁。
（21）註（3）池田論文、門司尚之「シルクロードの古墓の副葬品に見える「天に昇るための糸」—五〜六世紀のトゥルファン古墓の副葬品リストにみえる「攀天糸万万九千丈」」（白須淨眞編『シルクロードの来世観』勉誠出版、二〇一五年）。
（22）大田黒綾奈「シルクロードの古墓から出土した偽物の「玉」—五〜六世紀のトゥルファン古墓の副葬品リストに見える「玉豚」の現実」（註（21）『シルクロードの来世観』）、一六四頁。

(23)　註(2)『吐魯番出土文書』壹、五頁。

(24)　手脚爪囊は、沐浴の際に切除した死者の手足の爪を納めた小袋を指す。『礼記』喪大記に「君大夫は鬊爪《しゅんそう》を緣《かく》(角)中に実《い》る」とあり、鄭玄注に「将に爪髪を棺中に実るに、必ず小囊に為《い》れて盛る」としている。「大唐元陵儀注」でも沐浴の場面で、「其の鬚《しゅ》髪《はつ》は理《おさ》め、爪を断《き》り、小囊に盛り、大斂に即ち棺中に内《おさ》むるなり」としている(註(1)注釈書、一〇四～五頁)。

(25)　表の作成に際しては、註(2)の諸文献を参照した。年代判定については主に關尾論文に依拠しており、物品の内容については小田義久「吐魯番出土の随葬衣物疏について」(『龍谷大学論集』四〇八、一九七六年)、註(15)侯論文、および呉娅娅「吐魯番出土衣物疏輯録及所記名物詞匯釈」(西北師範大学碩士学位論文、二〇一二年)を参照した。

(26)　柳洪亮「吐魯番北涼武宣王沮渠蒙遜夫人彭氏墓」(『文物』一九九四年第九期、後に『新出吐魯番文書及其研究』新疆人民出版社、一九九七年に所収)。図1は画質の良い初発表時のものを使用した。トゥルファンでの発掘調査状況や報告書等については、内田宏美氏の教示を得た。

(27)　《吐魯番博物館》編集委員会編『吐魯番博物館』(新疆美術撮影出版会、一九九二年)、小田義久「吐魯番出土沮渠蒙遜夫人彭氏随葬衣物疏について」(『龍谷大学論集』四四六、一九九五年)。

(28)　後期衣物疏では烟脂胡粉具(化粧道具)と合わせて記載される例が多い。

(29)　法門寺舎利荘厳については、以下の諸文献を参照した。氣賀澤保規「法門寺出土の唐代文物とその背景―碑刻「衣物帳」の整理と分析から―」(礪波護編『中国中世の文物』京都大学人文科学研究所、一九九三年)、同「唐法門寺咸通十四年(八七三)舎利供養をめぐる一考察―あわせて法門寺「真身誌文」碑の検討」(『駿台史学』九七、一九九六年)、同「法門寺の歴史と舎利供養」(新潟県立近代美術館他編『唐皇帝からの贈り物』朝日新聞社他、一九九九年)、陝西省考古研究院・法門寺博物館・宝鶏市文物局・扶風県博物館編著『法門寺考古発掘報告』(文物出版社、二〇〇七年)。

(30)　註(29)『法門寺考古発掘報告』の附表一「唐代法門寺地宮出土遺物一覧表」(二八四～三〇三頁)に示された衣物帳記載と出土品との対照表をもとに、図二六・二七「地宮後室(FD5)第一・二層遺物分布図」(三六頁)に加筆した。ただし最下層の秘龕出土品については、衣物帳記載との対照に疑問が残るため省略した。

〔附記〕　本研究はＪＳＰＳ科研費一六Ｋ〇二九九三の助成を受けたものである。

唐令復原と天聖令
――賦役令を中心とする覚書――

大　津　　透

はじめに――研究史の整理と課題――

寧波天一閣で天聖令が発見されたことにより、二一世紀に律令制研究は新たな段階を迎え、日唐律令制比較研究も進展したことは改めていうまでもない。戴建国氏が天聖令であることを論証発見した「天一閣蔵明抄本『官品令』考」[1]以来、筆者も含め、天聖令が現行法としてそれに改訂を加え、また不用として篇末に附加した唐令は、唐代に最後に編纂された法典である開元二十五年令であると述べて議論してきた。[2]その後開元二十五年令であることを考証する論考も多いのだが、一方で、具体的に条文ごとに唐令の復原をすると、さまざまな問題に直面する。ここでは、これまでの日中での法制史研究の成果をまとめ、賦役令を中心に復原に関するいくつかの問題を検討していきたい。

戴建国氏の「『天聖令』所附唐令為開元二十五年令考」が、天聖令の依拠唐令が開元二十五年令であるとするもっとも包括的な議論であるので、まずその論点を紹介しよう。[3]

まず天聖令に付された唐令と従来の唐令復原典拠とされてきた史書に見える逸文との相違の問題に触れる。『宋刑統』厩庫律をとりあげ、そこに載せられた唐厩牧令は、天聖令のそれと異同があることから、五代および宋初の改変を経ていることを指摘し、さらに『宋刑統』の編纂過程を論じ、唐大中七年（八五三）の『大中刑法統類』を基礎とし、直接は五代後周の『周刑統』を継承したこと、後唐の長興四年（九三三）の『大中刑法統類』の詳定などを述べる。また『通典』と天聖令唐令との相違についてもとりあげ、考察している。

ついで天聖令自体の分析に進み（以下現行法の部分を宋何条、不行として付された部分を唐何条とする）、雑令唐1条では中男の年齢が十六以上であること、「太史局」という官名がみえること、関市令唐8条の市の開始・終了の規定が、景龍元年（七〇七）の勅によることとから、開元二十五年令であることを論証する。さらに獄官令唐5条にみえる「南寧州」「益州大都督府」の官名からも結論が補強される。さらに避諱を検討し、唐玄宗の諱「基」をさけて「期」を一部「周」とし、中宗の諱「顕」も避けるが、代宗の「豫」は避けていないことから、天聖令の所拠は代宗以後のものではないとする。それは、後唐の同光元年（九二三）に定州勅庫に保存されていたのが進納された唐令、開元二十五年令であるとする。なお、かつて戴氏は宋淳化三年（九九二）に唐令に「校勘」を加えているので、それに基づくかと述べていたが、天聖獄官令唐2条には「京兆府」、また雑令宋9条では「司天監」、唐1条では「太史局」が見えることから、唐令部分は旧態を保管しているとし、淳化三年校勘本ではないとする。宋代の避諱については、宋令だけでなく唐令の部分でも「徴」を「理」と改めていて、効力を持たない唐令の部分も含めて、天聖令一巻全体が国家頒布の官文書であるとする。

ついで唐令修訂の方式を分析して、唐後期の令を論ずる。本来は「垂拱格」など外部の法律形式による修正改訂と「永徽令」など令典全体の新公布という方式がある。さらに詔勅をもって直ちに令典に加えることがあるとして、会昌二年（八四二）に御史大夫の相当官品をあげて「著之於令」とした例、貞観五年（六三一）の死刑の三覆奏制、顕慶五年（六六〇）の三公に行陵させる制での「著於令」、開成五年（八四〇）慶陽節の節仮を定める「著於令式」などをとりあげ、すぐに各地で唐令に補入させたとする。『作邑自箴』『慶元条法事類』などから、別紙を貼る「簽貼」の方式により、こうした改訂や官号や地名などの頻繁な改訂に対応したとする。なお天聖令に付された唐令を建中令とする説があるが、それは建中三年（七八二）に頒布された勅のことで、そもそも建中令という概念が成立しないとする。(4)

開元二十五年令の後、条文の内容の変更はあったが、開元二十五年に制定した令の範疇は超えない。一つには日常頒布された制勅により部分的変更や増補がなされ、もう一つは制勅を整理して格後勅を編纂して令文の欠陥を補った。ただし部分的変更は官号・品帙・諱・地名などに限られ、唐令の構造には大きな変更はなされなかったと結論する。

日本でも、岡野誠氏が天聖令依拠唐令について考察した。(5)天聖令の編纂過程について押さえた上で、「益州大都督府」「京兆・河南府」「南寧州」「弘文館」「太史局」「江東・江西（道）」の語句の使用時期から開元二十五年令であることを論じ、また他の地名・官司名についてもとりあげて、開元期のものとして矛盾しないとする。さらに唐皇帝の諱・嫌名の避諱を詳しく検討し、初代高祖から五代中宗、六代玄宗までの避諱はよく守られ、一方八代代宗以降については全く実施されず、天聖令所附唐令は、唐玄宗期の鈔本（あるいはその転写本）と結論づけた。

さらに坂上康俊氏が二本の論考を発表している。(6)最初の論考では、戴氏のあげた論拠について検討を加えた上、天聖令獄官令唐1条に、宰相府としての「中書門下」がみえることから、開元二十五年令であることを確認している。一方で開元十一年に規定された北都・太原府が、唐律疏議に引かれる公式令には改訂がみえるのに、天聖令中では「両京」「京兆・河南府」となっていて一切みえないことを指摘し、単行法令と令の改訂の関係を論じた。のちの論考は、盧向前・熊偉氏による天聖令の藍本を建中令とする説について、(7)論拠を検討したものである。天聖田令唐5条の永業田の規定と『通典』巻二田制に開元二十五年令として引く規定を比べると、後者に「六品・七品各二頃五十畝、八品・九品各二頃」が見えず、それを令の改訂の結果とする説に対し、従七品の勲官である武騎尉に与えられることから、『通典』が当該部分を脱落したと考えればよいとする。また天宝六載（七四七）敦煌戸籍で正八品上の翊衛と従九品下の隊副、大暦四年（七六九）敦煌手実で七品職事官の折衝府別将についてともに永業田を受け取る資格が認められていないことから、先の規定はそのあと、建中令で付加されたとの主張について、翊衛・隊副はともに衛官であり、職事官・散官を対象とする永業田規定の対象だったか、安史の乱以降の段階で官人永業田規定がどの程度機能していたか疑問があるとした。さらに建中令説の論拠としてあげられる、天聖雑令と『通典』巻四〇職官にあがる唐開元二十五年の官品規定とが異なるとの黄正建氏による指摘(8)についても、異なる読み方の可能性を提示した。

以上の論考が明らかにしたように、天聖令がもとにした唐令が開元二十五年令であることはおおむね認められるのだが、一方で具体的な唐令復原においては、多くの問題が生ずることも事実である。そもそも歴史研究所の『天聖令校証』において「唐令復原研究」の章のタイトルが「唐開元田令的復原研究」「唐賦役令復原研究」「天聖雑令復原唐令研究」と担当者によりばらばらであることがそれをよく示している。

責任者である黄正建氏は、雑令の復原を担当して上述のように問題点を指摘していたが、それをふまえ「『天聖令』附『唐令』是開元二十五年令嗎?」という小文を公表し、疑問を呈した。天聖雑令唐8条に尚食局の主膳を「並分為㆓四番㆒」と規定するが、『唐会要』巻六五殿中省によれば開成三年（八三八）に「旧額、主膳八百四十人、充㆓三番㆒、毎月役使二百八十人」だったのを「分為㆓四番㆒」としたいという奏上が勅旨で認められたことを指摘し、『天聖令』唐令は唐後期の制度を反映している、あるいは唐の文宗以後この詔勅を根拠にそれ以前の令文を修改したとしている。さらに編著収録にあたって付記「対〝開元二十五年令説〟的回応」を記し、諸研究の論証はおおむね認められ、『天聖令』が依拠した唐令が開元二十五年令だということができても、定州の底本は修改を経ているので、「修訂を経た開元二十五年令」さらに「唐後期の修訂を経た開元二十五年令」と呼ぶべきではないかとした。(9)

坂上氏の論文のおわりに、『通典』所引の大唐（開元二十五年）令との相違をどう考えるか、さらに『故唐律疏議』に引用される令文との相違をどう考えるかが、今後の課題としてあげられている。(10)特に後者は、戴建国氏はじめ中国では一般的に永徽律疏とされるので、引用の唐令は永徽令と考えるため、その相違が問題にされていない。これを継承して、以下では天聖令の条文と唐令復原典拠の史籍との関係を考えていきたい。

一　天聖令と『宋刑統』所附唐令・『唐律疏議』『宋刑統』律疏との関係

まず『宋刑統』に付された唐令との関係を考えたい。『宋刑統』は、天聖令とほぼ同時期に作られた北宋の法典であり、共通する性格もあると思われる。ちなみに、ともに天下の孤本として天一閣に伝えられたことも、結果的にだが共通している。

『宋刑統』は、現在三〇巻、二一〇門からなり、一部の残欠を除きほぼ全体を伝える（目録一巻を欠く）。律（五〇二条）と律疏をもとに、その順に内容を分類して門をたてるが、一部律を含まない新たな項目を立てた門もある。その内容を岡野誠氏の分類によれば、Ⅰ律および律疏、Ⅱ旁照法（1令・式・格、2制勅（発布年月あり）、ともに「准」字で始まる。3その他）、Ⅲ起請（「臣等参詳」の語を含む）、Ⅳその他（夾注・議）から成り立つ。このうちⅠは、唐律一二巻と律疏三〇巻を交互に配置したもので、『唐律疏議』と内容的にほぼ共通する。(11)

『宋刑統』は北宋国初の建隆四年（九六三）に撰上されたが、その直接のもとになったのは後周の顕徳五年（九五八）

に奏上された『周刑統』であり、その改訂増補版であるので『重詳定刑統』という。さらにそのもとになったのは唐の大中七年（八五三）に編纂施行された『大中刑律統類』一二巻と考えられ(12)、律令格式一二五〇条を分類して一二一門に分類して、それに格勅を付したものである。したがってⅠの律本文は、『大中刑律統類』に遡ると考えられる。一方で、律疏は、『周刑統』において律の難解な部分のみに付されたが、『宋刑統』編纂において全文を付すこととなり、それは仁井田陞・牧野巽両氏が論じたように開元二十五年律疏であると考えられる(13)。Ⅱの部分に「准」のあとに唐令・式が引用されているのは、開元二十五年の令と式と考えられ、格としては開元戸部格・刑部格と開成格が引用されている。

Ⅱ部分に引用される唐令は四六条であるが、そのうち天聖令の残る田令以下にあたるのは、田令二条、厩牧令一条、捕亡令三条、獄官令二〇条（巻二九で一条のように引用されるが、『唐令拾遺』は二八条と三〇条の二条に別けて復原しており、二一条になる）、喪葬令一条、雑令六条（拾遺一六条は巻一三と巻二六とで二度引用される）、あわせて三四条である。これらが天聖令ではどう対応するかを調べると、ほとんどが宋令であり、不行唐令とされるのは、獄官令唐4（巻三〇、拾遺一〇条）、唐9（巻二九、拾遺三〇条）、雑令唐14（巻二六、拾遺一九条）のわずか三条であるのが特徴的である。このうち獄官令唐4にあたる獄官令は後半が省略されて引用されているが、それを除けばいずれもほぼ同文である。

さらに宋令とされる例と比較すると、たとえば獄官令宋11条は

諸流人応レ配者、若(各)依二所レ配里数一、無二要重城鎮一之処、仍遂(逐)レ要配レ之、唯得レ就レ遠、不レ得レ就レ近。

とあるが、『天聖令校証』のように括弧の字に校訂すると、巻三名例に引く獄官令（拾遺一三条）と同文である。また天聖田令宋5条競田条は、

諸競田、判得已耕種者、後雖二改判一、苗入二種人一、耕而未レ種者、酧二其功力一。未レ経二断決一、強耕種者、苗従二地判一。

とあるが、巻一三戸婚の田令（拾遺二八条）は「酎」が「酬」、「強耕種者」の「種」がないだけでほぼ同文である。ほかにも雑令宋25条と巻二六雑律（拾遺一八条）、獄官令宋51条と巻二九断獄（拾遺三七条）など同文、ほぼ同文の例が多い。

さらに喪葬令宋27身喪戸絶条は、

諸身喪戸絶者、所レ有部曲・客婢女《(客女奴婢)》・宅店・資財、令二近親 親依二本服一、不レ以二出降一 転易貨売一（中略）。若亡人在日、自有二遺嘱処分一、証験分明者、不レ用二此令一。即別勅有レ制者、従二別勅一。

であるが、巻一二戸婚に引く喪葬令（拾遺二一条）は、最後の一節がないだけである。つまり唐令を全文引き継ぎ、それに「即別勅有制者、従別勅」という例外規定を付加したのである。獄官令宋36条も、巻二九断獄に引く獄官令（拾遺二八条）と比べると唐令の文中に「若隠レ情拒訊者、従二別勅一」の一節を付加しただけであるとわかる。[14]

つまり、『宋刑統』に付された唐令については、唐後期の『大中刑律統類』で付加され、後周においても必要だから旁照法として残されたことから当然といえるかもしれないが[15]、多くはほぼそのまま、あるいは付加規定を付されたり、部分的な変更によって、宋代天聖令まで現行法として機能していたという特色が見出せる。

宋令の成立過程がわかる例が、天聖雑令宋22条の次の規定である。

諸訴二田宅・婚姻・債負一於レ法合レ理者、起二十月一日一官司受理、至二正月三十日一住接二詞状一、至二三月三十日一断畢。停滞者以レ状聞。若先有二文案一、及交相侵奪者、随レ時受理。

『宋刑統』巻一三戸婚には、律条を含まない「婚田入務」という門を独自にたて、

准二雑令一、謂《(諸)》訴二田宅・婚姻・債負一、起二十月一日一、至二三月三十日一検校。以外不レ合。若先有二文案一、交相侵奪者、不レ在二此例一。

と、まずⅡ唐雑令を引用するが、そのあとにⅢ起請が加えられて、

臣等参詳、所有論二競田宅・婚姻・債負一之類、債負謂下法許二徴理一者上、取(起カ)二十月一日一以後許二官司受理一、至二正月三十日一住接二詞状一、三月三十日以前断遣須レ畢。如未レ畢、具二停滞刑獄事由一聞奏。（下略）

とある。唐令にⅢの変更の結果が加えられて宋22条となっていることは明白である。この起請（臣等参詳）とは、後唐の長興四年（九三三）に御史中丞龍敏らに勅して行なわせた大中統類の詳定作業と考えられ(16)、その結果をふまえ天聖七年（一〇二九）の天聖令編纂にあたって宋令が成立したのであり、実効性をもち機能していたことがわかる。

なお天聖獄官令宋35条「諸問レ囚、皆判官親問、辞定、令二自書辦一。（下略）」は、巻二九断獄に引く獄官令（拾遺二七）とほぼ同文であるが、そこでは「令自書款」となっている。同じく唐9条と巻二九断獄の獄官令（拾遺三〇）は同文のはずだが、前者の「辦定」が後者では「款定」となっている。この点について黄正建氏の論考があり、「辦」は「辯」が正しいとした上で、これは官府の訊問に答える文書書式であり、「款」は口述、陳述の意味で文書書式でなかったが、唐後期になって「辯」が「款」に代わるようになり「辯」の使用は減るとして、いずれも唐令は「辯」だったとする(17)。『宋刑統』が付す唐令は、多く本来の開元二十五年令の形を残すと考えられるが、この場合宋代の変更を受けていることになる。なぜ修正されたか疑問も残り、今後の検討を待ちたい。

つぎに律疏に引かれる唐令との比較をしたい。上述のように『宋刑統』のⅠ部は律と律疏を交互にならべたものである。宋代の編纂において律疏を全文付すことになったものである。『唐律疏議』もほぼ同一の内容だが、いつ作られたか不明であり、元版、どんなに古くとも南宋末にしか遡らない。内容からも律と律疏を取り合わせて作ったものである。

仁井田・牧野両氏は、官名や地名などの網羅的分析をへて、『唐律疏議』は、従来考えられてきた永徽律疏に基づ

くのでなく、開元二十五年度の律疏をもとするもので、それに唐後半・五代・宋元に字句の修正・付加が行なわれ、今日の姿になったことを論証した。(18)これが日本では通説的位置を占めるが、中国で楊廷福氏により開元二十五年には撰定でなく刊定があっただけだとの批判が出され、(19)岡野誠氏はそれを踏まえて、「唐代において律疏の編纂が行なわれたのは永徽にただ一度だけであり（楊氏説）、開元にその手なおしが行なわれて、それが後の唐律疏議の主要な材料になった（仁井田・牧野説）」とまとめている。(20)なお敦煌発見の北京図書館蔵名例律疏断簡（17・18条）の最後に「開元廿五年六月二十七日」の日付と李林甫・牛仙客などの刊定者六名が列挙されており、開元二十五年律疏の写本が伝存している。さらに岡野氏は、西域出土の開元名例律疏・雑律疏の文字と『唐律疏議』『宋刑統』および養老律との異同を丁寧に調べ、敦煌断簡の方が律疏本来に近く、『唐律疏議』は後に文字を補っていると考えられるとしている。(21)

開元律疏と永徽律疏との関係を探るのは難しいが、日本律が模本としたのが永徽律であることから、養老律を媒介として迫れる可能性がある。その新たな鍵は近年旅順博物館で発見された賊盗律断簡にある。北京大学の栄新江氏が旅順博物館の写真から発見し、二〇〇〇年に東洋文庫で口頭報告し、(22)その後岡野誠氏による詳細な研究が発表された。(23)そのうち賊盗律47条の部分について、岡野氏による復原（括弧内は推定）で掲げる。

諸売二朞親卑幼、及兄弟孫、〔外孫、子孫之婦一為二奴婢一者、各〕
流二千里。売二子孫、及己妾、子〔孫之妾一（刑罰が入るが不明）即和売〕
者、各減二一等一。其〔売二余親一者、各従二凡人和略法一。〕

これに対して『唐律疏議』賊盗律47略売期親卑幼条は、

諸略二売期親以下卑幼一為二奴婢一者、並同二闘殴殺法一。無服之卑幼、亦同。即和売者、各減二一等一。其売二余親一者、各従二凡人和略法一。

とあり、かなり異なっている。一方養老賊盗律47売二等卑幼条は、

> 凡売㆓二等卑幼、及兄弟孫、外孫㆒為㆓奴婢㆒者、徒二年半。子孫者、徒一年。即和売者、各減㆓一等㆒。其売㆓余親㆒者、各従㆓凡人和略法㆒。

となっていて、売って奴婢とする客体を、二等卑幼（弟妹・兄弟之子）・兄弟孫・外孫、子孫、余親に三区分する。これに対して開元二十五年律では、期親以下卑幼（無服之卑幼も規定）と余親に二区分するが、断獄律断簡では、期親卑幼・兄弟孫（欠）と子孫・己妾・子（欠）と三行目後欠部分（余親）とに三区分している。これは日本律と共通するので、母法の永徽律のありかたを示し、この相違は、永徽律から開元律において改正が行なわれ、略売・和売の客体の範囲の拡大と量刑の一等減がなされたことを岡野氏が論証した。

さらに興味深いのは、『唐律疏議』の本条の疏の問答である。名例律42共犯罪造意為主条の「家人共に犯さば、ただ尊長を坐す」を引用し、和同して売る場合に家人共犯にあたるかとの問に、

> 答へて曰く、例に依るに「本条に別に制有りて例と同じからざるは、本条に依る」。此の文、期親の卑幼及び兄弟の子孫・外孫の婦を売り、子孫及び己の妾・子孫の妾を売るは、各正条有り。売らるるの人、罪を加ふべからず。それ卑幼処分を受くべきが故の為なり。それ余親を売りたるは、各凡人和略の法に従ふ。既に凡人と同じく法を為す。ただに家長を坐すべからず。（疏文は書き下した）

と、名例律49本条別有制条の「それぞれの条文で別に定め、名例律の一般原則に抵触する場合は、各条の規定による」を引用し上で、①「期親の卑幼及び兄弟の子弟・外孫の婦を売る」と②「子孫及び己の妾・子孫の妾を売る」を本条に規定しており、したがって売られた人は処罰されない、なぜなら卑幼は尊長の処分に従わなければならないからである、なお余親の場合は、賊盗律45略人略売人条の規定に従うので、売られた余親も処罰される、と述べている。

ここで①の「外孫の婦」は中村茂夫氏の指摘もあり「外孫・子孫の婦」とあるべきで、(24)直前の「兄弟の子孫」の「子」は衍字だと岡野氏が指摘している。とすると①と②は、開元律ではなく永徽律の本条の文章を引用していることになる。また賊盗律45条で「売りて未だ售らざる者は一等を減ず」に「下条此れに準ず」との注があり、その疏文の「下条（中略）期親の卑幼及び子孫の婦等を売りて奴婢と為して未だ售らざる者は、亦一等を減ず。故に此に準ずと云ふ」もまた、永徽律の文章を引用しているのである。(25)つまり、開元律疏の編纂にあたり、疏文でも条文の改定にあわせて註釈を変更したが、一部について永徽律疏のままの文章が残ってしまっていることがわかる。

これをふまえて、天聖令と律疏に引用される唐令との違いを考えたい。まず天聖厩牧令唐23条をとりあげる。

諸府官馬及伝送〔馬〕驢、毎年皆刺史・折衝・果毅等検簡。其有㆓老病不㆑堪㆓乗騎㆒者、府内官馬更対㆓州官㆒簡定、両京管内、送㆓尚書省㆒簡。駕不㆑在、依㆓諸州例㆒。並官為差㆑人、随㆑便貨売。得銭若少、官馬仍依式府内供備、伝馬添㆓当処官物㆒市替（下略）。（〔 〕は脱字を推補した、以下同じ）

これに対して、『唐律疏議』厩庫律2験畜産不実条の疏には、「依厩牧令」として

府内官馬及伝送馬驢、毎年皆刺史・折衝・果毅等検揀。其有㆓老病不㆑堪㆓乗用㆒者、府内官馬更対㆓州官㆒揀定、京兆府管内、送㆓尚書省㆒揀、随㆑便貨売。

とあり、条文途中までを引用している。さらに『宋刑統』巻一五では、右の唐令の「京兆府管内」が「開封府管内」になっていて、これは、前述した戴建国氏が『宋刑統』の疏文中の唐令が宋代の法として改変を経ていることを指摘した事例である。ここではさらに天聖令と『唐律疏議』の唐令との違いにも目を向けたい。「両京管内」と「京兆府」は後者がただ河南府を省略したようにもみえるが、「駕不在、依諸州例」の語は両京だから必要で付されているので、文章が異なるといえるだろう。

京兆府は、「大唐京兆府本為二雍州一、置二牧一人一、以二親王一為レ之」（『通典』巻三三京尹）と雍州と呼ばれ、開元元年（七一三）に雍州を改めて京兆府とした。したがって永徽令では「雍州管内」とあったと考えられ、それを開元二十五年律疏作成時に、永徽律疏を踏襲して機械的に雍州を京兆府に書き換えたように思われる。一方洛州は、初めは都督府だったが、顕慶二年（六五七）に東都が置かれるに及び、牧・長史が置かれ、周辺八県を洛州に編入した（『旧唐書』巻四本紀、顕慶二年十二月）。この時に両京制がはじまり、開元元年に洛陽府と改められた。開元二十五年令では「両京」あるいは「京兆府・河南府」と記され、これが天聖厩牧令の文章になっているのだろう（なお開元十一年に北都太原府も置かれたが、開元二十五年令はそれを載せない）。なおそれ以外に文字の異同（検簡→検揀、乗騎→乗用、簡定→揀定、尚書省簡→尚書省揀）もあるが、意味は変わらず、単なる文字の書き換えか、記して後考をまちたい。ちなみに対応する養老厩牧令20駅伝馬条では「検簡」「乗用」である。

　つぎに天聖賦役令宋8条および唐14条をとりあげたい。

皇宗籍属宗正者、及太皇太后・皇太后・皇后本服総（緦）麻以上親、皇太子妃本服大功以上親、親王妃及内命婦一品本服朞以上親、五品以上父祖兄弟、並免二色役一。

諸文武職事官三品以上、若郡王父祖兄弟子孫、五品以上及勲官三品以上有封者、若国公父祖子孫、勲官二品若郡県公侯伯子男并（父）子、並免二課役一。

一方で、『唐律疏議』戸婚律12相冒合戸条の疏には「依賦役令」として以下の文章がある（『宋刑統』巻一二も同じ）。

文武職事官三品以上若郡王、期親及同居大功親、五品以上及国公同居期親、並免課役。

これに『文献通考』巻一三職役考復除（実は『新唐書』巻四一食貨志である）に、

唐制、太皇太后・皇太后・皇后緦麻以上親、内命婦一品以上親、郡王及五品以上祖父兄弟、職事勲官三品以上有封者若県男父子、（中略）皆免二課役一。

とあるのとあわせて、『唐令拾遺』は賦役令二〇条を以下のように復原していた。

諸皇宗籍属二宗正一者、及太皇太后・皇太后・皇后緦麻以上親、内命婦一品以上親、文武職事官三品以上若郡王周親及同居大功親、五品以上及国公同居周親、〔『唐令拾遺補』は『新唐書』から「職事勲官三品以上有封者若県男父子」を加える〕、並免二課役一。

前半が宋8条、後半が唐14条に対応するのだが、後半は相違が大きく、拾遺二〇条では「同居」が条件とされているが、天聖令ではみえない。旧稿では唐14条は本来の条文を伝えていない可能性を指摘したが、再考の必要がある。(26)『六典』巻三戸部には「凡丁戸、皆有二優復蠲免之制一」として「諸皇宗籍属二宗正一者、及諸親、五品以上父祖兄弟子孫」とある。かつて日野開三郎氏はこれと『新唐書』食貨志の文章を同一の規定として開元二十六年のものとして、『唐律疏議』の疏が引用する賦役令を貞観・永徽のころのものとして、制度の改更があって範囲が拡大されたと論じた。(27)『新唐書』の文章に問題があるため疑問があったが、天聖賦役令唐14条をもとにしてあらためて考える必要がある。かりに『唐律疏議』の疏が引用する賦役令が永徽令だとすると、天聖令が示す開元令において「同居」の制限がはずされ、「期親」「大功親」などの親族呼称が「父祖兄弟子孫」「父祖子孫」へと変わっていて、範囲が縮小されたといえる。唐14条の親族呼称のあり方は『新唐書』『六典』とも共通するので一定の信憑性があろう。(28)すなわち天聖令唐14条を開元二十五年令条文とみなし、ついで、『唐律疏議』に引かれる賦役令は永徽令文であると考える。さらに唐14条の最後の部分「勲官二品若郡県公侯伯子男父子」は、律疏では「相冒合戸」が議論の対象であるため同籍規定のない部分は省略されたものと考えられ、以下のように永徽賦役令を復原すべきだろう。

〔諸？〕文武職事官三品以上若郡王期親及同居大功親、五品以上及国公同居期親、勲官二品若郡県公侯伯子男父子、並免㆓課役㆒。

現存する敦煌・吐魯番戸籍計帳から、勲官二品にあたる「上柱国子」「柱国子」が課役免除されていることが知られ、その初見は大足元年（七〇一）敦煌県戸籍である。(29) かつて「勲官三品以上有封者」が拡大され運用されたかと推測したが、永徽令以来勲官二品父子の課役免除規定はあったとするほうが、穏当だろう。

永徽律疏においては、戸婚律12相冒合戸条で不正な合戸について規定し、賦役令本条が同居をもって蔭による課役免除の要件としているのでそこに引用されたのである。ところが開元律疏では、賦役令は改訂されて同居を要件としなくなったので、注釈自体本来削除すべきであったが、古い永徽令のまま注釈を引き写したと考えられる。

ちなみに養老賦役令18三位以上条は「凡三位以上父祖兄弟子孫、及五位以上父子、並免㆓課役㆒」である。開元令に似ているが、これは偶然の結果で、日本では「同居」をとり範囲を狭めたのだろう。戸婚律は、養老律では「相冒蠲免者徒二年」としていて、「相冒合戸」の合戸を削り、不正に課役免除を求めた場合とし、本条を引用している。(30)

一方の宋8条による復原は、「皇太子妃本服大功以上親、親王妃及」は宋代に追加されたと考えられ、「五品以上父祖兄弟」も追加だと考えられるので、以下のようになる。

諸皇宗籍属㆓宗正㆒者、及太皇太后・皇太后・皇后本服緦麻以上親、内命婦一品朞（周）以上親、並免㆓課役㆒（開元二十五年令の場合朞は避諱のため周に改める）。

賦役令を担当した李錦繡氏は、「五品以上父祖兄弟」を内命婦にかかると解釈して唐令に復原したが、(31)『新唐書』からも内命婦の蔭の範囲は一品と考えるべきだろう。これは唐14条の職事官規定をうけついだ、五品以上の「父祖兄弟（子孫脱カ）」免税規定で、天聖令で本条に合わせて規定したと考えられる。その場合唐令は『唐令拾遺』のように皇宗・皇后に続けて文武官・封爵の蔭免も規定して一条だった可能性が出てくるが、その点は後にふれたい。

二　『通典』『六典』との比較

まず『通典』との関係の問題を考えたい。『通典』巻二食貨の田制下に、「大唐開元二十五年令」と記して、宋1、2相当条文と唐1から唐22までを唐12・唐15の二条を省略して田令条文を列挙し、その間に職分田・駅封田など唐33～35条を順序を変更して挿入し、あわせて二五条を掲げる。天聖令と比較すると一部の省略や文章の改変がみとめられる。口分田支給規定の後の「応レ給二寛郷一、並依二所定数一、若狭郷新受者、減二寛郷口分之半一」も田令唐3条「諸給レ田、寛郷並依二前条一、若狭郷新受者、減二寛郷口分之半一」とやや前半が書き方を異にするが、ほぼ令文として認められる。また上述したように永業田支給の規定について、天聖田令唐5条の永業田の規定と比べると、「六品・七品各二頃五十畝、八品・九品各二頃」が見えないが、これは単純に『通典』が誤脱または省略したものと考えてよいだろう。さらに続けて「又田令、在京諸司及天下州府県監、（中略）公廨田・職分田、各有レ差」と内容を省略した後、職分田の前人後人間の配分を定める宋7条相当条文（職分陸田条、拾遺三四）を引用する。

その最後に「親王出レ藩者、給二地一頃一作レ園。若城内無レ可二開拓一者、於二近城一便給。如無二官田一、取二百姓地一充、其地給二好地一替」とあるが、これが天聖田令に見えない。さらに『通典』巻二、屯田でも「大唐開元二十五年令」として五規定を記すが、そのうちの①「其旧屯重置者、一依二承前封疆一為レ定。新置者、並取二荒閑無籍広占之地一。（下略）」②「其屯官、取二勲官五品以上及武散官幷前資辺州州県鎮戍八品以上文武官内一、簡二堪者一充。（下略）」③「諸営田若五十頃外、更有三地剰配二丁牛一者、所レ収斛斗皆準二頃畝一折除。（下略）」の三規定がみえない。『唐令拾遺』では、前者は田令三五条として復原され、後者は、①②は、唐38条「諸屯隷二司農寺一者（中略）隷二州鎮諸軍一者（下略）」の後につけてあわせて三六条として復原され、③は、独立して拾遺三八条として、唐39条「諸屯田応レ用レ牛之処（下略）」（三七条）の次に復原する。

田令を担当した宋家鈺氏は、『唐令拾遺』を尊重して復原田令に天聖令にみえない上の四条を追加している。(32) 前者については、職分陸田条の後半に付されていたとの考えもあるが、(33)『通典』巻三五職官、職田公廨田には職分陸田条だけが引用されているので、やはり天聖令が本条を脱落させたと考えるのが穏当だろう。屯田については①②とも「諸」でなく「其」で始まることから、唐38条の屯設置規定の後半に続いていた、即ち拾遺三六条の復原が正しいと考えることも一案だろう。同様に③についても「諸」で始まるものの、内容からは唐39条の牛の配給規定の補足規定であるから、後半に続いて一条の規定だった可能性がある。そして天聖令では本来存在した条文の後半部が省略されたか、削られた可能性があるが、その経緯は不明である。これらは令文でなく式文だったと解釈する方法もあるだろうが、②は屯官の採用規定であるので、令に規定がないことは考えづらい。

さらに『通典』巻六食貨の賦税下には、「二十五年定令」として、天聖賦役令宋1条に相当する唐令の租調の税額規定と、唐24条の歳役を実役しない場合庸を納める規定を記すが、その後の部分で「凡権衡度量之制」として、度量衡を規定する雑令冒頭の四条を引用した後、賦役令条文一〇条あまりを条文配列の順を守って列挙している。この部分も明記されていないものの、『唐令拾遺』が推定するように開元二十五年令であると考えてよいだろう。問題は、雑令のあと賦役令の最初に引用される次の文章（拾遺八条〔開二五〕）である。

　諸課役、毎年計帳至二尚書省一、度支配二来年事一、限二十月三十日以前一奏訖。若須レ折二受余物一、亦先支料、同時処分。若是軍国所レ須、庫蔵見無者、録レ状奏聞、不レ得二便即科下一。

一方、天聖賦役令唐1条には、

諸課〔役〕、毎年計帳至二戸部一、具録二色目一、牒二度支一支二配〔来〕年事一、限二十月三十日以前一奏訖。若須レ折二受余物一、亦豫支料、同時処分。若是軍国所レ須、庫蔵見無者、録レ状奏聞、不レ得二即科下一。

とあり、「毎年計帳至戸部、具録色目、牒度支支配来年事」が、『通典』では「毎年計帳至尚書省、度支配来年事」となっていて、文章が異なる。内容は似ているようにも思えるが、「尚書省」を「戸部」と誤写することは考えられない。

養老賦役令5計帳条は以下のようである。

凡毎年八月卅日以前、計帳至、付二民部一。主計計二庸多少一、充二衛士・仕丁・采女・女丁等食一。以外皆支二配役民雇直及食一。九月上旬以前申レ官。

戴建国氏は、日本令が「太政官」でなく「民部」であることから、「計帳至、戸部具録色目」に対応し、この句は唐前期の令にあったのではないかと推測する。[34] しかし日本令は根拠にならないだろう。大宝令では「主計」が「民部」だった可能性が指摘され、民部省が独自の仕丁の庸の収納機能をもっていた伝統があり、主計が支配するのは養老令になってからの可能性があり、唐令の国家予算規定とは大きな違いがあるからである。[35] とすれば、やはり『通典』が引く令文を開元二十五年令として復原すべきだろう。ただし「亦先支料」は、『通典』が執筆された時期に、代宗の諱（豫）をさけたもので、「亦豫支料」とあったはずである。[36]

天聖賦役令唐1条はどのように考えるべきか。かつて戴建国氏は、本条をとりあげ、天聖令の唐令は、北宋淳化三年（九九二）に校勘した開元二十五年令であり、太平興国八年（九八三）に三司を分割して塩鉄・度支・戸部の三部としたことをうけて「尚書省」を「戸部」に改め「具録色目牒」を加えたかと論じたが、[37] 現在は撤回されている。推測に渉るが、宋代ではなく唐後期にこうした変更が行なわれた可能性があるのではないかと思っている。なお冒頭部分、

『天聖令校証』は原文のまま「諸課」と唐令を復原するが、度文による支度国用には力役もその代納の庸も含まれているので、『通典』により「役」を補い、「諸課役」とすべきことは明らかである。

『通典』巻四〇職官、秩品五には、「大唐官品　開元二十五年制定」として、流内官一品以下従九品下まで品階の順に官職を列挙し、さらに視流内、流外を列挙していて、官僚制を考える上で基本資料とされてきた。ところで天聖雑令唐8条には、

諸在京諸司流内九品以上、及国子監諸学生及俊士・流外官太常寺謁者・賛引・祝史、〔司儀署〕司儀、典客署典客、秘書省・洪文館典書、左春坊掌儀、司経局典書、諸令史・書令史・楷書史、都水監河堤謁者、諸局書史、諸録事・府・史・計史・司直（史）史・評事史・獄史・監膳史・園史・漕史・医学生・針学生、尚食局・典膳局主食、薩宝府府・史、並長上。（下略、なお洪文館は、宋代の避諱でもとは弘文館）

と、流外官の「長上」である者を列挙し、さらに「其流外非長上者及価人」を「皆分為二番」とし、さらに「其太史局歴（暦）生」以下を「三番」（主に非正丁出身諸色人）、「門僕、主酪」以下の「四番」（ほぼ庶士に重なる）の職種を列挙する。黄正建氏はこれらを検討し、『通典』列挙の流外は、ほぼ雑令の流外「長上」のなかに含まれるが、そこにみえないものは「流外非長上者」（これを番官という、雑令唐15条）であり省略されていると指摘した。そのうえで漕史は流外長上にみえるが、『通典』の流外にみえない、太史局暦生は非流外の三番だが、『通典』では流外七品、医学生・鍼学生は流外長上であるが、『通典』の流外にみえないなど扱いが異なっていることを指摘し、天聖雑令を開元二十五年令とするには慎重な考察が必要であるとしている。[38]『通典』が開元二十五年官品令であるとすれば、天聖雑令不行唐令は、唐後期の改変をうけて改訂が加えられている可能性があろう（冒頭でふれた尚食局主膳も参照）。

つぎに『六典』との関係である。『六典』が依拠したのは開元七年令であり、また『通典』と異なり、文章の引用

も正確でなく簡略な取意文が多いので、細かな異同はあまり問題にならない。ただしそれが天聖令にみえないと考察が必要である。(39) 巻三戸部には「凡賦役之制」として租調庸の税額と輸納規定（取意文）を記すあとに以下の文章が続く。

凡諸国蕃胡内附者、亦定為二九等一、四等已上為二上戸一、七等已上為二次戸一、八等已下為二下戸一。上戸丁税銀銭十文、次戸五文、下戸免レ之。附レ貫経二二年已上一者、上戸丁輸二羊二口一、次戸一口、下戸三戸共一口。無レ羊之処、準二白羊估一折二納軽貨一。若有二征行一、令三自備二鞍馬一、過二三十日已上一者、免二当年輸羊一。

凡嶺南諸州税米者、上戸一石二斗、次戸八斗、下戸六斗。若夷獠之戸、皆従二半輸一。軽税諸州、高麗・百済応レ差二征鎮一者、並令レ免二課役一。

これらはそれぞれ『唐令拾遺』で賦役令六条・七条［武］［開七］として復原されているが（七条の「軽税」は「半輸」に続けて理解して省略していたが、『唐令拾遺補』は復活させた）、天聖令には対応する条文がともに見当たらない。これらの嶺南諸州・夷獠之戸の規定、蕃胡内附者の規定は、『旧唐書』巻四八食貨には、「武徳七年、始定律令」として田制、賦役の法（租調庸の税額）に続けて記される。また『通典』巻六食貨では、「（武徳）二年制」として租の額に続けて記す。このように唐初以来の税制として各種の史書が明記することの意味は大きく、これらの規定は武徳以来賦役令に立条されていたと考えるべきであろう。吐魯番出土の唐儀鳳三年（六七八）度支奏抄金部旨符にはB'4〜8行に、(40)

一、雍州諸県及諸州投化胡家、冨者（丁別）毎年請税銀銭拾文、次者丁別伍文、全貧者請免。其所レ税銀銭、毎年九月一日以後十月卅日以前、各請二於大州一輸納。

とあるのが、本条の施行細則と考えられ、儀鳳年間において蕃胡内附者への税銭規定が生きていたことがわかる。

なお「軽税諸州、高麗・百済応差征鎮者、並令免課役」の部分は『六典』のみが記す。軽税の諸州、および百済・

高句麗滅亡により唐領土内に移住した両国遺民が唐の軍事行動に動員されたときの特別免税と解され[41]、後者は六六〇～六六八年以降に作られた規定であるから、開元七年令には規定がみえるのだろう。

天聖令によれば、これらの規定は開元二十五年令において削除されたと考えられる。「高麗・百済」の場合は、百済・高句麗滅亡から時間がたち遺民も減って、特殊規定が不要になったのだろう。ほかの規定と合わせれば嶺南諸州や蕃胡内附者など異民族に対する特殊例外税制が廃止されて、租調庸制に一元化されたと理解できる[42]。開元水部式断簡には「嶺南諸州庸調」とみえ、開元二十五年式の段階では嶺南で調庸制が施行されている[43]。

「軽税諸州」については、唐儀鳳三年度支奏抄にもみえるが、神龍散頒刑部格断簡に「若於二羈縻及軽税州一自首者、雖レ得二良人一、非二本州一者、亦不レ成レ首」とあり、やはり異民族居住による特別税制区と考えることができる[44]。「嶺南五府経略使、理南海郡、管兵五千四百人、軽税当道自給」（『通典』巻一七二州郡）とあり、嶺南税米も軽税と称された。これをふまえて李錦繡氏は「軽税諸州」と読むべきだと述べた。しかし軽税諸州が課役免除になるとの意味なら、そもそも嶺南税米は課役に替わる特別税制なので意味がない。軽税諸州の高麗・百済だとすれば、各地の一般州県に移住した両国遺民は免除を受けられず、不審である。『唐令拾遺』や日野開三郎氏の解釈のように[45]、「軽税」は上文の「半輸」に続けて読み（いわば蛇足）、「諸州の高麗・百済」と解した方が無理がないと思う。

さらに『六典』巻三倉部には、以下の義倉の規定がある。

凡王公已下、毎年戸別挹二已受田及借荒等一、具二所レ種レ苗頃畝一、造二青苗簿一。諸州以二七月已前一申二尚書省一。至二徴収時一、畝別納二粟二升一、以為二義倉一。寛郷挹二見営田一、狭郷挹レ籍徴。若遭二損四已上一、免レ半、七已上全免。其商賈戸無レ田及不レ足者、上々戸五石、上中已下遞二減一石一、中々戸一石五斗、中下戸一石、下上七斗、下中五斗、下々戸及全戸逃、並夷獠薄税、並不レ在二取限一。半輸者準二下戸之半一、郷土無レ粟、聴下納二雑種一充上。

本条は拾遺九条［開七］に復原されているが、これも天聖令には賦役令、倉庫令とも見えない。義倉は、貞観二年（六二八）に戸部尚書韓仲良が「王公以下墾田、畝納二二升一、其粟麦粳稲之属、各依二土地一、貯二之州県一、以備二凶年一」と奏上して始められた（『通典』巻六・巻一二）。しかし高宗の永徽二年（六五一）閏九月六日に、「勅、義倉拠レ地取レ税、実是労煩、宜レ令二率レ戸出一、上上戸五石、余各有レ差」（『唐会要』巻八八倉及常平倉、なお『通典』巻一二は「九月、頒新格」とある）と、土地賦課は煩雑だとして戸等による賦課と改めている。それが再び開元七年令の段階では土地賦課方式にもどり、「商賈戸無田及不足」には上々戸以下の戸等賦課が残ったのである。考察の手がかりは、日本の養老賦役令6義倉条の存在である。

凡一位以下、及百姓雑色人等、皆取二戸粟一、以為二義倉一。上々戸二石、上中戸一石六斗、上下戸一石二斗、中上戸一石、中々戸八斗、中下戸六斗、下上戸四斗、下中戸二斗、下々戸一斗。若稲二斗、大麦一斗五升、小麦二斗、大豆二斗、小豆一斗、各当二粟一斗一。皆与二田租一同時収畢。

唐では義倉は一貫して倉部格で規定がなされ、賦役令にも倉庫令にも規定されず、唐初以来の令の条文構造は変化しないとする考えが中国学界では有力である[46]。しかしこの説を採った場合、なぜ日本で大宝養老令の賦役令に義倉条を設けたのかが説明できない。わざわざ永徽格から義倉の規定をとりだし、賦役令に新たに立条する必然性や独自の背景が考えられないのである。古代日本では義倉以外に戸等を利用することは殆どなく、戸等制がどれほど機能していたかも疑問がある。したがって、日本令に義倉条があることを重視し、日本令が模範とした永徽賦役令にすでに義倉の戸等賦課の条文が存在したと考えたほうが無理がない[47]。その場合、永徽二年の勅・新格をうけて直後の閏九月十四日に頒布された永徽令の条文も改定したというより、むしろ永徽令の頒布にあわせて勅で改訂したと考えるべきだろう。その後開元七年令では再び土地賦課の条文にもどり、開元二十五年令で削除されたのだろう。ただし『通典』

巻一二に「開元二十五年定式、王公已下、毎年戸別拠二所レ種田一、畝別税二粟二升一、以為二義倉一。其商賈戸若無レ田及不レ足者、上々戸税五石、上中已下遞減各有レ差」とあるように、式に規定が移され、義倉の制度は存続した。

調庸制については、『唐令拾遺補』が賦役令一条の復原で明記しているように、開元三年・七年令では「其調、随二郷土所一レ産、綾絹絁各二丈、布加二五分之一一」とあるのに、開元二十五年令では「其調絹絁布、並随二郷土所一レ出、絹絁各二丈、布則二丈五尺」とあり、日野開三郎氏が説くように、調の品目としてそれまであった綾が削られ、桑土における調は絹か絁に統一されるのである(48)。これも税制の単純化、画一化の一環と言えるだろう。

開元二十五年律令の編纂については、『通典』巻一六五刑法は、以下のように述べる。

至二十五年、又令レ刪二緝旧格式律令及勅一、総七千四百八十条一。其千三百四条於レ事非レ要、並刪二除之一。二千一百五十条随レ文損益、三千五百九十四条仍レ旧不レ改、総成二律十二巻・疏三十巻・令三十巻・式二十巻・開元新格十巻一。

七千条ほど（七〇四八の誤りか）のうち、二割弱を削除し、三割ほどに改訂を加えたとあり(49)、李林甫・牛仙客などによる大規模な改訂だった。もちろん格や式が主な改訂対象だろうが、この時に賦役令も上述の削除や改訂がなされたと考えられる。このことが、『六典』と天聖令の相違の背景にあるのである。

三　天聖令と唐令条文の関係

最後に、天聖令条文と唐令条文の対応関係を考えたい。これまで、宋令部分にはそれぞれもととなった唐令条文があり、それと別に不行唐令として改訂されず無効となった条文があったとして、一対一、すなわち天聖令の条文数と

復原される唐令の条文数は同じであるという前提で復原を進めてきた。しかしそれで本当に良いのかということである。(50)

問題になるのは、賦役令宋4条である。

諸州豊倹及損免、並毎年附レ逓申。

諸州は、豊作か否か天災での租税免除を、毎年三司に上申せよという内容である。宋代にはこうした租税免除を「検放」「災傷検放」といい、免除対象が両税になり、訴える期限もかわり、戸等にも関わるなど大きく制度が変わる。(51)「損免」という用語は唐代の法律用語を継承しているらしいが、本条は災害状況や免除を中央に上申するというきわめて簡単な内容で、具体性がない。もとになった唐令があるとして、これだけでは令文の体をなさない。一方で、天聖令には唐8条が存在する（拾遺一〇条とほぼ同文である）。

諸田有二水旱虫霜一不熟之処、拠二見営之田一、州県検レ実、具レ帳申レ省。十分損二四以上一、免レ租、損レ六、免二租調一、損二七以上一、課役倶免。若桑麻損尽者、各免レ調。其已役已輸者、聴レ折二来年一。経二雨（両）〔年〕一後、不レ在二折限一。其応二損免一者、兼（通の避諱）計二麦田一為二分数一。

両者をとりあげた牛来穎氏は、唐令は非常に詳細であり、宋令は原則的で曖昧な表現だとして、両者は内容上重複することは疑いないとする。(52)『天聖令校証』は宋4条のあとに唐8条をおき、筆者はそれを逆にして条文排列したが、(53)いずれも宋4条のもとになった唐令が単独に存在したと推測している。しかし牛氏が批判するように、唐8条をもとに宋4条が作られ、宋4条のもとになった内容は唐8条であったが、唐8条はあらためて不行唐令条文として列挙されたと考えるほうが、合理的であろう。

次は、天聖賦役令宋2条である。

諸貯レ米処、折二粟一斛一、輸二米六斗一。其雑折皆随二土毛一、準二当郷時価一。

この条文は、『唐令拾遺』では田令二条（『通典』巻六食貨の租輸納規定、拾遺補で賦役令補一条に訂正された）の最後の部分である。その前半部分は賦役令唐3条としてほぼ同文がみえる。

諸租、準二州上(土)牧(収)穫早晩一、斟二量路程険易遠近一、次弟(第)分配。本州牧(収)穫訖発遣、十一月起輸、正月三十日納畢。江南諸州従二水路一運送之処、若冬月水浅、上灘(埭)艱難者、四月以後運送。五月三十日納畢。其輸二本州一者、十一(二)月三十日納畢。若無レ稾(粟)之郷輸二稲麦一者、随レ熟即輸、不レ拘二此限一。納二当州一未レ入二倉窖一及外配未二上道一、有二身死一者、並却還。（『通典』では注が、「若」が冒頭に移り、「納畢」は「納了」とある）

『唐令拾遺』が一条に復原していたのが誤りだったことが、天聖令によりわかったとされたのだが、これについても牛来穎氏が疑問を呈している。日本令では唐3条にあたるのは田令2田租条「凡田租、准二国土収穫早晩一、九月中旬起輸、十一月三十日以前納畢」であり、賦役令7土毛条「凡土毛臨時応レ用者、並准二当国時価一。価用二郡稲一」が宋2条に対応するが、日本令が二条に別れていることは、牛氏が述べるように根拠にならない。そもそも田令と賦役令に別れたように日本の独自の背景があり、土毛条は「土毛」の語を用いて日本独自の負担を作文したものであるのだから。『通典』巻六の賦役令を列挙する部分は、「諸」で始まる文章は、いずれも天聖令の一条に対応しているとし、この部分は租輸納規定に続けて「応貯米処、折粟一斛、輸米六斗。其雑折皆随土毛、准当郷時価」とあり、冒頭は「応」であるから、内容は宋令と同じだが別条でない可能性がある。さらに仮に宋2条が独立した唐令条文だとすると、内容が不分明である。一般的な貯蔵時の粟と米の換算規定の意味であるならば、賦役令でなく倉庫令にあってしかるべきである。これは租米の収納として意味があるので、したがって本来続けて一条であって、そのうちの貯米規定だけが両税法の収納規定として宋令として生かされ、前半の租の規

定は切り離されて不行唐令とされたと考えるべきだろう。(54)

本条の場合は、唐令一条が分割されて、後半を独立させて宋令として立条し、残った部分を不行唐令とした、前の例では、唐令をもとに宋令が作られたが、もとになった唐令全文は不行として掲げられたと考えられる。いずれももとになった唐令から、宋令と不行唐令が一条ずつ作られたので、天聖令の条文数ともとの唐令の条文数は合わないことになる。先に触れた宋8条の皇宗および皇后の親族の課役免除と唐14条の文武職事官三品以下の官人の蔭による免除についても、宋8条の最後に「五品以上父祖兄弟」が規定されることから、唐令では独立の条文でなく、本来はあわせて一条だった可能性がある。とすれば『唐令拾遺』の二〇条の復原の方向が、正しかったことになるだろう。

以上をふまえて、さいごに唐開元二十五年賦役令の条文一覧の表を修正したものを掲げておきたい。

おわりに

以上、賦役令を中心に、天聖令から唐令を復原するときのいくつかの問題について述べてきた。唐令復原のもとになる法制文献にそくしたもので、まとまった議論になっておらず結論といえるまとめもできないが、天聖令研究にはなお多くの問題があることを理解してもらえれば幸いである。(55)

また賦役令は、関係する史料が比較的多く残っているので、議論ができるという側面もある。多くの他の篇目においては、不行唐令は開元二十五年令条文として復原するし、それ以外に方法もない。その場合も本稿で述べたような保留が必要であることは念頭に置いてほしい。それをもとに日唐の律令の比較研究が進展し、日本の律令制の位置づけが明らかになることを期待している。

32	11		有事故条	丁匠が事故により就役しない場合		25	
33	12		科喚条	丁匠を科喚する手続			
34	13		役丁匠条	丁匠の休暇や雨雪時の規定		26	
35	14		大営造条	京の大営造時の警備等		27	
36	15		在役遭父母喪条	丁匠が在役中父母の喪にあった時		28	
37	16		貯藁条	京に供する貯藁を畿内諸県に賦す規定		29	
38	17		粟草等条	頓駅に粟草等を貯える規定			
39	18		斟量功力条	丁匠の労働量等の管理		30	
40	19		丁匠往来条	丁匠が往来途次に重病になった時		31	
41	20		丁匠身死条	丁匠死亡時の処置		32	
42	21		昼作夜止条	丁匠の労働時間・休息		33	
43		25	応入京条	租庸調・丁匠の入京，他所へ配納の期限			
44		26	丁営造条	営造の時期の規定			
45	22		車牛人力条	公事のため車牛・人力で伝送する規定		34	
46		27	朝集使貢献条	朝集使の貢献物	27	35	
47	(23)		庸調物雑税条	税物・額を掲示して周知させる規定	補 3	36	

（　）の付いているものは，唐令と大きく変わっているもの．
拙稿注(53)論文の表（197 頁）を修正した．

〔凡例〕　復旧唐令および条文番号は、仁井田陞『唐令拾遺』（東方文化学院、一九三三年、東京大学出版会復刊、一九六四年）および仁井田陞著、池田温編集代表『唐令拾遺補』（東京大学出版会、一九九七年）による。天聖令は天一閣博物館・中国社会科学院歴史研究所天聖令整理課題組校証『天一閣蔵明鈔本天聖令校証　附唐令復原研究』（中華書局、二〇〇六年、『天聖令校証』と略す）による。

養老令、および条文番号、条文名は、井上光貞・関晃・土田直鎮・青木和夫『律令』（日本思想大系、岩波書店、一九七六年）に、養老律および条文番号、唐律疏議は、律令研究會編『譯註日本律令』二・三、律本文編（東京堂出版、一九七五年）による。

また『唐六典』『通典』『宋刑統』『旧唐書』『新唐書』は中華書局標点本に、『唐会要』は上海古籍出版社標点本によった。

表　唐開元25年賦役令の条文一覧

推定	宋	唐	条文名（仮称）	内　　容	唐令拾遺	養老令	備　　考
1	(1)		課戸条	租調の税額・合成・墨書	1・2	1・2	
2		1	計帳条	度支による支度国用	8	5	通典
3		2	庸調物条	庸調の輸納期限，死者分の返却	3	3	
4	2	3	租条	租の輸納期限，米による折納，雑折	補1	7・田令2	
5		4	租運送条	租の運送，課船			
6		5	輸租調庸条	租調庸の送京・外配			
7	3		諸州条	配貯・折納時の報告規定			
8		6	課役条	課役破除・帳後附の報告			
9		7	食実封条	実封に関する規準・支給	10	8	
10	(4)	8	水旱条	災害時の課役免除	11	9	
11	5		辺遠州条	辺遠州の課役の特例	12	10	
12	(6)		蠲符条	課役の免除・徴収手続	13	11	
13		9	春季条	課役附除の季節による扱い	14	12	
14		10	口及給侍条	死亡時の報告		13	
15		11	居狭郷条	狭郷から寛郷へ移住した復除	15	14	
16		12	没落外蕃条	外蕃没落人が帰国や帰化した時の復除	16・17・18	15	
17		13	公役使還条	公役使で二千里外から還った時の復除		16	
18	7		孝子順孫条	孝子等の表彰と免課役	19	17	
19	8	14	皇宗条	皇族や皇后・三品五品以上等親族の課役免除	20	18	
20		15	正義常平倉督条	雑任等特定の状態による課役免除	(21)	19	拾遺22は削除
21		16	職事六品条	六品以下等親族の実役免除	(23)	20	
22		17	蔭親属条	蔭親属の課役免除			
23		18	漏刻生条	雑任等特定の状態による雑徭免除		19	
24		19	父母喪条	父母の喪にあった時の徭役免除	(補2)	21	
25		20	応役丁条	役丁の計画	24・26	22	
26		21	州丁支配条	州の丁数不足			
27	9		戸等条	戸等と徴発の規準	24・25	22・23	
28		22	歳役条	歳役の徴発	4 (5)	4	
29	(10)		丁匠上役条	私粮準備	5		
30		23	丁匠赴役条	丁匠の赴役の手続		24	
31		24	庸条	庸の徴収	4	(4)	通典にみえる

注

（1）戴建国「天一閣蔵明抄本《官品令》考」『歴史研究』一九九九年三期（のち『宋代法制初探』黒龍江人民出版社、二〇〇〇年）。
（2）拙稿「北宋天聖令の公刊とその意義」『東方学』一一四、二〇〇七年（のち『律令制研究入門』名著刊行会、二〇一一年）ほか。
（3）戴建国「《天聖令》所附唐令為開元二十五年令考」『唐研究』一四、二〇〇八年。なお口頭発表されたのは二〇〇七年唐史学会（上海師範大学）である。
（4）著令文言については、丸山裕美子「唐宋節仮制度の変遷」（池田温編『日中律令制の諸相』東方書店、二〇〇二年）、牛来穎「詔勅入令與唐令復原」『文史哲』二〇〇八年四期（のち黄正建主編『《天聖令》與唐宋制度研究』中国社会科学出版社、二〇一一年）。
（5）岡野誠「天聖令依拠唐令の年次について」『法史学研究会会報』一三、二〇〇九年。これは二〇〇八年の国際東方学者会議での報告の一部を発展させたものである。
（6）坂上康俊a「天聖令の藍本となった唐令の年代比定」（大津透編『日唐律令比較研究の新段階』山川出版社、二〇〇八年）、b「天聖令藍本唐開元二十五年令説再論」『史淵』一四七、二〇一〇年。二〇〇九年の台湾師範大学での学会発表の日本語原稿であるが、付記に会場での黄正建氏からの批判が載せられ有益である。
（7）盧向前・熊偉「《天聖令》所附《唐令》為建中令辯」『国学研究』二二、二〇〇八年。
（8）黄正建「《天聖令（附唐雑令）》所渉唐前期雑色人雑考」『唐研究』一二、二〇〇六年（のち前掲『《天聖令》與唐宋制度研究』）。
（9）黄正建「《天聖令》附《唐令》是開元二十五年令嗎？」『中国史研究』二〇〇七年四期。のち増補改題して「《天聖令》附《唐令》是否為開元二十五年令」（前掲『《天聖令》與唐宋制度研究』）。
（10）坂上氏注（6）b論文一二—一三頁。
（11）岡野誠「宋刑統」（滋賀秀三編『中国法制史　基本資料の研究』東京大学出版会、一九九三年）。
（12）滋賀秀三「法典編纂の歴史」（『中国法制史論集　法典と刑罰』創文社、二〇〇三年）九三頁は「大中刑律統類」が正規の書名であるとする。
（13）仁井田陞・牧野巽「故唐律疏議製作年代考」（律令研究會編『譯註日本律令』一、東京堂出版、一九七八年、初出一九三一年）。
（14）黄正建「天聖令における律令格式勅」（大津透編『日唐律令比較研究の新段階』）が、「従別勅」を検討し、いずれも注であったと推定している。なお喪葬令宋27条については、戴建国「《天聖令》研究両題」『上海師範大学学報』二〇一〇年二期一二六頁に検討がある。

(15) 仁井田・牧野注(13)論文一三八―一四一頁で、『宋刑統』の勅条の列挙は無意味でなく、『宋刑統』発布当時において、引用された令は法として生きていたと指摘している。

(16) 滋賀氏注(12)論文一〇六―一〇八頁。

(17) 黄正建「唐代法律用語中的〝款〟和〝辯〟」『文史』一〇二、二〇一三年。

(18) 仁井田・牧野氏注(13)論文。

(19) 楊廷福「『唐律疏議』制作年代考」『文史』五、一九七八年（のち『唐律研究』上海古籍出版社、二〇一二年）。同（岡野誠訳）「唐律疏議の制作年代について」『法律論叢』五二―四、一九八〇年。

(20) 岡野氏訳注(19)論文一七九頁。

(21) 岡野誠「西域発見唐開元律疏断簡の再検討」『法律論叢』五〇―四、一九七七年。

(22) 栄新江（森部豊訳）「唐写本中の『唐律』『唐礼』及びその他」『東洋学報』八五―二、二〇〇三年。すでに永徽律か垂拱律の写本であると指摘している。

(23) 岡野誠「新たに紹介された吐魯番・敦煌本『唐律』『律疏』断片」（土肥義和編『敦煌・吐魯番出土漢文文書の新研究』東洋文庫、二〇〇九年、修訂版二〇一三年）。写真は、『旅順博物館蔵新疆出土漢文仏経選粋』法蔵館、二〇〇六年、二〇二頁。

(24) 中村茂夫訳註「賊盗」（律令研究會編『譯註日本律令』七、東京堂出版、一九八七年）二四二頁。

(25) 以上岡野氏注(23)論文による。

(26) 拙稿「課役制と差科制」（『日唐律令制の財政構造』岩波書店、二〇〇六年、初出一九九二年）補記1、一六三―一六四頁。

(27) 日野開三郎『唐代租調庸の研究』Ⅱ（自家版、一九七五年）一四〇―一六二頁。

(28) 「期親」はほぼ「父祖兄弟子孫」と対応するので、「大功親」などは除外されることになる。なお『新唐書』の「郡王及五品以上祖父兄弟、職事勲官三品以上有封者若県男父子」は、「職事」はおそらく「五品以上」の前に移すべきで、また「職事三品以上」がないなど、省略や錯誤が著しい。

(29) 西村元佑「唐代敦煌差科簿を通じてみた唐均田制時代の徭役制度」（『中国経済史研究』同朋舎、一九六八年、初出一九六〇年）六二三―六三七頁。大足元年籍は池田温『中国古代籍帳研究』（東京大学出版会、一九七九年）四号。

(30) 養老戸婚律相冒蠲免条は、『政事要略』巻五九交替雑事、蠲除事による。なお大宝律では唐律と同じ「相冒合戸」だった可能性がある。

(31) 李錦繡「唐賦役令復原研究」（『天聖令校証』下）四六五—四六六頁。最後の部分を「内命婦一品以上親、五品以上父祖兄弟、並免課役」と復原するが、『新唐書』は「一品以上親」ではなく「一品期以上親」と期（周）を補うべきである。

(32) 宋家鈺「唐開元田令的復原研究」（『天聖令校証』下）四四六—四四八頁。

(33) 戴建国「唐《開元二十五年令・田令》研究」『歴史研究』二〇〇〇年二期。

(34) 戴建国注(3)論文一四頁。

(35) 拙稿「律令収取制度の特質」（『律令国家支配構造の研究』岩波書店、一九九三年、初出一九八九年）一七八—一八六頁。石上英一「大蔵省成立史考」（彌永貞三先生還暦記念会編『日本古代の社会と経済』上、吉川弘文館、一九七八年）二七三—二七四頁。

(36) 戴建国注(3)論文一七頁。

(37) 戴建国「天一閣蔵《天聖令・賦役令》初探（下）」『文史』五四、二〇〇一年、一六九頁。

(38) 黄正建注(8)論文。

(39) 拙稿「古代日本律令制の特質」『思想』一〇六七、二〇一三年、三二—三四頁で簡単に述べた。

(40) 拙稿「唐律令国家の予算について」（前掲『日唐律令制の財政構造』、初出一九八六年）四三頁。

(41) 植田喜兵成智「在唐百済遺民の存在様態」『朝鮮学報』二三六、二〇一五年は唐に移住した高句麗・百済遺民が異民族兵として軍事動員されたことを指摘する。

(42) 石見清裕「唐代内附民族対象規定の再検討」『東洋史研究』六八—一、二〇〇九年では、開元七年令で内附の後に唐で生まれた二世には課役が課されるように改め、開元二十五年令の段階で特殊な税制規定は削除されたとする。

(43) *Tun-huang and Turfan Documents Concerning Social and Economic History, I Legal Texts* (A). the Toyo Bunko. p.87.

(44) Ibid. p.96. 李錦繡「対少数民族地区的特殊税制—軽税」（『唐代財政史稿（上巻）』北京大学出版社、一九九五年、初出一九九三年）六一二—六二四頁。

(45) 日野開三郎「唐の賦役令の嶺南税戸米」（『日野開三郎東洋史学論集』一一、三一書房、一九八九年、初出一九八四年）。なお『唐会要』巻八三租税上は、「若夷獠之戸、皆従半税」とあり、「半税」と記している。

(46) 李錦繍「唐開元二十五年《倉庫令》研究」『唐研究』一二、二〇〇六年（のち黄正建主編『《天聖令》與唐宋制度研究』）、戴建国「唐宋法典修訂方式和修纂体例的伝承演変」（『唐宋変革時期的法律与社会』上海古籍出版社、二〇一〇年）一〇一—一〇三頁。
(47) 武井紀子「義倉の成立とその意義」『國史学』二〇五、二〇一一年、三九—四一頁。
(48) 日野開三郎『唐代租調庸の研究』Ⅰ（自家版、一九七四年）は、綾の削除、絁の縮減（絹への一本化）を、調の均額原則の徹底と絹の貨幣的経理方針によると説く。
(49) 池田温「唐令」（前掲滋賀秀三編『中国法制史　基本資料の研究』）。
(50) 黄正建「関於天一閣蔵宋天聖令整理的若干問題」（『天聖令校証』上）一七頁に指摘がある。
(51) 陳明光「唐宋田賦的〝損免〟与〝災傷検放〟論稿」『中国史研究』二〇〇三年二期、などを参照。
(52) 牛来穎「《天聖令》唐宋令条関係與編纂特点」（黄正建主編『隋唐遼宋金元史論叢』第一輯、紫禁城出版社、二〇一一年）。
(53) 拙稿「唐日賦役令の構造と特色」（前掲『日唐律令制の財政構造』、初出二〇〇一年）。
(54) 牛来穎注(52)論文。
(55) なお中国における天聖令研究の現在の状況については、牛来穎「天一閣蔵《天聖令》刊布以来熱点与空間拓展」『中国史研究動態』二〇一四年五期が有益である。

執筆者紹介（生年／現職）―執筆順

三谷芳幸（みたに　よしゆき）　一九六七年／筑波大学人文社会系准教授
武井紀子（たけい　のりこ）　一九八一年／弘前大学人文社会科学部准教授
古尾谷知浩（ふるおや　ともひろ）　一九六七年／名古屋大学大学院人文学研究科教授
吉永匡史（よしなが　まさふみ）　一九八〇年／金沢大学人間社会研究域歴史言語文化学系准教授
鐘江宏之（かねがえ　ひろゆき）　一九六四年／学習院大学文学部教授
春名宏昭（はるな　ひろあき）　一九六〇年／法政大学兼任講師
有富純也（ありとみ　じゅんや）　一九七四年／成蹊大学文学部准教授
吉松大志（よしまつ　ひろし）　一九八二年／島根県教育庁文化財課古代文化センター主任研究員
山本祥隆（やまもと　よしたか）　一九八三年／奈良文化財研究所都城発掘調査部史料研究室研究員
野尻　忠（のじり　ただし）　一九七二年／奈良国立博物館学芸部企画室長
倉本一宏（くらもと　かずひろ）　一九五八年／国際日本文化研究センター教授
佐藤全敏（さとう　まさとし）　一九六九年／信州大学人文学部准教授
石田実洋（いしだ　さねひろ）　一九六九年／宮内庁書陵部編修課主任研究官
増渕　徹（ますぶち　とおる）　一九五八年／京都橘大学文学部教授
佐々田悠（ささだ　ゆう）　一九七六年／宮内庁正倉院事務所保存課技官
小口雅史（おぐち　まさし）　一九五六年／法政大学文学部教授・同国際日本学研究所所長
佐々木恵介（ささき　けいすけ）　一九五六年／聖心女子大学文学部教授
三上喜孝（みかみ　よしたか）　一九六九年／国立歴史民俗博物館教授
稲田奈津子（いなだ　なつこ）　一九七五年／東京大学史料編纂所助教
大津　透（おおつ　とおる）　一九六〇年／東京大学大学院人文社会系研究科教授

編者略歴

一九五二年、東京都生まれ
一九七八年、東京大学大学院人文科学研究科博士課程中退
現在、東京大学大学院人文社会系研究科教授

〔主要著書〕
『日本古代の宮都と木簡』（吉川弘文館、一九九七年）、『古代の遺跡と文字資料』（名著刊行会、一九九九年）、『出土史料の古代史』（東京大学出版会、二〇〇二年）、『上宮聖徳法王帝説―注釈と研究―』（共著、吉川弘文館、二〇〇五年）、『古代の地方官衙と社会』（山川出版社、二〇〇七年）

律令制と古代国家

二〇一八年（平成三十）三月十日　第一刷発行

編者　佐《さ》藤《とう》信《まこと》

発行者　吉川道郎

発行所　株式会社　吉川弘文館
郵便番号一一三―〇〇三三
東京都文京区本郷七丁目二番八号
電話〇三―三八一三―九一五一〈代〉
振替口座〇〇一〇〇―五―二四四番
http://www.yoshikawa-k.co.jp/

印刷＝株式会社　精興社
製本＝誠製本株式会社

ISBN978-4-642-04646-6

佐藤 信編

史料・史跡と古代社会

本体一三〇〇〇円（税別）

〈本書の内容〉

吉川弘文館